装备基地级维修 PPP 采购共生系统动力机制

Dynamic Mechanism for PPP Procurement Symbiotic Ecosystem of the Military Equipment Depot-level Maintenance

冯海斌 著

国防工业出版社

·北京·

图书在版编目(CIP)数据

装备基地级维修 PPP 采购共生系统动力机制 / 冯海滨著. —北京：国防工业出版社, 2020.4
ISBN 978-7-118-12006-6

Ⅰ.①装… Ⅱ.①冯… Ⅲ.①武器装备-采购管理 Ⅳ.①E144

中国版本图书馆 CIP 数据核字(2020)第 004646 号

※

*国防工业出版社*出版发行
(北京市海淀区紫竹院南路 23 号　邮政编码 100048)
三河市腾飞印务有限公司印刷
新华书店经售

*

开本 710×1000　1/16　印张 20¾　字数 360 千字
2020 年 4 月第 1 版第 1 次印刷　印数 1—2000 册　定价 98.00 元

（本书如有印装错误，我社负责调换）

国防书店：(010)88540777　　发行邮购：(010)88540776
发行传真：(010)88540755　　发行业务：(010)88540717

致 读 者

本书由中央军委装备发展部**国防科技图书出版基金**资助出版。

为了促进国防科技和武器装备发展，加强社会主义物质文明和精神文明建设，培养优秀科技人才，确保国防科技优秀图书的出版，原国防科工委于1988年初决定每年拨出专款，设立国防科技图书出版基金，成立评审委员会，扶持、审定出版国防科技优秀图书。这是一项具有深远意义的创举。

国防科技图书出版基金资助的对象是：

1. 在国防科学技术领域中，学术水平高，内容有创见，在学科上居领先地位的基础科学理论图书；在工程技术理论方面有突破的应用科学专著。

2. 学术思想新颖，内容具体、实用，对国防科技和武器装备发展具有较大推动作用的专著；密切结合国防现代化和武器装备现代化需要的高新技术内容的专著。

3. 有重要发展前景和有重大开拓使用价值，密切结合国防现代化和武器装备现代化需要的新工艺、新材料内容的专著。

4. 填补目前我国科技领域空白并具有军事应用前景的薄弱学科和边缘学科的科技图书。

国防科技图书出版基金评审委员会在中央军委装备发展部的领导下开展工作，负责掌握出版基金的使用方向，评审受理的图书选题，决定资助的图书选题和资助金额，以及决定中断或取消资助等。经评审给予资助的图书，由中央军委装备发展部国防工业出版社出版发行。

国防科技和武器装备发展已经取得了举世瞩目的成就，国防科技图书承担着记载和弘扬这些成就，积累和传播科技知识的使命。开展好评审工作，使有限的基金发挥出巨大的效能，需要不断摸索、认真总结和及时改进，更需要国防科技和武器装备建设战线广大科技工作者、专家、教授，以及社会各界朋友的热情支持。

让我们携起手来，为祖国昌盛、科技腾飞、出版繁荣而共同奋斗！

国防科技图书出版基金
评审委员会

国防科技图书出版基金
2018 年度评审委员会组成人员

主 任 委 员	吴有生			
副主任委员	郝　刚			
秘 书 长	郝　刚			
副 秘 书 长	许西安	谢晓阳		
委　　　员	才鸿年	王清贤	王群书	甘茂治
(按姓氏笔画排序)	甘晓华	邢海鹰	巩水利	刘泽金
	孙秀冬	芮筱亭	杨　伟	杨德森
	肖志力	吴宏鑫	初军田	张良培
	张信威	陆　军	陈良惠	房建成
	赵万生	赵凤起	唐志共	陶西平
	韩祖南	傅惠民	魏光辉	魏炳波

前　言

　　装备基地级维修是装备保障的重要内容,具有基础性地位和根本性作用。政府和社会资本合作(Public-Private Partnership,PPP)模式是一种新兴的公共服务采购模式,在与社会资本合作供给公共服务上具有独特优势。装备基地级维修特征与PPP模式适用要求高度吻合。运用PPP模式采购准经营性装备基地级非核心维修,能够在全社会范围内通过市场机制耦合调配军队与社会资本的优质维修资源,有效缓解日益增长的装备维修需求与相对落后的装备维修能力之间的矛盾。

　　PPP动力机制直接关系PPP模式的形成、运营和发展,是决定其能否顺利实施的核心机制。特别是在军民融合深度发展、公共服务采购持续推进和军队体制编制调整改革等大背景下,开展装备基地级维修PPP采购动力机制研究,能够准确把握其演化规律,引导其向符合装备维修需求和军队所期望的方向发展,不仅是推动军民融合深度发展的实际行动,也是落实公共服务采购的现实举措,更是创新装备维修服务供给方式、加快形成装备维修能力的重要途径,对于提高装备基地级维修采购质量和效益,实现经济建设和国防建设"双赢",具有重要的理论与应用价值。

　　本书包括6章和3个附录。第1章在界定基本概念的基础上,分析了我军开展装备基地级维修PPP采购的动因与形势,以及美军装备基地级维修PPP采购的历程与经验,得出了对我军装备基地级维修PPP采购的启示。第2章提出了装备基地级维修PPP采购应用理论。第3章构建了装备基地级维修PPP采购共生系统。第4章剖析了装备基地级维修PPP采购共生系统动力因素。第5章揭示了装备基地级维修PPP采购共生系统动力机理。第6章设计了装备基地级维修PPP采购共生系统动力路径。

　　本书是在笔者博士学位论文的基础上进一步精炼而成的。为了缓解日益增长的装备维修需求与相对落后的装备维修能力之间的突出矛盾,本书将当前"服务采购"和"PPP模式"两个研究热点结合在一起,在装备维修服务采购领域引入PPP模式,从生态学的全新视角运用共生理论构建了装备基地级维修PPP采购动力机制理论,不仅能够用于军事装备学研究生、国防经济管理专业本科生教学参考,而且能够作为军事装备采购管理人员的工作、自学参考用书。

  本书参考和引用了大量的文献资料,在此向相关责任者表示衷心的感谢。限于笔者理论水平、实践经验和掌握资料,书中错漏和问题在所难免,恳请读者批评指正。

著 者

2019年5月

目 录

第1章 绪论 …………………………………………………………… 1

1.1 基本概念界定 …………………………………………………… 2
1.1.1 服务与服务采购 ………………………………………… 2
1.1.2 装备基地级维修与装备基地级维修采购 ……………… 3
1.1.3 PPP 模式与装备基地级维修 PPP 采购 ………………… 7
1.1.4 共生系统与装备基地级维修 PPP 采购共生系统 …… 16
1.1.5 动力机制与装备基地级维修 PPP 采购共生系统动力机制 …………………………………………………… 18

1.2 开展装备基地级维修 PPP 采购现实动因 …………………… 20
1.2.1 军事动因 ………………………………………………… 20
1.2.2 经济动因 ………………………………………………… 22
1.2.3 社会动因 ………………………………………………… 23

1.3 美军装备基地级维修 PPP 采购发展历程 …………………… 24
1.3.1 研究探索阶段（1990 年—2001 年）…………………… 24
1.3.2 初步实施阶段（2002 年—2006 年）…………………… 26
1.3.3 全面开展阶段（2007 年至今）………………………… 31

1.4 我军装备基地级维修 PPP 采购面临的基本形势 …………… 33
1.4.1 优势 ……………………………………………………… 34
1.4.2 劣势 ……………………………………………………… 35
1.4.3 机遇 ……………………………………………………… 37
1.4.4 挑战 ……………………………………………………… 38

1.5 美军装备基地级维修 PPP 采购经验启示 …………………… 40
1.5.1 美军装备基地级维修 PPP 采购经验 ………………… 40
1.5.2 重要启示 ………………………………………………… 46

第2章 装备基地级维修 PPP 采购理论基础 ……………………… 50

2.1 装备基地级维修采购基本模式 ……………………………… 50

         2.1.1 类型划分 ··· 50
         2.1.2 适用范围 ··· 52
         2.1.3 选择方法 ··· 53
    2.2 装备基地级维修采购基本模式经济分析 ························ 55
         2.2.1 条件假设 ··· 55
         2.2.2 模型建立 ··· 56
         2.2.3 模型分析 ··· 57
         2.2.4 基本结论 ··· 59
    2.3 装备基地级维修PPP采购系统 ·· 63
         2.3.1 构成要素 ··· 63
         2.3.2 层次结构 ··· 72
         2.3.3 总体功能 ··· 73
    2.4 装备基地级维修PPP采购系统运营 ································ 76
         2.4.1 运营架构 ··· 77
         2.4.2 运营方式 ··· 79
         2.4.3 运营流程 ··· 80
    2.5 装备基地级维修PPP采购系统共生本质 ························ 84
         2.5.1 满足共生的一般条件 ······································· 84
         2.5.2 具备共生的共性特征 ······································· 86
         2.5.3 体现共生的本质属性 ······································· 87

第3章 装备基地级维修PPP采购共生系统 ···························· 90

    3.1 装备基地级维修PPP采购共生系统构成 ························ 90
         3.1.1 共生要素 ··· 90
         3.1.2 共生条件 ··· 97
         3.1.3 共生能量 ··· 103
    3.2 装备基地级维修PPP采购共生系统结构 ························ 105
         3.2.1 共生体 ·· 106
         3.2.2 共生环境 ··· 106
         3.2.3 逻辑关系 ··· 106
    3.3 装备基地级维修PPP采购共生系统特征 ························ 107
         3.3.1 复杂性 ·· 107
         3.3.2 开放性 ·· 108

		3.3.3 动态性 …………………………………………… 108
		3.3.4 自组织性 ………………………………………… 109
		3.3.5 协同演化性 ……………………………………… 109
	3.4	装备基地级维修 PPP 采购共生系统功能 …………………… 109
		3.4.1 资源整合功能 ……………………………………… 110
		3.4.2 风险降低功能 ……………………………………… 110
		3.4.3 技术吸聚功能 ……………………………………… 110
		3.4.4 信息共享功能 ……………………………………… 111
		3.4.5 环境适应功能 ……………………………………… 111
		3.4.6 示范引路功能 ……………………………………… 112
	3.5	装备基地级维修 PPP 采购共生系统状态 …………………… 112
		3.5.1 共生模式 …………………………………………… 112
		3.5.2 共生状态 …………………………………………… 122

第 4 章　装备基地级维修 PPP 采购共生系统动力因素 …………… 126

4.1	装备基地级维修 PPP 采购共生系统共生体源动力 ………… 126
	4.1.1 共生单元主动力 …………………………………… 126
	4.1.2 共生界面助动力 …………………………………… 147
4.2	装备基地级维修 PPP 采购共生系统共生环境驱动力 ……… 153
	4.2.1 军事环境下维修需求激增驱动 …………………… 153
	4.2.2 政策环境下政策法规完善驱动 …………………… 154
	4.2.3 市场环境下服务经济发展驱动 …………………… 155
	4.2.4 社会环境下社会治理变革驱动 …………………… 156
	4.2.5 科技环境下科学技术创新驱动 …………………… 157
4.3	装备基地级维修 PPP 采购共生系统动力体系 ……………… 158
	4.3.1 动力结构 …………………………………………… 158
	4.3.2 动力模型 …………………………………………… 160
	4.3.3 动力合成 …………………………………………… 160
4.4	装备基地级维修 PPP 采购共生系统动力特征 ……………… 162
	4.4.1 利益主导性 ………………………………………… 162
	4.4.2 内外转化性 ………………………………………… 163
	4.4.3 互动倍增性 ………………………………………… 164
	4.4.4 激励催化性 ………………………………………… 164

4.4.5　社会责任性 ………………………………………… 165

第 5 章　装备基地级维修 PPP 采购共生系统动力机理 …………… 167
　5.1　装备基地级维修 PPP 采购共生系统演化基本内涵………… 167
　　　5.1.1　演化概念 …………………………………………… 168
　　　5.1.2　演化层次 …………………………………………… 169
　5.2　装备基地级维修 PPP 采购共生系统演化基本规律………… 170
　　　5.2.1　微观层面:"内共生"演化规律……………………… 170
　　　5.2.2　中观层面:"外共生"演化规律……………………… 180
　　　5.2.3　宏观层面:"双共生"自耦合规律…………………… 183
　5.3　装备基地级维修 PPP 采购共生系统单生命周期演化动力
　　　机制 ……………………………………………………………… 186
　　　5.3.1　单生命周期演化过程及其动力学模型构建 ……… 186
　　　5.3.2　单生命周期动力学模型分析及其动力机制 ……… 189
　5.4　装备基地级维修 PPP 采购共生系统
　　　全生命周期演化动力机制 ……………………………………… 200
　　　5.4.1　全生命周期演化过程及其动力学模型构建 ……… 200
　　　5.4.2　全生命周期动力学模型分析及其动力机制 ……… 202
　5.5　装备基地级维修 PPP 采购共生系统演化动力机理………… 206
　　　5.5.1　驱动力与源动力"双力"自耦合机制原理体系的逻辑
　　　　　　分析 …………………………………………………… 206
　　　5.5.2　驱动力与源动力"双力"自耦合机制的共生能量生成
　　　　　　原理 …………………………………………………… 210
　　　5.5.3　基于质参量兼容原理和共生界面选择原理的源动力
　　　　　　生成机理 ……………………………………………… 210
　　　5.5.4　基于共生系统相变原理和共生系统进化原理的驱动力
　　　　　　驱动机理 ……………………………………………… 212

第 6 章　装备基地级维修 PPP 采购共生系统动力路径 ………… 214
　6.1　装备基地级维修 PPP 采购共生系统动力路径总体设计……… 214
　　　6.1.1　理论依据 …………………………………………… 214
　　　6.1.2　总体目标 …………………………………………… 217
　　　6.1.3　指导原则 …………………………………………… 218

  6.1.4 设计思路 …………………………………………………… 219
 6.2 装备基地级维修 PPP 采购共生系统源动力生成路径设计……… 221
  6.2.1 共生对象遴选机制设计 …………………………………… 221
  6.2.2 共生界面生成机制设计 …………………………………… 238
  6.2.3 共生方式选择机制设计 …………………………………… 249
  6.2.4 共生能量分配机制设计 …………………………………… 255
 6.3 装备基地级维修 PPP 采购共生系统驱动力驱动路径设计……… 267
  6.3.1 共生效用评价机制设计 …………………………………… 267
  6.3.2 共生奖励激励机制设计 …………………………………… 285
  6.3.3 共生制度保障机制设计 …………………………………… 296

附录 ……………………………………………………………………… 301
 附录1 缩略语 …………………………………………………………… 301
 附录2 装备基地级维修 PPP 采购共生对象遴选评价指标重要性
    评判表 …………………………………………………………… 302
 附录3 装备基地级维修 PPP 采购共生效用评价指标评分调查
    问卷 ……………………………………………………………… 304

参考文献 ………………………………………………………………… 306

Contents

Chapter 1 Introduction ... 1

1.1 Basic Concepts ... 2
    1.1.1 Service and Service Procurement ... 2
    1.1.2 Military Equipment Depot-level Maintenance and Military Equipment Depot-level Maintenance Procurement ... 3
    1.1.3 PPP Mode and PPP Procurement of Military Equipment Depot-level Maintenance ... 7
    1.1.4 Symbiotic Ecosystem and PPP Procurement Symbiotic Ecosystem of Military Equipment Depot-level Maintenance ... 16
    1.1.5 Dynamic Mechanism and Dynamic Mechanism for PPP Procurement Symbiotic Ecosystem of Military Equipment Depot-level Maintenance ... 18
1.2 The Realistic Motivation for PPP Procurement of Military Equipment Depot-level Maintenanc ... 20
    1.2.1 Military Motivation ... 20
    1.2.2 Economic Motivation ... 22
    1.2.3 Social Motivation ... 23
1.3 The US Army's Development Path of PPP Procurement of Military Equipment Depot-level Maintenance ... 24
    1.3.1 Research and Exploration Stage(1990—2001) ... 24
    1.3.2 Preliminary Implementation Stage(2002—2006) ... 26
    1.3.3 Full Development Stage(2007 to Present) ... 31
1.4 Basic Situation of PPP Procurement of Military Equipment Depot-level Maintenance faced by the PLA ... 33
    1.4.1 Strengths ... 34

    1.4.2 Weaknesses ·· 35
    1.4.3 Opportunities ··· 37
    1.4.4 Threats ·· 38
  1.5 Experience and Enlightenment of the US Army's PPP Procurement
    of Military Equipment Depot-level Maintenance ·················· 40
    1.5.1 Experience of the US Army's PPP Procurement of
       Military Equipment Depot-level Maintenance ················ 40
    1.5.2 Enlightenment of the US Army's PPP Procurement of
       Military Equipment Depot-level Maintenance ················ 46

Chapter 2 The Theory of PPP Procurement of Military Equipment
**   Depot-level Maintenance** ·································· 50

  2.1 Basic Mode of Procurement of Military Equipment Depot-level
    Maintenance ·· 50
    2.1.1 Type Division ·· 50
    2.1.2 Scope of Application ······································ 52
    2.1.3 Methods of Choosing ····································· 53
  2.2 Economic Analysis of the Basic Mode of Procurement of
    Military Equipment Depot-level Maintenance ···················· 55
    2.2.1 Conditional Assumption ·································· 55
    2.2.2 Model Establishment ····································· 56
    2.2.3 Model Analysis ·· 57
    2.2.4 Basic Conclusion ·· 59
  2.3 PPP Procurement System of Military Equipment Depot-level
    Maintenance ·· 63
    2.3.1 Components ·· 63
    2.3.2 Structures ··· 72
    2.3.3 Features ··· 73
  2.4 PPP Procurement System of Military Equipment Depot-level
    Maintenance Operation ··· 76
    2.4.1 Operational Structures ···································· 77
    2.4.2 Modes of Operation ······································ 79
    2.4.3 Operational Process ······································ 80
  2.5 The Symbiosis Essence of PPP Procurement System of Military

Equipment Depot-level Maintenance ········· 84
    2.5.1 Satisfy the General Conditions of Symbiosis ········· 84
    2.5.2 Have the Symbiotic Characteristics ········· 86
    2.5.3 Reflecting the Nature of Symbiosis ········· 87

Chapter 3 PPP Procurement Symbiotic Ecosystem of Military Equipment Depot-level Maintenance ········· 90

  3.1 Composition of PPP Procurement Symbiotic Ecosystem of Military Equipment Depot-level Maintenance ········· 90
    3.1.1 Symbiotic Element ········· 90
    3.1.2 Symbiotic Condition ········· 97
    3.1.3 Symbiotic Energy ········· 103
  3.2 Structure of PPP Procurement Symbiotic Ecosystem of Military Equipment Depot-level Maintenance ········· 105
    3.2.1 Symbiont ········· 106
    3.2.2 Symbiotic Environment ········· 106
    3.2.3 Logic Relationship ········· 106
  3.3 Characteristics of PPP Procurement Symbiotic Ecosystem of Military Equipment Depot-level Maintenance ········· 107
    3.3.1 Complexity ········· 107
    3.3.2 Openness ········· 108
    3.3.3 Dynamic ········· 108
    3.3.4 Self-organizing ········· 109
    3.3.5 Synergistic Evolution ········· 109
  3.4 Function of PPP Procurement Symbiotic Ecosystem of Military Equipment Depot-level Maintenance ········· 109
    3.4.1 Resource Integration ········· 110
    3.4.2 Risk Reduction ········· 110
    3.4.3 Technology Absorption ········· 110
    3.4.4 Information Sharing ········· 111
    3.4.5 Environmental Adaptation ········· 111
    3.4.6 Demonstration Guide ········· 112
  3.5 Status of PPP Procurement Symbiotic Ecosystem of Military Equipment Depot-level Maintenance ········· 112

3.5.1 Symbiotic Mode ……………………………………… 112
3.5.2 Symbiotic State ……………………………………… 122

Chapter 4　Dynamic Factors of PPP Procurement Symbiotic Ecosystem of Military Equipment Depot-level Maintenance …………… 126

4.1 Symbiont Source Power for PPP Procurement Symbiotic Ecosystem of Military Equipment Depot-level Maintenance ……………… 126
　　4.1.1 Main Force of the Symbiotic Unit …………………… 126
　　4.1.2 Auxiliary Power of the Symbiotic Interface …………… 147
4.2 Symbiotic Environment Driving Force for PPP Procurement Symbiotic Ecosystem of Military Equipment Depot-level Maintenance ………………………………………………… 153
　　4.2.1 Driven by Maintenance Demand Surges in the Military Environment ……………………………………… 153
　　4.2.2 Driven by Policies and Regulations in the Policy Environment ……………………………………… 154
　　4.2.3 Driven by Development of Service Economy in the Market Environment ……………………………… 155
　　4.2.4 Driven by Social Governance Changes in the Social Environment ……………………………………… 156
　　4.2.5 Driven by Science and Technology Innovation in the Science and Technology Environment ……………… 157
4.3 Dynamic System of PPP Procurement Symbiotic Ecosystem of Military Equipment Depot-level Maintenance ………………… 158
　　4.3.1 Dynamic System Structure …………………………… 158
　　4.3.2 Dynamic System Model ……………………………… 160
　　4.3.3 Dynamic System Synthesis …………………………… 160
4.4 Dynamic Characteristics of PPP Procurement Symbiotic Ecosystem of the Military Equipment Depot-level Maintenance ……………… 162
　　4.4.1 Interest-driven ……………………………………… 162
　　4.4.2 Internal and External Conversion …………………… 163
　　4.4.3 Interactive Multiplication …………………………… 164
　　4.4.4 Excitation Catalysis ………………………………… 164

    4.4.5 Social Responsibility ········· 165

Chapter 5 Dynamic Mechanism of PPP Procurement Symbiotic Ecosystem of Military Equipment Depot-level Maintenance ······ 167

5.1 Basic Connotation of the Evolution of PPP Procurement Symbiotic Ecosystem of Military Equipment Depot-level Maintenance ······ 167
  5.1.1 Evolution Concept ········· 168
  5.1.2 Evolutionary Hierarchy ········· 169
5.2 Basic Law of the Evolution of PPP Procurement Symbiotic Ecosystem of Military Equipment Depot-level Maintenance ······ 170
  5.2.1 Micro Level: the Evolution Law of "Internal Symbiosis" ········· 170
  5.2.2 Middle Level: the Evolution Law of "External Symbiosis" ········· 180
  5.2.3 Macro Level: the Self-coupling Law of "Double Symbiosis" ········· 183
5.3 Single Life Cycle Evolution Dynamic Mechanism of PPP Procurement Symbiotic Ecosystem of Military Equipment Depot-level Maintenance ········· 186
  5.3.1 Single Life Cycle Evolution Process and Its Dynamic Model Construction ········· 186
  5.3.2 Single Life Cycle Dynamics Model Analysis and Its Dynamic Mechanism ········· 189
5.4 Whole Life Cycle Evolution Dynamic Mechanism of PPP Procurement Symbiotic Ecosystem of the Military Equipment Depot-level Maintenance ········· 200
  5.4.1 Whole Life Cycle Evolution Process and Its Dynamic Model Construction ········· 200
  5.4.2 Whole Life Cycle Dynamics Model Analysis and Its Dynamic Mechanism ········· 202
5.5 Mechanism of Evolutionary Dynamics of PPP Procurement Symbiotic Ecosystem of Military Equipment Depot-level Maintenance ········· 206

5.5.1 Logic Analysis of the Principle System of Driving Force and Source Power(Double-force) Self-Coupling Mechanism ……… 206
   5.5.2 Symbiosis Energy Generation Principle of Power Double-force Self-Coupling Mechanism ……………… 210
   5.5.3 Source Dynamic Generation Mechanism Based on the Principle of Mass Parameter Compatibility and Symbiotic Interface Selection ……………… 210
   5.5.4 Driving Force Mechanism Based on Phase Transition Principle of Symbiotic System and Evolutionary Principle of Symbiotic System ……………… 212

Chapter 6 PPP Procurement Symbiotic Ecosystem Power Path of Military Equipment Depot-level Maintenance ……………… 214

   6.1 Overall Design of PPP Procurement Symbiotic Ecosystem Power Path of the Military Equipment Depot-level Maintenance ………… 214
      6.1.1 Theoretical Basis ……………… 214
      6.1.2 Overall Objective ……………… 217
      6.1.3 Guiding Principles ……………… 218
      6.1.4 Design Ideas ……………… 219
   6.2 Design of Source Power Generation Path for PPP Procurement Symbiotic Ecosystem of Military Equipment Depot-level Maintenance ……………… 221
      6.2.1 Design of Symbiotic Object Selection Mechanism ………… 221
      6.2.2 Design of Symbiotic Interface Generation Mechanism …… 238
      6.2.3 Design of Symbiotic Mode Selection Mechanism ………… 249
      6.2.4 Design of Symbiotic Energy Distribution Mechanism …… 255
   6.3 Design of Driving Path for PPP Procurement Symbiotic Ecosystem of Military Equipment Depot-level Maintenance ……… 267
      6.3.1 Design of Symbiotic Utility Evaluation Mechanism ……… 267
      6.3.2 Design of Symbiosis Reward Incentive Mechanism ……… 285
      6.3.3 Design of Symbiotic Regulations Guarantee Mechanism … 296

Contents

Appendixes ········· 301

    Appendix 1   Abbreviations ········· 301
    Appendix 2   Symbiotic Object Selection Evaluation Index Importance Evaluation Form for PPP Procurement of Military Equipment Depot-level Maintenance ········· 302
    Appendix 3   Utility Evaluation Index Questionnaire for PPP Procurement of Military Equipment Depot-level Maintenance Symbiotic ········· 304

References ········· 306

第1章 绪 论

  随着我军武器装备加速更新换代,装备基地级维修的范围不断拓展,规模不断扩大,样式不断丰富,越来越多的装备基地级维修业务逐渐从装备采购中细化分离出来,向专业化、集约化和社会化方向发展,成为独立的采购项目自主进行。同时,随着装备制造业产业链不断延伸,越来越多的制造企业已把注意力从实物制造拓展到为用户提供全寿命维修保障上来,装备制造业维修条件、维修能力和维修水平大幅提升,为开展装备基地级维修采购奠定了坚实的产业基础。在装备基地级维修需求增长拉动和装备基地级维修产业发展推动的双重作用下,装备基地级维修采购在装备采购中的占比越来越大,逐步显示出不可替代的重要作用和重大意义,逐渐成为装备采购及其理论研究的热点和难点。然而,我军当前的装备采购理论主要是以采购武器装备及其器材设备为研究对象的理论体系。由于理论指导缺乏、市场发育迟缓、定价机制滞后、法规制度欠缺和管理人才匮乏等体制性障碍、结构性矛盾和政策性问题,装备基地级维修采购管理不够规范、监督不够有力、绩效不够明显,已经成为制约武器装备建设发展的"瓶颈"问题。更为迫切和重要的是,我军装备基地级维修长期以来采取"军队机构内包模式为主、社会资本外包模式为辅"的采购策略。前者存在政府失灵,而后者难免市场失灵。特别是由于武器装备迅猛发展和军队装备维修资源有限之间的"剪刀差",军队虽然为保持和发展装备维修能力投入了大量的人力、物力和财力,但是仍然难以满足日益增长的装备维修需求,而且使装备维修成本不断高涨、效益效率更加低下,还给军队体制编制和管理工作带来沉重负担。其中,多元化装备基地级维修的供需矛盾和高新装备基地级维修的供需矛盾表现得尤为突出。

  政府和社会资本合作模式(Public-Private Partnership,PPP)是一种新兴的公共服务采购模式,能够打破军队和地方之间的资源配置界限,在全社会的范围内通过市场机制耦合调配装备维修资源。装备基地级维修具有投资规模较大、需求长期稳定、价格调整机制灵活、建设周期以及资金回收周期长等特点,与PPP模式适用要求高度吻合。因此,采取PPP模式采购准经营性装备基地级非核心维修为满足我军日益增长的装备维修需求提供了一条现实路径,更为解决多元化和高新装备基地级维修供需矛盾开了一剂良方。目前,我军装备基地级维修PPP采购理论研究与工作实践尚未开展,需要研究的内容很多。装备基地级维修PPP采购动力机制直接关系其系统的生成、运行和演化,是决定其能否顺利实施的关键所在。国内外研究和实践也表明,完善的动力机制是推动装备基地级维修PPP采购形成、运营和发展之核心机制。研究装备基地级维修PPP采购动力机制,能够准确把握其演化规律,引导其向符合装备维修需求和军队所期望的方向发展,是装备维修领域应用PPP模式的当务之急和现实之需。特别是在公共服务采购持续推进和军队体制编制调整改革等大背景下,开展装备基地级维修PPP采购动力机制研究是落实公共服务采购的现实举措,更是创新装备维修服务供给方式、加快形成装备维修能力的重要途径,对于提高装备基地级维修采购质量和效益,实现经济建设和国防建设"双赢",具有重要的理论与应用价值。

1.1　基本概念界定

概念是反映研究对象特有属性的思维形式,对概念的界定是认识、分析和解决问题的第一步。克劳塞维茨曾在《战争论》中指出:"任何理论首先必须澄清杂乱的、可以说是混淆不清的概念和观念。只有对名称和概念有了共同的理解,才可能清楚而顺利地研究问题,才能同读者常常站在同一立足点上……如果不精确地确定它们的概念,就不可能透切地理解它们的内在规律和相互关系。"我军装备基地级维修PPP采购理论研究尚属空白,对于相关概念的界定还未形成统一明确的理解和共识。

1.1.1　服务与服务采购

目前,学界对服务采购的研究大都是从经济学视角,站在服务供体的立场上,研究服务的营销、管理和创新等内容,而从服务受体立场上研究服务的采购、管理和监督等内容的专家及成果并不多,对服务与服务采购也未形成统一明确的概念。

1. 服务

马克思认为:"服务这个名词,一般说不过是指这种劳动所提供的特殊使用价值,就像其他一切商品也提供自己的特殊使用价值一样;但是这种劳动的特殊使用价值在这里取得了'服务'这一特殊名称,是因为劳动不是作为物,而是作为活动提供服务的。"长期以来,中外学者从不同角度对服务的概念进行了界定,大体上可分为三类。第一类是从过程的角度对服务特性的描述,第二类是从内在经济属性的角度上对服务的界定,第三类是从产品的对比中加以界定。

《辞海》的解释为:"不以实物形式而以提供活劳动的形式满足他人某种特殊需要"。我国《政府采购法》和《政府采购法实施条例》指出:"服务是指除货物和工程以外的其他政府采购对象,包括政府自身需要的服务和政府向社会公众提供的公共服务。"在理解和把握服务内涵和外延的基础上,本书认为:服务是指一方通过向另一方提供活劳动形式以满足对方需求或实现对方预期利益的一系列活动。按照服务目的,服务通常可以分为生产性服务和消费性服务。

2. 服务采购

我国《政府采购法》指出:"服务采购是指各级国家机关、事业单位和团体组织,使用财政性资金采购依法制定的集中采购目录以内的或者采购限额标准以上的除货物和工程以外的其他政府采购对象的行为。"《政府采购品目分类表》将服务概括为科学研究和试验开发、信息技术服务以及维修和保养服务等24项,并指出:"所有对它们获取的过程就称为服务采购。"《政府购买服务管理办法(暂行)》将服务分为基本公共服务、社会管理性服务和技术性服务等6大类,并规定政府购买服务是指"通过发挥市场机制作用,把政府直接提供的一部分公共服务事项以及政府履职所需服务事项,按照一定的方式和程序,交由具备条件的社会力量和事业单位承担,并由政府根据合同约定向其支付费用"。借鉴政府服务采购的基本定义,服务采购可定义为组织或个人通过契约形式从其他外部组织或个人获取活劳动以满足其需求或实现其预期利益的一系列活动。按照采购服务类型,政府公共服务采购通常可以分为生产性服务采购和消费性服务采购两种类型。

1.1.2 装备基地级维修与装备基地级维修采购

1. 装备基地级维修

1) 装备基地级维修基本概念

《中国人民解放军军语》定义:"装备基地级维修是指总部、军兵种、军区所属各类装备修理工厂和仓储机构,以及地方有关工厂进行的维修。主要承担装备的大修、改装、零部件制造与修理,以及平时和战时的维修支援等任务。"美军认为:装备基地级维修是指对武器系统、装备终端、总成、部件、组件和零件的大修、升级、改造、测试、检查和回收利用(必要时)等维护或修理的整个过程。它还包括与软件维护有关的各项工作,改进工作中总成或部件的安装,以及向中继级维修机构、作战部队和其他机构提供技术支援。根据二者基本相同的定义,装备基地级维修可定义为装备服务方通过向装备使用方提供活劳动形式,对武器系统、装备终端、总成、部件、组件和零件进行大修、升级、改造、测试、检查和回收利用(必要时)等维护或修理,以及维修支援的整个过程。显然,装备基地级维修即装备基地级维修服务,是一种典型的生产性服务。

2) 装备基地级维修类型划分

从不同研究角度,可以把装备基地级维修分为不同类型。从采购管理的角度,综合运用核心竞争力(Core Competencies Capability,CCC)理论和项目区分理论来划分装备基地级维修类型。

首先,着眼军事效益运用核心竞争力理论把装备基地级维修分为装备基地级核心维修和装备基地级非核心维修两种类型(见表1-1)。科学划分装备基地级维修类型必须首先准确界定其核心职能——核心装备和核心任务。核心装备通常是指作战想定或方案预计战时动用的装备类型及其数量;核心任务通常是指作战想定或方案预计战时产生的装备维修工时。装备基地级维修核心类型划分应当按照先确定核心装备后估算核心任务的程序进行。因此不存在仅是核心装备而非核心任务或仅是核心任务而非核心装备的基地级维修。装备基地级核心维修是指既是核心装备又是核心任务的基地级维修;装备基地级非核心维修是指二者都不是的基地级维修。

表1-1 基于核心竞争力理论的装备基地级维修类型划分

类型		核心装备(类型数量)	
		是	否
核心任务(维修工时)	是	装备基地级核心维修	—
	否	—	装备基地级非核心维修

其次,着眼经济效益按照项目区分理论把装备基地级维修分为经营性与非经营性。经营性装备基地级维修是指通过收取维修费能够获得经济收益的基地级维修,它又可以细分为纯经营性和准经营性装备基地级维修;非经营性装备基地级维修是指无法产生直接经济效益的基地级维修。

最后,基于上述分析,可以构建如表1-2所列的装备基地级维修类型划分矩阵,将其分为经营性装备基地级核心维修、经营性装备基地级非核心维修、非经营性装备基地级核心维修、非经营性装备基地级非核心维修四种类型。综合分析其军事效益与经济效益,经营性装备基地级核心维修属于军队核心竞争力和基本职能,虽然可行但禁止通过市场进行采购;经营性装备基地级非核心维修既不属于军队核心竞争力又不属于军队基本职能,适于且鼓励运用多种模式通过市场进行采购;非经营性装备基地级核心维修属于军队核心竞争力和基本职能,无法且禁止通过市场进行采购;非经营性装备基地级非核心维修虽然既不属于军队核心竞争力又不属于军队基本职能,但无法通过市场进行采购。所以,对经营性装备基地级非核心维修的PPP采购是本书研究的对象。

表 1-2　装备基地级维修类型划分矩阵

装备基地级维修类型		装备基地级维修核心类型	
		基地级核心维修	基地级非核心维修
装备基地级维修经营类型	经营性	经营性装备基地级核心维修	经营性装备基地级非核心维修
	非经营性	非经营性装备基地级核心维修	非经营性装备基地级非核心维修

3）装备基地级维修主要特征

装备基地级维修除了具备一般服务产品"无形性、异质性、同步性、易逝性"的共性特征之外，还具有以下特征。

（1）从消费者角度，装备基地级维修具有消费上的有限的非排他性、非竞争性。当维修需求超过维修能力这一临界点时，就会出现"拥挤"，即：一旦装备维修需求量超出维修机构所能承担的装备极限，它就会体现出一定的排他性和竞争性。同时，装备基地级维修的开展对国防工业等行业的发展具有极大的促进作用，体现出强烈的正外部性。因此，装备基地级维修属于典型的俱乐部物品。

（2）从生产者角度，装备基地级维修具有投资规模较大、项目建设周期和资金回收周期长等特征。装备基地级维修一般是按流水作业进行，由专门的修理机构、企业化修理工厂或承制方人员完成，需要完善的维修设施、配套的维修设备和专业的维修人员等专用资产。从设施建设、设备配套到人员培训、资料编制等资源配置都需要投入大量资金和较长周期，对生产者来说收回投资周期较长。

（3）从提供者[①]角度，装备基地级维修具有需求长期稳定、价格调整灵活等特征。武器装备是军队战斗力生成的物质基础，在军队体制编制中占有重要地位和较大规模。因此，对装备的基地级维修作为保障其发挥作战效能的必要性、经常性工作，具有长期的稳定性。同时由于装备基地级维修受人工成本、材料成本等影响明显，且成本比较透明、便于分析计算，其价格调整机制比较灵活。

2. 装备基地级维修采购

1）装备基地级维修采购基本概念

装备基地级维修采购是指军队装备部门通过契约形式从装备维修供应商

---

① E.S. 萨瓦斯认为有必要区别公共服务中的三个基本参与者：消费者、生产者和提供者或安排者，并指出服务提供或安排与生产之间的区别是明显且十分重要的。因此，政府可以做出用公共开支来提供某种服务的决定，但并不意味着必须依靠政府雇员和设施来生产这种服务。遗憾的是，很多研究把服务的提供与生产混为一谈。

处获取活劳动,对武器系统、装备终端、总成、部件、组件和零件进行大修、升级、改造、测试、检查和回收利用(必要时)等维护或修理,以及维修支援的一系列活动。具体地讲,就是军队装备部门将承担的经营性装备基地级非核心维修交给有资质的其他社会组织来完成,并按照市场标准建立提供维修服务的合约,由该社会组织提供装备维修服务,军队装备部门按照事先约定的维修绩效标准评估履约情况来支付服务费用。显然,装备基地级维修采购是一种典型的生产性服务采购。

2) 装备基地级维修采购根本属性

装备基地级维修采购具有军事属性、经济属性和社会属性三种根本属性。

(1) 军事属性。从产品形式的角度,装备采购可分为装备实体采购和服务采购两类,装备基地级维修采购作为一种装备服务采购是装备采购独特而重要的组成部分,相对于装备实体采购而言,虽然后者采购的是"无形产品",但也是间接或直接用于作战或保障作战。因此,装备基地级维修采购从诞生的第一天起就具备与打仗相生相伴的军事属性。

(2) 经济属性。装备基地级维修采购的对象是对武器系统、装备终端、总成、部件、组件和零件进行大修、升级、改造、测试、检查和回收利用(必要时)等维护或修理,以及维修支援的活劳动。虽然它与装备实体相比,具有"无形性、异质性、同步性、易逝性"特征,但在采购过程中也会发生各种费用——采购成本。因此,装备基地级维修采购同样也要追求经济效益的最大化,以最少的成本去获取最大的效益。因此,装备基地级维修采购是一种社会经济活动,具备明显的经济属性。

(3) 社会属性。装备基地级维修是为对武器系统、装备终端、总成、部件、组件和零件进行大修、升级、改造、测试、检查和回收利用(必要时)等维护或修理,以及维修支援的"中间"服务,是面向作战这一特殊"生产"活动而非最终市场化消费的一种特殊的服务活动,具有专业化程度高、知识密集和强制性等特点,是一种社会生产活动。因此,装备基地级维修采购属于典型的生产性服务采购,具备明显的社会属性。

3) 装备基地级维修采购主要特征

装备基地级维修采购具有采购需求难匹配、采购质量难把控、采购价格难估算、采购流程难规范以及采购保密要求高五个特征。

(1) 采购需求难匹配。由于维修服务产品的"无形性、异质性、同步性、易逝性"和供需双方的信息不对称,装备基地级维修无法规定详尽的技术指标和统一的型号规格;不同的装备到底需要什么样的基地级维修服务,甚至同一种基地级维修服务对不同武器装备个体,其维修要求、类型和程度都不尽相同,属

第1章 绪论

于典型的"个性化量产",具体采购需求较难统计量化、统一标准,需要装备使用部队、采购管理部门和维修服务供应商之间进行深入对接,才能较好地匹配需求。

（2）采购质量难把控。由于武器装备的使用与维修在时间和空间上相对分离,军队装备部门选取装备基地级维修共性特征编制的质量检验标准难免存在一定的偏差性;质量检验人员在质检过程中,对一些无法量化的维修指标只能通过经验判断,存在一定的主观性;装备基地级维修最终结果质量只有在后续的装备使用和作战过程中才能得到真正全面的检验,存在一定的滞后性。因此,装备基地级维修质量把控困难。

（3）采购价格难估算。由于劳动力市场价格不断波动和装备构造日益复杂,装备基地级维修生产成本和采购成本构成也越来越多元化,非货币、隐形化成本因素对装备基地级维修定价的影响更为明显,加之服务价格所固有的鲍莫尔"成本病"与价格棘轮效应,装备基地级维修价格的透明度、可比性以及竞争性越来越差。另外,装备基地级维修需求往往随政治、经济、军事等外部环境的变化而剧烈波动,具有短期的不确定性,也常常引起其采购价格的突变。

（4）采购流程难规范。随着装备信息化水平大幅提升和科学技术飞速发展,知识密集型维修服务和应急维修服务在装备基地级维修采购中的占比越来越高,况且随着装备基地级维修性质和程度不同、劳动者素质和能力不同、服务环境和条件不同,同类型装备基地级维修采购业务流程也存在一定差异。因此,装备基地级维修采购只能按通用类型制定指导性采购流程,并允许采购人员在实践中根据实际裁剪使用。

（5）采购保密要求高。由于装备特殊用途和军队特殊使命,维修服务供应商在装备基地级维修过程中,往往间接或直接地参与军事活动,或多或少地会接触到一些军事秘密,尤其是在战略性装备基地级维修过程中,个别单位和人员可能还会接触到国家和军队的核心机密。因此,对供应商资质提出了更高要求,必须形成完善的安全保密机制。

1.1.3 PPP模式与装备基地级维修PPP采购

1. PPP模式

1) PPP模式基本概念

PPP模式作为一种生产和提供公共服务的方法,将公共和私营部门与长期合同关系结合在一起,其实质是公共部门不购买资产,而是根据指定的条款和条件购买"服务流"。PPP模式的目标是提高成本效益并增加获取资源的能力,同时鼓励创造力和效率,从而更快地提供基本工程项目和改进服务提供。为提升基础设施水平,解决公共服务资金匮乏、公共部门缺少有效性以及资金效率等问题,英国财政大臣克拉克于 1992 年率先提出了公私合作的 PFI/PPP 模式的概念。PPP 模式作为实践的产物,其涵义也随着实践发展而不断深化。国内外学者以及相关机构分别结合当地的政治、经济和文化等背景,对 PPP 模式的概念给出了不同界定,基本情况见表 1-3~表 1-5。

表 1-3　国外主要学者对 PPP 模式概念界定情况

学者	时间	概　念
Gottschalk	1997	公共部门与私营机构为了共同的经济目标建立并实施的长期合同
Savas	2000	一是在广义上,它指公共部门与私营部门共同参与公共产品和服务生产和提供的任何安排;二是指一些复杂的、多方参与并被私有化了的基础设施项目;三是指企业、社会贤达和地方政府为改善城市状况而进行的一种正式合作
Samii	2002	公共部门和私营部门以产出效益和可持续发展方向确立的伙伴关系,在项目下结盟的不同伙伴间建立并成功管理的紧密型合作
Spielman and Grebmer	2004	公私各方为了完成一个既定目标采取相应行动,提供各自的资源,在伙伴关系下形成制度结构,公私优势相互补充,协同完成需要特定专业技术的产品和项目,一个公私伙伴关系也是一个团队协作
Ahmed and Ali	2004	民营部门负责服务,公共部门进行规制和维护公共利益的一种合作伙伴关系
Grimsey and Lewis	2004	在达成的合同下,私营实体参与或为公共基础设施提供服务支持
Strünck and Heinze	2005	私人营利部门与公共部门以正式的营利公司或特别委员会的形式实施的合作,其目的是实施或提供那些一般能够由公共部门独立承担的项目或服务

表 1-4　国内主要学者对 PPP 模式概念界定情况

学者	时间	概　念
李秀辉 张世英	2001	政府、营利性企业和非营利性企业基于某个项目而形成的相互合作关系的形式。通过这种合作形式,合作各方可以达到与预期单独行动相比更为有利的结果。合作各方参与某个项目时,政府并不是把项目的责任全部转移给私人企业,而是由参与合作的各方共同承担责任和融资风险
王灏	2004	广义上,泛指公共部门与私人部门为提供公共产品或服务而建立的各种合作关系;狭义上,是指一系列项目融资模式的总称,包含 BOT、TOT 和 DBFO 等多种运营方式
余晖 秦虹	2005	公共部门与私人部门为提供公共服务而建立起来的一种长期合作伙伴关系。这种伙伴关系通常需要通过正式的协议来确定。在伙伴关系下,公共部门和私人部门发挥各自的优势来提供公共服务,共同分担风险、分享收益

第1章 绪论

(续)

学者	时间	概念
陈婉玲	2014	政府和私人组织之间,为了合作建设城市基础设施项目或是为了提供某种公共产品和服务,彼此之间形成的一种伙伴式的合作关系
贾康 孙洁	2014	政府公共部门与民营部门合作中,让非公共部门所掌握的资源参与提供公共产品和服务,从而实现政府公共部门的职能同时也为民营部门带来利益。这种合作可以在适当满足私人部门的投资营利目标的同时,为社会更有效率地提供公共产品和服务,使有限的资源发挥更大的作用

注:缩略语英文全称参见本书附录1

表1-5 国内外主要机构对PPP模式概念界定情况

机构	时间	概念
加拿大PPP国家委员会	1993	公共部门和私人部门之间建立在各自经验的基础之上的一种合作经营关系,通过适当的资源分配、分险分担和利益共享机制,最好地满足事先清晰界定的公共需求
联合国培训研究院	2000	涵盖了不同社会系统倡导者之间的所有制度化合作方式,目的是解决当地或区域内的某些复杂问题。它包含两层含义:一是为满足公共产品需要而建立的公共和私人倡导者之间的各种合作关系;二是为满足公共产品需要,公共部门和私人部门建立伙伴关系进行的大型公共项目的实施
英国财政部	2000	公共部门和私营部门为了共同的利益而形成的长期合作。它主要包括三种形式
美国PPP国家委员会	2002	介于外包和私有化之间并结合了两者特点的一种公共产品提供方式,它充分利用私人资源设计、建设、投资、经营和维护公共基础设施,并提供相关服务以满足公共需求
欧盟委员会	2003	公共部门和私人部门之间的一种合作关系,其目的是为了提供传统上由公共部门提供的公共项目或服务
亚洲开发银行	2008	为开展基础设施建设和提供其他服务,公共部门和私营部门实体之间可能建立的一系列合作伙伴关系
中国发展改革委	2014	政府为增强公共产品和服务供给能力、提高供给效率,通过特许经营、购买服务、股权合作等方式,与社会资本建立的利益共享、风险分担及长期合作关系

总体上,上述众多概念可以归纳为两个层次:一个是从宏观层面在广义上把PPP模式界定为一种公共部门与私营部门为提供公共产品和服务而建立的合作伙伴关系;另一个是从微观层面在狭义上将PPP模式定义为一种公共产品和服务的公私合作提供模式。无论是在哪个层面,PPP模式都具有多种合作形式或运营方式。其中特别值得注意的是,我国政府结合国情——国有企业在国民经济中的主导地位,将PPP模式中文名定为"政府和社会资本合作模式",并明确界定:政府和社会资本合作模式是政府部门与社会资本之间建立的一种长期合作关系。社会资本主要包括国有企业、民营企业、外商投资企业、混合所有

制企业,或其他投资、经营主体。

从整个政府部门的角度出发,获得或提供公共产品或服务的方式无非内部生产和外部采购两种。在社会主义市场经济条件下,无论是从国有企事业单位获取①还是从非国有企事业单位购买,都是以货币化交易为表现形式的商品交换。因此对公共部门而言,"公共产品或服务的提供模式"实质上就是"公共产品或服务的采购模式"。进而,具体到装备采购管理,作为一种装备基地级维修提供模式的 PPP 模式,本质上讲也就是一种装备基地级维修的采购模式②。

因此,结合我国国情,从伙伴关系的"宏观"着眼,理解 PPP 模式的内涵特征,从采购模式的"微观"着手,界定 PPP 模式的基本概念。在深刻把握 PPP 模式公共部门与私营部门利益共享、风险共担合作提供公共产品或服务的本质内涵的基础上,将 PPP 模式界定为:政府部门按照优势互补、风险共担、利益共享的原则与社会资本建立合作协议以获取公共产品或服务的各种模式的统称。

2) PPP 模式类型划分

PPP 模式脱胎于私有化理论与实践的不断发展和持续创新。从其本质内涵可以看出,无论是作为一种公共产品或服务的提供模式,还是作为一种采购模式,它都是社会资本参与的多种运营方式的统称,其具体运营方式必须植根于特定的政治、经济和文化"土壤"。而且,由于 PPP 模式在世界各国应用发展的不平衡性,各种机构和各国学者对其运营方式的类型划分多达几十种,其中具有代表性和权威性的如表1-6、表1-7所列。

表1-6　国内外主要机构对 PPP 模式类型划分情况统计

机构	时间	类型
世界银行	1997	SC,MC,L,C,BOT,全部或部分剥离(Full or Partial Divestiture)
联合国培训研究院	2000	OL、BOT 和 BOO
欧盟委员会	2003	传统承包类:SC,O&M,L; 一体化开发和经营类:BOT,Turnkey; 合伙开发类:C,剥离(Divestiture)
亚洲开发银行	2008	SC,MC,承兑或租赁合同(Afterimage or Lease Contracts),C,BOT 及类似安排,合资企业(Joint Venture),混合安排(Hybrid Arrangements)
加拿大 PPP 国家委员会	1993	O&M,DB,DBMM,BDO,LDO,BLOT,BTO,BOT,BOOT,BOO,BBO

---

① 目前我国政府公共服务管理部门大都是采用合同制从国有企、事业单位购买公共服务。社会主义市场经济条件下,从经济本质上讲"提供=采购"。因为,无论是内部生产还是外部采购都是基于成本的权衡取舍。

② 当前,我军装备部门通常是采用合同制从军队建制基地级维修机构购买装备基地级维修。

(续)

机构	时间	类型
美国政府审计署	1999	BDO,BOT,BTO,BOO,BBO,DB,DBFO,DBM,DBO、发展商融资(Developer Financing)、免税合同(Duty-free Contract)、经营、维修及管理外包(O&M and Management Contract)、全包式交易(Whole-Transaction)
英国财政部	2000	资产出售(Asset Sales)、扩大市场(Wider Markets)、商业交易(Sales of Businesses)、合伙公司(Partnership Companies)、PFI、JV、合作投资(Partnership Investments)、政策伙伴(Policy Partnerships)
加拿大工业部	2001	O&M、DB、承包经营(Turnkey Operation)、公共设施扩建(Wrap Around Addition)、租赁-购买(Lease-Purchase)、临时私有化(Temporary Privatization)、LDO/BDO、BTO、BOOT、BOO
澳大利亚基础设施发展委员会	2005	D&C、O&M、DBO、BOOT、BOO、LOO 和联盟(Alliance)

注：缩略语英文全称参见本书附录1

表1-7　国内外主要学者对PPP模式类型划分情况统计

学者	时间	类型
Zhang and Kumaraswamy	2001	以融资为基础的方式：BOT、BTO、BOO 等；政府对私人投资进行补偿的方式：DBFO 等
Frank	2002	政府主导型：DB、O&M 等各种外包类；共同协商型：DBFO、DBTO、LUOT、PUOT、BLOT、BOOT；私人主导型：PUO、BOO
Akintoye et al	2003	选择性合同(Alternative Contract)、L、JV、C、P
Broadbent	2004	BOT、BOO、BOOT、DBFO
Grimsey and Lewis	2004	BOT/BOO、JV、L、SC、MC 等多种方式
王灏	2004	外包类：模块式外包型、整体式外包型；特许经营类：TOT 型、BOT 型、及其变体型；私有化类：部分私有化型、完全私有化型
甘绮翠	2005	DB、O&M、C、DBO、DBOT 等
邓小鹏	2007	SC 类：DBMM；MC 类：O&M；L 类：TOT、BLOT、BTO；JV 类；BOT 类：DBO、BOT、DBFO；部分私有化类：BOOT、BBO、BOO

注：缩略语英文全称参见本书附录1

此外，张碧波按照公私合作的程度（项目所有权归属或控制权配置的标准），将PPP模式运营方式分为三类基本方式：BTO、BOT 和 BOO，并认为 BOOT、BOLT 和 DBFO 等其他千变万化的运营方式都是在这三类基本方式上的衍生发展。

综合分析上述机构和学者对PPP模式运营方式的类型划分，可以发现：一是 PPP 模式的运营方式是基于国家和地区环境动态发展、千变万化的，特别是 PPP 模式与传统服务提供模式和私有化之间的界线是随着国情（地区情况）的变化而变化的，全球层面无法也不必用一个统一而固定的结构形式来详尽划分其运营方式，但国家或地区层面为便于指导规范其运用，可以在一个适当的"粒度"采用一个开放而动态的结构形式来概略描述其运营方式。二是鉴别或划分 PPP 模式的运营方式可以按照一个相对统一的标准或依据，即公私合作的参与程度（用 PPP 项目产权在全寿命周期（时间）和划分比例（空间）上的非一次性转移[①]的程度来表征）。其中，对新建项目主要从其产权在全寿命周期上的转移程度来衡量；对存量项目主要从其产权在划分比例上的转移程度来衡量。三是现有 PPP 模式运营方式的类型划分站在私营企业角度学习国外先进经验较多，站在政府部门角度结合本国具体实际不足。同时，类型划分的层次和尺度不尽相同。例如：有的将 BOT 型与属于其中一种的 BOOT 方式并列分类；有的将传统的 DB 方式和私有化的 BOO 方式等划入了 PPP 模式。

在理解把握 PPP 模式本质涵义的基础上，认为它是介于传统采购和私有化之间的一种"先购买、后支付"的政府公共服务采购模式，借鉴王灏、邓小鹏和张碧波等学者的分类方法，PPP 模式的通用运营方式概略分类如图 1-1 所示。

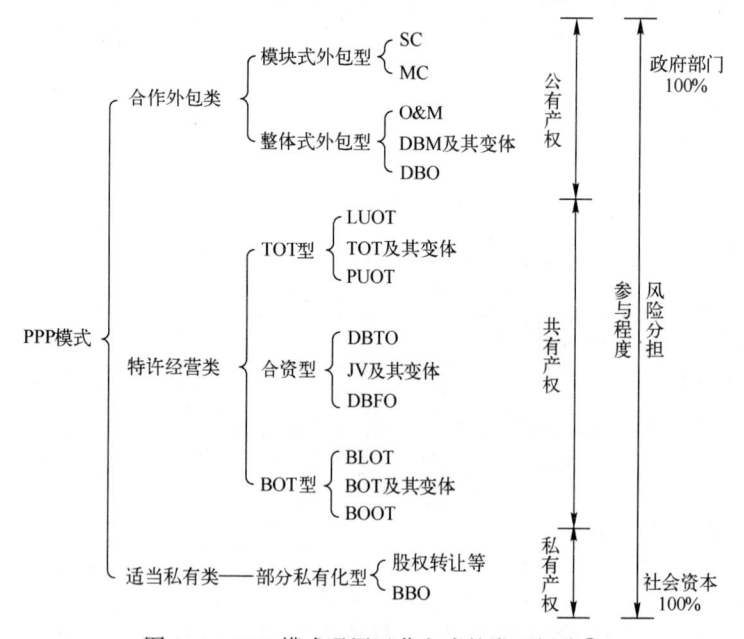

图 1-1 PPP 模式通用运营方式的类型划分[②]

[①] 非一次性转移指的是非"一锤子买卖"，是一种时间或空间上的非线性持续交易。
[②] 缩略语英文全称参见附录 1。

3) PPP 模式适用范围

一般来说，PPP 模式适宜于投资规模较大、需求长期稳定、价格调整机制灵活、市场化程度较高的基础设施和公共服务类项目。从上述概念和分类也可以看出，PPP 模式并不是"万能钥匙"，只有针对合适的项目，才有可能发挥其潜在的优势。因此，对 PPP 模式的适用范围要从项目本身所具备的特征分析入手。综合运用公共物品理论和项目区分理论，可从公共产品或服务项目的公共性和经营性两个维度来区分项目类型，具体情况如图 1-2 所示。

	公共物品	准公共物品	私人物品
公益性项目	Ⅰ 公益性公共物品	Ⅱ 公益性准公共物品	—
准经营性项目	Ⅲ 准经营性公共物品	Ⅳ 准经营性准公共物品	Ⅴ 准经营性私人物品
经营性项目	—	Ⅵ 经营性准公共物品	Ⅶ 经营性私人物品

图 1-2 公共产品或服务项目的类型划分

从图 1-2 可知，由于公共物品和私人物品的本质属性，理论上不存在经营性公共物品和公益性私人物品。因此，公共产品或服务项目可分为图 1-2 中的 7 种类型。

资本逐利的天性众所周知，无论公共资本还是私营资本，都是以赢利为宗旨。因此，对第Ⅰ、Ⅱ类公共产品或服务项目，社会资本没有参与运营的动机和激励，显然，采取传统国有化方式更能有效提供此类公共产品或服务；对第Ⅴ、Ⅶ类公共产品或服务项目，政府部门没有参与运营的必要和优势，显然，采取完全私有化方式更能有效提供此类公共产品或服务。

对于第Ⅲ类公共产品或服务项目，由于它属于公共物品，同时具有消费上的非排他性、非竞争性和效用不可分割性，以及外部性等特征，应由政府部门提供。但根据公共选择理论，由政府投资的公共服务，并非必须由政府来生产。此外，它还具有潜在的利润。因此，政府部门可以充分发挥政策机制，通过合作外包类为主的 PPP 模式采购此类公共产品或服务。

对于第Ⅳ类和第Ⅵ类公共产品或服务项目，由于它们属于准公共物品，仅仅具有消费上的非排他性或非竞争性,以及一定的外部性等特征,可由多个部门提供。同时,第Ⅳ类公共产品或服务项目还具有潜在的利润。因此,对只具有消费上的竞争性而没有排他性的准经营性公共物品——准经营性公共资源,可以采用特许经营类、适当私有类等 PPP 模式进行采购;对只具有消费上的排他性而没有竞争性的准经营性公共物品——准经营性俱乐部产品,可以采用特许经营类、合作外包类等 PPP 模式进行采购。第Ⅵ类公共产品或服务项目,还具有市场收费机制。因此,政府部门可以充分发挥市场机制,通过适当私有类为主的 PPP 模式采购此类公共产品或服务。

综上所述,对第Ⅲ、Ⅳ和Ⅵ类公共产品或服务项目采用 PPP 模式采购既能避免市场失灵,又能防止政府失灵,还能内部化外部性,在公平的情况下能够高效地提供此类公共产品或服务。事实上,真正意义上的纯公共产品非常少,而且随着科学技术、市场机制和政策机制的飞速发展,公共产品或服务消费者激增,排他成本也骤降,这些公共产品或服务更加适宜运用 PPP 模式进行采购供给。

2. 装备基地级维修 PPP 采购

1) 装备基地级维修 PPP 采购基本概念

装备基地级维修 PPP 采购是指军队装备部门按照优势互补、风险共担、利益共享的原则与社会资本建立合作关系,以获取活劳动对武器系统、装备终端、总成、部件、组件和零件进行大修、升级、改造、测试、检查和回收利用(必要时)等维护或修理,以及维修支援等一系列活动。军队装备部门只能是其自身,不能授权委托下属机构。社会资本既包括国有企业、民营企业,又包括非项目主管军队装备部门所属的军工企业、事业单位,以及非政府组织等。

2) 装备基地级维修 PPP 采购主要特征

装备基地级维修 PPP 采购具有目标共同、资源共用、利益共享、风险共担和合作剩余五个特征。

(1) 目标共同是装备基地级维修 PPP 采购的根本特征。PPP 模式中,军队装备部门与社会资本之间的伙伴关系是建立在一个共同目标的基础之上的,这个目标就是用最优、最少的维修资源达成最好、最多的装备维修服务。这个共同目标对军队装备部门来说是核心职能所系,是以此目标实现装备基地级维修国防福祉和军事效益的追求;这个共同目标对社会资本而言是核心利益所在,是以此目标实现自身经济利益和社会价值的追求。因此,这一共同目标是军队装备部门与社会资本之间达成合作契约的根本基础。

(2) 资源共用是装备基地级维修 PPP 采购的产生特征。维修资源是实施装备基地级维修的物质基础。PPP 模式中,军队装备部门与社会资本之间的伙伴关系的产生是基于资源禀赋在质量和数量上的优势互补、资源共用。市场经济条件下,只有异质相吸的资源才存在合作的可能,同质相斥的资源之间绝大多数情况下只存在竞争。装备基地级维修PPP采购中,军队装备部门往往具备维修人员、设备和设施等方面的资源禀赋,社会资本往往具备资金、技术和管理等方面的资源禀赋。因此,这种资源共用是军队装备部门与社会资本之间达成合作契约的产生条件。

(3) 利益共享是装备基地级维修PPP采购的动力特征。PPP模式中,军队装备部门与社会资本之间的伙伴关系的动力源泉是共同分享项目产生的利益成果。这个利益成果是一种军事、经济和社会等多种效益的综合性成果。对军队装备部门来说主要是分享其中的国防和军事效益;对社会资本而言则主要是分享其中的经济和社会效益。因此,这种利益共享是军队装备部门与社会资本之间达成合作契约的核心动力。

(4) 风险共担是装备基地级维修PPP采购的运营特征。PPP模式中,军队装备部门与社会资本之间的伙伴关系的运营是基于项目风险在军队与社会资本之间的合理分担。这种风险共担将风险分配给能以最小成本、最大效益管理它的一方承担。军队装备部门一般承担项目的政治、法律和财政等风险;社会资本通常承担经济、技术和管理等风险;而社会、市场和环境等风险则由双方共同承担。风险共担使军队装备部门和社会资本面临的整体风险降低到最小,实现了项目全寿命周期运营成本的明显降低,提升了项目运营价值。因此,这种风险共担是军队装备部门与社会资本之间达成合作契约的运营要求。

(5) 合作剩余是装备基地级维修PPP采购的绩效特征。PPP模式中,军队装备部门与社会资本之间的伙伴关系的绩效是合作主体通过合作得到的合作剩余。这种合作剩余是指军队装备部门与社会资本通过合作得到的净收益与不合作所能得到的净收益之间的差额。它主要来自两个渠道:①合作扩大了生产可能边界。比如:合作本身可以创造一种由单个主体或者其简单累加不能达到的力量;合作使合作主体将其生产活动集中于专业性操作上,能提高生产熟练度,改善生产效率等。②合作可使实际产出更接近生产可能性边界。例如:合作可使生产要素更加高效地用于生产领域,减少资源浪费;合作还可以提高生产资源的使用效率等。因此,这种合作剩余是军队装备部门与社会资本之间达成合作契约的潜在绩效。

总之,装备基地级维修PPP采购的本质特征就是要发挥军队装备部门和社会资本各自的维修资源禀赋优势,为实现共同的装备基地级维修目标进行互利合作,形成创造合作剩余的平等伙伴关系,风险共担、利益共享。

1.1.4　共生系统与装备基地级维修 PPP 采购共生系统

1. 共生系统

1）共生基本概念

"共生"（Symbiosis）概念最早由德国生物学家德贝里（Aoton de Bary）于1879年提出，是指不同生物种属按某种物质联系而生活在一起。由于世界是相互联系、相互依存的物质组成的，共生现象不仅存在于生物界，而且广泛存在于社会体系之中。经济学上的共生是指经济主体之间存续性的物质联系。从狭义上抽象地讲，共生是指共生单元之间在一定共生环境中按照某种共生模式生成的关系。

共生不仅是一种生物现象，也是一种社会现象；不仅是一种自然状态，也是一种可塑形态；不仅是一种生物识别机制，也是一种社会科学方法。根据共生概念，共生的要素包括共生单元、共生模式和共生环境，这三者构成了共生的三要素。共生单元是指构成共生体或共生关系的基本能量生产和交换单位，是生成共生体的基本物质条件。共生模式也称为共生关系，是指共生单元相互作用的方式或相互结合的形式，也反映作用的强度。共生单元以外的所有因素的总和构成共生环境，它相对于共生单元和共生模式是外生的，往往也是难以抗拒的。

2）共生系统基本概念

辩证唯物主义的系统科学认为系统是普遍存在的，共生理论认为共生也是自然界与人类社会个体和组织普遍存在及发展的必然属性。袁纯清在充分吸收系统科学和生态科学发展最新成果的基础上，把生物"共生"的理念融入进系统科学，将群落"共生"的学说拓展到社会科学，从共生现象这一特殊方法论入手，从合作共赢的全新视角深入研究系统演化发展的规律，特别是生命系统、社会系统和经济系统的演化发展规律，从而在共生理论中首次提出了"共生系统"的概念。一般而言，共生系统是指由共生单元按某种共生模式和共生类型构成的共生关系的集合。共生单元构成共生系统的要素，共生模式和共生类型决定共生系统的结构。

2. 装备基地级维修 PPP 采购共生系统

1）自然共生系统与装备基地级维修 PPP 采购系统类比

为深入剖析自然共生系统与装备基地级维修 PPP 采购系统的区别与联系，表1-8 对二者进行了全面类比。在自然共生系统中，生物与自然环境相互依存、相互制约，生物与生物之间、生物与环境之间通过新陈代谢不断地进行着物质循环、能量传递和信息交换，从而推动整个生态系统沿着由竞生到共生、由简单到复杂的趋势演化,并最终得以稳定。从系统科学的视角来看,装备基地级维修PPP采购的过程就是其系统生成的过程。在装备基地级维修PPP采购系统中,军队装备部门与社会资本如同生物体一样,彼此间有着直接或间接的依赖共存关系,并连同周围采购环境构成了一个统一整体。这个有机整体以军队装备部门和社会资本形成的"命运共同体"为中心,持续进行装备维修物质、价值和信息的交流,彼此相互依存、互惠共生,使整体逐步演化成装备基地级维修PPP采购共生系统,并通过多种共生关系来维持系统的和谐与平衡,实现互利与共赢的局面。

表1-8 自然共生系统与装备基地级维修PPP采购系统的区别与联系

	项目	自然共生系统	装备基地级维修PPP采购系统		项目	自然共生系统	装备基地级维修PPP采购系统
区别	系统性质	自然系统,仅受生态规律制约	自然系统之上的军事经济系统,受生态、社会和经济等多重规律制约	联系	循环流动	两者都存在物质循环和能量流动	
	环境关系	适应环境,变化缓慢	适应且改造环境,系统变化较快		根本动力	两者都存在"根本动力",前者的是生存和繁衍,后者的是效益和效率	
	生态容量	自然环境决定,容量相对固定	采购主体与采购环境共同决定,容量有一定弹性		演化过程	两者演化过程都是动态、非线性和不可逆的	
	生态链	能量流沿食物链递减性传导	价值流沿价值链传导,物质和价值流流向相反		关键种	两者都有一个"关键种"对系统的结构、功能及演化起到决定性作用	
	地域性	很强的群落地域性	跨地域利用维修资源		共生关系	两者系统成员间都存在多种类型的共生关系	

2) 装备基地级维修PPP采购共生系统基本概念

因为装备基地级维修PPP采购系统具备典型自然共生系统的生态学特征,所以进一步将其定位为装备基地级维修PPP采购共生系统。从生态科学的视角,自然共生系统是一种以互利共存为本质特征的特殊的生态系统。生态系统是指在一定时间和空间内,由生物群落与其环境组成的一个整体,各组成要素间凭借物种流动、能量流动、物质循环、信息传递和价值流动,而相互联系、相互制约,并形成具有自调节功能的复合体。生态系统的概念一般包括以下四方面的内涵:①空间和时间界限;②系统的基本组成;③系统的基本功能;④系统在功能上统一的结构基础和发展趋势。师法自然生态系统,综合装备基地级维修PPP采购和共生系统的基本概念,可认为:装备基地级维修PPP采购共生系统是指在一定的时空范围内由军队装备部门、社会资本和装备采购环境,基于共同的装备基地级维修目标,以合作契约为基础,通过装备维修物质、价值和信息等交换的方式,实现维修资源共用、利益共享、风险共担的互惠共生关系的动态平衡有机整体。它主要包括装备维修商、制造商、销售商、科研机构、中介机构、金融机构以及装备基地级维修所需的各种资源、维持系统运转的规则等。装备采购环境由军事、政治、市场、技术和社会等环境综合而成。

1.1.5 动力机制与装备基地级维修 PPP 采购共生系统动力机制

1. 动力机制

"动力"一词源于物理学,一般指使机械做功的各种作用力,如水力、风力、电力等。在社会生活中,可引申为推动工作、事业等前进和发展的力量。根据《辞海》,"机制"原指机器的构造和动作原理,特指机器在运转过程中各个零部件之间的相互联系、互为因果的连接关系及其运作方式。后来,"机制"一词被广泛运用到自然科学和社会科学等诸多领域,主要是指有机体的构造、功能及其作用关系。一般认为,"机制"包括三层涵义:①指事物各组成要素的相互关系,即结构;②指事物在有规律的运动中发挥的作用和效应,即功能;③指发挥功能的作用过程和作用原理。哥德尔不完全性定理在逻辑上证明:系统的动力机制源于其"自我否定"。自然事物内部都存在"自我否定"的因素和力量。所有开放的自组织系统普遍存在一套动力机制,否则系统将成为死结构,无法调整,更难以运行。姜秀山等认为动力机制是指某一子系统与其所处的环境系统中的其他要素相互关系、相互作用而产生的使自身发生某种行为的内在驱动力的方式、方法的总和。从经济学角度看,动力机制主要是指经济体在实现某种目标的过程中受到的来自其内外的各种力量,以及这些力量的构成要素、结构、作用过程和作用机理等形成的统一体。

2. 装备基地级维修 PPP 采购共生系统动力机制

1)基本概念

从动力机制的概念可以看出,系统运行不仅受到外部环境因素的作用,而且受到内部构成要素之间的关系及其作用所产生的力量所驱动。作为一个开放的自组织为主、他组织为辅的复杂适应系统,装备基地级维修 PPP 采购共生系统不可能只依靠外部环境的力量向互惠共生的方向演化和发展。一是因为系统之外的环境变化带有随机性,其对系统的作用和影响不可能与系统的目标始终保持一致;二是因为系统外部环境变化是通过影响和作用于系统内部构成要素之间的共生关系及其作用来实现对系统的激励和影响的。尽管系统外部环境对系统的演化产生一定影响和激励,但这个力量是次要的。驱动系统演化发展的主体力量还是来源于系统内部。因此,需要以内为主、以外为辅、内外结合地辨析驱动系统向互惠共生演化和发展的动力机制及其运行机理。在此基础之上,通过多种途径和方式调动系统内部构成要素的源动力以及系统外部采购环境的驱动力以实现系统的共生目标。上述源动力、驱动力及其运行机理和生成路径就构成了系统演化的动力机制。

装备基地级维修PPP采购共生系统动力机制,是指装备基地级维修PPP采购共生体为实现军事、经济、社会等共生效益的帕累托最优,尽可能充分利用其系统内外的各种力量,以及这些力量的构成要素、结构、作用过程和作用原理等形成的统一体。在外延上,就组成结构而言,装备基地级维修PPP采购共生系统动力机制主要是由动力因素、动力机理和动力路径等组成。装备基地级维修PPP采购共生系统动力机制的实质是其系统内部共生单元之间及其与共生环境之间一系列特殊的关联或结构,其主要作用就是将微观层次的竞生运行的无序动能整合为宏观层次的共生运动的有序动力。

2)主要特征

装备基地级维修PPP采购共生系统动力机制具有主体能动性、整体协调性和相互干涉性三个特征。

(1)主体能动性。装备基地级维修PPP采购共生系统中,由军队装备部门和社会资本形成的共生体具有积极主动的持久的合作动机和共同愿景,从而产生强烈的合作意识。合作意识是合作活动的前提,只有形成积极主动的合作意识,才能能动地持续合作,以协调外部环境实现共生效益。

(2)整体协调性。装备基地级维修PPP采购共生系统动力因素相互关联,相互制约,形成一个有机整体。系统动力机制的形成和运行以各动力因素的动能为基础,各动力因素功能的发挥又有赖于各个因素之间的整体协调。

(3)相互干涉性。装备基地级维修PPP采购共生系统动力因素之间是相互联系和相互作用的,这种相干性往往体现为一种动力因素之间产生的正反馈——功能放大现象,从而"倍增聚合"各个动力因素的动能,推动装备基地级维修PPP采购共生系统演化和发展。

3)主要功能

功能是有特定结构的事物或系统在内部和外部的联系与关系中表现出来的特性及能力,它一般由其结构来决定,并对结构有一定的依赖性,这也是系统论中重要的结论——功能相关律,即结构决定功能。装备基地级维修PPP采购共生系统动力机制具有以下主要功能。

(1)激发装备基地级维修PPP采购共生系统的生成。动力机制最基本的功能就是能够激发出系统共生体的共同愿景和合作动机。只有军队装备部门和社会资本有了合作共生的意愿和动机,才能整合差异、凝聚共识、互补优势,形成协调一致、互动互应的有机统一体——装备基地级维修 PPP 采购共生系统。

(2) 维持装备基地级维修 PPP 采购共生系统的运行。动力机制最核心的功能就是能够维持装备基地级维修 PPP 采购共生系统的日常运行。正如物理学中的物体运动具有动力一样,在现实世界里生成的系统都有一定的自我保持能力,或称维生能力。共生系统内外条件发生变化是在所难免的,动力机制能够使系统主动适应内部组分及其相互关系的适度变化,尤其是外部采购环境的较大变化,保持装备基地级维修 PPP 采购共生系统的基本结构、特性和共生模式,在"自稳"的范围内维持系统的共生与运行。

(3) 驱动装备基地级维修 PPP 采购共生系统的演化。动力机制最高级的功能就是能够驱动装备基地级维修 PPP 采购共生系统的演化。装备基地级维修 PPP 采购共生系统是以自组织为主、他组织为辅的复杂适应系统。同时,它也是一个典型的军事经济复合共生系统。为推动其发展演化,人们势必通过不断完善外部采购环境以优化其内部组分及其结构与关系,推动系统不断由低阶共生向高阶共生的结构和层次发展演化。而系统内外部分之间、内部组分之间的这种相互作用正是系统演化发展的动力机制。

综上所述,动力机制通过系统自组织和协同演化过程,调动装备基地级维修 PPP 采购共生系统的各种资源优化配置,从而达到帕累托最优,推动装备基地级维修 PPP 采购共生系统的不断生成、运行和演化。

1.2　开展装备基地级维修 PPP 采购现实动因

装备基地级维修 PPP 采购能够实现军队装备基地级维修"生产者"、"提供者"与"监管者"身份的分离,不但有助于优化军队规模结构和力量编成、激励科学技术创新和成果转化、满足装备维修需求和优化结构、提高维修资源配置效益和效率,而且有助于盘活装备维修内需和增加经济活力、提高装备经费使用效率和保障效益、促进经济和国防建设协同发展、加强军队和地方文化交流沟通,是一项利国、利军、利民的战略举措。

1.2.1　军事动因

1. 有利于优化军队规模结构和力量编成,打造精锐核心作战和保障能力

组织形态决定组织能力。合理运用 PPP 模式采购装备基地级维修能使军队在"实时可控"状态下,把大量准经营性装备基地级非核心维修工作采取外包、特许经营或适当私有化的合作方式交由具备资质的社会资本具体组织实施，而军队则只需保持满足武器装备维修保障需求的最重要、最基本、最低限度的装备基地级核心维修能力，实现由"养人"向"养事"转变，在整个军员额和保障力量编制规模不变甚至相对减少的情况下，进一步把人力和资源的投向和投量向"能打仗、打胜仗"聚焦，最大限度地优化作战人员和装备维修人员的整体规模结构和具体编配比例，从而实现军队装备部门组织形态的现代化。

2. 有利于激励科学技术创新和成果转化，抢占未来军事竞争战略制高点

没有竞争就没有创新。军队机构内包模式下，存在严重准入壁垒，容易形成军队建制维修机构垄断，造成装备基地级维修缺乏竞争；而社会资本外包模式下，存在大量沉没成本，又容易形成某一企业垄断，同样使得装备基地级维修采购缺乏竞争。合理运用 PPP 模式采购装备基地级维修，既能通过竞争方式遴选地方优势技术力量参与装备基地级维修，激励装备承修机构不断投入更多资源进行维修技术创新，以在竞争中取得优势并不断提高经济效益，又能通过合作方式联合军队装备部门和社会资本技术优势共同完成装备基地级维修工作，激励军队装备部门和社会资本共享技术成果，加快双方优势技术成果相互转化速度，从而带动军队装备部门及社会资本装备维修技术能力的不断投入和持续提升，促进国防工业良性循环和健康可持续发展，抢占未来军事竞争战略制高点。

3. 有利于满足装备维修需求和优化结构，更好更快地完成装备保障任务

解决主要矛盾是解决问题的关键。目前，我军日益增长的装备维修需求与相对落后的装备维修能力之间的矛盾主要体现在两个方面：一是多元化装备维修需求与有限装备维修能力之间的供需性矛盾；二是老旧装备维修能力过剩、新型装备维修能力不足的结构性矛盾。合理运用 PPP 模式采购装备基地级维修，既能突破军队自身有限资源限制，运用市场机制在更大范围内耦合配置军队和地方维修资源，以更加灵活的方式、更加高效的手段和更加可靠的质量，满足平时"波谷式"和战时"波峰式"装备基地级维修需求，并通过市场机制迅速进行"波浪式"调整以应对装备维修工作量的骤变，有效缓解多元装备维修需求与有限装备维修能力之间的供需性矛盾，又能在军队装备部门宏观调控下通过市场高效调配维修资源，有计划地将老旧装备冗余维修资源向新型装备维修能力建设配置，避免重复建设和资源浪费，优化调整老旧装备维修能力过剩、新型装备维修能力不足的装备维修能力结构，从而有效缓解我军日益增长的装备维修需求与相对落后的装备维修能力之间的矛盾，更好更快地完成装备保障任务。

4. 有利于提高维修资源配置效益和效率，加速推进新装备维修能力形成

计划机制能够实现公共利益的最大化，而市场机制则是最具活力和效率的资源配置手段。军队机构内包模式下能够发挥计划机制的优势，实现装备基地级维修采购军事效益最大化，但却存在政府失灵的问题；而社会资本外包模式下能够发挥市场机制的优势，实现装备基地级维修采购经济效益最大化，但也存在市场失灵的问题。PPP模式作为介于二者之间的一种采购模式，既能发挥军队机构内包模式计划机制的优势，防止市场失灵，又能发挥社会资本外包模式市场机制的优势，防止政府失灵，合理运用PPP模式采购装备基地级维修，能够在军事、经济和社会等公共综合效益最大化的前提下，通过市场有目的、有计划地以最佳效能和最快速度整合调配军队和地方优势维修资源，迅速将装备科研、生产等能力有机转化为装备维修、管理等能力，从而加速推进新装备维修能力的形成。

1.2.2 经济动因

1. 有利于盘活装备维修供需和增加经济活力，促进国民经济健康可持续发展

创业创新是经济发展的原动力。在传统的"军队机构内包模式为主、社会资本外包模式为辅"的采购策略下，军队只是采取外包模式，把少量军民通用装备和未形成维修能力的高新装备基地级维修交由社会上具备资质的企事业单位完成，不但无法满足我军日益增长的装备基地级维修需求，而且给军队体制编制和日常管理带来沉重负担。合理运用PPP模式采购装备基地级维修，既能通过开放装备维修市场，在确保"实时可控"的前提下，采取适当竞争方式将大量准经营性装备基地级非核心维修交由优势社会资本完成，实现装备基地级维修需求与供应高效衔接，有效促进大众创业和社会就业，又能通过开放装备维修市场，在确保维修质量的前提下，采取适当合作方式实现军队建制装备维修机构与优势社会资本之间的资源共享、优势互补，促进军队建制装备维修机构与优势社会资本持续进行技术、管理和制度等多维创新，激发和释放其作为市场主体的新活力，从而有效盘活装备维修供需和增加经济活力，促进国民经济健康可持续发展。

2. 有利于提高装备经费使用效率和保障效益，把有限的维修经费用在刀刃上

维修经费是装备基地级维修采购系统得以运行的最宝贵的资源。在传统的采购策略下，军队机构内包模式容易形成军队建制维修机构垄断，而社会资本外包模式则容易形成某一企业垄断。无论是公共部门垄断还是私营部门垄断，垄断者为维持其高额利润往往会设置贸易壁垒、限制竞争，后来者为进入壁垒通常不得不增加额外的交易成本，而这些设置、进入壁垒的交易成本最终会转嫁到消费者身上。另外，由于缺乏竞争，垄断者也缺乏改革创新以提高劳动生产率的动力和激励，私营部门甚至会为了追求更高的利润而"不知不觉"地降低服务质量。合理运用PPP模式采购装备基地级维修，既能通过竞争打破贸易壁垒，激励竞争者通过技术创新等方法提高劳动生产率，降低装备维修成本，提高装备维修质量或两者兼备以获得竞争优势，又能通过合作突破军队自身有限资源限制，引入社会资本的资金、技术和管理等优质资源，在军队监管下承担准经营性装备基地级非核心维修工作，分担通用武器装备基地级维修的风险和压力，使军队集中优质资源抓好高新装备维修能力建设，从而有效提高装备经费使用效率和保障效益，把有限的维修经费用在刀刃上。

1.2.3 社会动因

1. 有利于促进经济和国防建设协同发展，形成军民合作深度发展格局

军民合作实质上是资源融合、优势互补。军队机构内包模式下，装备基地级维修主要是从军队内部建制装备维修机构采购，其实质是计划经济体制下的自给自足模式。社会资本外包模式下，装备基地级维修主要是从社会外部装备维修企事业单位采购，其实质是市场经济体制下的市场采购模式。无论是前者还是后者，都人为地将军队和地方两个市场割裂开来，形成了军民二元分离的历史格局。合理运用PPP模式采购装备基地级维修，能够打破军民二元分离的历史格局，按照"目标共同、风险共担、利益共享"的原则，通过军队装备部门与社会资本合作在全社会范围内实现维修资源全面整合、优化组合和效能聚合，以最小的资源投入取得最大的装备基地级维修效益。军队从中主要获得军事效益，社会资本从中主要获得经济效益，合作产生的社会效益由全社会成员共享，实现了经济建设和国防建设的"双赢"，以及军队、企业和人民的"多赢"，从而全面促进经济和国防建设协同发展，形成军民合作深度发展格局。

2. 有利于加强军队和地方文化交流沟通，构建互利共生军民合作关系

合作的基础是信任，而信任是靠长期文化交流沟通建立起来的。传统的采购策略，无论是军队机构内包模式，还是社会资本外包模式，都是军民二元分离体制结构下的装备基地级维修采购模式，后者军地之间虽然存在某种契约关系，但基本上是"一锤子买卖"，而前者军地之间基本上是"老死不相往来"，严重割裂了军民之间的必然联系和文化交流。合理运用PPP模式采购装备基地级维修，既能通过装备全寿命周期内基地级维修的计划规划、组织实施和交付验收等采购环节，建立长时期、多维度、深层次合作关系，构建军民一体、多元融合的装备基地级维修供给体制结构，又能通过军地间密切的技术、管理和人员等多种交流，建立共识性、平等性、实时性沟通机制，构建新时期合作共赢、互利共生的新型军民合作关系。

1.3　美军装备基地级维修 PPP 采购发展历程

哲学上,任何事物的演化和发展都是与其过去、现在以及未来的连续性统一。考察和分析美军装备基地级维修 PPP 采购发展历程,能使我们既知其然,又知其所以然,有助于从纵向上深刻领悟其历史演化逻辑和发展脉络,全面把握装备基地级维修 PPP 采购的发展特点及内在规律和趋势,不仅对我军当前开展装备基地级维修 PPP 采购研究具有重要的指导作用,而且对我军今后的装备基地级维修 PPP 采购实践具有一定的借鉴意义。美军装备基地级维修 PPP 采购与装备基地级维修的发展历程是一脉相承、派生发展的。几十年来,美军装备基地级维修 PPP 采购先后经历了研究探索、初步实施和全面开展三个历史阶段。

1.3.1　研究探索阶段(1990 年—2001 年)

从 20 世纪 90 年代起,美军曾就装备基地级维修是走私有化(完全外包)、内包还是 PPP 模式的道路展开过反复的研究和激烈的斗争。关于装备基地级维修国防部内包模式与合同商外包模式,美军一直存在着两种截然相反的观点,直到现在还没有停止探讨和争论。

一种观点认为:合同商外包能减少与国防相关的保障设施与设备重复建设,实现军地双方资源优化配置和保障力量集中使用,大幅提高装备维修保障效益,亦能为私营企业带来商机和效益,应当在装备维修保障中扮演"主角"。这种观点在冷战结束后一段时期占据了主导地位,主要是因为在美军大幅裁减军队员额、采购经费和维修基地的形势下,要迅速满足装备基地级维修需求,合同商外包是最适宜的模式。在这种观点的指导下,美国国防部 1996 年发布了题为《增加基地维修社会化和外包的计划》的报告,以大幅增加私营部门装备基地级维修外包任务。武装部队职责与使命委员会 1995 年的研究报告和国防科学委员会 1996 年的研究报告也都建议,应当外包所有的装备基地级维修及其他后勤工作。反对观点则认为:国防部建制维修保障力量可靠,能够对大范围、潜在的、不可预测的、甚至是危险的任务需求迅速作出反应,而合同商保障力量面临上述任务却存在毁约而导致影响整个作战任务完成的巨大风险,而且合同商保障力量的军事素质和战术素养也远远不如国防部建制保障力量。因此,合同商保障力量只能作为国防部建制保障力量的一种补充。这种观点在 21 世纪逐渐占据主导地位,主要是因为美军通过世纪之交的几次高技术局部战争合同商保障的具体实践,清醒地认识到:大量使用合同商保障不仅存在管理、经济和责任类的风险,战时更是存在军事和安全类的风险,使军方的可控性不断下降,最重要的是长期依赖合同商保障必将导致部队核心维修能力的削弱。在这种观点的指导下,美军现在比以往任何时候都更加强调和重视建制维修保障的优先地位和主体作用。

与此同时,美军对装备基地级维修合同商外包与 PPP 模式也进行了长期的研究和争论。早在 1996 年,美国政府审计署(Government Accountability Office,GAO)就装备基地级维修是采取私有化模式还是 PPP 模式,组织国会有关部门举行了一场听证会。会上,国家安全与国际事务司国防管理问题主任 Warren 声明私有化道路存在许多问题,需谨慎决策。1998 年,美国政府审计署又应国会要求,就采取国防部和私营部门合同商合作的模式以利用军队建制维修基地过剩产能的问题做了专题报告。报告以陆军和空军为审查重点,从保障合作的法律框架、当前合作的类型以及服务业和工业对其看法两个方面进行了调研审查,审查发现:一是在国防采购紧缩时代,商业合同商对与建制基地共享维修工作量兴趣深厚,同时,为降低间接成本和保留核心能力,建制基地也愿意与私营部门进行合作;二是当时授予合作的权力和框架的若干法律及其条款主要是在20世纪90年代制定颁发的;三是陆军与空军装备基地级维修公私合作开展程度差距较大。在 2011 年美国国防部装备维修年会上,公私合作、建制维修保障与合同商保障继续成为讨论的焦点。其中最值得关注的是在肯定公私合作的同时,比以往更加强调和重视建制维修保障的主体作用。

美国海军西南机群战备完好性中心的 Reschke 就曾用"钟摆"来形象地比喻装备基地级维修工作在建制维修力量(军队内包)与合同商维修力量(完全外包)运用上的左右摆动:20世纪70—80年代,钟摆在二者之间;90年代摆到了合同商一边;进入21世纪又开始往回摆,到现在已经摆到建制力量一边。可见近20年来,美军在公与私的取向、对建制保障和合同商保障的认识上不断发生着微妙变化,摇摆不定。正是由于上述观点的长期对立和斗争,使国防部逐渐认识到军方建制维修力量保障作战任务的重要性和实施合同商保障的风险性,于是在国家法律中明确界定了核心维修能力。为推行装备基地级维修公私合作试点,美军逐步对相关法律法规进行了修订。1995 年,国会率先在《国防授权法案》中授权国防部长开展相关活动,以鼓励商业企业与建制基地建立合作伙伴关系。接着,又在 1996 年的《国防授权法案》中明确要求国防部以下列四点为出发点和根本点来制定一个全面的装备基地级维修政策:一是建立适当规模的核心能力以保证在"浪涌式"需求、具有成本效益和维持技术熟练度的情况下满足战备需求;二是规定所有新型武器系统建制维修为核心能力;三是为国防部建制基地分配足够的维修工作量以保持其和平时期的成本效益和技术熟练度;四是规定对超出国防部建制基地维修能力的非核心装备基地级维修任务进行公私竞争。之后,国会又在1998年的《国防授权法案》中规定,为最大限度地利用建制基地的能力,国防部应大力推进其建制基地与私营部门建立合作关系,并正式将这种合作关系命名为"Public-Private Partnerships",授权陆军利用所属建制基地开展一个为期两年的"军参民"试点——直接向国防部外部出售产品和服务的公私合作(暂时不考虑"民参军"——私营企业参与武器系统维修服务),国会还授权对《美国法典》第10卷相关条款进行了修订,允许军队无条件出租闲置设施和设备。为减轻私营部门合作风险,鼓励其参与公私合作,2001年年底国会又对《美国法典》第10卷第2563章中的"政府豁免条款"进行了修订,规定除政府部门故意的不当行为或重大疏忽之外(原有条款规定),如果因政府部门在履约过程中未能遵守质量、进度或成本绩效要求而造成损失,私营部门有权要求政府赔偿。随着研究讨论的不断深入和法律法规的修订完善,逐步扫清了装备基地级维修PPP采购的思想藩篱和制度障碍。接着,美军陆续启动了一批装备基地级维修PPP采购试点。

1.3.2 初步实施阶段(2002年—2006年)

在长期探索研究的基础上,美国国防部于2002年1月发布了鼓励装备基地级维修公私合作以提高建制基地的效率和竞争力的过渡性政策指南。首次提出了装备基地级维修公私合作政策。2003年5月,美军又在新制定颁发的国防部5000.01指令(《国防采办系统》)中明确规定:"按照法定要求,维修战略应当包括通过政府—行业合作举措以最大限度地利用公共和私营部门的能力。"在一系列政策的指引下,美国陆、海、空三军和海军陆战队以及国防部直属机构也纷纷出台了军、兵种装备基地级维修公私合作法规制度和操作手册,并迅速上马了一大批装备基地级维修公私合作项目。2001年以前,美军装备基地级维修PPP采购项目每年仅有几个至十几个,到2001年时增至27个,而2006年竟激增至70个,此后的PPP项目数量稳中有增,采购涉及金额逐步增加,具体情况如图1-3所示。

为进一步规范指导装备基地级维修PPP采购,美军从2002年起在实施过程中全面采集装备基地级维修PPP采购项目信息,及时从合作类型与特征、合作优势与效益和风险识别与管控等方面总结经验、完善法规、推动合作。2002年美国国防部对前期装备基地级维修PPP采购试点进行了初步总结,将装备基地级维修PPP采购分为租赁、工作分享、三方合作和直接销售,将装备基地级维修PPP采购基本要素概括为合作条件、经纪商、协议期限等,将合作关系分为直

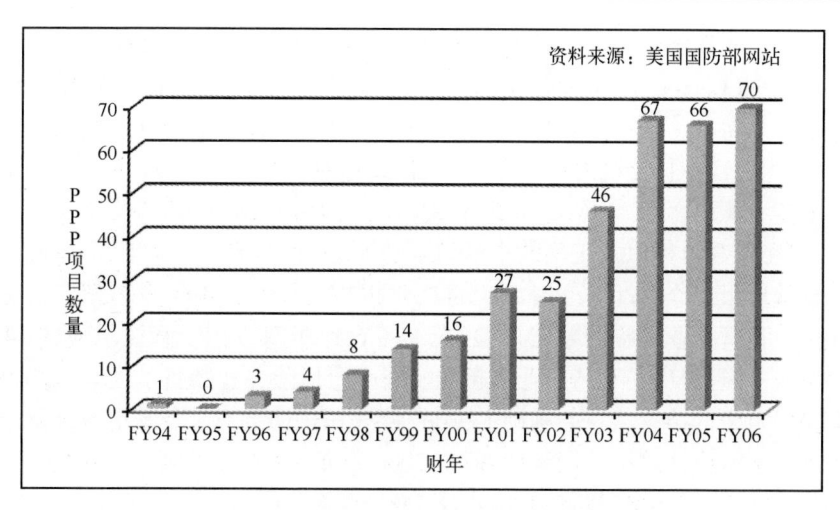

图1-3 1994财年至2006财年新增PPP项目数量

接双方合作、直接三方合作和间接三方合作,将合作协议区分为合同、分包合作、协议或谅解备忘录、商业服务协议、特定工作协议、保障协议和运行协议。总结报告还分别从作战部队、建制基地和商业公司3个维度分析了潜在的合作效益,具体如图1-4所示。此外,美国国防部还从合作活跃程度、合作产生收益和合作达成目标程度3个方面初步构建了衡量装备基地级维修PPP采购的评价指标。

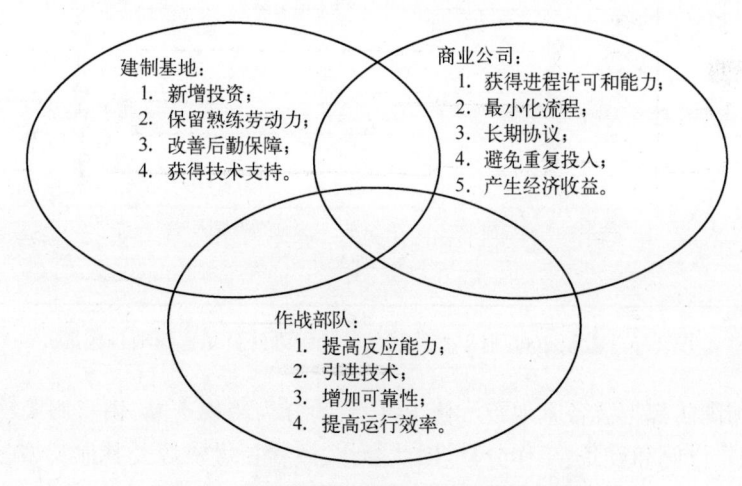

图1-4 装备基地级维修PPP采购潜在效益

同时,美国国会也加强了对装备基地级维修PPP采购的绩效审计和审查,要求国防部从构建公私合作协议的通用做法和程序、公私合作中适用于政府工作人员进行成本核算和补偿指导的通行方法,以及通过公私合作提高工业和技术优势中心(Centers of Industrial and Technical Excellence,CITE)核心维修能力的计划规划等6个方面,定期报告装备基地级维修PPP采购开展情况。2003年,美国国防部在接受政府审计署审计时,通过对当时开展的93个装备基地级维修PPP采购项目进行总结,提出了成功的PPP模式必须具备长期合作和承诺、共同愿景和目标以及正确的指标和激励等14个特征。2004年,美国国防部对装备基地级维修PPP采购中私营部门承担的赔偿责任进行了专题研究,分析了合作中私营企业面临的赔偿风险,总结了合作中双方用于管控风险的14条经验做法,并且得出了私营企业承担的赔偿政府风险并非装备基地级维修PPP采购发展阻碍的结论。在此基础上,2007年美国国防部对装备基地级维修PPP采购进行了阶段性总结。据统计,截至2006财年,由建制基地与私营企业签约的装备基地级维修PPP采购项目共计348个,总价值约250亿美元。其中,维修经费的1/2以上由国防部建制装备基地级维修机构获得。参与该项工作的军人和文职人员约73000人,涉及私营企业1000多家,基本情况如图1-5所示。

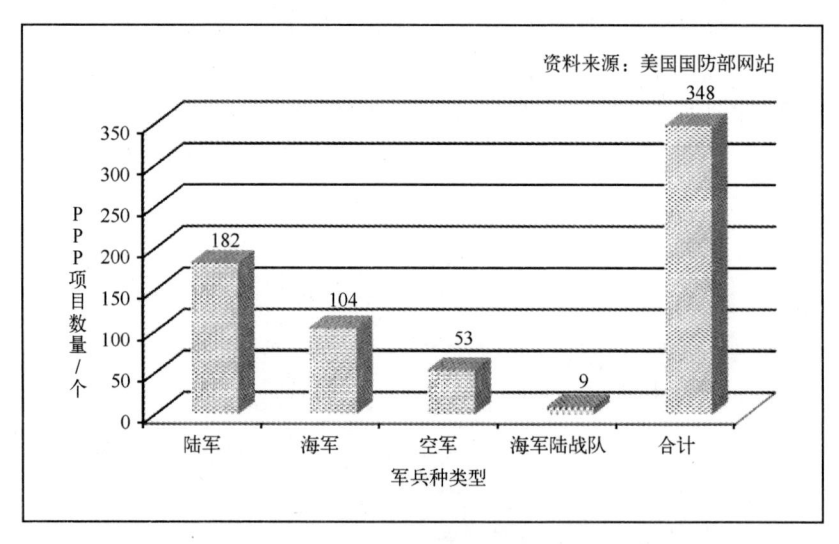

图1-5 截至2006财年签约装备基地级维修公私合作项目数量

美国国防部把装备基地级维修PPP采购分为销售产品、销售服务、仅租赁设施、租赁设施和设备、工作分享、团队合作、政府提供资源及其他类型,从效能提高、增加工时、获得收益、获得投资和提供就业对348项装备基地级维修公私合作项目产生效益进行了全面分析。

(1)在效能提高方面:通过装备基地级维修PPP采购,建制装备基地级维修机构产品保障效能明显提升;通过技术更新,业务工作有所改进、减免了不必要成本、设施利用率明显提高,具体情况如图 1-6 所示。

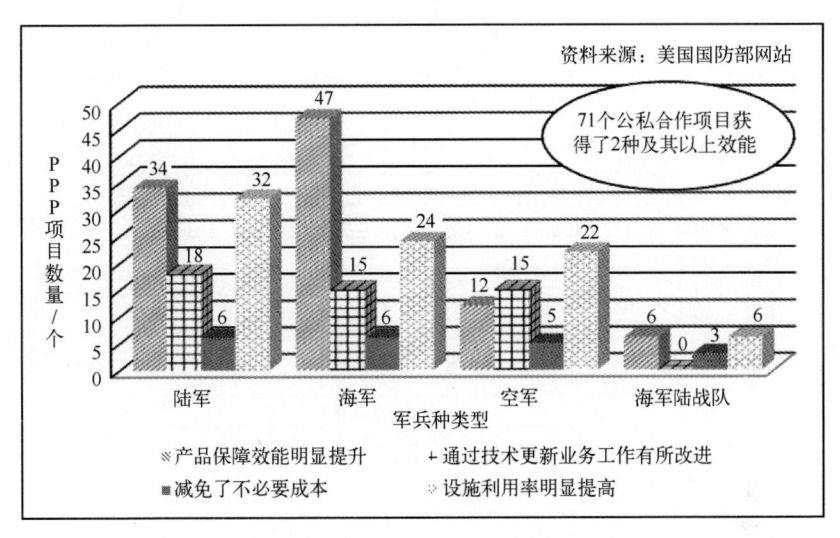

图 1-6　装备基地级维修公私合作项目效能提高情况

（2）在增加工时方面:2006 财年共有 256 个项目使用了建制装备基地级维修机构的 3450 万个直接工时,经证实,其中 209 个项目有助于保持基地级核心维修能力,具体情况如图 1-7 所示。

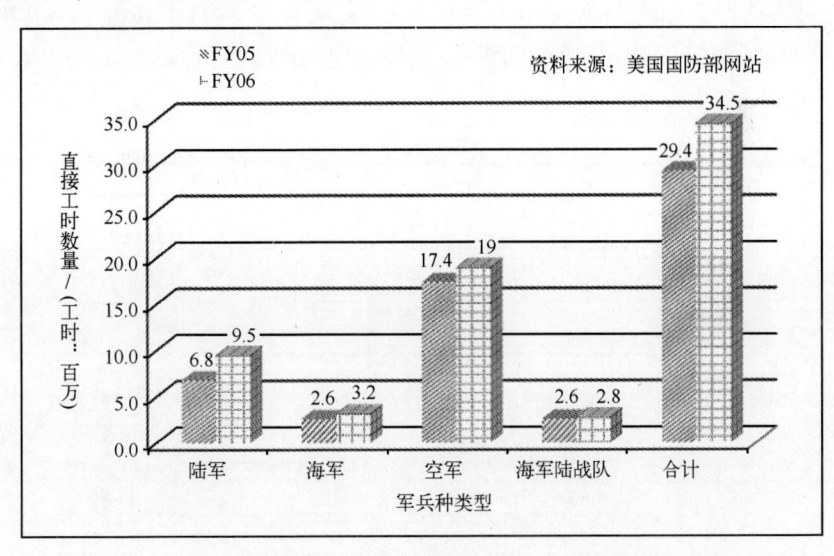

图 1-7　2005/2006 财年装备基地级维修公私合作项目增加工时情况

（3）在获得收益方面:据统计共有 88% 的装备基地级维修 PPP 采购项目产生了收益或预计将产生收益。其中,2006 财年装备基地级维修 PPP 采购实际产生的收益为47亿美元,具体情况如图1-8所示。按照目前发展形势,美军预计今后每年将产生约5.251亿美元的收益。

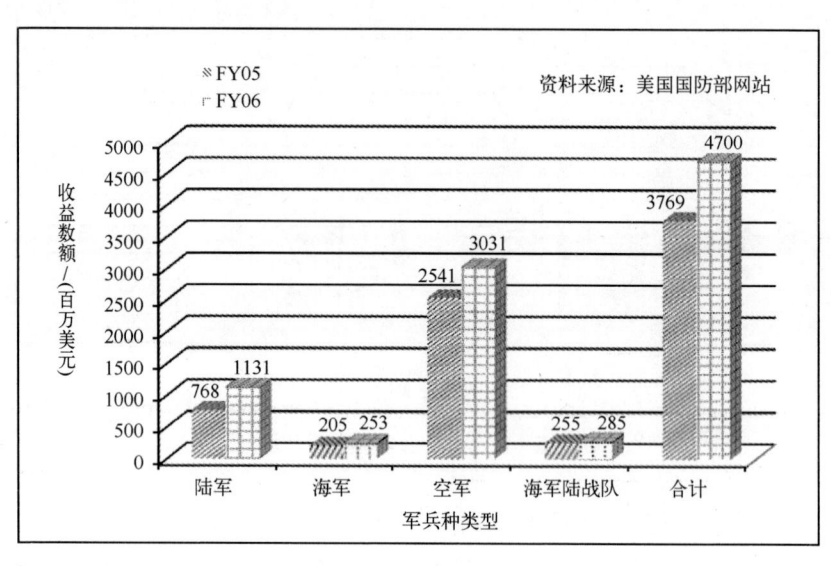

图1-8 2005/2006财年装备基地级维修公私合作项目获得收益情况

(4)在获得投资方面:2006财年建制装备基地级维修机构从19个公私合作项目中获得了私营企业5020万美元的投资,从16个项目中获得了公共机构(如项目办公室)1.016亿美元的投资,具体情况如图1-9所示。

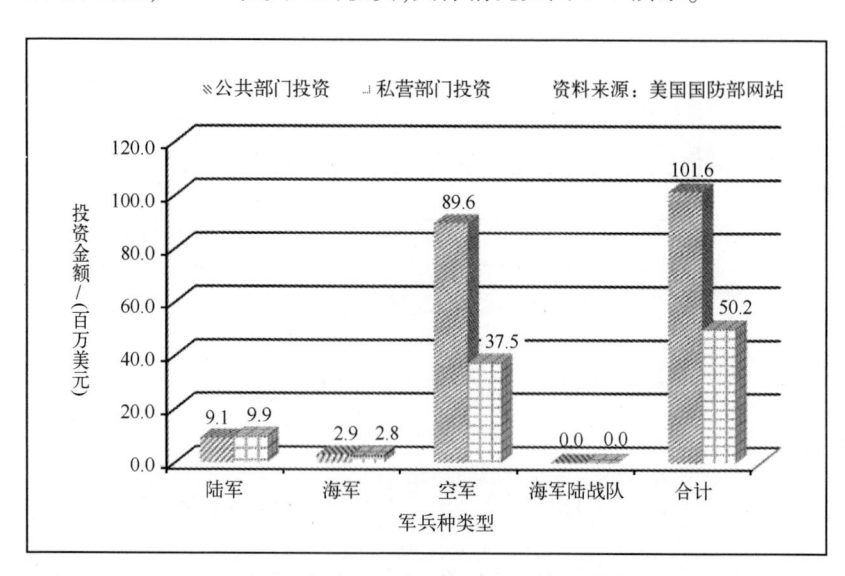

图1-9 2006财年装备基地级维修公私合作项目获得投资情况

（5）在提供就业方面：2006 财年装备基地级维修 PPP 采购累计提供工作岗位 5181 个（新增 3900 个，保留 1281 个）。其中，装备基地级维修 PPP 采购分别为装备基地级维修机构和相关私营企业新增了 1999 个和 1901 个工作岗位，具体情况如图 1-10 所示。

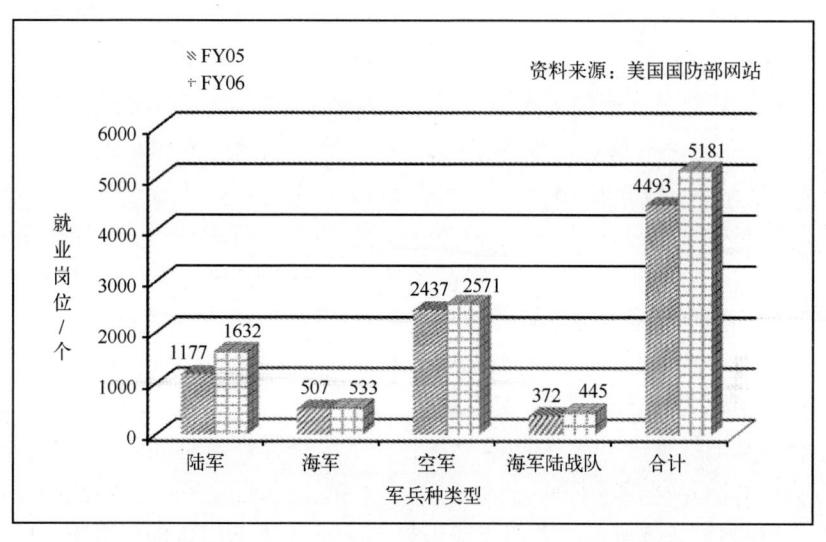

图 1-10　2005/2006 财年装备基地级维修公私合作项目提供就业情况

这一阶段，经过长期研究探索和实践积累，美军通过各种研讨会、专题报告和审计审查，分析了产生效益、积累了经验做法、查找了存在问题、制定了基本法规，编制了操作手册，为全面开展装备基地级维修 PPP 采购奠定了坚实基础。

1.3.3　全面开展阶段（2007 年至今）

在充分实践的基础上，美国国防部在 2007 年 3 月颁布的《基地级维修战略与实施规划》中明确了基地级核心维修任务必须采用内包模式（属国防部所有并在国防部所属基地运营），基地级非核心维修任务优先采取私有化（完全外包）或 PPP 模式（不包括未形成装备基地级维修能力的新型装备），并鼓励在维修基地采用 PPP 模式采购装备基地级维修，但前提是这种做法必须能够向作战人员提供更好的保障，能够提高建制维修基地国防设施、设备利用率，并切实可行。同时，为了明确基地级核心维修能力与任务的确定程序、方法和标准，全面推广装备基地级维修 PPP 采购，美国先后颁布实施了国防部 4151.18 号、4151.18—H 号和 4151.20 号指令。2007 年 4 月，美国国防部正式颁布实施了 4151.21 号指令——《基地级维修公私合作》，全面制定了装备基地级维修 PPP

采购的政策、职责、程序和合同形式等制度，切实规范了装备基地级维修公私合作的管理和运营。至此，美军正式确立了装备基地级维修采购内包、私有化（完全外包）和公私合作3种模式并举、视情择优选用的基本采购策略。虽然在2008年，受到全球金融危机影响，国防预算进一步削减，装备基地级维修PPP采购项目的数量和金额都有所下降，但PPP模式作为美军合同商保障的基本方式之一已经步入正轨。

为加强对公私合作的组织领导，美军2008年出台的《武器系统采办改革法案》特许成立了一个负责制定国防部PPP政策和指导的专门机构——工业一体化综合产品团队(Industrial Integration Integrated Product Team, IIIPT)，由负责维修政策和项目的国防部副部长帮办办公室、负责装备战备的国防部副部长帮办办公室和政府工业部门的综合产品团队(Integrated Product Team, IPT)构成。IIIPT组织制定了《基地级维修公私合作指南》等操作指南，IIIPT还通过组织召开一系列由维修基地、PPP项目团队以及工业部门参加的研讨会等各种会议，查找存在问题、总结经验教训、分享最佳实践。

装备基地级维修PPP采购作为在装备基地级维修国防部内包和合同商外包的基础上扬弃发展起来的"中间道路"——第三种模式，在兼具内包和外包主要优势的同时，又规避了二者的主要劣势。2008年美国国防部在给国会的关于工业和技术优势中心公私合作伙伴关系的情况报告中，通过对当时开展的348个装备基地级维修PPP采购项目进行分析，提出了装备基地级维修PPP采购的工作分享(Work Share)、直接销售(Direct Sale)和租赁(Lease)等13种类型，以及装备基地级维修PPP采购能够改进装备保障绩效、促进业务工作和技术更新、缩减成本和提高设施设备利用率4点好处。美国政府审计署研究报告认为公私维修保障方之间开展竞争是节省装备基地级维修费用的主要原因，它不仅节省了公共部门的费用，也节省了私营部门的费用，还会促进国防部建制基地改进运营模式，以提高维修效益和竞争力。据美国国防部统计，62%的装备基地级维修工作通过公私合作在国防部建制基地进行比采用外包维修更便宜。美国国防部强调："开展装备基地级维修公私合作的最终目的是增强向作战部队提供装备基地级维修保障的能力和效率。"特别是进入21世纪以来，美军在后勤保障领域大力推行"基于绩效的后勤"(Performance-Based Logistics, PBL)战略。马里兰大学公共政策学院的Gansler教授等对基于绩效和PPP模式的装备基地级维修采购的运营模式、效果和问题进行了专题研究。在评估美军武器系统基地级维修现状、回顾基于绩效的后勤和装备基地级维修公私合作发展历程与国外经验的基础上，他们分析了装备基地级维修PPP采购的管理结构，并通过案例分析得出装备基地级维修PPP采购不但能够节约成本，而且能够提高效率,是履行基于绩效的后勤采购合同的最佳模式。他们还全面分析了当前面临的政治政策转变、文化变革障碍、政府内包趋势,以及国防部和联邦政府采购政策和实践的未知变化等主要挑战,研究了基于绩效和PPP模式的装备基地级维修的潜在改进机会,并量化了这些改进对国防部在预算节支方面的意义,提出了推进基于绩效和PPP模式的装备基地级维修采购的具体建议。

综上所述,美军装备基地级维修PPP采购先后经历了研究探索阶段和初步实施阶段,现已进入全面开展阶段。装备基地级维修PPP采购的法规不断完善、程序不断规范、效益不断提高,逐步走上了制度化、规范化和科学化发展的道路。

1.4 我军装备基地级维修PPP采购面临的基本形势

当前,我军装备建设正处于机械化、信息化跨越式发展的新的历史阶段,随着高新技术和信息技术的大量应用,包括基地级维修在内的装备维修技术日益复杂,装备维修费在装备全寿命费用中所占比例的"冰山效应"更加凸现。回顾美军装备基地级维修PPP采购发展历程,我军装备基地级维修PPP采购既存在优势,又存在劣势,既面临机遇,又面临挑战。本节采用SWOT(优势、劣势、机遇、挑战)分析法对我军装备基地级维修PPP采购面临的基本形势进行全面分析,基本情况见表1-9。

表1-9 我军装备基地级维修PPP采购基本形势SWOT分析

分析因素		因素性质	
^	^	有　利	不　利
环境因素	内部	优势(Strength): 1. 为人民服务的宗旨奠定了思想基础; 2. 符合PPP适用要求构建了理论基础; 3. 体制编制调整改革创造了实践基础; 4. 武器装备迅猛发展产生了现实需求; 5. 技术服务采购试点进行了研究探索	劣势(Weakness): 1. 思想认识模糊; 2. 理论指导缺乏; 3. 管理人才匮乏; 4. 管理经验欠缺
^	外部	机遇(Opportunity): 1. 具备了初步的法理依据; 2. 形成了坚实的产业基础; 3. 营造了良好的合作氛围; 4. 提供了成功的经验借鉴; 5. 构建了配套的服务体系	挑战(Threat): 1. 市场发育不够成熟; 2. 法规制度尚未建立; 3. 价格机制相对滞后; 4. 风险防控能力降低

1.4.1 优势

1. 人民子弟兵的基因为 PPP 采购奠定了思想基础

装备基地级维修 PPP 采购是在新的历史时期构建的新型军民合作共赢、互利共生的合作关系。人民子弟兵的基因能让我军在装备基地级维修 PPP 采购中,既能做到以军事、经济和社会等综合公共效益最大化为根本目标,合理运用政府规制维护人民和军队的合法权益,又能做到尊重社会资本及其经济利益和合法诉求,依法运用市场机制谋求军队和社会资本的"双赢",还能做到正确面对利益诱惑和不正之风,自觉遵守和维护党、国家和军队的法律法规,防范"逆向选择"和"道德风险",为我军装备基地级维修 PPP 采购奠定了坚实的思想基础。

2. 符合 PPP 适用要求构建了理论基础

通常情况下,PPP 模式普遍适用于初始投资大、建设周期和资金回收周期长的项目,在国防领域有着广泛的适用性。国防基础设施及军队服务类军民协作项目,大都可以通过 PPP 模式吸引优势社会资本参与合作。装备基地级维修属于典型的俱乐部物品,其采购项目普遍具有投资规模较大、需求长期稳定、价格调整机制灵活、建设周期和资金回收周期长等特点,与 PPP 模式适用要求高度吻合。合理运用 PPP 模式采购准经营性装备基地级非核心维修,有效发挥 PPP 模式的潜在效能,既能使军队获得重大的军事效益,又能使社会资本获得可观的经济效益,还能创造一定的社会效益,为我军装备基地级维修 PPP 采购构建了可靠的理论基础。

3. 体制编制调整改革创造了实践基础

按照军队体制编制调整改革方案,2016 年我军完成了军委、军种和战区机关体制编制调整改革,初步实现了从按装备类型条块分割、按装备专业多头分散管理到按业务功能整体统筹、按职能层级统分结合管理的装备管理体制机制的转变。特别是新的陆军机关及其直属机构的组建成立,真正实现了对陆军装备及其服务的统一管理,从根本上解决了陆军装备及其服务多头管理、体制不一、互不联通等问题,从而基本形成了"军委集中统管、军种具体建管、战区联合运用"的体制架构,全面构建了我军装备及其服务"军委–军种"的采购管理体制以及"军委负责总体规划计划,军兵种具体组织实施"的采购管理机制,初步形成了装备及其服务采购"分类管理、按级采购"的工作运行机制,为我军装备基地级维修 PPP 采购创造了必要的实践基础。

4. 武器装备迅猛发展产生了现实需求

我军装备建设从最初的"战场缴获"阶段,经历"引进仿制"阶段,目前已全面进入"自主研制"阶段。在前两个阶段,武器装备主要是半机械化、机械化的,甚至还有部分冷兵器,装备构造简单、科技含量较低、更新换代较慢,其维修技术简单、工艺流程单一,不需要专门的维修资源,在使用过程中由操作人员随坏随修。因此,装备的维修服务只是作为其"从属物、依附品",在装备采购过程中作为附加条款随装备采购一并进行。在"自主研制"阶段,歼-20 飞机、运-20 飞机、航空母舰等一大批先进装备陆续列装部队,特别是党的十八大以来,我军武器装备体系建设实现整体跨越。大型驱逐舰、第四代战斗机、大型运输机等"大国重器"实现零的突破,新型主战坦克、武装直升机、大型舰船以及高性能战斗机等一大批骨干装备批量列装部队,基本建成要素齐全、功能完整的武器装备体系。随着以第四代装备为骨干、第三代装备为主体的武器装备体系的形成,武器装备机械化、信息化和智能化水平大幅提升,精确化、隐身化和无人化发展趋势明显,使其维修特别是基地级维修技术日益复杂、工艺流程更加繁琐,必须要有专门的人员、设施和设备等维修资源才能完成。因此,越来越多的装备维修服务逐渐从装备采购中细化、分离出来,向专业化、集约化和社会化方向发展,成为独立的采购项目单独进行,从而使得我军装备基地级维修 PPP 采购产生了大量的现实需求。

5. 技术服务采购试点进行了研究探索

2000 年以来,原总参谋部、总后勤部和总装备部,以及各军种装备部等部门,结合自身武器装备发展情况,分别遴选少量军民通用性强、市场竞争激烈、不涉密的非核心典型武器装备,采取社会资本部分外包的模式进行了以装备维修为主要内容的技术服务采购试点,与国有军工集团所属装备生产企业就装备技术服务保障进行了初步合作,初步探索了依托军队建制装备维修机构设施设备开展装备一体化技术服务的方法路子,得到了装备使用部队和装备生产企业的一致赞同,取得了良好成效,积累了一定经验,为我军装备基地级维修 PPP 采购进行了初步的研究探索。

1.4.2　劣势

1. 思想认识模糊

我军传统的装备采购思想是建立在半机械化、机械化武器装备采购实践基础之上的,其主要特征就是"重实物、轻服务",往往把维修等服务作为武器装备的"附属品",在装备采购过程中,伴随装备实体采购一并进行。随着我军装备建设机械化、信息化跨跃式发展,越来越多的装备基地级维修逐渐从装备实体采购中细化分离出来,向专业化、集约化和社会化方向发展,成为独立的采购项目自主进行,这种传统的、片面的、过时的装备采购思想已成为制约装备基地级维修 PPP 采购的思想桎梏。目前，主要存在四种对装备基地级维修采购的模糊认识：一是装备基地级维修地位不高、作用不大，采购经费量少；二是装备基地级维修应无偿提供、不应专门采购；三是装备基地级维修应自主提供，不能市场采购；四是装备基地级维修应完全外包，不应自主提供。

2. 理论指导缺乏

21世纪以来，我军武器装备机械化、信息化和智能化水平大幅提升，装备大修、升级和测试等越来越多的基地级维修业务逐渐从装备实体采购中细化分离出来，向社会化、专业化、集约化方向发展，成为专门的采购项目而独立进行。然而，与装备采购指导思想类似，我军装备采购理论主要是建立在获取装备实体以解决相对落后的装备科研生产能力与日益拓展的军队使命任务需求之间的矛盾的基础之上的，其主要特征就是"重硬件、轻软件"，常常把基地级维修等服务作为武器装备的"依附品"，对装备基地级维修采购的理论研究不够重视。同时，我军装备基地级维修采购还处于起步阶段，对装备基地级维修 PPP 采购的理论研究尚属空白，对于相关基本概念和基础理论尚未达成共识并形成体系，已成为制约装备基地级维修 PPP 采购的理论短板。

3. 管理人才匮乏

根据不完全契约理论，装备基地级维修 PPP 采购合同是一种典型的不完全采购契约，其采购过程不但涉及法律、金融、财务和管理，以及装备维修等多方面专业知识，还要面临时间、成本和环境等诸多不确定因素的变化，需要既能坚持原则性又能把握灵活性的高素质综合项目管理人才。当前，虽然我国政府公共服务 PPP 采购开展得如火如荼，军队在后勤服务采购方面进行了不少军民深化融合研究和探索，装备维修服务采购也方兴未艾。但是与相对完善配套的设施设备、日趋成熟的市场环境和飞速发展的科学技术相比，装备维修服务采购管理人才严重不足。而且据不完全统计，我军从事装备采购管理工作的人员大都是从装备保障相关专业转行而来，既具备扎实理论功底、又具备丰富实践经验的采购管理人才匮乏已成为制约装备基地级维修 PPP 采购的资源瓶颈。

4. 管理经验欠缺

当前，无论是装备采购理论研究，还是装备采购工作实践都是以面向装备实体的获取为主体的，对于装备基地级维修 PPP 采购的研究与实践还都处在萌芽状态、尚未正式开展。同时，PPP 模式作为军队机构内包模式和社会资本外包模式基础上发展起来的第三种装备服务采购模式，既兼有二者的比较优势，又兼具二者的实施条件；既包括项目规划、项目准备、项目采购、项目执行和项目移交等多个阶段，又涉及采购代理、融资管理、合同管理、运营管理和绩效评价等管理工作，对军队装备部门的采购管理能力提出了更高的要求，管理经验欠缺已成为制约装备基地级维修PPP采购能力的软肋。

1.4.3 机遇

1. 具备了初步的法理依据

党的十八届三中全会通过的《中共中央关于全面深化改革若干重大问题的决定》允许社会资本通过特许经营等方式参与基础设施投资与运营,首次将政府购买公共服务上升到国家改革的层面,PPP模式首次出现在中央层面的文件表述中。2013年9月,国务院发布了《关于政府向社会力量购买服务的指导意见》,之后,国务院、发展改革委和财政部先后密集出台了一批购买公共服务的政策法规。2015年1月颁布施行的《政府购买服务管理办法(暂行)》对政府购买服务行为进行了科学界定,进一步细化了政府购买服务的内容、方式和程序等。特别是2015年5月国务院办公厅转发财政部、发展改革委和人民银行《关于在公共服务领域推广政府和社会资本合作模式的指导意见》,鼓励在公共服务领域采用PPP模式吸引社会资本参与提供优质高效的公共服务,并提出了工作要求、制定了推进措施、做出了明确部署。2016年7月,中共中央、国务院、中央军委印发了《关于经济建设和国防建设融合发展的意见》,明确提出要"加强产业领域统筹,加快引导优势民营企业进入武器装备科研生产和维修领域"。上述政策法规的颁布实施,在国家和军队层面为我军基于PPP模式进行装备基地级维修采购提供了初步的法理依据。

2. 形成了坚实的产业基础

经济基础决定采购模式。2010年以来,我国社会主义市场经济正逐步向服务经济阶段发展,2015年我国服务业增加值达341567亿元,占国内生产总值的50.5%,首次突破50%。2014年,我国装备制造业产值规模突破20万亿元,占全球比重已超过1/3,位居世界首位。同时,随着装备制造业产业链的不断延伸,越来越多的装备制造企业已经把注意力从实物制造转移到为用户提供全面解决方案上来,开始重视系统集成和装备服务,装备制造业的服务条件、服务能力和服务水平大幅提升,在军内外初步形成了一批装备基地级维修采购的竞争主体,为我军基于PPP模式进行装备基地级维修采购奠定了坚实的产业基础。

3. 营造了良好的合作氛围

十八届三中全会明确提出要引导优势民营企业进入装备维修领域。国务院、发展改革委和财政部,以及地方政府大力推广运用PPP模式采购公共产品和服务,密集实施了一大批以PPP模式购买公共服务的示范项目。根据财政部统计,截至2018年年底,全国政府和社会资本合作(PPP)综合信息平台收录管理库和储备清单PPP项目共15941个,总投资额20.6万亿元;其中管理库项目累计8654个，投资额13.2万亿元。在党、国家、军队和地方政府的大力推动下，PPP模式在我国的应用已进入高潮，为我军基于PPP模式采购装备基地级维修营造了良好的合作氛围。

4. 提供了成功的经验借鉴

自从20世纪90年代英国政府率先提出PPP模式，并采取私人投资计划（Private Finance Initiative，PFI）的运营方式实施以来，PPP模式作为一种公共服务采购的典型模式，逐渐在美国、加拿大和澳大利亚等发达国家迅速推广开来，很多发展中国家如中国、印度、巴西等，也逐步开始运用PPP模式采购公共服务。在国防服务采购领域，PPP模式被作为经济发展缓慢、国防预算削减背景下，改革国防采办制度、促进技术创新、提升采购效益和效率的有力举措和共识行动，在美、英等西方军事强国广泛推行。特别是美国、英国和德国等西方军事强国，历来把装备基地级维修采购作为推行PPP模式的"试验田"和"急先锋"，以PPP模式作为改善装备维修效能和提高装备保障能力的有效手段，完成了大量装备基地级维修PPP采购项目，积累了丰富经验，取得了良好成效。国内外公共服务和国防服务PPP采购实践，尤其是美军的装备基地级维修PPP采购实践，为我军基于PPP模式进行装备基地级维修采购提供了成功的经验借鉴。

5. 构建了配套的服务体系

随着我国公共服务PPP采购工作的逐步展开，为加强协调、形成合力，积极推动公共服务PPP采购顺利实施，确保取得公共服务PPP采购预期绩效，国家财政部以政府和社会资本合作中心（PPP中心）和PPP综合信息平台系统"一实、一虚"2个平台为基础，初步构建了配套的政府和社会资本合作（PPP）服务保障体系。依托PPP中心，主要开展了政策研究、咨询培训、能力建设、项目推介、信息统计和国际交流等服务工作，初步构建了"面对面"服务咨询系统；依托PPP综合信息平台系统，建立了全国PPP综合信息平台项目库、财政部政府和社会资本合作（PPP）专家库以及政府和社会资本合作（PPP）咨询机构库，初步构建了"背靠背"服务查询系统。上述PPP采购服务保障体系虽然主要是面向政府公共服务采购构建的，但对作为国防服务采购有机组成部分的装备基地级维修采购而言，其本身就是公共服务采购的一部分。因此，政府公共服务PPP采购服务保障体系的初步形成，也同时为我军基于PPP模式进行装备基地级维修采购构建了配套的服务体系。

1.4.4 挑战

1. 市场发育不够成熟

加入WTO以来，虽然我国社会主义市场经济不断完善，市场机制基本建立,但是在国防工业领域,计划经济体制对装备维修业务的影响是根深蒂固的。军队装备修理工厂、军工集团等国有装备基地级维修主体大都是脱胎于行政单位或是军队建制,具有企业和政府的双重属性,缺乏自主经营、自负盈亏、自我发展的主动性和独立性。民营企业虽然具备真正的法人资质,但是也由于意识不足、政策缺失、管理滞后和信息不畅等主客观原因,进入装备基地级维修市场还存在许多壁垒和盲区。同时,市场对维修资源配置的决定性作用还不够明显,民营企业在市场准入、融资渠道、税费减免和需求信息掌握等方面政策不够平等。

2. 法规制度尚未建立

装备基地级维修采购作为装备采购独特而重要的组成部分,与装备实体采购相比,其采购需求更难匹配、采购质量更难把控、采购价格更难估算、采购流程更难规范、采购保密要求更高,甚至是随时间、地点、对象和任务的发展而变化的。加之PPP采购项目普遍具有参与合作单位多、投入资本规模大、建设运营周期长、采购交易成本高以及面临各种风险多等特点,装备基地级维修PPP采购合同与一般装备采购合同相比,其不完全性更加突出,必须靠完备的法规制度作保障才能确保各个利益相关方认真履行合约、取得应有成效。然而,在目前的装备采购法规体系中,还没有一部规范和管理装备基地级维修PPP采购的法规制度,亟待建立健全包括装备基地级维修PPP采购法规在内的装备服务采购法规体系。

3. 价格机制相对滞后

现行的装备基地级维修PPP采购的定价机制是"成本加成"的模式,即"产品价格=定价成本+定价成本×5%的利润"。这种单一的成本价格机制是传统计划经济"军品计价调拨"体制下,带有浓厚行政指令色彩的计划经济的产物,已经严重滞后于我国社会主义市场的经济发展。一方面,它变相鼓励装备承修单位虚报成本、浪费资源,导致维修价格居高不下,不但抑制了技术进步与创新,而且削弱了承修单位的综合实力和竞争实力,造成契约合同中比价关系的误区等诸多弊端;另一方面,装备基地级维修PPP采购的服务产品具有"无形性、异质性、同步性、易逝性"等特征,加之劳动力市场价格波动剧烈和科学技术飞速发展,装备基地级维修PPP采购的定价成本越来越多元化,企业品牌、外观设计以及知识产权等无形资本在价值链中发挥的作用越来越重要,在时间较长的合同履约期内非货币、隐形化生产成本因素对装备基地级维修采购定价的影响更为明显,很难在合同订立时准确测算其定价成本。

4. 风险防控能力降低

目前,我军装备基地级维修大都是采取军队机构内包模式,从军队内部建制装备修理工厂或维修机构采购。在 PPP 模式下需要与社会资本合作共同生产装备基地级维修,而社会资本尤其是民营企业与半军事化、军事化的军队建制装备修理工厂和维修机构相比,其组织性、纪律性和可控性明显存在巨大差距。另外,社会资本还存在容易受债务和破产的影响,对紧急事件响应能力弱等先天不足。因此,与军队机构内包模式相比,采取 PPP 模式采购装备基地级维修存在较大风险,降低了军队对装备基地级维修采购风险的防控能力。所以,在运用 PPP 模式采购装备基地级维修时要仔细遴选合适项目和合作伙伴,科学权衡其成本和收益,同时还要实时监督其业绩和续展,合理设置激励措施,确保项目风险与收益成正比。

1.5 美军装备基地级维修 PPP 采购经验启示

当前,开展包括装备基地级维修在内的装备服务 PPP 采购已经成为世界各国国防服务采购发展的主要趋势。然而,我军装备维修服务采购还处在探索阶段,基于 PPP 模式的装备基地级维修采购理论研究与工作实践尚未开展。美国虽然在政治制度、经济基础、思想文化等方面与我国存在较大差异,但是其装备基地级维修 PPP 采购发展历程和做法经验充分体现了装备基地级维修 PPP 采购的本质特征和基本规律,并且代表了世界最先进的发展方向。在分析开展装备基地级维修 PPP 采购现实动因,回顾美军装备基地级维修 PPP 采购发展历程的基础上,结合我军装备基地级维修 PPP 采购面临形势,梳理和总结美军装备基地级维修 PPP 采购的做法经验,有助于深刻理解和把握装备基地级维修 PPP 采购基本特征、内在规律和根本要求,对于从实践上把握装备基地级维修 PPP 采购共生系统动力机制的逻辑起点具有重要的先导性作用,不仅能够为装备基地级维修 PPP 采购共生系统动力机制研究奠定实践基础,而且对我军今后的装备基地级维修 PPP 采购实践具有重要启示。

1.5.1 美军装备基地级维修 PPP 采购经验

从 20 世纪 90 年代以来,美军开展了大量装备基地级维修 PPP 采购实践,尤其是近年来美军把装备基地级维修 PPP 采购作为推进"基于绩效的后勤"和"最优购买力"(Better Buying Power,BBP)战略的最佳模式,启动并完成了大量装备基地级维修 PPP 采购项目,取得了丰富实践经验。

1. 明确界定目的范围

美军按照"一切采购是为了打仗,一切采购服务于作战"的指导思想,以核心装备基地级维修能力和任务为"底线",明确了装备基地级维修 PPP 采购的根本目的,界定了装备基地级维修 PPP 采购的适用范围。美国国防部指出:"装备基地级维修公私合作的最终目的是增强向作战部队提供装备基地级维修保障的能力和效率。国防部建制基地可通过签订合同与谅解备忘录等形式与私营企业建立适当的合作关系,但在该过程中要确保实现军方和私营企业装备基地级维修能力的帕累托最优利用,同时要维持军方的核心装备基地级维修能力。"《美国法典》第 10 卷第 2474 章规定,国防部与私营部门装备基地级维修公私合作的目标包括:一是最大限度地利用建制维修基地(现称为工业和技术优势中心)的能力;二是在运营、维护和环保等方面减少或消除建制维修基地拥有成本;三是降低建制维修基地生产和维修成本;四是利用私营部门对设施和设备进行投资,促进基地商业经营;五是促进军民合作。美国国会在 1996 年的《国防授权法案》中明确规定,对超出国防部建制基地维修能力的非核心装备基地级维修任务方可进行公私竞争。美国国防部在《基地级维修公私合作》中明确指出:"只有在为作战人员提供更好的装备保障的过程中能够产生成本效益,并且能在基地级维修活动中最大限度地利用政府的设施、设备和人员的条件下,才能运用 PPP 模式采购基地级维修。"《基地级维修公私合作指南》进一步明确,国防部应通过 PPP 模式统筹利用军方与地方的保障能力,融合军地双方先进技术和资源优势,最终目标是通过公私合作,使军队在与合同商共同完成保障任务的过程中提升自身保障能力尤其是核心保障能力,确保拥有"时刻处于战备的、可控的"保障能力和资源,能够对国防紧急情况做出及时有效的反应。为准确界定装备基地级核心维修能力,严格划分国防部内包与合同商保障[1]的适用界线,美军陆续颁布实施了《军事装备维修》(国防部 4151.18 号指令)、《基地级维修能力及其使用计算手册》(国防部 4151.18—H 号指令)和《核心基地级维修能力确定程序》(国防部 4151.20 号指示),详细规范了装备基地级核心维修能力与任务确定程序、计算方法和统计标准。同时,为确保国防部建制基地核心基地级维修能力和任务不受"侵犯",美国国会在 1998 年的《国防授权法案》中规定:"各军种和国防部各部局装备基地级维修合同商保障总金额限制在装备基地级维修总经费的 50% 以内(原先为 40%),国防部所属基地级维修工作量价值(包括人力和器材)在 300 万美元及以上时,不得改变其执行地点",并将其列入《美国法典》第 10 卷有关条款中,明确限定了包括 PPP 模式在内的合同商保障的任务规模和经费额度。

2. 科学规范概念类型

科学的概念界定及其类型划分是研究部署、组织实施和检查监督装备基地

---

[1] 合同商保障包括合同商外包模式和 PPP 模式。

级维修PPP采购工作的理论基石和现实依据,美军通过多年反复研究与实践,逐步规范了装备基地级维修PPP采购的概念界定与类型划分。美军将装备基地级维修PPP采购界定为:"建制装备基地级维修机构与一个或多个私营实体通过签订合同或协议的方式,使用国防部或者双方的设施与设备来完成与国防部或国防相关工作的一种合作协议。项目办公室、库存控制点和装备(武器系统)保障司令部等军方相关机构都可以参与此类协议。"这里的私营实体主要包括装备制造商及其分包商或者其他第三方保障提供方。美军把装备基地级维修PPP采购分为工作分享、直接销售和租赁3种基本类型。工作分享是指在合作中,军方根据私营企业与建制基地的技术与资源优势,确定双方最有利的组织搭配,在私营企业和建制基地之间分配工作量,共同开展维修工作。由于私营企业和建制基地之间没有资金往来,所以这种类型不需要特别的法律授权,因此也是PPP采购中最主要的一种类型。直接销售是指军方和商业实体通过协议,共同向外部非政府实体(通常是合同商)出售装备基地级维修产品和/或服务。这种类型主要授权于具备某项技术专长的装备基地级维修机构,如指定的工业和技术优势中心(CITE)和其他在特定情况下由流动资金资助的工业设施使用。这种类型中,由于政府与合同商之间存在资金或实物的支付,因此需要《美国法典》等特定的法律授权。租赁是指国防部建制维修基地在不影响装备基地级维修任务完成的前提下通过协议向私营实体出租闲置设施或设备,其目的是提高国防部设施设备的利用率,获得更多收益。通过这种类型,私营企业可有偿租用属于国防部资产的设施或设备并获益,但设施设备的租赁不得妨碍军方执行军事任务。租金可用货币支付也可以维护、修理、建造新设施等"服务"形式等价支付,因此这种类型也需要《美国法典》等法律法规授权。

3. 审查监管绩效成果

微观上,为评估单个装备基地级维修PPP采购项目取得的绩效成果;中观上,为及时总结本部门分管装备基地级维修PPP采购项目主要绩效、好的做法,以推广经验、指导工作;宏观上,为全面客观审查全军装备基地级维修PPP采购整体绩效、成功经验,以完善法规、推动合作。美军从项目组执行层、业务部门管理层和审计部门监督层3个层次,对装备基地级维修PPP采购进行了全面审查监管。在执行层,主要是通过项目组运用合同商绩效评估报告系统(Contractor Performance Assessment Reporting System,CPARS),全面采集装备基地级维修PPP采购项目信息,按年度客观公平地记录、上报并评价单个装备基地级维修PPP采购项目的绩效成果,其中还包括因采取激励措施而产生的绩效改进,从而起到微观监管的作用。在管理层,主要是通过业务部门定期或不定期地进行装备基地级维修PPP采购工作总结,分析一段时期内装备基地级维修

PPP采购工作的开展情况,在本业务部门范围内归纳装备基地级维修PPP采购的成功经验、查找存在问题、制定法规指南,从而起到中观监管的作用。在监督层,主要是通过审计部门依托业务部门装备基地级维修PPP采购工作报告,对其所属装备基地级维修PPP采购项目进行绩效评估,探索把握全军性装备基地级维修PPP采购的本质特征和发展规律,从而起到宏观监管的作用。例如,在国防部层面,主要是通过国会政府审计署对国防部所有装备基地级维修PPP采购项目进行绩效评估,以从合作类型与特征、合作优势与劣势、合作效率与效益和风险识别与管控等全方位,对装备基地级维修PPP采购进行绩效审计和监管指导。为全面审查监管国防部装备基地级维修PPP采购项目,美国国会甚至要求国防部必须从以下6个方面定期汇报其工业和技术优势中心装备基地级维修PPP采购开展情况:一是国防部工业和技术优势中心构建公私合作协议的通用做法和程序;二是公私合作中适用于政府工作人员进行成本核算和补偿指导的通行方法;三是开始谈判后12个月内完成合作谈判的实施程序;四是公私合作中部门领导用以取代现行库存组件管理、技术材料数据、文件管理、设备维护和标准要求的商业惯例;五是公私合作中二级主管部门运用商业惯例维护、组装和修复武器系统平台、主要终端产品、部组件或零部件的委托授权;六是通过公私合作提高工业和技术优势中心核心维修能力的计划规划。

4. 不断完善法规指南

本质上,装备基地级维修PPP采购合同是一种不完全采购契约。所以,其履行离不开法律、法规的"保驾护航",清晰、完善、一致和适时的法律、法规也是PPP模式发挥其潜在优势的必要条件。因此,随着PPP采购实践的深化,美国不断完善其相关法律、法规。同时,为了在具体操作层面指导规范装备基地级维修PPP采购,美国国防部先后多次修订发布了《基地级维修公私合作指南》。首先,在正式出台具体政策、法规之前,通过修订完善其上位或相关法规,为装备基地级维修PPP采购试点提供了初步依据。20世纪90年代中后期,美国国会主要是通过颁布年度《国防授权法案》、相关政策报告和修订《美国法典》,宏观上授权相关机构和人员进行装备基地级维修PPP采购试点。其次,在总结试点经验的基础上,初步制定相关政策,为装备基地级维修PPP采购指明了政策导向。21世纪之初,美国国防部主要是通过发布实施"装备基地级维修公私合作"政策[①]、总结报告和修订《国防采办系统》,中观上鼓励各军种和国防部所属部门开展装备基地级维修PPP采购工作。最后,在汲取经验教训的基础上,制定完善具体法规指南,为装备基地级维修PPP采购提供了全面指导。2007年

---

① 2002年1月30日,美国国防部首次提出了"基地级维修公私合作"的政策。

以来，美国国防部主要是通过颁发修订《基地级维修公私合作》《基地级维修公私合作指南》以及相关操作指南，微观上指导各军种和国防部所属部门组织实施装备基地级维修 PPP 采购。经过多年修订完善，美国现已形成比较完善的装备基地级维修 PPP 采购法规指南体系。2007 年 4 月，美国国防部颁发了 4151.21 号指示——《基地级维修公私合作》，对装备基地级维修 PPP 采购相关政策、职责、过程与程序、合同形式等内容进行了明确规范。在此前后，美国陆、海、空三军也结合军种实际，分别出台并多次修订了其相关法规制度和操作指南。2012 年 1 月，美国国防部颁布了《基地级维修公私合作指南》，进一步细化了装备基地级维修 PPP 采购的目的、要求和程序。2016 年 11 月，美国国防部将《基地级维修公私合作》修订并更名为《装备保障公私合作》，并于 2017 年 2 月又对部分内容进行了修订。同时，在多次修订完善的基础上，美国国防部于 2017 年 11 月颁布了新版《装备保障公私合作指南》。

5. 总结共享经验体会

美军高度重视装备基地级维修 PPP 采购经验的归纳总结和体会的交流共享。为了及时总结项目成功经验，在初步实施阶段，美军平均 2~3 年都要对国防部所有装备基地级维修 PPP 采购项目进行一次全面总结。为确保新项目取得预期绩效，美国国会要求国防部对每个装备基地级维修 PPP 采购项目都要进行业务案例分析(Business Case Analysis, BCA)，以便科学决策、分享经验。另外，美军还定期或不定期组织各种研讨会、交流会和案例分析会，总结共享装备基地级维修 PPP 采购经验体会。在大量实践基础上，经过长期探索总结，美军积累了丰富的实践经验，对装备基地级维修 PPP 采购有了全面而深刻的认识。

从效益上看，美军认为在装备基地级维修中采用 PPP 模式可有效吸引地方资源，军方建制机构和私营企业均能获得重大军事或经济效益，同时还能创造一定的社会效益，如提升就业、保护环境和改善军民关系等。对军方建制维修机构来说，获得的主要效益包括：一是有助于维持核心保障能力；二是提高设施和设备的利用率，减少分摊成本；三是在军方维修保障过程中引进先进技术和管理经验；四是便于使用技术资料和修理工艺；五是促进军方与商业部门协作以研究改进工艺和其他合作。对私营企业而言，获得的主要效益包括：一是利用军方现有设备和设施可避免新投资；二是有权使用拥有专业技能并经充分训练的建制人员；三是军方设施已办理工艺、环境和危险材料许可证；四是有权使用实验室、中心和试验设施进行器材、设备、系统、软件和相关专门能力的测试；五是通过使用共用设施、设备、资料和相关资源可减少成本；六是在公私部门间建立更加协调的工作关系。

从优势上讲，美军认为与内包、外包模式相比，PPP 模式主要具有 3 点优势:提高战备水平、促进采购竞争和改善采购效益。国防部建制维修保障力量与私营部门维修保障力量合作,既能确保国防部装备基地级维修能力满足"浪涌式"战备要求,又能通过二者之间的竞争与协作,促进技术、管理创新,还能通过优化资源配置节约采购经费、提高采购效益。

从不足上讲,美军认为装备基地级维修 PPP 采购主要存在以下不足:一是在选择具体运营方式时,需耗费大量时间、人员和信息等交易成本进行不同运营方式效费比分析比较;二是国防部建制基地必须保有超过和平时期需求 40%~45% 的维修能力,即在和平时期,建制基地 40%~45% 的维修能力是闲置的,需国家出资维持。但是一旦采取外包或私有化模式之后,私营企业显然会降低装备基地级维修系统的能力"冗余",进而导致战备水平下降。

从特征上讲,美军认为成功的 PPP 采购具有以下 7 个基本特征:一是共同的合作愿景和目标;二是正确的指标和激励;三是互补的技术和能力(资源);四是高层支持;五是科学的商务案例分析;六是更改合作范围的灵活性;七是独立的评审和监督。基于上述性质和特征,美军强调是否采用 PPP 模式需合作双方就费用、效益和风险进行系统评估,不能由于某个或某些优点或缺点就选择或放弃合作,只有在综合评估得到肯定结果时才能选择合作。同时,美军发现要进一步推进装备基地级维修 PPP 采购,需做好以下 3 个方面的工作:一是加强商业案例分析;二是加强指标体系构建;三是加强合同签订标准化、自动化和信息化建设。

6. 逐步拓展应用范畴

2010 年以来,PPP 模式在美军装备基地级维修采购中所占的比重越来越大,在美军大力推行"基于绩效的后勤"和"最优购买力"战略的带动和促进下,PPP 模式已逐渐成为军地双方履行"基于绩效的后勤"和"最优购买力"合同的最佳模式,它所带来的巨大的军事、经济和社会效益使美军越来越倾向于在更广的领域、更大的范围、更高的层次推广运用 PPP 模式。在应用领域上,PPP 模式正在从装备维修向装备科研、生产和管理等领域拓展;在应用范围上,PPP 模式正在从美国国内基地向英军、澳军和日军等国外盟军基地等范围拓展;在应用层次上,PPP 模式正在从后勤保障向全寿命服务、装备研发和技术创新等层次拓展。事实上,PPP 模式已经成为美国国防部基于绩效的后勤的装备保障战略的基本要素。2017 年 3 月美国国防部将《基地级维修公私合作指南》升级并更名为《装备保障公私合作指南》。该指南明确指出,即使其引用的定义是在装备基地级维修中进行公私合作,但该术语实际上适用于更加广泛的集成产品支持(IPS)要素和活动,体现出美军公私合作已从装备基地级维修局部领域向整个装备保障领域全面发展的明显趋势。近来,美国国防企业和国防部建制基地甚至与英国、澳大利亚和加拿大等盟国军队也开展了装备基地级维修公私合作。未来,随着美军"下一代 PBL"战略的实施,PPP 模式正在从装备基地级维修的局部领域逐步向装备全寿命保障的整体领域拓展。

1.5.2　重要启示

通过对装备基地级维修 PPP 采购现实动因和面临形势的全面分析,表明我军开展装备基地级维修 PPP 采购的动因强烈,而且具备了基本的采购条件。对美军装备基地级维修 PPP 采购经验的梳理揭示出,装备基地级维修 PPP 采购是军队装备部门与社会资本为同时满足军队的军事利益和社会资本的经济利益,整合双方优质资源共同生产并提供装备基地级维修的相互关系和作用的动态过程,并逐渐形成一个共生的 PPP 采购系统。回顾和借鉴美军装备基地级维修 PPP 采购发展历程和经验,对于我军开展装备基地级维修 PPP 采购具有以下几点重要启示。

1. 端正思想认识

信息化条件下,装备基地级维修逐渐从装备实体采购中细化分离出来,向专业化、集约化和社会化方向发展,成为独立的采购项目。我军应及时扭转机械化条件下装备维修等服务是武器装备的"附属品"的传统思想认识,从以下几个方面端正信息化条件下装备基地级维修 PPP 采购思想认识:一是未来一体化联合作战中,战斗力将改变主要依靠装备实体直接对抗和能源大量消耗驱动的增长模式,装备服务保障和技术创新驱动将成为新的战斗力增长点,包括基地级维修在内的装备维修的地位和作用越来越重要,其采购经费占装备全寿命费用的比重越来越高;二是装备基地级维修作为一种装备服务是一种独立的"产品",其生产和提供也是要付出成本的,应当作为独立的项目采购;三是并非所有的装备基地级维修都应自主提供,经营性装备基地级非核心维修应通过市场采购;四是并非所有的装备基地级维修都应完全外包,经营性装备基地级核心维修、非经营性装备基地级核心维修和非经营性装备基地级非核心维修只能自主提供,不能完全外包。

2. 开展理论研究

理论是实践的指南,装备基地级维修 PPP 采购离不开理论的指导。当前,我军的装备采购理论主要是建立在获取装备实体以解决相对落后的装备科研生产能力与日益拓展的军队使命任务需求之间的矛盾的基础之上的,其研究的采购对象主要是"看得见、摸得着"的装备实体。这种传统的装备采购理论通常把装备采购系统分为采购主体、采购客体、采购方式等要素来研究,片面地强调采购主体之间的竞争,而忽略了它们之间的合作。从生态学视角来看,是一种竞生关系下的装备采购理论体系。然而，装备基地级维修PPP采购是以军队装备部门与社会资本合作为本质特征的装备服务采购模式。因此，传统的装备采购理论无法指导装备基地级维修PPP采购实践，必须开展装备基地级维修PPP采购的理论研究。特别是装备基地级维修采购在我军还处于起步阶段，对装备基地级维修PPP采购的理论研究尚属空白。我军应学习借鉴外军尤其是美军的经验，从以下4个方面开展装备基地级维修PPP采购理论研究，科学指导装备基地级维修PPP采购工作：一是进行装备基地级维修PPP采购基本概念和主要类型研究，构建装备基地级维修PPP采购理论基础和科学体系；二是进行装备基地级维修PPP采购基本属性和主要特征研究，把握装备基地级维修PPP采购主要特点和根本规律；三是进行装备基地级维修PPP采购运营架构和运营方式研究，规范装备基地级维修PPP采购管理工作和操作流程；四是进行装备基地级维修PPP采购动力机制研究，科学设计其动力路径。

3. 加强市场培育

当前，虽然我国社会主义市场经济不断完善，市场机制基本建立，但是在相对比较封闭的装备维修领域，计划经济体制对装备基地级维修采购的影响是积重难返的。针对我国装备基地级维修PPP采购市场存在的主要问题，需要从以下3个方面加强装备基地级维修PPP采购市场培育：一是创造公平竞争良好环境。加大军工集团、军队装备修理工厂等企事业单位改革力度，确立其在市场上的主体地位。建立健全公平合理的市场准入、税费减免和需求信息发布机制，建立装备基地级维修PPP采购项目基金，降低民营企业准入门槛。二是拓宽维修服务采购范围。加大经营性装备基地级非核心维修PPP采购市场的开放力度，借鉴电子商务创新模式，最大限度地推行竞争性采购，构建和拓展装备采购信息发布平台，打破行业垄断和信息封闭，提高装备基地级维修PPP采购的透明度。三是完善采购监督管理机制。建立健全装备基地级维修供应商准入机制、绩效评价机制、奖惩退出机制和信息管理机制，加强对装备基地级维修PPP采购的监督管理，预防"逆向选择"和"道德风险"的发生。

4. 完善法规制度

我军现行装备采购法规制度也主要是建立在获取装备实体以解决相对落后的装备科研生产能力与日益拓展的军队使命任务需求之间的矛盾的基础之上的。目前，装备基地级维修PPP采购法规制度还处于"真空"状态，亟待从以下3个方面逐步制定完善装备基地级维修PPP采购法规制度：一是及时出台政策性文件。按照"边探索、边实践、边总结"的思路，在装备基地级维修PPP采购初期，及时出台一些指导意见为工作开展提供基本法理依据。二是适时出台法规指南。按照"军委管总、战区主战、军种主建"的原则，逐步构建"以军委、军种 2 级法规制度为主体,操作性指南或行业手册为补充"的装备基地级维修 PPP 采购法规体系。三是及时完善评价标准。坚持"既重微观单装维修质量,更重宏观整体维修效益"的思想,在进一步制定完善单装维修技术标准的基础上,制定以修复率、节支率和平均修复时间(Mean-Time-To-Repair, MTTR)、平均失效时间(Mean-Time-To-Failure, MTTF)以及平均故障间隔时间(Mean-Time-Between-Failure, MTBF)为主要指标的激励性装备基地级维修绩效宏观管理评价标准。

5. 改革定价机制

价格机制是社会主义市场经济的"风向标"和"晴雨表"。现行单一的"成本加成"定价机制比较适用于定价成本构成清晰并且易于量化计算的装备实体采购,对于"无形性、异质性、同步性、易逝性"的装备基地级维修来说,PPP 采购过程中的不可预测成本和变化性成本因素较多,其定价成本难以事先准确量化。我军应学习借鉴美军的经验做法,积极适应社会主义市场经济的发展,打破单一的成本价格机制,针对不同采购方式和服务类型,建立健全多种定价模式有机结合的装备基地级维修 PPP 采购定价机制:一是对于单一来源采购服务,可沿用成本价格模式,但是应对完全成本法进行全面改革,将人力资源、知识产权、品牌价值等无形资产合理计入生产成本;二是对于招标竞争性采购服务,可充分发挥市场作用,采用市场定价模式;三是对于非招标竞争性采购服务,可充分发挥政府规制作用,采用成本激励、进度激励、质量激励和技术激励等内生性激励约束定价模式。

6. 培养管理人才

人才是开展装备基地级维修 PPP 采购的根本。装备基地级维修 PPP 采购与一般公共服务 PPP 采购不同,由于其特殊的军事属性很难从其他国家、行业和部门引进人才。因此,自主培养就成了装备基地级维修 PPP 采购管理人才来源的主渠道。装备基地级维修 PPP 采购广泛涉及法律、金融、财务和管理,以及装备维修等方面的专业基础知识,需要具备综合素质的项目管理人才。装备基地级维修 PPP 采购管理人才培养,应主要突出以下 4 个方面的内容:一是采购管理法规制度培训;二是金融财务管理知识培训;三是项目管理基础知识培训;四是装备维修技术与管理知识培训。同时,针对我军从事装备采购管理工作的人员大都是从装备保障相关专业转行而来的实际,要加强对装备基地级维修 PPP 采购管理人员的岗位培训,结合工作实践大力开展案例分享、经验交流和技能培训。

7. 监管项目绩效

国内外公共服务和国防服务 PPP 采购,尤其是美军装备基地级维修 PPP

第 1 章　绪论

采购的研究与实践充分表明,PPP 模式虽然有其突出优势,但也有其明显劣势,要充分发挥其理论上的潜在效能,必须加强对装备基地级维修 PPP 采购项目绩效的监管。为了在量化评估项目绩效的基础上,及时总结各军种成功经验,制定完善的全军性采购法规,我军应学习借鉴美军的经验,从以下方面全面监管装备基地级维修 PPP 采购:一是微观上从项目执行层监管。主要是由 PPP 项目组依托装备采购信息管理系统,全面采集装备基地级维修 PPP 采购项目信息,按项目进度定期评估上报。二是中观上从业务管理层监管。主要是由各军种业务部门定期或不定期进行装备基地级维修 PPP 采购工作总结,总结经验、制定规章。三是宏观上从审查监督层监管。主要是由军委装备发展部对各军种及其直属各局,装备基地级维修 PPP 采购项目进行全面审查,探索把握装备基地级维修 PPP 采购基本规律,并及时将其固化为采购法规。

第 2 章　装备基地级维修 PPP 采购理论基础

装备基地级维修 PPP 采购既是一项军事活动,也是一项经济活动,尽管装备基地级维修的军事属性在一定程度上对其 PPP 采购的实施或多或少带来一些局限,但这并不会影响一般 PPP 基本理论等在装备基地级维修采购领域的应用。本章结合装备基地级维修采购实际,综合运用 PPP 理论、经济学理论、系统科学理论和共生理论,在总结归纳装备基地级维修采购模式并对其进行经济分析的基础上,进一步对装备基地级维修 PPP 采购系统进行静态、动态分析,深入揭示其共生本质,为构建装备基地级维修 PPP 采购共生系统,开展装备基地级维修 PPP 采购共生系统动力机制研究奠定理论基础。

2.1　装备基地级维修采购基本模式

模式是指从生产经验和生活经验中经过抽象、升华提炼出来的核心知识体系,其实质就是解决某类问题的方法论。简而言之,就是从不断重复出现的事件中发现和抽象出的规律,是解决问题形成经验的高度归纳总结,即把解决某类问题的方法总结归纳到理论高度,就形成了模式。装备基地级维修采购基本模式,是指军队装备部门通过分析装备基地级维修采购需求、市场状况、竞争态势和武器装备特点等经验规律,制定的基于现实和未来的、指导装备基地级维修采购工作的通用范式和基本方法。对于不同类型的装备基地级维修,采用适当的采购模式,能起到事半功倍的效果。

2.1.1　类型划分

在认真研究装备基地级维修采购历史与现状,特别是美军装备基地级维修采购的发展历程和经验,学习借鉴中外国防服务采购经验与教训,充分把握国内、外政府公共服务采购的做法与趋势的基础上,结合我军装备基地级维修采购现实动因和面临形势,从采购主体的视角,按照军民融合度从低到高的顺序,可把装备基地级维修采购的基本模式总结归纳为以下三种类型。

1. 军队机构内包模式

军队机构内包模式(Military Organization Insourcing,MOI)是指从军队建制

装备维修机构获取活劳动对武器系统、装备终端、总成、部件、组件和零件进行大修、升级、改造、测试、检查和回收利用(必要时)等维护或修理,以及维修支援的模式。军队建制装备维修机构主要包括军队装备修理工厂和战区建制维修机构等。我军现行主要的装备基地级维修采购模式就是典型的军队机构内包模式,其实质是计划经济体制下的"军队运作、计划管理、自我保障、成本支付、财政供养、自给自足"的自主保障模式。

2. 社会资本外包模式

社会资本外包模式(Social Capital Outsourcing, SCO)是指从外部社会组织获取活劳动对武器系统、装备终端、总成、部件、组件和零件进行大修、升级、改造、测试、检查和回收利用(必要时)等维护或修理,以及维修支援的模式。外部社会组织主要包括国有军工集团、地方军工及民口配套单位以及民营企业。我军现行的、未形成维修能力的高新武器装备合同商一体化技术服务采购模式就是典型的社会资本外包模式,其实质是市场经济体制下的"市场运作、军队管理、完全竞争、合同制约、自主运营、自负盈亏"的市场采购模式。

3. 军队社会合作模式

军队社会合作模式是指军队装备部门按照优势互补、风险共担、利益共享原则与社会资本建立合作契约,以获取活劳动对武器系统、装备终端、总成、部件、组件和零件进行大修、升级、改造、测试、检查和回收利用(必要时)等维护或修理,以及维修支援的模式。军队装备部门只能是其自身,不能委托下属机构;社会资本既包括国有企业、民营企业,又包括非项目主管军队装备部门所属企事业单位、非政府组织等。其实质是服务经济体制下的"市场运作、军队管理、有序竞争、资源共用、风险共担、利益共享"的互惠共生模式。

如果把装备基地级维修采购模式比作1枚硬币,那么军队机构内包模式就是硬币的正面,社会资本外包模式就是硬币的反面,而军队社会合作模式则是硬币的侧面,它们构成了完整的装备基地级维修采购基本模式体系,相互之间既有区别又有联系。军队机构内包模式、社会资本外包模式分别是由军队建制装备维修机构、外部社会组织"独自生产"装备基地级维修,而军队社会合作模式是由二者"合作生产"装备基地级维修。军队机构内包模式、社会资本外包模式分别是由军队建制装备维修机构、外部社会组织独立拥有装备基地级维修项目产权并承担全部风险、独享全部收益,而军队社会合作模式是二者共同拥有装备基地级维修项目产权或存在产权的变更,并且共同分担风险、共享全部收益。同时,三种基本模式是按照"军队机构内包-社会资本外包-军队社会合作"的历史演进、逐步形成、协同发展的。

2.1.2 适用范围

1. 军队机构内包模式适用范围

军队机构内包模式下装备基地级维修任务是由军队建制装备维修机构独立完成,装备维修保障资源主要是在封闭的军品市场①这一寡头垄断市场内有序配置。其优点是计划"这只手"的作用发挥明显、执行力较强,能够确保军事效益的首要地位,有效地防止市场失灵;其缺点是市场"这只手"的作用发挥缺失、经济性较差,容易产生政府失灵。基于装备基地级维修的主要特征及其采购的根本属性,这种模式主要适用于装备基地级核心维修、非经营性装备基地级非核心维修的采购。

2. 社会资本外包模式适用范围

社会资本外包模式下装备基地级维修任务是由地方企、事业单位独立完成,装备维修保障资源主要是在包括军品市场在内的完全开放的整个装备市场②这一完全竞争市场自由配置。其优点是市场"这只手"的作用发挥明显、经济性较强,能够确保维修资源的高效配置,有效地防止政府失灵;其缺点是计划"这只手"的作用发挥缺失、执行力较差,容易产生市场失灵。基于装备基地级维修的主要特征及其采购的根本属性,这种模式主要适用于纯经营性装备基地级非核心维修的采购。

3. 军队社会合作模式适用范围

军队社会合作模式下装备基地级维修任务是由军队装备部门与社会资本共同合作完成,装备维修保障资源主要是在军品市场和民品市场有机融合的相对开放的部分装备市场这一垄断竞争市场合理配置。其优点是市场和计划"双手"都能发挥作用,执行力和经济性都比较强,既能确保军事效益的首要地位,又能确保维修资源的高效配置,有效地同时防止政府失灵和市场失灵;其缺点是采购周期较长、交易成本较高、合同结构复杂,对军队装备部门采购管理能力提出了较高要求,容易演变成一种"行政工具"。基于装备基地级维修的主要特征及其采购的根本属性,这种模式主要适用于准经营性装备基地级非核心维修的采购。

综上所述,装备基地级维修采购基本模式适用范围如图 2-1 所示。此外,

---

① 在我军现行装备维修体制下,以军队装备修理工厂和战区建制维修机构为主体的军队建制装备维修机构以及国有装备生产企业在装备基地级维修中占居寡头垄断地位。因此,本书把这一寡头垄断市场称为"军品市场"。

② 从军品、民品划分的角度出发,装备市场可以分为军品市场和民品市场。其中,军品市场既包括军队内部的军品市场,又涵盖地方军工的军品市场。

由于随着时间、对象和技术的发展变化,装备基地级维修核心范围及其项目经营属性也会发生相应的变化。因此,上述3种基本模式适用范围的划分并不是界线明晰和静止不变的,也会随着装备基地级维修核心范围及其项目经营属性的变化而演化,甚至是有所交叉重叠的。至于具体选取哪种采购模式,只有结合具体项目综合评估才能做出科学决策。

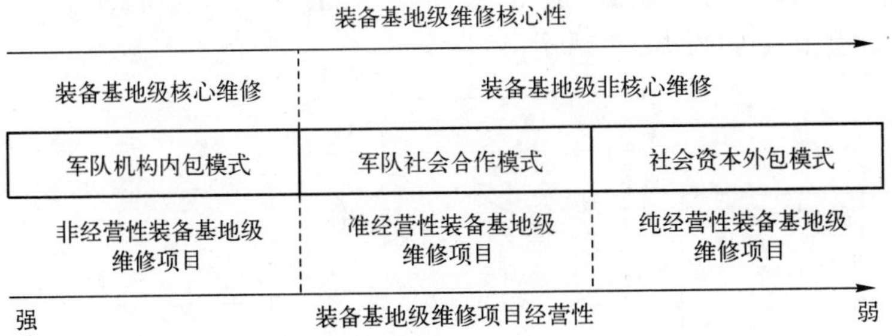

图 2-1 装备基地级维修采购模式适用范围示意图

2.1.3 选择方法

1. 选择原则

(1) 多效并举,军事优先。装备基地级维修采购可能产生的潜在效益主要包括军事效益、经济效益和社会效益。在选择装备基地级维修采购基本模式时,应注重军事效益、经济效益和社会效益并举,以军事效益为主、其他效益为辅。在装备基地级维修采购项目谋划、执行、检查和评估等阶段都要突出"军事效益首位、其他效益兼顾"的指导思想,坚持以提高装备维修效益和效率为核心,注重提升装备基地级维修采购综合效益,不忘初心、牢记使命,着力提高军队装备维修保障能力。

(2) 积极稳妥,规避风险。装备基地级维修采购既然是一种市场经济环境下的商品采购活动,那么就难免存在各种风险。在选择装备基地级维修采购基本模式时,应按照装备是否通用、是否在产,以及是否属于装备基地级核心维修等因素综合分析,结合当地市场发育程度和维修服务能力,积极探索、稳步推进、综合评估、慎重选择、规避风险,在充分调动市场资源提供维修服务的过程中把采购风险降到最低。同时,在装备基地级维修采购过程中,应严守不能对外采购装备基地级核心维修这条"红线",切忌拿装备基地级核心维修冒任何风险。

(3) 提高效率,节约资源。当前,装备基地级维修采购采取的采购策略,由于缺乏竞争激励机制,加之定价机制严重滞后,造成装备基地级维修采购效率低下、资源浪费严重。在选择装备基地级维修采购基本模式时,应注重多策并举、多法共用,改变目前主要由军队装备修理工厂以及战区建制维修机构提供装备基地级维修的现状,拓展装备维修服务采购范围,创新装备维修服务采购方式,多元化装备维修服务采购途径,提高装备基地级维修采购效率、节约装备维修资源。

2. 选择流程

按照不同模式本质特征、适用范围和选择原则,装备基地级维修采购基本模式选择通用流程如图2-2所示。

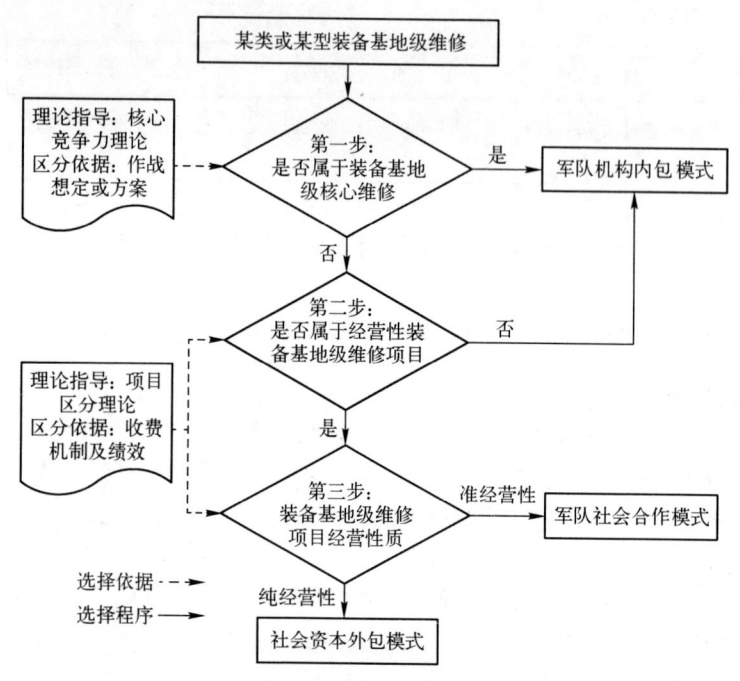

图2-2 装备基地级维修采购基本模式选择通用流程

(1) 区分装备基地级维修核心类型。从军事效益出发,按照核心竞争力理论,依据拟定的作战想定或方案,确定拟采购的某类或某型装备基地级维修是否属于装备基地级核心维修。对于装备基地级核心维修项目通常选取MOI模式采购;对于装备基地级非核心维修项目则进入下一步流程。

(2) 区分装备基地级维修经营类型。从经济效益出发,按照项目区分理论,依据采购项目是否具备收费机制,确定拟采购的装备基地级非核心维修项目经营属性。对于非经营性装备基地级非核心维修项目通常选取MOI模式采购;对于经营性装备基地级非核心维修项目则进入下一步流程。

(3) 区分装备基地级维修可经营类型。还是从经济效益出发,按照项目区分理论,依据采购项目收费绩效是否能够维持经营,进一步确定拟采购的经营性装备基地级非核心维修项目具体可经营属性。对于准经营性装备基地级非核心维修项目通常选取 PPP 模式采购；对于纯经营性装备基地级非核心维修项目通常选取 SCO 模式采购。

3. 例外情况

需要说明的是，图 2-2 所示流程为装备基地级维修采购基本模式选择指导性通用流程而非强制性标准流程，在具体采购过程中，应结合武器装备类型、科学技术条件和列装数量规模等客观实际酌情使用。在一些特殊情况下，应坚持上述选择原则但可不一定严格按照上述流程来选择采购模式。例如，高新武器装备列装到部队形成维修保障能力之前，装备基地级维修都只能依靠装备生产厂家提供而无法进行市场采购。

2.2 装备基地级维修采购基本模式经济分析

下面运用生产理论中的生产函数模型分别对 MOI 模式、SCO 模式和 PPP 模式进行经济分析，以进一步量化验证基于 PPP 模式进行装备基地级维修采购的可行性、适用性和经济性，定量分析上述 3 种基本模式的适用范围。

2.2.1 条件假设

装备基地级维修采购体系是一个由诸多要素构成的庞杂的军事经济系统，影响装备基地级维修价格的因素既有技术人员、维修设备和维修器材等内部因素，又有市场结构、法规环境和生产力水平等外部因素。根据西方经济学基本原理，在经济模型中，内生变量是指经济模型所要决定的变量，外生变量是指由模型以外的因素所决定的已知变量，它是模型建立的外部条件。在特定时空条件下，外部因素具有一定的稳定性和无差异性。为便于从经济学角度对其进行理论分析，在不影响问题本质的前提下，首先对装备基地级维修采购体系进行如下假设。

1. 关于装备基地级维修采购主体的假设

假定在确保装备维修质量与进度，即实现预定军事效益的前提下，军队装备部门追求的目标是以最小的投入换取最大的武器装备维修效益，装备维修供应商追求的目标是以最小的成本换取最大的利润。从经济上讲，军队装备部门和装备维修供应商都是理性的"经济人"。

2. 关于装备基地级维修采购对象的假设

由于装备基地级核心维修是军队的核心竞争力和基本职能，不能通过市场采购来完成。因此，假设采购对象为既不属于军队核心竞争力又不属于军队基本职能的装备基地级非核心维修。

3. 关于装备基地级维修价格因素的假设

装备维修资源是指装备维修所需的人力、物力、经费、技术、信息和时间的统称,具体包括用于维修的人员、器材、工具、设备、设施、技术资料和资金等。假定装备基地级维修需要投入的维修资源,即生产要素主要包括"人"(技术人员)、"机"(维修设备)、"料"(维修器材与材料)、"法"(技术资料)、"环"(维修设施)。这些维修资源既是装备基地级维修投入成本的基本因素,又是影响装备基地级维修价格的主要因素。

4. 关于装备基地级维修生产条件的假设

为在同一条件下评估比较不同模式的经济性,假定 3 种基本模式下,装备基地级维修需求总量保持不变;社会科学技术水平保持不变;军队装备部门和社会资本双方可配置的维修资源质量相同,即规模报酬保持不变。这些条件假设反映到生产函数中,表明分别在 3 种基本模式下,生产函数中的各个贡献率参数保持不变。

5. 关于装备基地级维修采购市场的假设

在 MOI 模式下,维修资源主要是在封闭的军品市场有序配置;在 SCO 模式下,维修资源主要是在完全开放的整个装备市场自由配置;在 PPP 模式下,维修资源主要是在军品、民品有机融合的相对开放的部分装备市场合理配置。为结合市场结构分析比较不同模式的经济性,假定:MOI 模式下,其装备基地级维修采购市场类型为寡头垄断市场;SCO 模式下,其装备基地级维修采购市场类型为完全竞争市场;PPP 模式下,其装备基地级维修采购市场类型为垄断竞争市场。

2.2.2 模型建立

1. 装备基地级维修生产函数

根据条件假设,运用经济学中的生产理论建立装备基地级维修生产函数:

$$Q = f(L, E, M, D, I)$$

式中 Q 为装备基地级维修产出或能力;L、E、M、D、I 分别为技术人员、维修设备、维修器材与材料、技术资料和维修设施投入量。

应用柯布-道格拉斯生产函数,将装备基地级维修生产函数具体化为

$$Q = f(L, E, M, D, I) = AL^{\alpha}E^{\beta}M^{\delta}D^{\varepsilon}I^{\eta}$$

式中 A 为生产规模;α、β、δ、ε、η 分别为技术人员、维修设备、维修器材与材料、技术资料和维修设施对装备基地级维修产出的贡献率。显然,$\alpha+\beta+\delta+\varepsilon+\eta=1$,且 $0<\alpha、\beta、\delta、\varepsilon、\eta<1$。根据条件假设 4,$A$、$\alpha$、$\beta$、$\delta$、$\varepsilon$、$\eta$ 为常数。

2. 装备基地级维修成本约束

根据条件假设,可以得出装备基地级维修成本约束方程为
$$C=\omega L+vE+\tau M+\sigma D+\rho I$$
式中 C 为装备基地级维修成本;ω、v、τ、σ、ρ 分别为技术人员、维修设备、维修器材与材料、技术资料和维修设施的价格。显然,ω、v、τ、σ、ρ 都大于 0。

3. 装备基地级维修变量区分

装备基地级维修产出或能力 Q,技术人员、维修设备、维修器材与材料、技术资料和维修设施投入量 L、E、M、D、I,及其价格 ω、v、τ、σ、ρ 为装备基地级维修生产函数的内生变量;装备基地级维修成本 C,技术人员、维修设备、维修器材与材料、技术资料和维修设施对装备基地级维修产出的贡献率 α、β、δ、ε、η,以及生产规模 A 为装备基地级维修生产函数的外生变量。

2.2.3 模型分析

实现既定成本条件下装备基地级维修的最优产出,可由下列方程组表示为
$$\begin{cases}\max Q=f(L,E,M,D,I)=AL^{\alpha}E^{\beta}M^{\delta}D^{\varepsilon}I^{\eta}\\ \text{st.}\ \varphi(L,E,M,D,I)=\omega L+vE+\tau M+\sigma D+\rho I-C=0\end{cases}$$

为求解该方程组,构造如下拉格朗日函数,其中 λ 为拉格朗日常数:
$$F(L,E,M,D,I,\lambda)=AL^{\alpha}E^{\beta}M^{\delta}D^{\varepsilon}I^{\eta}+\lambda(\omega L+vE+\tau M+\sigma D+\rho I-C)$$

用该拉格朗日函数分别对 L、E、M、D 和 I 求一阶偏导数,并使之为 0,然后与成本约束方程联立,得
$$\begin{cases}\dfrac{\delta F}{\delta L}=\dfrac{\delta Q}{\delta L}+\lambda\omega=\alpha AL^{\alpha-1}E^{\beta}M^{\delta}D^{\varepsilon}I^{\eta}+\lambda\omega=0\\ \dfrac{\delta F}{\delta E}=\dfrac{\delta Q}{\delta E}+\lambda v=\beta AL^{\alpha}E^{\beta-1}M^{\delta}D^{\varepsilon}I^{\eta}+\lambda v=0\\ \dfrac{\delta F}{\delta M}=\dfrac{\delta Q}{\delta M}+\lambda\tau=\delta AL^{\alpha}E^{\beta}M^{\delta-1}D^{\varepsilon}I^{\eta}+\lambda\tau=0\\ \dfrac{\delta F}{\delta D}=\dfrac{\delta Q}{\delta D}+\lambda\sigma=\varepsilon AL^{\alpha}E^{\beta}M^{\delta}D^{\varepsilon-1}I^{\eta}+\lambda\sigma=0\\ \dfrac{\delta F}{\delta I}=\dfrac{\delta Q}{\delta I}+\lambda\rho=\eta AL^{\alpha}E^{\beta}M^{\delta}D^{\varepsilon}I^{\eta-1}+\lambda\rho=0\\ \varphi(L,E,M,D,I)=\omega L+vE+\tau M+\sigma D+\rho I-C=0\end{cases}$$

求解此方程组,得出在既定成本约束 C 条件下,装备基地级维修最优产出的最佳资源投入量组合为

$$\begin{cases} L^* = \dfrac{\alpha C}{\omega(\alpha+\beta+\delta+\varepsilon+\eta)} \\ E^* = \dfrac{\beta C}{\upsilon(\alpha+\beta+\delta+\varepsilon+\eta)} \\ M^* = \dfrac{\delta C}{\tau(\alpha+\beta+\delta+\varepsilon+\eta)} \\ D^* = \dfrac{\varepsilon C}{\sigma(\alpha+\beta+\delta+\varepsilon+\eta)} \\ I^* = \dfrac{\eta C}{\rho(\alpha+\beta+\delta+\varepsilon+\eta)} \end{cases}$$

则,装备基地级维修最优产出可表示为

$$Q^* = f(L^*, E^*, M^*, D^*, I^*)$$

$$= A\left(\dfrac{\alpha C}{\omega(\alpha+\beta+\delta+\varepsilon+\eta)}\right)^\alpha \left(\dfrac{\beta C}{\upsilon(\alpha+\beta+\delta+\varepsilon+\eta)}\right)^\beta \left(\dfrac{\delta C}{\tau(\alpha+\beta+\delta+\varepsilon+\eta)}\right)^\delta$$

$$\left(\dfrac{\varepsilon C}{\sigma(\alpha+\beta+\delta+\varepsilon+\eta)}\right)^\varepsilon \left(\dfrac{\eta C}{\rho(\alpha+\beta+\delta+\varepsilon+\eta)}\right)^\eta$$

令

$$B = \left(\dfrac{\alpha C}{\omega(\alpha+\beta+\delta+\varepsilon+\eta)}\right)^\alpha \left(\dfrac{\beta C}{\upsilon(\alpha+\beta+\delta+\varepsilon+\eta)}\right)^\beta \left(\dfrac{\delta C}{\tau(\alpha+\beta+\delta+\varepsilon+\eta)}\right)^\delta$$

$$\left(\dfrac{\varepsilon C}{\sigma(\alpha+\beta+\delta+\varepsilon+\eta)}\right)^\varepsilon \left(\dfrac{\eta C}{\rho(\alpha+\beta+\delta+\varepsilon+\eta)}\right)^\eta$$

则,装备基地级维修最优产出又可表示为

$$Q^* = AB$$

令 Q^* 对 ω 求一阶偏导数,得

$$\dfrac{\delta Q^*}{\delta \omega} = (-\alpha)A\left(\dfrac{1}{\omega}\right)\left(\dfrac{\alpha C}{\omega(\alpha+\beta+\delta+\varepsilon+\eta)}\right)^\alpha \left(\dfrac{\beta C}{\upsilon(\alpha+\beta+\delta+\varepsilon+\eta)}\right)^\beta \left(\dfrac{\delta C}{\tau(\alpha+\beta+\delta+\varepsilon+\eta)}\right)^\delta$$

$$\left(\dfrac{\varepsilon C}{\sigma(\alpha+\beta+\delta+\varepsilon+\eta)}\right)^\varepsilon \left(\dfrac{\eta C}{\rho(\alpha+\beta+\delta+\varepsilon+\eta)}\right)^\eta$$

即

$$\dfrac{\partial Q^*}{\partial \omega} = -\alpha AB \dfrac{1}{\omega}$$

同理: $\dfrac{\partial Q^*}{\partial \upsilon} = -\beta AB \dfrac{1}{\upsilon}$, $\dfrac{\partial Q^*}{\partial \tau} = -\delta AB \dfrac{1}{\tau}$, $\dfrac{\partial Q^*}{\partial \sigma} = -\varepsilon AB \dfrac{1}{\sigma}$, $\dfrac{\partial Q^*}{\partial \rho} = -\eta AB \dfrac{1}{\rho}$

可知, $\dfrac{\partial Q^*}{\partial \omega} < 0$, $\dfrac{\partial Q^*}{\partial \upsilon} < 0$, $\dfrac{\partial Q^*}{\partial \tau} < 0$, $\dfrac{\partial Q^*}{\partial \sigma} < 0$, $\dfrac{\partial Q^*}{\partial \rho} < 0$;表明在 ω、υ、τ、σ、ρ 分别

增加时，Q^*都是减小的，即Q^*分别关于ω、υ、τ、σ、ρ为减函数。

对Q^*求全微分，可得

$$dQ^* = \frac{\partial Q^*}{\partial \omega}d\omega + \frac{\partial Q^*}{\partial \upsilon}d\upsilon + \frac{\partial Q^*}{\partial \tau}d\tau + \frac{\partial Q^*}{\partial \sigma}d\sigma + \frac{\partial Q^*}{\partial \rho}d\rho$$

$$= -AB\left(\frac{\alpha}{\omega}d\omega + \frac{\beta}{\upsilon}d\upsilon + \frac{\delta}{\tau}d\tau + \frac{\varepsilon}{\sigma}d\sigma + \frac{\eta}{\rho}d\rho\right)$$

可知，当$d\omega$、$d\upsilon$、$d\tau$、$d\sigma$、$d\rho$同时大于0时，$dQ^*<0$；表明ω、υ、τ、σ、ρ同时增加时，Q^*是减小的，即Q^*同时关于ω、υ、τ、σ、ρ为减函数。

2.2.4 基本结论

1. 约束成本不变的情况下

为了避免赘述，下面以维修设备价格为例进行经济分析。为便于分析，以右下脚标P代表PPP模式，如ω_P、υ_P、τ_P、σ_P、ρ_P分别表示PPP模式下，投入装备基地级维修生产的技术人员、维修设备、维修器材与材料、技术资料和维修设施的价格。同理，右下脚标M、S分别代表MOI模式与SCO模式。

1) MOI模式下维修设备的价格

MOI模式采购过程中，在寡头垄断市场条件下，维修供应商主要通过极其有限的竞争，与其他供应商达成不完全信息静态博弈均衡，对维修设备的实际报价通常为υ_M。现将完全竞争市场条件下维修设备价格设为υ^*，显然：

$$\upsilon_M > \upsilon^*$$

2) SCO模式下维修设备的价格

SCO模式采购过程中，在完全竞争市场条件下，维修供应商主要通过完全的竞争，与其他供应商达成不完全信息动态博弈均衡，对维修设备的实际报价通常为υ_S。为精确分析υ_S，引入度量装备基地级非核心维修采购项目可经营属性的因子$\theta_1(0 \leq \theta_1 \leq 1)$，则

$$\upsilon_S = \theta_1 \upsilon^* + (1-\theta_1)\upsilon_M \tag{2-1}$$

极端情况之一：当$\theta_1 = 1$时，$\upsilon_S = \upsilon^*$，表明该装备基地级维修采购项目为纯经营性装备基地级非核心维修采购项目，其市场结构为完全竞争市场，装备基地级维修生产可完全在市场经济条件下自由配置维修资源，且资源配置效率最高、价格最低。

极端情况之二：当$\theta_1 = 0$时，$\upsilon_S = \upsilon_M$，表明该装备基地级维修采购项目为非经营性装备基地级非核心维修采购项目，其市场结构为寡头垄断市场，装备基地级维修生产只能在寡头垄断条件下有序配置维修资源。也就是说，其维修资源能且只能从军品市场内部有序配置，且资源配置效率最低、价格最高。

3) PPP 模式下维修设备的价格

PPP 模式采购过程中,在垄断竞争市场条件下,在维修供应商之间主要通过市场竞争进行不完全信息动态博弈的基础上,军队装备部门又通过与维修供应商谈判磋商达成了合作博弈均衡,维修供应商对维修设备的实际报价通常为 v_P。为精确分析 v_P,引入度量军队装备部门与社会资本维修资源融合程度的因子 $\theta_2(0 \leq \theta_2 \leq 1)$,则

$$v_P = \theta_2 v^* + (1-\theta_2) v_S \tag{2-2}$$

将式(2-1)代入式(2-2),得

$$v_P = (\theta_1 + \theta_2 - \theta_1\theta_2) v^* + (1-\theta_1)(1-\theta_2) v_M \tag{2-3}$$

极端情况之一:当 $\theta_1 = \theta_2 = 1$ 时,$v_P = v^* = v_S$,表明该装备基地级维修采购项目为纯经营性装备基地级非核心维修采购项目,军民维修资源完全融合,其市场结构为完全竞争市场,无需政府宏观调控,其装备基地级维修生产可完全在市场经济条件下自由配置维修资源,且资源配置效率最高、价格最低。

极端情况之二:当 $\theta_1 = \theta_2 = 0$ 时,$v_P = v_M = v_S$,表明该装备基地级维修采购项目为非经营性装备基地级非核心维修采购项目,军民维修资源无法融合,其市场结构为寡头垄断市场,无法开展市场竞争,其装备基地级维修生产能且只能从军品市场内部有序配置维修资源,民品市场没有其需要的维修资源,因而其资源配置效率最低、价格最高。

4) 维修设备价格比较

v_M 减去式(2-1),可得

$$v_M - v_S = \theta_1(v_M - v^*) \geq 0$$

式(2-1)减去式(2-3),可得

$$v_S - v_P = \theta_2(1-\theta_1)(v_M - v^*) \geq 0$$

因此

$$v_M \geq v_S \geq v_P$$

同理,可知

$$\omega_M \geq \omega_S \geq \omega_P, \tau_M \geq \tau_S \geq \tau_P, \sigma_M \geq \sigma_S \geq \sigma_P, \rho_M \geq \rho_S \geq \rho_P$$

5) 结论

在规模报酬不变的情况下,上述分析表明:

(1) 对于纯经营性装备基地级非核心维修采购项目,即 $\theta_1 = \theta_2 = 1$ 的情况下:

$$v_M - v_S = v_M - v^* > 0$$
$$v_S - v_P = 0$$

可得

$$v_M > v_S = v_P$$

因为 Q^* 同时关于 ω、υ、τ、σ、ρ 为减函数,所以可知 3 种模式下装备基地级维修最优产出大小关系为

$$Q_P^* = Q_S^* > Q_M^*$$

由于 PPP 模式交易成本高于 SCO 模式,因此对于纯经营性装备基地级非核心维修采购项目,选取 SCO 模式采购资源配置效率最高、价格最低,装备基地级维修最优产出最高。

(2) 对于非经营性装备基地级非核心维修采购项目,即 $\theta_1 = \theta_2 = 0$ 的情况下,显然:

$$\upsilon_M = \upsilon_S = \upsilon_P$$

可知 3 种模式下装备基地级维修最优产出大小关系为

$$Q_P^* = Q_S^* = Q_M^*$$

由于 3 种模式中,MOI 模式交易成本最低,因此对于非经营性装备基地级非核心维修采购项目,选取 MOI 模式采购资源配置效率最高、价格最低,装备基地级维修最优产出最高。

(3) 对于准经营性装备基地级非核心维修采购项目,即 $0<\theta_1$、$\theta_2<1$ 的情况下:

$$\upsilon_M - \upsilon_S = \theta_1(\upsilon_M - \upsilon^*) > 0$$
$$\upsilon_S - \upsilon_P = \theta_2(1-\theta_1)(\upsilon_M - \upsilon^*) > 0$$

可得:
$$\upsilon_M > \upsilon_S > \upsilon_P$$

因为 Q^* 同时关于 ω、υ、τ、σ、ρ 为减函数,所以可知 3 种模式下装备基地级维修最优产出大小关系为

$$Q_P^* > Q_S^* > Q_M^*$$

因此,对于准经营性装备基地级非核心维修采购项目,选取 PPP 模式采购资源配置效率最高、价格最低,装备基地级维修最优产出最高。

而且,进一步可知,PPP 模式比 SCO 模式增加的装备基地级维修最优产出量 ΔQ_1 为

$$\Delta Q_1 = Q_P^* - Q_S^* = A(B_P - B_S)$$

SCO 模式比 MOI 模式增加的装备基地级维修最优产出量 ΔQ_2 为

$$\Delta Q_2 = Q_S^* - Q_M^* = A(B_S - B_M)$$

2. 约束成本可变的情况下

为便于分析,把装备基地级维修资源分为军队(政府)配置资源和市场配置资源两部分,并分别记为 C_M 和 C_S。前者主要包括军队代表国家和全民拥有的自然资源、经济资源和社会事业资源等公共资源;后者主要包括作为市场经营主体的企事业单位拥有的生产资料、劳动力和资本等"私有"资源。

1) MOI 模式下投入维修服务资源量

MOI 模式下可投入最大维修服务资源量为军队可配置的全部资源,记为 C_M。

2) SCO 模式下投入维修服务资源量

SCO 模式下可投入最大维修服务资源量为市场可配置的全部资源,记为 C_S。

3) PPP 模式下投入维修服务资源量

PPP 模式是军队装备部门和社会资本合作共同生产和提供装备基地级维修的采购模式,军地双方为实现同一目标会尽可能地调动自己的所有优质资源,共同生产和提供装备基地级维修。因此,PPP 模式下可投入最大维修服务资源量为军队可配置比较优势资源和市场可配置比较优势资源之帕累托最优组合,记为 C_P。

4) 三种模式投入维修服务资源量比较

为分析 C_P、C_M 和 C_S 之间的关系,此处继续引用上面引入的度量军民合作程度的因子 $\theta_2(0 \leq \theta_2 \leq 1)$,则 PPP 模式下军地双方共同投入的装备基地级维修资源量 C_P 可表示为

$$C_P = \theta_2 C_S + (1-\theta_2) C_M \quad (2-4)$$

理论上讲,军地双方可能按生产要素类型分别分要素投入维修服务资源,也可能按所占比例大小共同全要素投入维修服务资源。但是,在装备基地级维修采购 PPP 项目实际运营过程中,军地双方一般是依据资源禀赋比较优势遵循"谁优质谁投入、谁投入谁获利"的原则,按生产要素类型分别分要素投入维修服务资源。

极端情况之一:当 $\theta_2 = 1$ 时,$C_P = C_S$,表明该装备基地级维修采购项目为军民完全合作项目(纯经营性装备基地级非核心维修采购项目),市场拥有全部的维修资源。

极端情况之二:当 $\theta_2 = 0$ 时,$C_P = C_M$,表明该装备基地级维修采购项目为军民无法合作项目(非经营性装备基地级非核心维修采购项目),军队(政府)拥有全部的维修资源。

分析式(2-4)可知,θ_2 值越大,表明该装备基地级维修采购项目军民合作程度越高,市场拥有的维修资源禀赋比较优势越大,能够从市场上自由配置的维修资源就越多,维修资源配置效率就越高,可投入装备维修服务的资源量也就越多,反之亦然。

5) 结论

在规模报酬不变的情况下,上述分析表明:

(1) 对于纯经营性装备基地级非核心维修采购项目,即 $\theta_2 = 1$ 的情况下,选取 SCO 模式采购时资源配置效率最高,能够最大限度地提高可投入维修服务资源量;

(2) 对于非经营性装备基地级非核心维修采购项目,即 $\theta_2 = 0$ 的情况下,选取 MOI 模式采购时资源配置效率最高,能够最大限度地提高可投入维修服务资源量;

(3) 对于准经营性装备基地级非核心维修采购项目,即 $0<\theta_2<1$ 的情况下,选取 PPP 模式采购时资源配置效率最高,能够最大限度地提高可投入维修服务资源量。

2.3 装备基地级维修 PPP 采购系统

研究装备基地级维修 PPP 采购共生系统动力机制,必须首先研究其共生系统,而分析装备基地级维修 PPP 采购共生系统则要首先分析装备基地级维修 PPP 采购系统。虽然传统的装备采购理论体系从军队装备部门的视角,构建了主要面向获取有形装备实体的由采购主体、客体、信息、活动和方法等要素构成的装备采购系统。但是由于我军装备维修服务采购还处在探索阶段,基于 PPP 模式的装备基地级维修采购理论研究尚属空白。因此,有必要对装备基地级维修 PPP 采购系统的构成要素进行详细分析,以明确研究对象、理清研究边界。同时,也必须按照系统工程分析的逻辑思路,分析装备基地级维修 PPP 采购系统的层次结构和功能特性,为下一步运用共生理论分析其共生本质奠定基础。

2.3.1 构成要素

一般的装备服务采购系统通常由采购客体、采购主体、供给主体和采购环境四个子系统及其要素构成。装备基地级维修 PPP 采购在一般装备服务采购过程的基础上,主要是增加了合作生产环节。因此作为一个开放复杂巨系统,装备基地级维修 PPP 采购系统是由采购客体、采购主体、合作主体、采购介体和采购环境 5 个子系统及其要素构成,其基本情况如图 2-3 所示。系统内的各个子系统之间、每个子系统内的要素之间都存在着相互联系、相互作用,在时间或空间上排列组合,形成具有自身特定结构的存在形式。

1. 采购客体

采购客体是指装备基地级维修 PPP 采购的对象,即装备基地级维修。然而,装备基地级维修包含内容广泛、形式多样、密级不同,并非所有的装备基地级维修都能够采取 PPP 模式采购。根据装备基地级维修类型划分,美军装备基地级维修PPP采购经验以及军队社会合作模式适用范围,装备基地级维修PPP采购的采购客体主要是指准经营性装备基地级非核心维修。

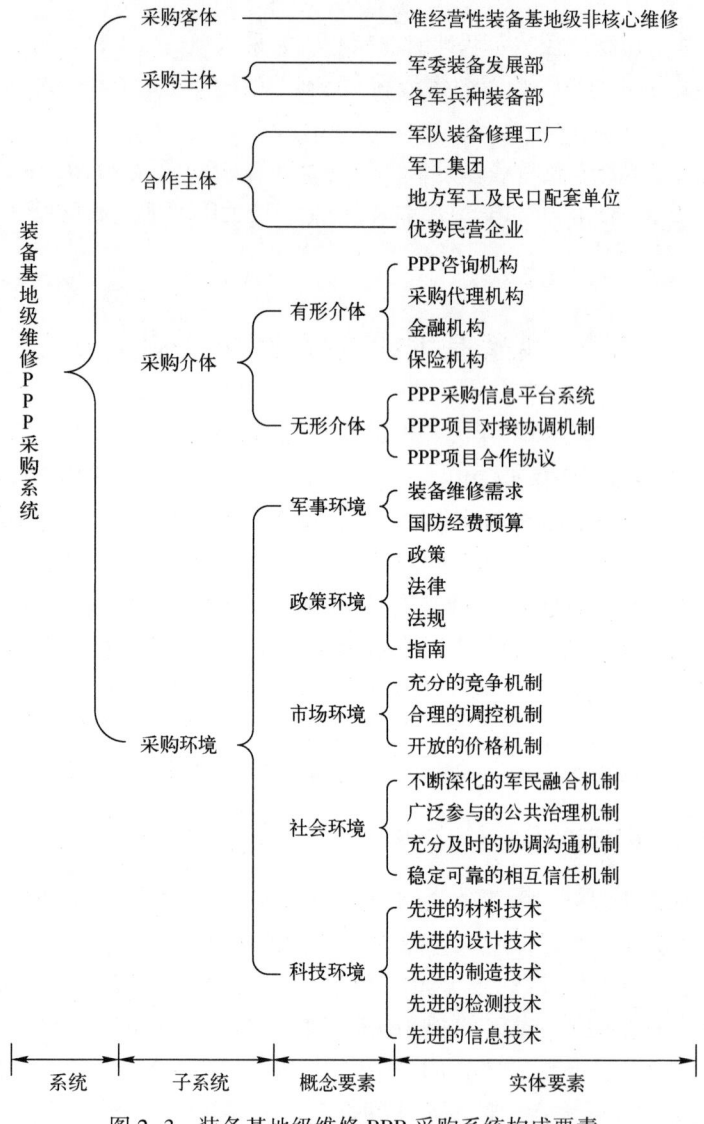

装备基地级维修PPP采购系统
- 采购客体 —— 准经营性装备基地级非核心维修
- 采购主体
  - 军委装备发展部
  - 各军兵种装备部
- 合作主体
  - 军队装备修理工厂
  - 军工集团
  - 地方军工及民口配套单位
  - 优势民营企业
- 采购介体
  - 有形介体
    - PPP咨询机构
    - 采购代理机构
    - 金融机构
    - 保险机构
  - 无形介体
    - PPP采购信息平台系统
    - PPP项目对接协调机制
    - PPP项目合作协议
- 采购环境
  - 军事环境
    - 装备维修需求
    - 国防经费预算
  - 政策环境
    - 政策
    - 法律
    - 法规
    - 指南
  - 市场环境
    - 充分的竞争机制
    - 合理的调控机制
    - 开放的价格机制
  - 社会环境
    - 不断深化的军民融合机制
    - 广泛参与的公共治理机制
    - 充分及时的协调沟通机制
    - 稳定可靠的相互信任机制
  - 科技环境
    - 先进的材料技术
    - 先进的设计技术
    - 先进的制造技术
    - 先进的检测技术
    - 先进的信息技术

系统 | 子系统 | 概念要素 | 实体要素

图2-3 装备基地级维修PPP采购系统构成要素

2. 采购主体

采购主体是指装备基地级维修PPP采购的购买者,即军队装备部门。由于装备基地级维修PPP采购过程中,军队装备部门需要履行行政管理和行政监督职能,因此,采购主体只能是军队装备部门自身,而不能授权其下属装备维修机

第2章　装备基地级维修PPP采购理论基础

构代表其与社会资本签订PPP项目合同。对于装备基地级维修PPP采购项目中，军队装备部门授权代表其履行具体合作职能的所属装备维修机构，通常应作为乙方之一写入合同，但不能作为甲方(军队装备部门)代表写入合同。采购主体是装备基地级维修PPP采购项目的发起方和主导方，主要承担项目的规划、管理和监督等职能，其对装备基地级维修PPP采购的认识程度和管理能力直接影响装备基地级维修PPP采购项目的运营绩效。依据"军委管总、战区主战、军种主建"的根本原则，我军装备基地级维修PPP采购主体主要包括军委装备发展部和各军兵种装备部2级装备部门。

1) 军委装备发展部

军委装备发展部作为履行全军装备采购管理工作的职能部门，在中央军委统一领导下，归口管理全军装备采购工作。装备基地级维修采购作为装备采购工作独特而重要的组成部分，自然属于军委装备发展部的管理范畴。按照"军委集中统管、军种具体建管、战区联合运用"的体制要求和"军委负责总体规划计划，军兵种具体组织实施"的运行机制，军委装备发展部主要负责全军武器装备基地级维修采购规划计划和通用信息系统装备基地级维修采购工作。

2) 各军兵种装备部

各军兵种装备部作为履行其装备采购管理工作的职能部门，在各军兵种统一领导和军委装备发展部业务指导下，归口管理本军兵种装备采购工作。同理，各军兵种装备基地级维修采购自然也属于其装备采购工作的一部分，理应属于各军兵种装备部工作职能。按照"军委集中统管、军种具体建管、战区联合运用"的体制要求和"军委负责总体规划计划，军兵种具体组织实施"的运行机制，各军兵种装备部主要负责本军兵种专用装备和具备资源禀赋优势的通用装备的基地级维修采购工作。

3. 合作主体

合作主体是指装备基地级维修PPP采购的合作对象，即社会资本。从装备基地级维修合作对象的所有制性质来看，合作主体既包括国有企事业单位，也包括集体企事业单位，还包括民营企业，但目前不包括个体企业和外资企业。合作主体是装备基地级维修PPP采购项目的运营方和参与方，主要承担项目的设计、建设和运营等职能，其资源禀赋优势和运营管理能力直接关系到装备基地级维修PPP采购项目的运营绩效。我国装备基地级维修PPP采购合作主体主要包括军队装备修理工厂、军工集团、地方军工及民口配套单位、优势民营企业四种类型。

1) 军队装备修理工厂

军队装备修理工厂是国家投资、军队管理、担负军队装备修理任务的国有企业,具有国有军工企业和军队装备保障力量的双重属性。军队装备修理工厂是我军战略战役装备维修保障的主要力量,承担装备基地级修理和支援保障任务,其地位和作用与美军的工业和技术优势中心类似。目前,我军装备修理工厂可分为通用装备修理工厂和军兵种装备修理厂。通用装备修理厂包括通信装备修理工厂、军械装备修理工厂、装甲装备修理工厂、工程机械修理工厂、通用车辆修理工厂、陆军船艇修理工厂;军兵种装备修理工厂包括舰船修理工厂、飞机修理工厂、航空军械修理工厂,导弹装备修理工厂。

此外,有的军兵种还编有少量军队事业化装备修理工厂,在此不再详细分析。"十五"以来,全军有80%左右的舰船装备、70%左右的航空装备、50%左右的火箭军导弹及地面设备、90%左右的军械装备和全部坦克装甲车等均由企业化修理工厂承修(其余装备大修和约有90%以上的维修器材、设备采购,均由装备承研承制单位或军外其他工业企业承担)。由于军队装备修理工厂"半军半商、半兵半民"的双重属性,在装备基地级维修 PPP 采购项目中,其通常作为军队装备部门的授权实体履行设计、出资、建设或运营等具体职能。当然,由于军队装备修理工厂是国有企业,因此,它也可以作为社会资本与非直属领导的军队装备部门进行装备基地级维修 PPP 采购项目合作。

2) 军工集团

军工集团公司作为国家特大型国有企业,由国务院出资并直接管理,承担着国家国防建设重大项目的生产经营职能及国防科研生产任务,从事为国家武装力量提供各种武器装备研制和生产经营活动。目前,我国共有中核工业、航天科技、航天科工、中航工业、中国航发、中船工业、中船重工、中国兵工、中国兵装、中国电科、中国电子以及中国工程物理研究院十二大军工集团,其基本情况如表2-1所列。我国的国防工业体系仿照苏联举国体制建立,长期以来,十二大军工集团及其前身一直是国防工业体系的主体,以它们为基础构建了我国涵盖航空、航天、船舶、兵器、电子、核等六大领域,产业链贯穿从上游的材料、元器件、设备一直到武器系统的健全的国防工业体系。因此,军工集团是当前装备基地级维修 PPP 采购合作主体的主力军。

表 2-1 国防科技工业十二大军工集团基本情况统计表[①]

序号	名称/简称	主营业务	行业
1	中国核工业集团有限公司/中核工业(CNNC)	主要从事核军工、核电、核燃料循环、核技术应用、核环保工程等领域的科研开发、建设和生产经营,以及对外经济合作和进出口业务,是目前国内投运核电和在建核电的主要投资方、核电技术开发主体、最重要的核电设计及工程总承包商、核电运行技术服务商和核电站出口商,是国内核燃料循环专营供应商、核环保工程的专业力量和核技术应用的骨干	核工业

第2章 装备基地级维修PPP采购理论基础

(续)

序号	名称/简称	主营业务	行业
2	中国航天科技集团有限公司/航天科技（CASC）	主要从事运载火箭、各类卫星、载人飞船、货运飞船、深空探测器、空间站等宇航产品和战略、战术导弹武器系统的研究、设计、生产、试验和发射服务。同时，致力于发展卫星应用、信息技术、新能源与新材料、航天特种技术应用、空间生物等航天技术应用产业；大力开拓卫星及其地面运营、国际宇航商业服务、航天金融投资、软件与信息服务等航天服务业	航天工业
3	中国航天科工集团有限公司/航天科工（CASIC）	建立了完整的防空导弹武器系统、飞航导弹武器系统、固体运载火箭及空间技术产品等技术开发与研制生产体系，研制生产的国防产品广泛涉及陆、海、空、天、电磁等多个领域	
4	中国航空工业集团有限公司/航空工业（AVIC）	设有航空武器装备、军用运输类飞机、直升机、机载系统与汽车零部件、通用航空、航空研究、飞行试验、航空供应链与军贸、资产管理、金融、工程建设、汽车等产业	航空工业
5	中国航空发动机集团有限公司/中国航发（AECC）	主要从事军民用飞行器动力装置、第二动力装置、燃气轮机、直升机传动系统、航空发动机技术衍生产品的设计、研制、生产、维修、营销和售后服务等业务；客户涉及航空、航天、船舶、兵器、能源及金天等多个领域。公司设计生产的涡喷、涡扇、涡轴、涡桨、活塞等航空发动机、燃气轮机和直升机传动系统等产品，广泛配装于各类军民用飞机、直升机和大型舰艇、大型发电机组	
6	中国船舶工业集团有限公司/中船工业（CSSC）	在业务上形成了以军工为核心主线，贯穿船舶造修、海洋工程、动力装备、机电设备、信息与控制、生产性现代服务业六大产业板块协调发展的产业格局，在海洋防务装备、海洋运输装备、海洋开发装备、海洋科考装备四大领域拥有雄厚实力	船舶工业
7	中国船舶重工集团有限公司/中船重工（CSIC）	主要从事海军装备、民用船舶及配套、非船舶装备的研发生产，拥有我国目前最大的造修船基地，是中国最大的造修船集团之一，拥有国内最齐全的船舶配套能力，是中国船舶行业唯一一家世界500强企业	
8	中国兵器工业集团有限公司/中国兵工（CNIGC）	承担坦克装甲车辆、火炮、导弹、炮弹等军品的研制、生产任务，同时开发民品，在机械、化工、光电，特别是重型汽车、工程机械、动力传动、精细化工等领域具有雄厚的技术实力和研发、制造能力。面向陆、海、空、天以及各军兵种研发生产精确打击、两栖突击、远程压制、防空反导、信息夜视、高效毁伤等高新技术武器装备	兵器工业
9	中国兵器装备集团有限公司/中国兵装（CSGC）	拥有特种产品、车辆、装备制造等主业板块。作为国防科技工业骨干力量，目前已形成了末端防御、轻武器、机动突击、先进弹药、信息光电、反恐处突等装备体系，装备广泛服务于我国陆、海、空、火箭军及公安、武警等国家所有武装力量	
10	中国电子科技集团有限公司/中国电科（CETC）	主要从事国家重要军民用大型电子信息系统的工程建设，重大装备、通信与电子设备、软件和关键元器件的研制生产。拥有一批国内一流的中试线、生产线、装配线和机加工中心，形成了比较完整的研究、设计、试制、生产及试验能力体系，质量保证体系完备，能同时为各军兵种全方位提供信息化装备	电子工业
11	中国电子信息产业集团有限公司/中国电子（CEC）	以网络安全作为主业主线和核心能力，主营业务涵盖网络安全、新型显示、集成电路、高新电子、信息服务等国家战略性、基础性、先导性电子信息产业领域	

(续)

序号	名称/简称	主营业务	行业
12	中国工程物理研究院/中物院（CAEP）	主要从事冲击波与爆轰物理、核物理、等离子体与激光技术、工程与材料科学、电子学与光电子学、化学与化工、计算机与计算数学等学科领域的研究及应用，是专业门类齐全、先进设备与技术保障能力相配套的大型科研生产基地	基础研究

① 资料来源于国家国防科技工业局官网

3）地方军工及民口配套单位

地方军工企业是相对于国资委直属军工企业而言的。虽然随着20世纪80年代国企改革和军转民热潮，大批企业进行了转产、改制，但也保留了一批优势地方军工企业。民口配套单位是指以民品的开发、研制、生产为主，依托其在民用领域的专业优势，为武器装备提供相关配套产品的非军工企事业单位。地方军工及民口配套单位以地方国有企业和民口中央企业为主，大学高校、科研事业院所和少量民营企业为辅，在武器装备科研生产中承担了大量军品配套和部分装备部组件以及少量整装科研生产任务，积累了丰富的武器装备科研生产经验，具备了一定的装备维修服务条件。同时，随着现代武器装备系统日益复杂，其基地级维修协作配套单位不断增加，重大装备基地级维修的协作配套单位有时高达数千家。因此，地方军工及民口配套单位是当前装备基地级维修PPP采购合作主体的重要组成部分。

4）优势民营企业

优势民营企业一般是指在特定装备市场领域拥有核心自主知识产权、研发生产能力强、具有良好信誉的企业。我国国防科技工业体系变革的目标是打破原来国家包办、国有独揽的封闭的国防工业体系，建立"小核心、大协作"的军民协作的国防工业体系，即核心军品科研生产能力仍由国有军工系统掌握，非核心军品充分依托国民经济体系协作。随着国家、军队的政策频出、门槛降低，越来越多的优势民营企业加入了民参军热潮。据不完全统计，截至2017年11月，我国已有2600余家企业获得武器装备科研生产许可证，其中民营企业达1100多家，比"十一五"末增加127%；约3600多家企事业单位获得装备承制单位资格证，其中民营企业达1800余家，占比超过1/2。优势民营企业通常具有管理、技术和资金等方面的资源禀赋优势，在一些行业和领域已经走在前列。积极吸纳优势民营企业进入武器装备维修领域，对于打破行业垄断、激发创新活力、提高装备维修服务采购效益具有重要意义。因此，优势民营企业是未来装备基地级维修PPP采购合作主体的重点发展对象和潜在合作主体。

4. 采购介体

采购介体是指装备基地级维修PPP采购的合作介质,即采购服务保障介质。首先装备基地级维修PPP采购合作双方之间需要物质、信息和能量交换的媒介和载体;其次装备基地级维修PPP采购涉及军事、政治、经济等领域和采购、法务、金融等行业,无论是采购主体(军队装备部门),还是合作主体(社会资本)都不完全具备上述专业能力,因此,需要采购服务介质来保障采购工作的顺利进行。采购介体作为装备基地级维修PPP采购项目的服务保障方,主要承担项目运营支持服务职能,其服务保障能力间接影响装备基地级维修PPP采购项目的运营绩效。装备基地级维修PPP采购介体可分为有形介体和无形介体:有形介体主要包括PPP咨询机构、采购代理机构、金融机构和保险机构等4种类型;无形介体主要包括PPP采购信息平台系统、PPP项目对接协调机制和PPP项目合作协议等。由于无形介体较为简单,本书重点分析有形介体。

1) PPP咨询机构

PPP咨询机构是指专门从事与PPP项目相关的智力支持服务的企事业单位,其服务内容主要包括但不限于PPP项目的实施方案编制、物有所值评价、财政承受能力论证、运营中期评估和绩效评价以及相关法律、投融资、财务、采购代理、资产评估服务等。为促进PPP咨询服务信息公开和供需有效对接,推动PPP咨询服务市场规范有序发展,在各省、市政府和社会资本合作(PPP)咨询机构库的基础上,2017年3月国家财政部专门组织出台了《政府和社会资本合作(PPP)咨询机构库管理暂行办法》,明确了PPP咨询机构的资质条件、服务范围、监督管理和退出机制,构建了由405家优质PPP咨询机构组成的国家级政府和社会资本合作(PPP)咨询机构库,能够为装备基地级维修PPP采购提供有力的PPP咨询服务。

2) 采购代理机构

采购代理机构是指接受采购人委托从事政府采购货物、工程、服务采购代理业务的社会中介机构。装备基地级维修PPP采购通常采取竞争性采购方式组织实施,采购过程中既可以遴选综合性的PPP咨询机构代理采购,又可以遴选专业的采购代理机构具体实施采购。特别是对采取招标采购方式的项目,采购环节是装备基地级维修PPP采购的关键环节,直接决定项目的成败与否和效益高低。按照"计划与执行分开"和"术业有专攻"的原则,遴选专业的采购代理机构具体实施装备基地级维修PPP采购理应是各级装备部门的首选方案。为了确保采购代理机构的质量,建立健全专业服务机制,培育竞争环境,2017年9月,军委装备发展部按资质优、实力强、信用好、专业全的标准,从全国69家优秀招标代理服务机构中遴选出13家拔尖机构,建立了"全军装备采购招标代理服务机构名录",能够为装备基地级维修PPP采购提供有力的采购代理服务。

3) 金融机构

金融机构是指装备基地级维修PPP采购项目的融资方。由于装备基地级维修PPP采购项目通常投资规模大、建设(运营)周期长、收回成本慢、经济利润不高但长期稳定,而且资产专用性强、沉没成本较大,通常需要持续稳定的资金流支持项目建设(运营)。装备基地级维修PPP采购项目的金融机构通常包括银行和非银行金融机构(如军工集团融资机构)两种类型。实际采购中,根据项目规模和融资需求不同,融资方既可是一两家金融机构,也可是由多家银行或机构组成的银团,具体融资方式除债权、股权融资外,还包括PPP基金、资产证券化等。

4) 保险机构[①]

由于装备基地级维修PPP采购项目通常资金规模大、生命周期长,在项目建设和运营期间面临着诸多无法预计的各类风险,因此合作各方,特别是社会资本一般都会针对其面临的各类风险向保险机构投保,以最大限度地分散和转移风险。同时,由于项目风险一旦发生就有可能造成严重损失,因此装备基地级维修PPP采购项目对保险公司的资质要求高于一般民用PPP项目。

5. 采购环境

采购环境是指装备基地级维修PPP采购的外部合作条件,即采购中所面临的、对系统产生影响的外部因素的总和。在装备基地级维修PPP采购过程中,这些因素都在以特定方式影响和制约着采购主体、合作主体及其之间的横向或纵向合作,并通过相互之间作用微观耦合整体表现出有利于、不利于或不影响装备基地级维修PPP采购的宏观效应。装备基地级维修PPP采购环境主要包括军事环境、政策环境、市场环境、社会环境和科技环境。

1) 军事环境

军事环境是指装备基地级维修PPP采购中所面临的、对系统产生影响的军事需求方面的各种因素。装备基地级维修PPP采购作为一种军事采购活动,明确的采购需求(维修任务)是其根本牵引和最终目的,而军事环境正是影响其采购需求的决定性因素。军事环境则主要包括装备维修需求与国防经费预算。装备维修需求是装备基地级维修PPP采购的根本牵引和决定因素。宏观上讲,影响装备维修需求的因素主要包括军事战略、军事理论、战争目的和装备实力。国防经费预算明确限定了包括装备维修等装备费在内的国防开支的预算额度,是装备基地级维修PPP采购的制约条件和重要决定因素。在军事战略、军事理

---

① 通常来说金融机构可包括保险机构在内,此处将其单独列出只是为了强调它在PPP采购中的风险分担功能。

论、战争目的、装备实力和装备维修经费预算等多种因素的综合作用下,军事环境直接产生并决定了装备基地级维修任务的总体需求。

2) 政策环境

政策环境是指装备基地级维修 PPP 采购中所面临的、对系统产生影响的政府规制方面的各种因素。装备基地级维修 PPP 采购作为一种政府采购活动,健全的政策法规是军队装备部门和社会资本的行为规范和利益保障。美军装备基地级维修 PPP 采购的实践也充分表明,政府和军队推进装备基地级维修 PPP 采购的通行做法是通过立法促进、规范 PPP 采购。美军通过逐步制定一系列装备基地级维修 PPP 采购的政策、法律、法规和指南,用以引导、调动各级装备部门、建制维修基地和私营企业等各方面的积极性,不断指导、规范它们之间的合作行为,从宏观上营造了装备基地级维修 PPP 采购的良好氛围。因此,完善的政策和健全的法规对于军队装备部门与社会资本之间开展合作,进行装备基地级维修 PPP 采购具有重要的引导、保障、规范和指导作用。

3) 市场环境

市场环境是指装备基地级维修 PPP 采购中所面临的、对系统产生影响的市场机制方面的各种因素。对于任何市场经济活动来说,良好的市场环境都是市场机制发挥作用的必要条件和根本前提。良好的市场环境主要包括充分的竞争机制、合理的调控机制、开放的价格机制。竞争机制能够发挥市场对资源配置的决定性作用,有效降低装备基地级维修生产成本和 PPP 采购交易成本;调控机制能够发挥军队对维修需求的主导性作用,有效防止经济利益最大化,保持装备基地级维修供需总体平衡;价格机制能够发挥价值对价格高低的根本性作用,激励军队装备部门和社会资本改进维修技术、增强管理能力、不断提高装备维修劳动生产率。

4) 社会环境

社会环境是指装备基地级维修 PPP 采购中所面临的、对系统产生影响的社会人文方面的各种因素。装备基地级维修 PPP 采购作为一种国防服务采购活动,和谐的社会环境是军队装备部门与社会资本开展合作的社会基础和有利条件。和谐的社会环境主要包括不断深化的军民合作机制、广泛参与的公共治理机制、充分及时的协调沟通机制和稳定可靠的相互信任机制等。和谐的社会环境能够有力促进和不断巩固军队装备部门与社会资本之间的沟通合作,及时解决装备基地级维修 PPP 采购中出现的矛盾问题。

5) 科技环境

科技环境是指装备基地级维修 PPP 采购中所面临的、对系统产生影响的科学技术方面的各种因素。装备基地级维修 PPP 采购作为一种协同创新活动,先进的科学技术是提高装备维修效益的有效手段和强劲推力。先进的科学技术主要包括先进的材料技术、先进的设计技术、先进的制造技术、先进的检测技术、先进的信息技术等。先进的科技环境能够明显提高装备维修劳动生产力,显著减少装备维修社会必要劳动时间,极大地改善装备基地级维修效率和效益。

2.3.2 层次结构

装备基地级维修 PPP 采购系统的结构,是指系统内子系统的划分、子系统的职能分配和子系统间的有机联系,即系统内各要素间相对稳定的、有一定规则的相互关系的总和。装备基地级维修 PPP 采购系统结构,是履行系统功能的前提、确定系统体制的基础和实现系统运行的保证,对形成和提高系统的整体功能具有重要作用。空间结构是指系统构成要素在空间中的排列分布方式。装备基地级维修 PPP 采购系统的空间结构是指在一定空间范围内的各构成要素(子系统)在 PPP 采购过程中的空间配置和结构比例。根据装备基地级维修 PPP 采购系统构成要素及其相互作用关系,本书将其结构分为采购核心层、采购服务层和采购环境层 3 个层次,如图 2-4 所示。

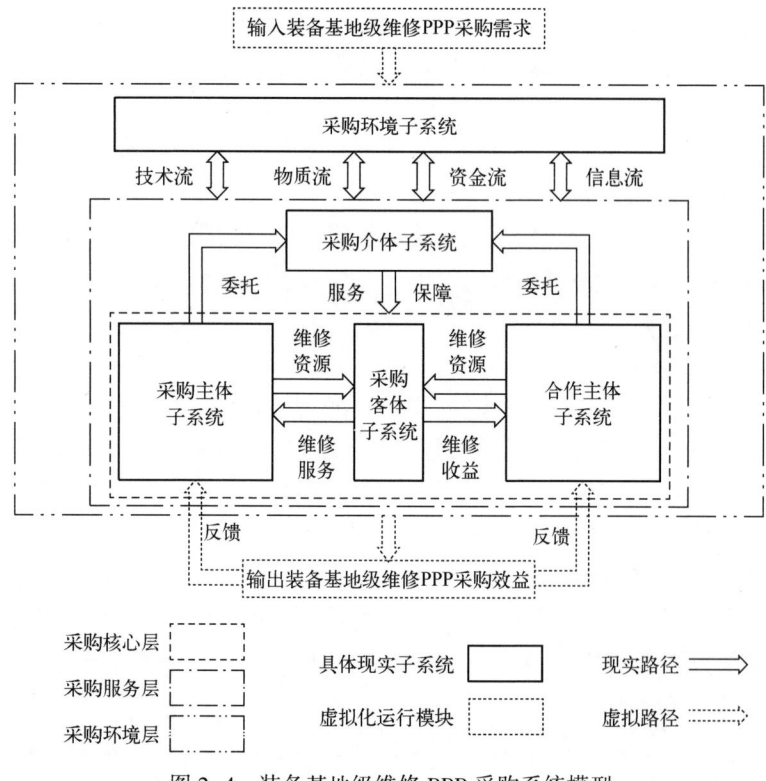

图 2-4 装备基地级维修 PPP 采购系统模型

第 2 章　装备基地级维修 PPP 采购理论基础

1. 采购核心层

采购核心层是装备基地级维修 PPP 采购系统的内核层,是系统运行的"发动机",主要由采购主体子系统、合作主体子系统和采购客体子系统及其要素构成。它们是装备基地级维修 PPP 采购项目的发起方、管理方和运营方(建设方),尤其是采购主体子系统和合作主体子系统,在装备基地级维修 PPP 采购系统中处于战略和资源的核心位置,具有选择、控制和领导合作伙伴的能力,拥有其他组织不具备或者难以模仿的资源禀赋优势,它们之间基于资源禀赋优势互补耦合,既能够通过无形介体直接合作,又能够通过有形介体间接合作,进行装备基地级维修 PPP 采购,为其自身和其他子系统提供成长能量。

2. 采购服务层

采购服务层是装备基地级维修 PPP 采购系统的中继层,是系统运行的"润滑剂",主要由采购介体子系统及其要素构成。它是装备基地级维修 PPP 采购项目的服务方,在装备基地级维修 PPP 采购系统中处于战略和资源的辅助位置,具有法务、金融、财会、采购、保险等专业服务能力,拥有部分资源禀赋优势(主要是资金),它在采购主体子系统与合作主体子系统之间以及它们与采购环境子系统之间起着桥梁和纽带的作用,服务保障装备基地级维修 PPP 采购项目的顺利进行,并从中汲取自身成长的能量。

3. 采购环境层

采购环境层是装备基地级维修 PPP 采购系统的最外层,是系统运行的"大气层",主要由采购环境子系统构成。它是影响和制约装备基地级维修 PPP 采购的外部条件,它虽然不直接参与装备基地级维修 PPP 采购项目的运营,但是却是装备基地级维修 PPP 采购系统的"生存环境",必要的军事环境、政策环境、市场环境、社会环境和科技环境是采购核心层这台"发动机"在采购服务层的"润滑"作用下,得以正常运转的"大气环境"。有利的采购环境是装备基地级维修 PPP 采购的催化剂和黏结剂,能够引导、促进和推动其系统的形成和发展。因此,为实现装备基地级维修 PPP 采购系统的预期功能,人们可以运用他组织原理设置有利的采购环境,通过系统自组织行为调节、控制和推动其形成、维持和发展,以实现特定的系统功能。

2.3.3　总体功能

系统功能是指系统行为所引起的、有利于环境中某些事物乃至整个环境存续与发展的作用。系统行为是通过系统构成要素(子系统)之间的相互作用(功能)的有机耦合,及整体涌现出的相对于环境的任何变化。被作用的外部事物,称为系统的功能对象。功能是系统行为对其功能对象生存发展所做的贡献。在我国当前的军事、政策、市场、科技和社会等采购环境下，装备基地级维修PPP采购系统作为一种典型的人造军事经济复合系统，其基本功能就是满足军队装备维修需求和实现资本自我增值目的，功能对象主要包括军队和社会资本，并附带对人民群众的生产、生活产生一定的有益影响，因此其总体功能主要体现在军事、经济和社会三个方面。装备基地级维修PPP采购系统构成要素、子系统关系及其总体功能如图2-5所示。

1. 军事功能——满足装备基地级维修保障军事需求

装备基地级维修PPP采购系统的首要功能，就是满足装备基地级维修保障军事需求。随着我军武器装备的更新换代，相对落后的装备科研生产能力与日益增长的军事装备需求之间的矛盾正在逐步得到解决，但同时日益增长的装备维修需求与相对落后的装备维修能力之间的矛盾却在逐步显现出来，具体体现在两个方面：一是多元化装备维修需求与有限的装备维修能力之间的供需性矛盾；二是老旧装备维修能力冗余、新型装备维修能力不足的结构性矛盾。装备基地级维修PPP采购系统既能够通过"民参军"突破军队自身有限资源的限制，通过市场机制在更大范围内配置军队和地方维修资源，有效缓解多元化装备维修需求与有限的装备维修能力之间的供需性矛盾，又能够通过"军参民"调整优化装备维修能力结构，有计划地将老旧装备冗余维修资源向新型装备维修能力建设调配，有效缓解老旧装备维修能力冗余、新型装备维修能力不足的结构性矛盾，从而全面缓解日益增长的装备维修需求与相对落后的装备维修能力之间的矛盾，更好更快地满足装备维修的军事需求。

2. 经济功能——实现装备基地级维修资本自我增值

装备基地级维修PPP采购系统的次要功能，就是实现装备基地级维修资本自我增值。装备基地级维修PPP采购系统作为一种特殊的政府公共服务采购系统，通过军队与社会资本基于资源禀赋优势合作提供装备基地级维修，既能够利用合作机制在包括军队和地方的更大的范围内配置维修资源，又能够利用竞争机制提高维修资源配置的效率和效益。无论对军队装备基地级维修资本，还是对地方装备基地级维修资本，都能够既避免维修资源重复建设，减少增量维修资本的投入，又能够提高现有维修资源利用率，分摊装备基地级维修生产成本，提高存量资本的利用率，从而在满足装备基地级维修军事需求的前提下，"互利共赢"地实现装备基地级维修资本的自我增值。

3. 社会功能——产生装备基地级维修附带社会效益

装备基地级维修PPP采购系统的附带功能，就是产生装备基地级维修外部社会效益。一方面，装备基地级维修作为典型的俱乐部物品，本身就具有

第 2 章　装备基地级维修 PPP 采购理论基础

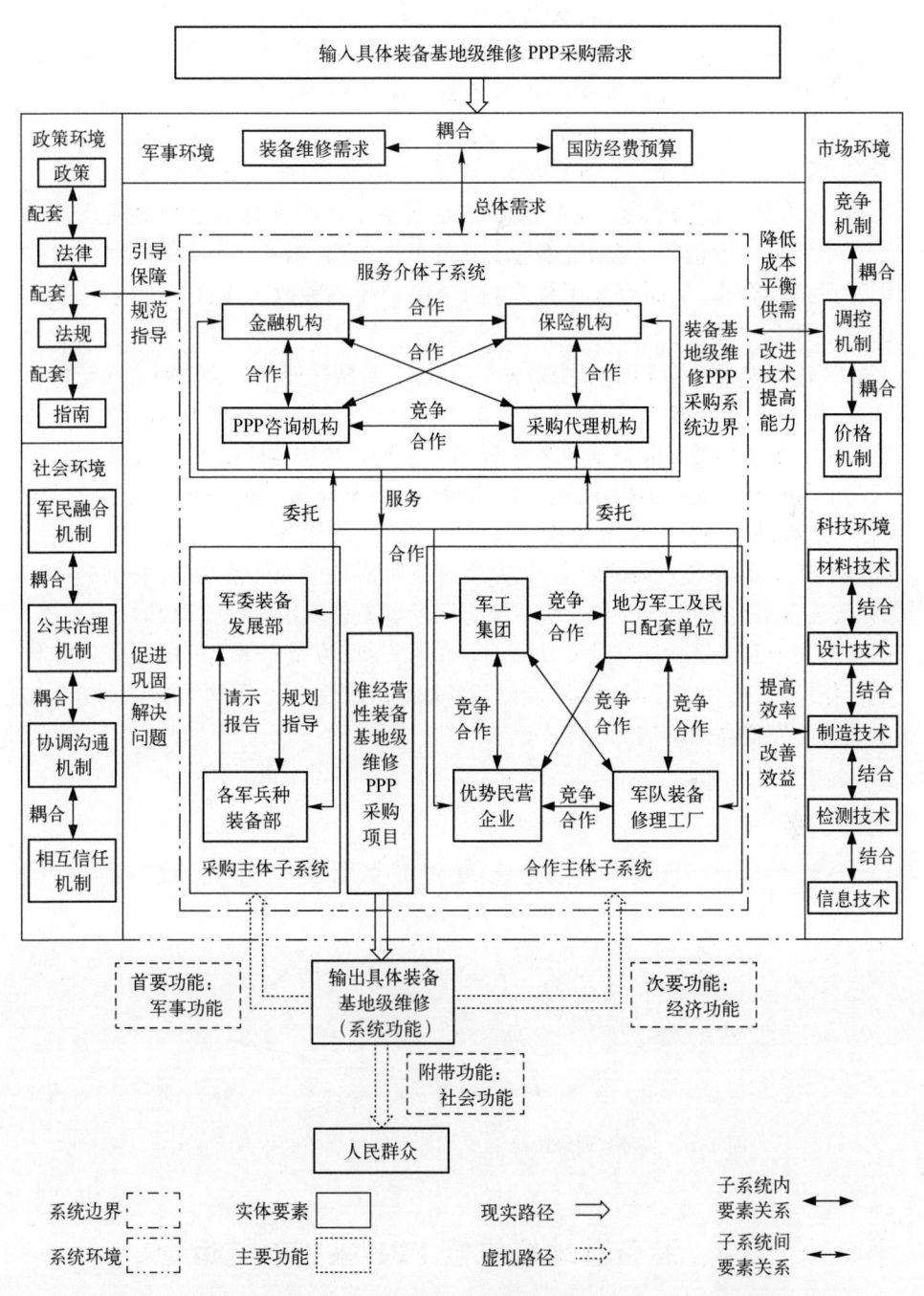

图 2-5　装备基地级维修 PPP 采购系统构成要素、子系统关系及其总体功能

强烈的正外部性；另一方面，从上述系统构成要素和层次结构分析可以看出，装备基地级维修PPP采购系统在一般装备采购系统的基础上，增加了军队装备部门和社会资本合作生产提供装备基地级维修的流程，通过这一流程，军队与社会资本在共同完成装备基地级维修任务的过程中，实现了人员、器材、设备、设施、技术和资金等维修资源，甚至是包括管理、文化和情感在内的多阶段、全方位、立体式交流与共享，在满足装备基地级维修需求和实现装备基地级维修资本增值的前提下，创造了新的就业机会、减少了污染物排放、加强了军民协同合作，从而产生了提升就业、保护环境和改善军民关系等一系列的附带社会效益。

装备基地级维修PPP采购系统军事功能、经济功能和社会功能之间既相互联系、相互制约，又相互融合、相互促进，共同构成了如图2-6所示的复合性功能体系。军事功能是装备基地级维修PPP采购系统构建的出发点，是实现其经济功能和社会功能的前提条件；经济功能是装备基地级维修PPP采购系统运行的立足点，是实现其军事功能和社会功能的必要条件；社会功能是装备基地级维修PPP采购系统发展的着力点，是实现其军事功能和经济功能的充分条件。因此，装备基地级维修PPP采购系统协调发展不仅取决于其军事功能的发挥，而且取决于其经济功能与社会功能能否正常发挥，以及三者之间的匹配程度和耦合作用，忽略其中任何一个功能的装备基地级维修PPP采购系统总体功能都不是一个完整高效的功能整体。

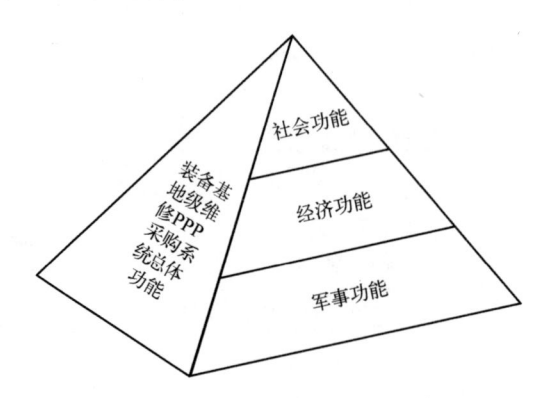

图2-6 装备基地级维修PPP采购系统复合功能体系示意图

2.4 装备基地级维修PPP采购系统运营

装备基地级维修PPP采购系统作为一种典型的社会共生系统，具有其自身

第2章 装备基地级维修PPP采购理论基础

特定的运营规律。把握装备基地级维修PPP采购系统基本运营规律对于从动态上理解和判断其共生本质具有重要的理论与实践意义。

2.4.1 运营架构

鉴于军队以及装备基地级维修的特殊性质,与一般政府公共服务PPP采购系统不同,装备基地级维修PPP采购系统的运营具有以下基本特征:

(1) 通常由社会资本直接作为装备基地级维修PPP采购项目的实施主体,或者以社会资本为主体成立项目公司负责项目的具体实施,严禁项目整体转包,限制子项目分包;

(2) 装备基地级维修PPP采购项目通常由社会资本或项目公司自筹资金建设,军队装备部门作为合作伙伴一般无法承担项目融资和担保责任,但可以依据相关法律、法规协助社会资本或项目公司办理融资手续或政策性补贴;

(3) 军队装备部门可以采取特许经营、租赁等运营方式将军队所属装备维修设施、设备和土地等交由其他社会资本暂时运营,但不得变更其产权。

PPP模式包括多种运营方式,每种方式都有其独特的运营架构,本书紧紧抓住军队装备部门与社会资本合作这一共性本质,绘制了装备基地级维修PPP采购系统基本运营架构,如图2-7所示。

1. 装备基地级维修PPP采购系统运营利益相关方

如图2-7所示,装备基地级维修PPP采购系统运营利益相关方一般包括军队装备部门、社会资本、项目公司、武器装备及其使用部队、PPP咨询机构、采购代理机构、金融机构、保险机构、建设机构(必要时)以及运营机构(必要时)等。其中:军队装备部门是装备基地级维修PPP采购项目的发起方,作为装备基地级维修的管理者,承担着项目规划、监督和管理等职能,以确保服务质量满足需求;作为装备基地级维修的购买者,承担着合作对象——社会资本的遴选、签约等职能,以确保选定社会资本具有相应能力。装备基地级维修PPP采购项目中,军队装备修理工厂通常作为军队装备部门的授权实体参与组织成立项目公司,并代表军队装备部门参与装备基地级维修PPP采购项目的设计、建设和运营。社会资本是装备基地级维修PPP采购项目的运营方。军队装备部门和社会资本共同作为装备基地级维修的生产者和供给者,共同承担着合作合同约定的出资、履约和收益等权利与义务,以确保项目的顺利进行。装备基地级维修PPP采购项目通常由具备相应资质的社会资本直接组织实施,必要时也可由军队装备部门和社会资本共同成立项目公司组织实施,但项目公司应由社会资本牵头运营、军队装备部门负责监管。社会资本或项目公司是装备基地级维修

PPP采购项目的组织实施者,承担着项目设计、融资、建设、运营等具体职能。一般情况下,参与装备基地级维修PPP项目的社会资本通常为单个企事业单位,在武器装备特别复杂的情况下,才能由多家企事业单位联合成立项目公司负责项目实施。根据项目的复杂程度,社会资本或项目公司可以直接负责建设和运营装备基地级维修PPP采购项目,也可间接委托专业的建设机构和运营机构具体负责。武器装备及其使用部队是装备基地级维修PPP采购项目的服务对象,作为装备基地级维修的消费者,主要负责对服务质量和绩效进行用户评价。根据项目的复杂程度,军队装备部门与社会资本之间,既可以通过PPP咨询机构或者采购代理机构间接合作,也可以直接合作。

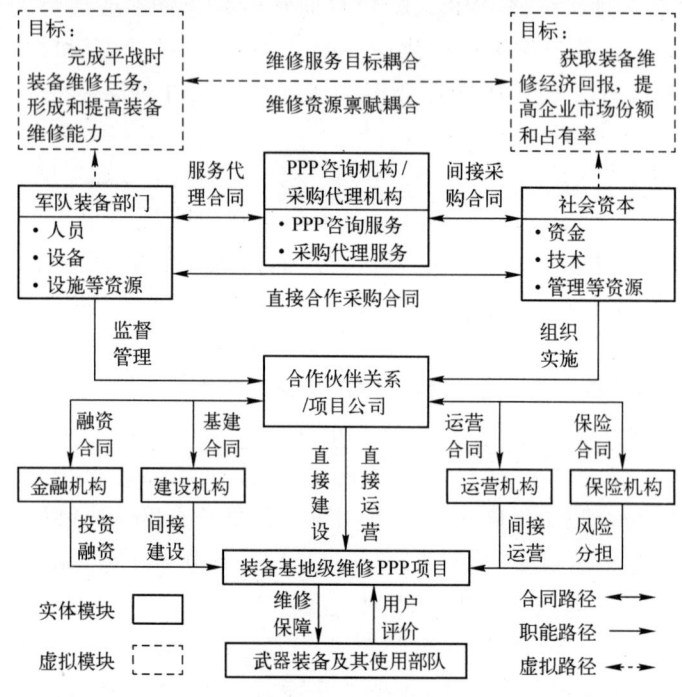

图2-7 装备基地级维修PPP采购系统基本运营架构

2. 装备基地级维修PPP采购系统运营效益分配

装备基地级维修PPP采购系统运营效益是对其系统功能实现程度或大小的量度。与装备基地级维修PPP采购系统功能相对应,其运营产生的效益主要包括军事效益、经济效益和社会效益三大部分。军事效益作为装备基地级维修PPP采购系统运营的首要直接效益,是指其满足装备基地级维修军事需求的程度。理所当然,装备基地级维修PPP采购系统运营军事效益全归军队装备部门享有。经济效益作为装备基地级维修PPP采购系统运营的次要直接效益,是指其实现装备基地级维修资本自我增值的程度。装备基地级维修PPP采购系统运营经济效益主要来源于武器装备维修收入、军队补贴和其他相关收入(如维修民用装备)三个部分。在合同特许期内,经济效益全归承担项目的社会资本或项目公司享有。为确保装备基地级维修PPP采购项目不产生超额利润,军队装备部门应当建立科学合理的装备基地级维修价格制定和调整机制,以预测装备维修量为依据,预先测算项目的运营成本和预期收入,对项目产生的运营亏损建立透明度高、操作性强的补贴规则。在合同特许期内,当实际产生装备维修量比预测装备维修量增加或者减少的幅度超过一定限额时,超过或者不足部分所形成的损益,应由军队装备部门和承担项目的社会资本或项目公司按照事先约定的比例共同承担或享有。在合同特许期外,经济效益全归项目的所有者享有。社会效益作为装备基地级维修PPP采购系统运营的间接附带效益,是指其产生装备基地级维修附带社会效益的大小。装备基地级维修PPP采购系统运营社会效益由包括军队装备部门和社会资本及项目公司在内的社会全体成员共享。

2.4.2 运营方式

在深刻把握PPP模式的本质内涵,对PPP模式的通用运营方式进行概略分类的基础上(见图1-1),结合我军装备基地级维修采购客观实际,将装备基地级维修PPP采购系统一般运营方式总结划分为合作外包类、特许经营类和社会化类3类6型16种。其中:合作外包类主要包括模块式外包型和整体式外包型2型5种;特许经营类主要包括转让-经营-转让型、合资型和建设-经营-转让型3型9种;社会化类主要包括适当社会化型1型2种,具体情况如表2-2所列。由于广义PPP模式本身就是多种政府与社会资本合作关系具体化运营方式的统称,随着PPP模式在我军装备基地级维修领域的广泛应用,将会不断拓展或演化出其他新型运营方式,在此无法也不必一一列举。

表2-2 装备基地级维修PPP采购系统一般运营方式统计

方式类型		方式名称	方式含义	方式特点
合作外包类	模块式外包型	SC	服务外包	项目产权归军队所有
		MC	管理外包	
	整体式外包型	O&M	经营和维护	
		DBM	设计-建设-维修	
		DBO	设计-建设-经营	

(续)

方式类型		方式名称	方式含义	方式特点
特许经营类	转让-经营-转让型	LUOT	租赁-更新-经营-转让	项目产权由军队与社会资本在一定时间或空间上共有或存在变更但最终归于军队
		TOT	转让-经营-转让	
		PUOT	购买-更新-经营-转让	
	合资型	DBTO	设计-建设-转让-经营	
		JV	合资企业	
		DBFO	设计-建设-融资-经营	
	建设-经营-转让型	BLOT	建设-租赁-经营-转让	
		BOT	建设-经营-转让	
		BOOT	建设-拥有-经营-转让	
社会化类	适当社会化型	股权转让	股权转让	项目产权归社会资本所有
		BBO	购买-建设-经营	

注：缩略语英文全称参见附录1

2.4.3 运营流程

装备基地级维修PPP采购系统具有多种运营方式。虽然每种运营方式都有其独特的运营流程，但从本质上看都是军队装备部门与社会资本合作，只不过是两者之间合作的深度和广度略有不同。为了从根本上把握装备基地级维修PPP采购系统的合作运营规律，根据一般政府公共服务PPP采购项目运营流程，结合装备基地级维修采购特点规律，将装备基地级维修PPP采购系统通用运营流程归纳概括为项目规划、项目准备、项目采购、项目执行和项目移交5大阶段21个具体步骤，如图2-8所示。

1. 项目规划

（1）项目发起。PPP模式适宜于投资规模大、需求长期稳定、价格调整机制灵活、市场化程度较高的公共服务类项目。各军兵种装备部和军委装备发展部直属各业务局结合分管装备基地级维修采购需求和能力建设规划、计划，遴选符合PPP模式适用要求的潜在装备基地级维修采购项目上报军委装备发展部。

（2）项目筛选。军委装备发展部会同各军兵种装备部，按照是否装备基地级核心维修及其项目的可经营属性，以及该武器装备在全军范围内的通用程度等标准，通过梳理、合并和审查，初步筛选出装备基地级维修PPP采购潜在项目。

（3）定性评估。在初步筛选的基础之上，军委装备发展部结合现有技术条

第2章 装备基地级维修PPP采购理论基础

件、市场竞争环境和保障急需程度等实际,进一步组织专家对装备基地级维修PPP采购潜在项目进行以军事效益为中心的定性评估。

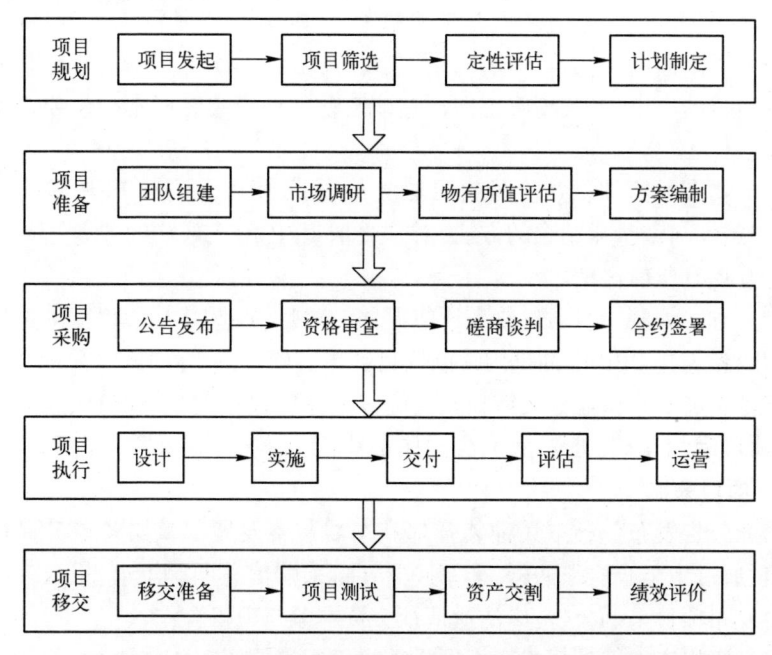

图2-8 装备基地级维修PPP采购系统通用运营流程

(4)计划制定。对通过定性评估的潜在项目,由军委装备发展部列入装备基地级维修PPP采购项目年度计划并下达执行。对未通过定性评估的潜在项目,根据专家意见视情列入装备基地级维修PPP采购项目中期规划,结合实际延期安排执行。已列入年度计划的装备基地级维修PPP采购项目,主管部门应向军委装备发展部提交以下资料:新建、改建项目应提交可行性研究报告、项目产出说明和初步实施方案;存量项目应提交存量维修资产的历史资料、项目产出说明和初步实施方案。

2. 项目准备

(1)团队组建。根据军委装备发展部下达的装备基地级维修PPP采购项目年度计划,各军兵种装备部和军委装备发展部直属业务局指导分管业务部门或直接组织成立项目团队—项目组。项目组通常由某具体项目的军队装备部门各利益相关方组成,作为军队装备部门授权委托的装备基地级维修PPP采购项目全寿命管理组织,一方面负责项目评审、组织协调和检查督导等全面管理工作;另一方面负责项目准备、采购、监管和移交等具体实施工作。为便于工作协调,经军队装备部门授权代表其履行具体合作职能的军队建制装备维修机构领导一般应作为重要成员加入项目组。

（2）市场调研。项目组应结合装备基地级维修 PPP 采购项目实际，一是深入装备使用部队全面调研装备基地级维修需求情况，二是深入装备科研、生产和维修市场全面调研装备基地级维修能力状况，三是广泛搜集、整理和分析类似采购项目的历史数据，理解把握影响该装备基地级维修成本的主要因素和激励手段。

（3）物有所值评估。项目组参照类似项目 MOI 采购和 PPP 采购经验数据，采用定性与定量相结合的方法，对拟采取 PPP 模式采购的装备基地级维修项目进行物有所值评估。

（4）方案编制。对通过物有所值评估的项目，根据其复杂程度由项目组自行组织或者委托 PPP 咨询机构编制项目具体实施方案，并报各军兵种装备部和军委装备发展部直属业务局审核。实施方案一般包括项目概况、风险分配基本框架、项目运营方式、交易结构、合同体系、监管架构、选择采购方式等。

3. 项目采购

（1）公告发布。各军兵种装备部和军委装备发展部直属各业务局按照有关规定，通过中国政府采购网、全军武器装备采购信息网等渠道，采取多种方式向社会发布项目采购公告，广泛邀请社会资本参与项目合作。

（2）资格审查。项目组根据项目需要组织编制资格审查文件，按照审查文件对拟参与装备基地级维修 PPP 采购项目的社会资本进行资格审查。对于通过资格审查的社会资本不足两家的，项目组应在调整具体实施方案或者资格审查文件后重新组织资格审查；经重新资格审查合格社会资本仍不够两家的，需调整采购方式。

（3）磋商谈判。项目组自行组织或者委托采购代理机构（PPP 咨询机构）按照实施方案确定的采购方式编制采购文件，依法开展项目采购。PPP 项目采购方式包括公开招标、邀请招标、竞争性谈判、竞争性磋商和单一来源采购，由于军队和武器装备的特殊属性，以及装备基地级维修采购的主要特征，装备基地级维修 PPP 采购项目通常采用竞争性磋商或竞争性谈判的方式采购，择优遴选具备相应资质的社会资本承担装备基地级维修 PPP 采购项目。

（4）合约签署。经项目主管军兵种装备部或军委装备发展部直属业务局批准，项目组依据装备采购相关法规制度，代表其与选定社会资本签署装备基地级维修 PPP 采购项目合作合约。参与装备基地级维修 PPP 采购项目的社会资本通常应具备以下基本资质：非境外（含香港、澳门、台湾）投资在中国境内注册的法人；具有良好运营和信用记录，以及健全的财务管理制度；具有充足资金或融资能力；具备项目运营必需的管理能力、技术资质和保密资格。

4. 项目执行

装备基地级维修PPP采购项目通常是由具备相应资质的社会资本直接组织执行,在必要情况下,也可由军队装备部门和社会资本共同成立项目公司组织执行,但项目公司主要应以社会资本为主体运营,军队装备部门通常只派员参与其决策,以便实时监管项目开展情况,并不具有项目公司实际控制力和管理权。

(1)设计。根据装备基地级维修PPP采购项目实际,项目组与社会资本共同或由项目公司自行设计制定项目的具体建设计划和进度安排。对于新建项目主要是设计制定建设实施计划,对于改建项目主要是设计制定改建实施计划。

(2)实施。按照设计的项目具体建设计划和进度安排,由社会资本或项目公司组织实施。项目组应加强监督,确保项目进度、成本和质量满足装备基地级维修要求。鉴于军队的特殊性质,军队装备部门虽然是社会资本的公共部门合作伙伴,但无法像政府部门那样为社会资本融资提供担保。因此,装备基地级维修PPP采购项目通常由社会资本自筹资金建设,必要时,也可通过金融机构进行融资,但融资比例必须符合有关规定,确保风险可控。

(3)交付。装备基地级维修PPP采购项目建成后,由项目组与社会资本共同或由项目公司自行组织进行项目检查验收和交付。必要时,也可以委托第三方检测服务机构进行项目验收。

(4)评估。装备基地级维修PPP采购项目交付后,一般通过一段时间的成长期试运营,然后再进入成熟期。在项目成熟期,由项目组与社会资本或项目公司共同组织进行项目评估,全面分析项目收益状况,为调整分配收益提供维修成本依据。

(5)运营。装备基地级维修PPP采购项目成熟期满后,对于外包类和特许经营类装备基地级维修PPP采购项目,在项目合作期限内由社会资本或者项目公司在项目组的监管下负责项目运营;项目合作期限结束或项目合同提前终止后,应根据合同约定交由军队装备部门自主运营或者继续由社会资本或项目公司运营。特殊情况下,也可重新与原承担项目的社会资本或项目公司或者其他社会资本签订合约,委托其进行项目运营。对于私有化类装备基地级维修PPP采购项目,则永久性由社会资本或项目公司在军队装备部门的监管下负责项目运营。

5. 项目移交

(1)移交准备。对于特许经营类装备基地级维修PPP采购项目,项目合作期限结束或项目合同提前终止后,由项目组或军队装备部门指定的其他单位代表军队装备部门收回项目合同约定的项目资产。项目移交前,项目组或者军队装备部门指定的其他单位应组建项目移交工作组,按照合同约定与社会资本或项目公司确认移交内容、条件和标准,以及补偿方式,制定资产评估和性能测试方案,委托具有相关资质的资产评估机构进行资产评估。

(2) 项目测试。项目移交工作组应严格按照性能测试方案和移交标准对移交资产进行性能测试。性能测试结果未达标的,项目移交工作组应要求社会资本或项目公司进行恢复性修理、更新重置或提取移交维修保函。

(3) 资产交割。社会资本或项目公司应将满足性能测试要求的项目资产、知识产权和技术法律文件,连同资产清单移交项目移交工作组,办妥法律过户和管理权移交等手续,并配合做好项目运营平稳过渡相关工作。

(4) 绩效评价。项目移交完成后,项目主管军兵种装备部或军委装备发展部直属业务局应组织对项目产出、成本效益、监督成效、可持续性、PPP模式应用等进行绩效评价,并按照相关规定公开评价结果。评价结果应作为开展同类型装备基地级维修PPP采购的物有所值评估和决策参考依据。

2.5　装备基地级维修PPP采购系统共生本质

运用共生理论研究装备基地级维修PPP采购系统动力机制,首先需要判定装备基地级维修PPP采购系统是否具备共生的一般条件、共性特征和本质属性,即其是否是共生系统。本节从共生理论的视角,根据共生的一般条件、共性特征以及本质属性揭示装备基地级维修PPP采购系统的共生本质,为深入研究分析装备基地级维修PPP采购共生系统提供理论依据。

2.5.1　满足共生的一般条件

装备基地级维修PPP采购系统作为一个开放复杂巨系统,是由采购客体、采购主体、合作主体、采购介体和采购环境5个子系统及其要素构成的。虽然各个子系统及其构成要素较多,它们之间相互联系、相互作用,关系错综复杂,影响相互交织,但其中采购主体与合作主体作为系统最基本、最重要的子系统,是整个系统存在和发展的基础,它们之间的相互关系和作用决定了系统的结构与功能,主导了系统的形成与发展。因此,紧紧抓住采购主体与合作主体及其之间的关系,从系统内部结构分析其是否符合共生的一般条件,既能抓住主要矛盾,排除干扰因素,又能比较准确地判断装备基地级维修PPP采购系统是否满足共生的一般条件。

1. 采购主体与合作主体之间存在时间和空间上的联系

装备基地级维修PPP采购系统中,采购主体与合作主体之间基于维修资源禀赋优势耦合,按照资源共享、风险共担、利益共享的原则建立了合作关系,这种合作关系主要是以一种在给定时空条件下的受法律保护的协议(合同)的形式体现并固定下来的。装备基地级维修 PPP 采购系统运营中,采购主体与合作主体双方均遵从合同约定的权利和义务,相互协调、相互制约、相互配合,以确保实现系统的预期功能,满足各自的生存需求。因此,采购主体与合作主体之间必然存在某种时间和空间上的联系。

2. 采购主体与合作主体之间存在物质、信息或能量的交流

装备基地级维修 PPP 采购系统中,采购主体与合作主体之间存在着物质、信息或能量联系,这种联系具体表现为二者基于合同进行着维修资源、维修经费和维修服务等相互交流。通过这种联系与交流,一是能够满足采购主体与合作主体各自需求,对采购主体主要是满足维修需求,对合作主体主要是满足营利需求;二是能够促进采购主体与合作主体各自发展,对采购主体主要是提高维修能力,对合作主体主要是提高市场竞争力;三是能够形成以只负责某一具体项目的、多方参与的项目公司等为代表的新型企业组织形式。

3. 采购主体与合作主体之间的伙伴选择具有一定的规律性

装备基地级维修 PPP 采购系统中,采购主体与合作主体之间以合同为表现形式的合作伙伴关系的建立遵从一定的原则和固有的规律,即采购主体与合作主体之间的伙伴选择具有一定的规律性。一方面,作为采购主体的军队装备部门在采购过程中是按照竞争择优的基本规则遴选合作主体;同时,作为合作主体的社会资本在竞争过程中是按照资质符合的基本规则响应采购主体。另一方面,装备基地级维修 PPP 采购系统运营中,采购主体与合作主体之间的合作伙伴关系的建立往往不是一蹴而就的,需要进行反复博弈、激励竞争和逐轮谈判,具体体现为采购过程中的多个环节和复杂流程,甚至于有的采购过程复杂到超出采购主体的能力所及,需要专业采购代理机构或 PPP 咨询机构组织实施。同时,采购主体与合作主体之间的伙伴选择还受到采购环境的影响和制约,比如,开放的市场经济环境能够培育和促进采购主体与合作主体之间的伙伴关系,而封闭的计划经济环境能够遏制和阻碍采购主体与合作主体之间的伙伴关系。

4. 采购主体与合作主体之间存在一种临界规模关系

装备基地级维修 PPP 采购系统中,采购主体与合作主体之间的合作关系(合同)是建立在二者维修资源禀赋优势耦合的基础之上的。在规模效益不变的情况下,客观上要求采购主体与合作主体就合作项目在规模上要相互匹配、大小相当,如果二者之一规模过大或过小,其相互之间就难以实现资源互补、优势共享和互利共赢,从而也就失去了合作的必要条件和根本动机。这种采购主体与合作主体之间的规模差距就形成了一种临界规模,在临界规模之内,采购主体与合作主体之间能够维持合作关系,而在此之外,采购主体与合作主体之间的合作关系将不复存在。一般而言,采购主体与合作主体之间就合作项目在规模上能够做到"门当户对"是促进合作关系发展的理想规模。

综上所述,采购主体与合作主体之间既存在时间和空间上的联系,又存在物质、信息或能量的交流;既存在合作伙伴选择的规律性,又存在合作伙伴规模的临界性。因此,装备基地级维修 PPP 采购系统满足共生的一般条件。

2.5.2 具备共生的共性特征

我们可以从系统外部特征的角度,分析判断装备基地级维修 PPP 采购系统是否具备共生系统的共性特征。

1. 多重性

装备基地级维修 PPP 采购系统包括多重合作关系。微观上各个子系统内部要素之间及其与其他子系统要素之间存在合作关系;中观上各个子系统(不含采购环境)之间存在合作关系;宏观上各个子系统(不含采购环境)与采购环境子系统之间存在合作关系,而且这些合作关系往往是实时性、立体性和网络性的。其中,采购主体与合作主体之间的合作关系在系统中居于主导和支配地位,决定着系统的发展方向和速度。这种多重性也反映了装备基地级维修 PPP 采购系统的复杂性和多样性。

2. 共进化性

装备基地级维修 PPP 采购系统通过合作关系把各个子系统优化整合为一个开放复杂巨系统,其子系统内部要素之间、各个子系统之间以及子系统与整个系统之间都存在着互动互励、互惠互利的作用,通过这种作用能够充分发挥各个子系统所具备的独特的维修资源禀赋优势,使各个子系统的"短板效应"转变为整个系统的"长板效应",从而在装备基地级维修 PPP 采购系统不断演化发展的同时,加速各个子系统的创新发展,提高其生存和发展能力。但是,这种整个系统与各个子系统及其之间的共进化性并不是对称性的,这主要是由于各个子系统在整个系统中的地位和功能决定了它(它们)对其他系统以及整个系统的作用和影响。

3. 不可逆性

装备基地级维修 PPP 采购系统是一个典型的军事经济复合系统,其形成和发展具有不可逆性,抽象地说,就是系统从一种状态转换到另一种状态后,不能还原。一方面,整个系统一旦运营起来,就成为时间、空间和合作关系的函数,即使其他因素是可逆的,但时间总是不可逆的;另一方面,任何子系统或要素一

第 2 章　装备基地级维修 PPP 采购理论基础

旦加入系统或其子系统,无论采取哪种合作关系,其生存发展就会与整个系统紧密联系在一起,当其退出该系统时,也无法还原到原有状态,而总是带有整个系统的烙印。

4. 自主变容性

装备基地级维修 PPP 采购系统是一个开放复杂巨系统,其开放性不仅体现在系统与外部环境之间的物质、信息和能量的交换,也体现在系统具有自主控制的吸收和排出子系统及其要素的变容特征。其中,对子系统的变容称为维度变容,对其所属要素的变容称为密度变容。例如,对于某个特别复杂的装备基地级维修 PPP 采购项目,单个合作主体或由少数要素构成的采购介体无法完成项目运营工作,系统就会主动吸收新的合作主体或更多要素加入采购介体并参与合作关系,以聚集更好、更多的维修资源来完成项目运营。反之,系统就会主动排出冗余子系统或采购介体中的多余要素,以提高其运营效率和效益。自主变容性也反映了装备基地级维修 PPP 采购系统的自主适应力和其子系统及其要素的发展竞争力。

综上所述,装备基地级维修 PPP 采购系统除了具有一般系统的整体性、开放性和层次性等 8 个方面的基本特征之外,还具备了共生系统的多重性、共进化性、不可逆性和自主变容性等 4 个方面的共性特征。

2.5.3　体现共生的本质属性

从军队装备部门与社会资本之间合作伙伴关系的角度,可以深入揭示装备基地级维修 PPP 采购系统的共生本质。

1. 资源共用——具备了共生基础

装备基地级维修 PPP 采购系统中,军队装备部门与社会资本之间合作伙伴关系的产生是基于维修资源禀赋在数量和质量上的优势互补、共同使用。通过资源共用,能够充分发挥军队装备部门与社会资本各自独特的维修资源禀赋优势,弥补它们各自明显的维修资源劣势或不足,既在系统整体上实现了"1+1>2"的效应,又在子系统局部上增强了军队装备部门和社会资本等对外竞争力。在采购中,军队装备部门与社会资本属于异类组织,它们拥有的维修资源禀赋通常是异质且互补的,从而使得资源共用成为军队装备部门和社会资本共同的最佳选择。因此,资源共用是装备基地级维修 PPP 采购系统的共生基础。

2. 利益共享——具备了共生动机

装备基地级维修 PPP 采购系统中,军队装备部门与社会资本之间合作伙伴关系的动力是共同分享系统产生的效益成果。作为一种典型的人造军事经济系统,装备基地级维修PPP采购系统的总体功能主要体现在军事、经济和社会等三个方面。这三个方面的功能恰好分别同时满足了军队装备部门、社会资本和人民群众的核心利益需求,实现了各子系统的利益共享、各取所需、协同发展。因此,利益共享是装备基地级维修PPP采购系统的共生动机。

3. 风险共担——具备了共生均衡

装备基地级维修PPP采购系统中,军队装备部门与社会资本之间合作伙伴关系的运营是基于项目风险在二者之间的合理分担。通过风险共担,能将风险分配给以最小成本、最大效益管理它的一方承担,做到"专业的人办专业的事"和各子系统之间的有效均衡,使得系统整体风险明显降低,从而有效控制项目全寿命周期运营成本,实现了系统运营价值的整体提升及其构成要素的均衡发展。因此,风险共担是装备基地级维修PPP采购系统的共生均衡。

4. 目标共同——具备了共生方向

装备基地级维修PPP采购系统中,军队装备部门与社会资本之间合作伙伴关系的建立是以装备基地级维修"生产"帕累托最优这一共同目标为导向的。这个共同目标的实现,意味着用更优、更少的维修资源"生产"更好、更多的装备基地级维修,是军队装备部门与社会资本的共同价值取向和最终追求愿景。只有实现这一共同目标,军队装备部门才能以更优、更少维修资源消耗满足更高、更多装备的基地级维修需求,社会资本才能以更优、更少维修资源成本获得更高、更多装备基地级维修收益。因此,目标共同是装备基地级维修PPP采购系统的共生方向。

5. 合作剩余——具备了共生能量

装备基地级维修PPP采购系统中,军队装备部门与社会资本之间合作伙伴关系的绩效是合作生产得到的合作剩余。通过合作生产,一方面能够发挥军队装备部门与社会资本的维修资源禀赋优势,在更大范围调动、配置更好的维修资源,扩大了装备基地级维修的生产可能边界;另一方面,能够发挥政府和市场"双手"的作用,以更高的效率配置、使用维修资源,使装备基地级维修实际产出更接近生产可能性边界,从而使得军队装备部门与社会资本通过合作生产得到的效益大于不合作所得到的效益,即产生了合作剩余。因此,合作剩余是装备基地级维修PPP采购系统的共生能量。

如图2-9所示,装备基地级维修PPP采购系统具备了共生基础、共生动机、共生均衡、共生方向和共生能量,它们之间相互依存、相互联结、相互渗透、相互促进,共同构成了一个有机整体,深刻揭示了系统中军队装备部门与社会资本之间的合作伙伴关系实质上就是一种典型的互惠共生关系。因此,装备基地级维修PPP采购系统本质上就是一个典型的社会共生系统,装备基地级维修

第 2 章 装备基地级维修 PPP 采购理论基础

PPP 采购系统形成、发展的过程就是其共生系统生成、演化的过程。

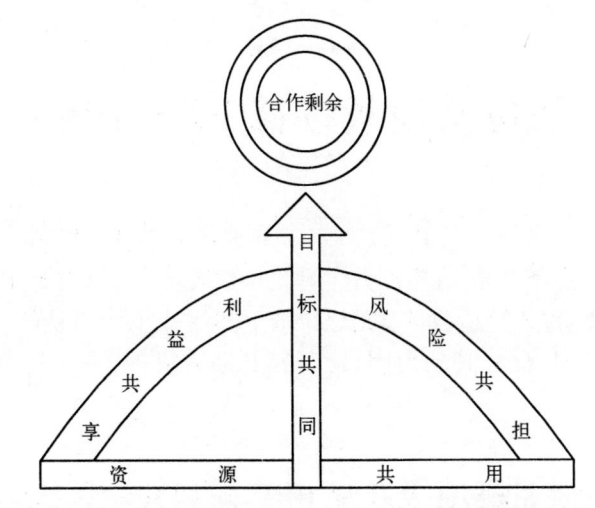

图 2-9 装备基地级维修 PPP 采购系统共生本质"弓形图"

第3章 装备基地级维修PPP采购共生系统

构建装备基地级维修PPP采购共生系统是研究其动力机制的前提和基础。本章从生态学的全新视角,在运用共生理论构建装备基地级维修PPP采购共生系统的基础之上,深入分析装备基地级维修PPP采购共生系统的结构、特征、功能和状态,为下一步分析其动力因素,研究其动力机理,设计其动力路径奠定基础。

3.1 装备基地级维修PPP采购共生系统构成

装备基地级维修PPP采购共生系统,是指在一定的时空范围内由军队装备部门、社会资本和装备采购环境,基于共同的装备基地级维修目标,以合作契约为基础,通过装备维修物质、价值和信息等交换的方式,实现维修资源共用、利益共享、风险共担的互惠共生关系的动态平衡有机整体。构成或维持一个装备基地级维修PPP采购共生系统,首先要具有构成系统的基本物质条件——共生要素;其次这些要素之间应当具备某种特定的关系——共生条件;再次通过要素之间的相互作用能够产生其生存和发展的需求——共生能量。

3.1.1 共生要素

传统的共生理论认为共生单元、共生模式和共生环境是构成共生的三要素。本书持不同观点,笔者认为共生模式是指共生单元之间的相互作用的方式,即共生单元之间的联系,理应属于共生系统的结构,而不属于其要素。然而,共生界面作为共生单元之间的接触方式和机制的总和,或者说共生单元之间物质、信息和能量交换的媒介、通道或载体,与共生单元和共生环境一起构成了共生系统。

1. 共生单元

对于共生单元的认识和描述是分析装备基地级维修PPP采购共生系统的基础。装备基地级维修PPP采购共生系统中,采购主体(军队装备部门及其合作主体)-社会资本作为系统的共生单元,是系统中基本的能量生产和交换单位,也是共生系统得以生成的基本物质条件。军队装备部门主要包括军委装备

第3章　装备基地级维修PPP采购共生系统

发展部和各军兵种装备部2级装备部门;社会资本主要包括军队装备修理工厂、军工集团、地方军工及民口配套单位、优势民营企业4种类型。其具体情况已在第2章中详细分析,在此主要是分析军队装备部门与社会资本这对共生单元的基本特征。

共生理论中,把反映共生单元外部特征的因素称为象参量,而把反映共生单元内在性质的因素称为质参量。由于质参量是决定共生单元内在性质及其变化的因素,象参量只是从不同角度反映共生单元的外部特征,而且象参量往往是通过质参量来影响和作用于共生单元,因此,质参量是决定共生关系形成和发展的直接及主要因素,象参量是影响共生关系形成和发展的间接及次要因素,共生单元之间的作用主要是质参量之间的作用。所以,本书重点分析共生单元的质参量及其影响,对于象参量的分析不再深入展开。

对于任一共生系统中的共生单元而言,决定其内部性质及其变化的因素往往是不唯一的,通常情况下是由一组质参量共同决定共生单元的内部性质,而且其中每个质参量的地位和作用时刻都在发生变化,一般在特定的时空条件下常常只有一个质参量起主导作用,称之为主质参量。装备基地级维修PPP采购共生系统中,军队装备部门和社会资本作为装备基地级维修PPP采购合作的基本单元,它们的内部性质及其变化都可以由包括主质参量在内的一组质参量来表征。

装备基地级维修PPP采购共生系统运营中,军队装备部门和社会资本基于维修资源禀赋优势耦合,共同将自身的优势维修资源投入到PPP采购共生系统中,通过在装备基地级维修PPP项目中的合作产出维修服务、维修利润及其他附带社会效益。这一过程可以抽象表示为

$$O = f(I_m, I_s) \qquad (3-1)$$

式中　O为产出向量,包括维修服务O_1、维修利润O_2、附带效益O_3、$\cdots$、O_n等;I_m为军队装备部门投入的优势维修资源,包括人员I_{m1}、设备I_{m2}、设施I_{m3}、$\cdots$、I_{mn}等;I_s为社会资本投入的优势维修资源,包括资金I_{s1}、技术I_{s2}、管理I_{s3}、$\cdots$、I_{sn}等。进而,式(3-1)可以进一步具体化为

$$(O_1, O_2, O_3, \cdots, O_n) = f(I_{m1}, I_{m2}, I_{m3}, \cdots, I_{mn}; I_{s1}, I_{s2}, I_{s3}, \cdots, I_{sn}) \qquad (3-2)$$

从式(3-2)可以得出,军队装备部门作为采购主体,将人员、设备、设施等优势维修资源投入到PPP采购共生系统中;社会资本作为合作主体,则将资金、技术、管理等优势维修资源投入到PPP采购共生系统中。双方通过在装备基地级维修PPP项目中的互惠合作共同产出维修服务、维修利润以及其他附带社会效益。因此,可以用一组投入产出的维修资源的关键指标来衡量军队装备部门和社会资本这对共生单元的质参量。

从采购主体的视角看，军队装备部门的质参量主要包括人员、设备、设施和维修服务，具体情况见表3-1。

表3-1 军队装备部门的质参量

军队装备部门的质参量	投入(I)			产出(O)	
	Z_{mi1}	Z_{mi2}	Z_{mi3}	Z_{mo1}	Z_{mo2}
	人员	设备	设施	维修服务	附带效益

因此，军队装备部门的质参量 Z_m 可以表示为

$$Z_m = (Z_{mi}; Z_{mo}) = (Z_{mi1}, Z_{mi2}, Z_{mi3}; Z_{mo1}, Z_{mo2})$$

从合作主体的视角看，社会资本的质参量主要包括资金、技术、管理和维修利润，具体情况见表3-2。

表3-2 社会资本的质参量

社会资本的质参量	投入(I)			产出(O)	
	Z_{si1}	Z_{si2}	Z_{si3}	Z_{so1}	Z_{so2}
	资金	技术	管理	维修利润	附带效益

同理，社会资本的质参量 Z_s 可以表示为

$$Z_s = (Z_{si}; Z_{so}) = (Z_{si1}, Z_{si2}, Z_{si3}; Z_{so1}, Z_{so2})$$

在装备基地级维修PPP采购共生系统运营的不同阶段，军队装备部门有着不同的主质参量。例如：在PPP项目建设阶段，基础设施建设成为项目的关键环节，因此设施是采购主体的主质参量；在PPP项目试行阶段，设备运行调试成为项目的关键环节，因此设备是采购主体的主质参量；在PPP项目运营阶段，人员的素质和能力决定着项目能否正常运营，能否提供良好的装备基地级维修，因此人员和维修服务成为采购主体的主质参量。同样，在装备基地级维修PPP采购共生系统运营的不同阶段，社会资本也有着不同的主质参量。例如：在PPP项目建设阶段，基础设施建设成为项目的关键环节，因此资金是合作主体的主质参量；在PPP项目试行阶段，设备运行调试成为项目的关键环节，因此技术是合作主体的主质参量；在PPP项目运营阶段，管理的水平和能力决定着项目能否正常运营，能否产生合理的装备基地级维修利润，因此管理和维修利润成为合作主体的主质参量。

2. 共生界面

1) 分类

在装备基地级维修PPP采购共生系统中，反映军队装备部门与社会资本之间相互关系的所有介质的有机结合构成了其共生界面，即采购介体是装备基地

级维修PPP采购共生系统的共生界面。从不同的认识角度,装备基地级维修PPP采购共生系统的共生界面可以分为不同类型。

(1) 按照是否存在具体表现形式,共生界面可以分为有形界面和无形界面。例如,装备基地级维修PPP采购共生系统中:如果军队装备部门与社会资本成立项目公司共同管理装备基地级维修PPP项目,项目公司就属于一种较为典型的有形界面;如果军队装备部门委托社会资本管理装备基地级维修PPP项目,委托关系就属于一种无形界面。

(2) 按照共生界面的复杂程度,共生界面可以分为单一界面和组合界面。自然界中生物间的共生系统大多是单一界面,这一共生界面主要是发挥物质、能量交流通道的作用;而装备基地级维修PPP采购共生系统作为人类社会中的共生系统,其共生界面是多种形式的组合界面,即共生关系的发生和发展过程中涉及多种形式的共生界面共同产生作用。

(3) 按照共生界面的形成原理,可以分为内生界面和外生界面。内生界面是指共生单元为生成共生关系而自行生成或者演化的共生界面,其在自然界中生物间的共生系统中比较常见。装备基地级维修PPP采购共生系统中,军队装备部门直接与社会资本进行合作所形成的各种制度、机制和协议实际上都属于内生界面。而外生界面是指由不直接参与共生关系的第三方建立和维护的共生界面,其在人类社会的经济合作系统之中较为多见。当然,不直接参与共生关系的第三方也是为谋求自身的利益才会建立和维护外生界面。因此,外生界面的产生往往也伴随着一定的成本。装备基地级维修PPP采购共生系统中,军队装备部门也可通过第三方采购服务机构与社会资本间接合作,这些第三方采购服务机构就属于典型的外生界面。

(4) 按照是否存在介质,共生界面还可分为两种:一种是军队装备部门与社会资本通过有形介体间接合作,此时生成的共生界面叫做有介质界面;另一种是军队装备部门与社会资本通过无形介体直接合作,此时生成的共生界面叫做无介质界面。无介质界面没有共生交易中介成本、共生形成周期较短,但是相对效率较低而且共生对象的选择具有很大局限性,适宜于小型简单武器装备的基地级维修PPP采购共生系统。有介质界面相对效率较高而且极大地拓展了共生维度和密度,但是共生交易中介成本、共生形成周期较长,适于大型复杂武器装备的基地级维修PPP采购共生系统。有形介体主要包括PPP咨询机构、采购代理机构、金融机构和保险机构等4种类型;无形介体主要包括PPP采购信息平台系统、PPP项目对接协调机制和PPP项目合作协议等。

2) 功能

共生界面作为军队装备部门与社会资本之间相互作用的介体,主要具有信息传输、物质交流、能量传导和共生序形成,以及分工与合作的中介等功能。

(1) 信息传输。作为共生界面的基本功能,在共生系统从无到有的过程中,共生单元之间必须累计关于对方的信息量达到某一临界值,即信息丰度要达到形成共生关系的最低值,这也是共生系统生成的条件之一。而信息的传递需要媒介,共生界面可为这种信息传递提供通道和介质。装备基地级维修PPP采购共生系统中,军队装备部门与社会资本间的信息是通过采购代理机构等有介质界面或采购信息平台等无介质界面进行交流和传递。信息不断地通过采购介体这个主渠道传输,当军队装备部门与社会资本累计的信息丰度满足共生条件时,就有可能生成共生系统。

(2) 物质交流。是共生界面的关键功能。在生物界中,物质交流是十分普遍的,例如根瘤菌和大豆的共生系统中,根瘤菌在初始阶段会向大豆输出纤维素酶,在共生稳定的情况下又源源不断地向大豆输出非游离氮,而大豆则为根瘤菌的生存提供碳水化合物、矿物盐以及水分等。装备基地级维修PPP采购共生系统中,军队装备部门与社会资本之间通过有介质界面或无介质界面,间接或直接地进行着装备基地级维修服务与装备基地级维修报酬之间的物质交流,从而形成和发展了共生关系。

(3) 能量传导。军队装备部门与社会资本之间的能量传导是通过共生界面双向同时进行的,其中服务流(物质流)是按照"社会资本-共生界面-军队装备部门"的方向流动,同时价值流(资金流)是按照"军队装备部门-共生界面-社会资本"的方向流动。这种双向相逆的能量流动同时也反映了共生能量在军队装备部门与社会资本这对共生单元之间的分配。

(4) 共生序形成。军队装备部门与社会资本之间的共生序[①]也是通过共生界面形成的,如军队装备部门通过采购代理机构与社会资本合作共同生产和提供装备基地级维修,就在二者之间形成了一种固定的有序关系,这种关系的规则和尺度通常体现为双方的合作合同或协议,而这些合作合同或协议往往正是由采购服务机构等有介质界面依据相关法规制度制定和提供的。

此外,共生界面还具有分工与合作的中介功能。装备基地级维修PPP采购中,军队装备部门作为需求方、管理方和社会资本作为服务方、实施方的双方之间相互融合、相互影响的复杂分工与合作关系,通常就是通过PPP咨询机构、采购代理机构和金融机构等有形介体这一有介质界面确定的。

图3-1所示的共生界面的五大功能,是装备基地级维修PPP采购共生系统演化的重要基础。需要指出的是,采购介体作为装备基地级维修PPP采购共

---

① 共生序是共生过程中形成的共生单元之间的一种有序关系。

生系统的共生界面,是一种典型的多形式、多层次、多介质的复合性共生界面,其所具备的5大功能相互促进、相互制约,成为一个有机整体共同推动系统向着最有利于共生的方向演化。

图 3-1 装备基地级维修 PPP 采购共生系统共生界面功能示意图

3. 共生环境

军队装备部门与社会资本间的共生关系不是凭空发生的,它的形成和发展离不开一定的外部环境。装备基地级维修 PPP 采购共生系统中,所面临的、对系统产生影响的所有外部因素的总和构成了其共生环境,即采购环境是装备基地级维修 PPP 采购共生系统的共生环境。装备基地级维修 PPP 采购环境也就是其共生系统的共生环境主要包括军事环境、政策环境、市场环境、社会环境和科技环境等。

共生体与共生环境之间的这种外共生作用,是通过物质、信息和能量的互相交流实现的。因此,共生体与共生环境间的影响和作用是相互的。装备基地级维修 PPP 采购共生系统的演化,在一定程度上受到其所处共生环境(采购环境)的影响和制约。共生环境对共生体的作用通常可以分为促进作用、中性作用和抑制作用,因此,共生环境可以分为:有利环境、中性环境和不利环境。同理,共生体对共生环境的作用一般也可以分为积极作用、中性作用以及消极作用,与之相对应,共生体也可以分为:正向共生体、中性共生体和反向共生体。在不同类型共生环境与共生体的相互影响和作用下,装备基地级维修 PPP 采购共生体与其共生环境之间呈现出错综复杂的多种作用关系组合,简要情况见表3-3。

表 3-3 装备基地级维修 PPP 采购共生体与其共生环境作用关系

相互作用 共生体	有利环境	中性环境	不利环境
正向共生体	双向激励	共生体激励	—
中性共生体	环境激励	中性作用	环境抑制
反向共生体	—	共生体抑制	双向抑制

理论上,共生体与共生环境之间存在着9种作用关系组合。但现实社会中,由于装备基地级维修PPP采购共生体与其共生环境之间影响和作用的动态性、自组织性和协同演化性,就像鱼离开水难以生存繁衍、水没有鱼不能循环再生一样。实践中,既不存在不利环境下的正向共生体,也不存在有利环境下的反向共生体。因此共生体与共生环境之间只可能存在表3-3所列的作用关系组合。一般来说,共生体与共生环境之间的对称性作用关系往往比非对称性作用关系具有更好的稳定性,即双向激励、中性作用和双向抑制的作用关系具有较好的稳定性。

与自然界中生物与环境之间的关系相类似,共生体与共生环境之间的相互影响和作用也不是一成不变的,其一般发展规律是从相互抑制经历单向抑制和单向激励向相互激励演化,这一规律在自然界中通常体现为生物与环境之间的协同进化、适者生存、逆者灭亡。与自然界不同的是,装备基地级维修PPP采购共生系统是典型的军事经济复合共生系统,有利的环境对于共生体的形成和发展有着积极的推动和促进作用,人们可以发挥主观能动性,人为改善和创造有利的采购环境,以推动和促进装备基地级维修PPP采购共生系统的演化。这一原理也为装备基地级维修PPP采购共生系统动力路径设计提供了理论指导。

如图3-2所示,共生单元、共生界面和共生环境三大共生要素共同构成了完整的装备基地级维修PPP采购共生系统。其中:共生单元是指采购主体(军队装备部门和合作主体)-社会资本;共生界面是指采购介体;共生环境是指采购环境。从图3-2中可以看出,军队装备部门与社会资本这对共生单元之间通过采购介体这一共生界面,在采购环境这个共生环境的影响和作用下,以互惠共生的关系合作进行着装备基地级维修的生产和提供。装备基地级维修PPP

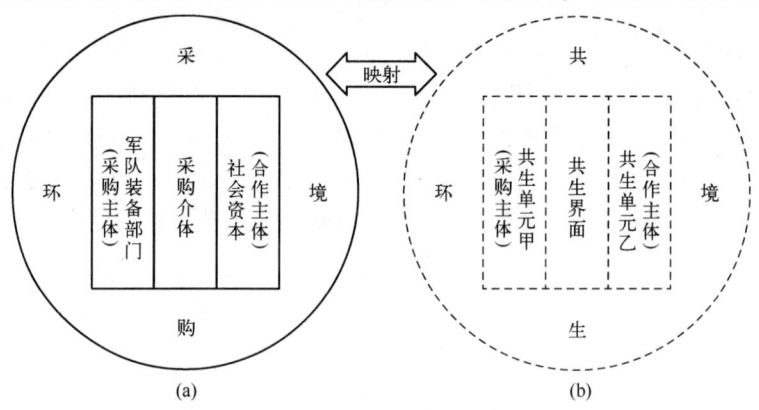

图3-2 装备基地级维修PPP采购共生系统要素构成示意图
(a) 装备基地级维修PPP采购共生系统实体要素构成;
(b) 装备基地级维修PPP采购共生系统概念要素构成。

采购共生系统中：共生单元是基础，决定着共生关系形成的可能性；共生界面是关键，决定着共生关系形成的可行性；共生环境是条件，决定着共生关系形成的便利性。三者之间既相互促进、又相互制约，共同构成了装备基地级维修 PPP 采购共生系统这一有机整体。

3.1.2 共生条件

下面从必要条件、充分条件、均衡条件和稳定条件，分析生成装备基地级维修 PPP 采购共生系统必须具备的条件，即"为什么"会生成装备基地级维修 PPP 采购共生系统。为便于讨论和理解，在不影响问题本质的前提下，选取最基本、最简单的二维装备基地级维修 PPP 采购共生系统，即只有一个军队装备部门与一家社会资本开展 PPP 合作的共生系统为代表进行分析。

1. 必要条件

必要条件是指军队装备部门与社会资本之间构成共生关系必须具备的基本条件，对二维装备基地级维修 PPP 采购共生系统来说，形成共生关系的必要条件如下。

1) 至少有一组质参量兼容

根据共生理论质参量兼容原理，军队装备部门与社会资本这对共生单元要形成共生关系，二者之间必须至少存在一组质参量是兼容的。也就是说，军队装备部门与社会资本的质参量之间可以相互表达。

在分析军队装备部门与社会资本质参量的基础上，可将式(3-2)改写为

$$(Z_{mo1}, Z_{mo2}; Z_{so1}, Z_{so2}) = g(Z_{mi1}, Z_{mi2}, Z_{mi3}; Z_{si1}, Z_{si2}, Z_{si3}) \quad (3-3)$$

从式(3-3)可以得出，对于军队装备部门投入的任一维修资源的质参量都可以由社会资本相应产出的维修资源的质参量来表示。同样，对于军队装备部门产出的任一维修资源的质参量都可以由社会资本相应投入的维修资源的质参量来表示。即存在：

$$Z_{mi} = \varphi(Z_{so}) \quad \text{或者} \quad Z_{mo} = \phi(Z_{si})$$

同理，对于社会资本而言，上述结论也成立。即存在：

$$Z_{si} = \phi'(Z_{mo}) \quad \text{或者} \quad Z_{so} = \varphi'(Z_{mi})$$

因此，如图 3-3 所示，军队装备部门与社会资本这对共生单元之间至少有一组质参量是兼容的。

对军队装备部门与社会资本之间的主质参量的兼容性，可结合装备基地级维修 PPP 采购共生系统运营实际分析。在 PPP 项目建设阶段，维修基础设施建设是项目的关键环节，军队装备部门的现有设施与社会资本的投入资金共同决定着基础设施建设的成败，因此这对主质参量存在着关联；在 PPP 项目试行

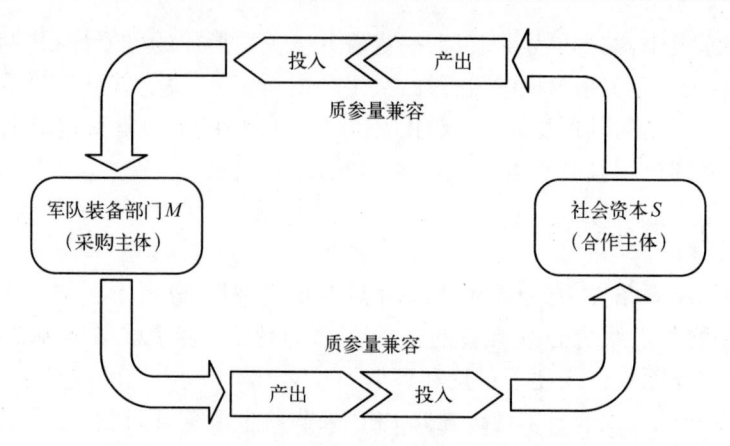

图 3-3 军队装备部门与社会资本质参量兼容示意图

阶段,维修设备运行调试成为项目的关键环节,军队装备部门的原有设备与社会资本的先进技术对于设备运行调试具有极为重要的影响和作用,因此这对主质参量也相互兼容;在 PPP 项目运营阶段,军队装备部门维修人员的素质与社会资本维修管理的水平,共同决定着项目能否正常运营,提供良好的装备基地级维修,产生合理的装备基地级维修利润,因此这对主质参量也是相互兼容的。军队装备部门与社会资本之间的主质参量的兼容特性如图 3-4 所示。

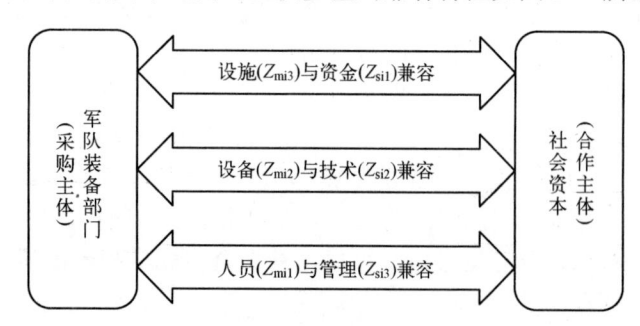

图 3-4 军队装备部门与社会资本主质参量兼容示意图

（图中标注：设施(Z_{mi3})与资金(Z_{si1})兼容；设备(Z_{mi2})与技术(Z_{si2})兼容；人员(Z_{mi1})与管理(Z_{si3})兼容）

军队装备部门与社会资本这对共生单元之间的质参量兼容特性,既揭示了装备基地级维修 PPP 采购共生系统演化的基础,又反映了二者之间的本质属性,还揭示了军队装备部门与社会资本共生模式的生成机理。

2) 至少存在一个自主交流的共生界面

按照共生理论,只有通过共生界面,军队装备部门与社会资本这对共生单元之间才能进行物质、价值和信息的交流。也就是说,军队装备部门与社会资本要建立共生关系,必须有自主合作的渠道、媒介或载体。

根据 2.4 节关于装备基地级维修 PPP 采购系统运营规律的分析,军队装备

第3章　装备基地级维修 PPP 采购共生系统

部门与社会资本之间通常采取两种方式进行 PPP 合作：一种是直接合作，是指军队装备采购部门通过采购信息平台、沟通对接机制等无形介体，直接与社会资本签订 PPP 合作协议或合同进行合作；另一种是间接合作，即军队装备部门通过第三方 PPP 咨询机构、采购代理机构等有形介体，间接与社会资本签订 PPP 合作协议或合同形成共生。第一种合作方式中，军队装备部门与社会资本之间直接接触的采购信息平台、沟通对接机制等无形介体，甚至包括合作协议或合同都是双方共生关系形成的共生界面；第二种合作方式中，军队装备部门与社会资本之间间接接触的第三方 PPP 咨询机构、采购代理机构等有形介体，甚至包括合作协议或合同也都是双方共生关系形成的共生界面。

同时，在社会主义市场经济的环境下，军队装备部门与社会资本无论是通过无形介体合作，还是通过有形介体合作，都是在平等、独立、自主的前提下进行的。因此，要生成装备基地级维修 PPP 采购共生系统，军队装备部门与社会资本这对共生单元之间至少会存在一个自主交流的共生界面。实际上，作为一个复杂的军事经济复合共生系统，装备基地级维修 PPP 采购共生系统的共生界面是一种典型的多形式、多层次、多介质的复合共生界面。

3) 关联度应达到某一临界值

依据共生理论，军队装备部门与社会资本作为异类共生单元，只有二者之间的关联度达到某一临界值，共生关系才有可能发生。

装备基地级维修 PPP 采购共生系统中，军队装备部门与社会资本之间共生关系的产生是基于双方维修资源禀赋优势的互补耦合。通过共生关系实现维修资源共用，能够同时发挥军队装备部门与社会资本各自独特的维修资源禀赋优势，实现系统整体上的"1+1>2"的效应，即产生新增的共生能量。但是在军队装备部门与社会资本共生的过程中，必定会产生相应的共生消耗。只有在产生的共生能量大于共生消耗的情况下，军队装备部门与社会资本之间的共生关系才能产生。这就要求军队装备部门与社会资本之间的维修资源禀赋优势耦合度达到一定的临界值。换句话说，就是军队装备部门与社会资本之间的关联度应达到某一临界值。

2. 充分条件

必要条件作为军队装备部门与社会资本这对共生单元之间共生关系产生的客观条件，为装备基地级维修 PPP 采购共生系统的形成奠定了基础。但二者之间要真正形成共生关系，除了具备必要条件之外，还要依赖以下其他相关配套条件，这些配套条件称为充分条件。

1) 通过共生界面能够顺利进行物质、价值或信息交流

从理论力学视角来看，军队装备部门与社会资本通过共生界面进行物质、

价值或信息交流,主要受两种作用力的影响:动力 P 和阻力 F。只有动力 P 大于阻力 F 的情况下,物质、价值或者信息才能通过共生界面在军队装备部门与社会资本之间双向顺畅流动。

装备基地级维修 PPP 采购共生系统中,军队装备部门与社会资本之间的 PPP 合作(共生关系的建立),不仅会产生合作效益,而且会产生交易成本,只有在产生的合作效益大于交易成本的前提下,军队装备部门与社会资本才会谋求 PPP 合作,即建立共生系统。因此,合作效益相当于动力,交易成本相当于阻力,只有当动力大于阻力时,军队装备部门与社会资本之间才能通过共生界面顺利进行物质、价值或信息交流。

2) 通过共生界面的相互作用所生成的共生体能够产生共生能量

对二维装备基地级维修 PPP 采购共生系统来说,我们可将共生体产生的总能量记为 E,将共生条件下新增的共生能量记为 E_n、产生的共生消耗记为 E_c,将非共生条件下,即独自生产条件下,军队装备部门与社会资本产生的能量分别记为 E_m 和 E_s,则有

$$E = E_m + E_s + E_n - E_c \qquad (3-4)$$

则共生条件下比非共生条件下新增的纯能量,即共生体产生的共生能量 ΔE 为

$$\Delta E = E - E_m - E_s \qquad (3-5)$$

把式(3-4)代入式(3-5),可得

$$\Delta E = E_n - E_c \qquad (3-6)$$

显然,在特定的时空条件下,要使军队装备部门与社会资本通过共生界面相互作用所生成的共生体能够产生共生能量,即 $\Delta E > 0$,只需满足: $E_n > E_c$。要使共生条件下新增的共生能量 E_n 大于其共生消耗 E_c,主要取决于共生界面的特性。共生界面越多、接触介质越好、信息传递越快,对物质、价值或信息交流的动力就越大、阻力就越小,产生的共生能量也就越大、共生消耗也就越小。

3) 通过共生界面得到的对方的信息丰度应达到某一临界值

信息丰度是指共生系统之中,在特定时空条件下共生单元之间对对方信息量的获取程度。对二维装备基地级维修 PPP 采购共生系统来说,将军队装备部门对社会资本的信息丰度记为 D_{ms}、临界值设为 D_{oms};将社会资本对军队装备部门的信息丰度记为 D_{sm}、临界值设为 D_{osm}。若存在 $D_{ms} > D_{oms}$,$D_{sm} > D_{osm}$,则军队装备部门与社会资本之间的共生关系成立。装备基地级维修 PPP 采购共生系统生成过程中,都会有一个对共生对象识别、选择的过程,其实质就是一个信息丰度逐渐积累的过程,达到临界信息丰度之后,共生对象识别、选择的过程也就完成了。此外,在装备基地级维修 PPP 采购共生系统中,由于军队装备部门的特

殊性质,往往占有信息的主导权和优先权,常常会先于社会资本达到临界信息丰度。因此,实践中军队装备部门通常会成为二者共生关系形成的初始推动者和组织者。

3. 均衡条件

根据共生理论,军队装备部门与社会资本之间要保持共生关系应首先做到能量增减的总量动态均衡。动态均衡包括共生维度均衡和共生密度均衡。共生维度 η 是对共生系统中异类共生单元多少的度量。共生密度 ρ 是对共生系统中同类共生单元多少的度量。由于装备基地级维修 PPP 采购共生系统属于典型的异类共生单元之间的共生①,不存在共生密度的概念,所以在此只需分析其共生维度均衡条件。

装备基地级维修 PPP 采购共生系统运营过程中,军队装备部门与社会资本之间通过采购介体这一共生界面在产生共生能量 E_n 的同时,也正是由于共生界面的存在而产生了相应的共生消耗 E_c,这种共生消耗 E_c 主要用于共生界面(采购介体)的生存与发展。根据经济学的理性人考虑边际量的原理,要使共生维度变化条件下的共生系统保持动态均衡,就必须满足边际维度共生能量 $M_{\eta n}$ 等于边际维度共生消耗 $M_{\eta c}$ 的均衡条件,即

$$M_{\eta n} = M_{\eta c} = M_{\eta e}$$

其中,$M_{\eta e}$ 代表边际维度共生均衡。且 $M_{\eta n} = \dfrac{\partial E_n}{\partial \eta}$;$M_{\eta c} = \dfrac{\partial E_c}{\partial \eta}$。

由式(3-6)可知,装备基地级维修 PPP 采购共生系统产生的共生能量 ΔE 为

$$\Delta E = E_n - E_c$$

此时,$\dfrac{\partial \Delta E}{\partial \eta} = 0$,共生能量 ΔE 达到极大值 $\Delta E_{\max}$。上述分析如图3-5、图3-6所示。

4. 稳定条件

装备基地级维修 PPP 采购共生系统生成的过程,表面上看是军队装备部门与社会资本之间依托采购介体进行物质、价值和信息交换

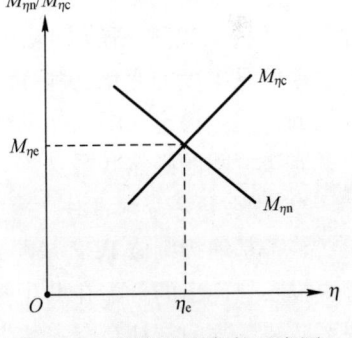

图 3-5　维度均衡条件示意图

的过程,实质上是二者之间信息相互获取的过程。通常来说,在不完全信息的条件下,军队装备部门与社会资本之间的共生过程,往往会随着双方信息丰度

---

① 装备基地级维修 PPP 采购共生系统中,共生单元之间的共生关系是基于维修资源禀赋优势的互补耦合而形成的,这就要求共生单元之间的维修资源禀赋优势存在明显差异,只有异类共生单元之间才存在这种差异,同类共生单元之间往往因具备同样的维修资源禀赋优势而无法实现互补耦合。

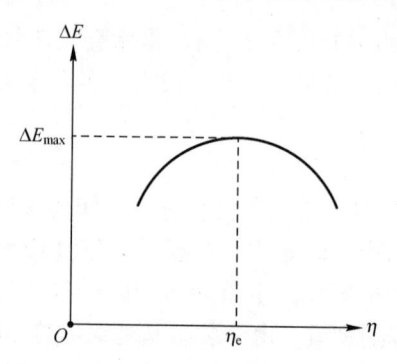

图 3-6 维度均衡时共生能量变化示意图

的增加而发生一些结构变化,具体表现为共生单元的进入和退出。因此,除具备共生均衡条件之外,要保持军队装备部门与社会资本之间的共生关系,还应做到能量分配的比例动态稳定。

装备基地级维修 PPP 采购共生系统运营过程中,产生的共生能量 E_n 和共生消耗 E_c 在军队装备部门与社会资本之间的分配对共生系统的结构具有重要影响。由此形成共生稳定的两个条件。

1) 共生稳定匹配条件

给定的信息状态下,关联度最大的军队装备部门与社会资本之间的共生关系是最稳定的,即维修资源禀赋优势耦合度最大的军队装备部门与社会资本之间的共生关系是最稳定的。不完全信息条件下,在异类共生单元的关联度识别过程中,信息丰度最高的军队装备部门或社会资本最先进入共生系统,随着共生对象信息丰度的变化,关联度较高的军队装备部门或社会资本将替代关联度较低的。共生稳定匹配条件反映了军队装备部门与社会资本间的内在联系,即二者质参量间的必然联系。

2) 共生稳定分配条件

装备基地级维修 PPP 采购共生系统运营中,共生消耗与共生能量的分配或者说投入与产出的分配在共生关系的稳定和发展中都具有决定性作用。要实现军队装备部门与社会资本共生关系的稳定与发展,二者间的能量分配应具备以下条件:

$$\frac{E_{nm}}{E_{cm}}=\frac{E_{ns}}{E_{cs}}=K_{eo} \quad (3-7)$$

式中 E_{nm}、E_{cm} 分别为分配给军队装备部门的共生能量和共生消耗;E_{ns}、E_{cs} 分别为分配给社会资本的共生能量和共生消耗;K_{eo} 为共生稳定的能量分配系数。且 $E_{nm}+E_{ns}=E_n$;$E_{cm}+E_{cs}=E_c$。

用 K_{em}、K_{es} 分别代表军队装备部门和社会资本的能量分配系数,式(3-7)可改写为

$$K_{em} = K_{es} = K_{eo} \tag{3-8}$$

其中,$K_{em} = \dfrac{E_{nm}}{E_{cm}}$;$K_{es} = \dfrac{E_{ns}}{E_{cs}}$。

式(3-8)状态下,共生能量与共生消耗呈对称性分配,装备基地级维修 PPP 采购共生系统不仅处在最佳稳定状态,而且对军队装备部门与社会资本这对共生单元具有理想的激励功能。因此,这种状态又可称为最优激励兼容状态,即理想共生状态。但在装备基地级维修 PPP 采购共生系统实际运营中,由于信息的不完全对称,对于任一共生单元 U_i,其能量分配系数 K_{ei} 通常并不等于 K_{eo}。也就是说,共生系统实际运营往往是偏离理想共生状态的。

为此,引入度量共生系统偏离理想共生状态的因子 $\alpha(0 \leq \alpha \leq 1)$,称之为非对称分配因子。则有

$$K_{ei} = (1 \pm \alpha) K_{eo}$$

设使军队装备部门与社会资本之间保持共生关系的临界非对称分配因子为 $\alpha_o(\alpha_o \in (0,1))$,则当 $\alpha \leq \alpha_o$ 时,装备基地级维修 PPP 采购共生系统仍然存在。当 $\alpha > \alpha_o$ 时,共生系统将解体。因此,可以得出扩展的共生稳定分配条件:

$$K_{ei} = (1 \pm \alpha) K_{eo} \quad (\alpha \leq \alpha_o) \tag{3-9}$$

如图 3-7 所示,必要条件和充分条件说明了装备基地级维修 PPP 采购共生系统的生成,构成了共生的静态条件。均衡条件和稳定条件则说明了装备基地级维修 PPP 采购共生系统的运营,构成了共生的动态条件。必要条件、充分条件、均衡条件和稳定条件作为一个有机整体,共同反映了装备基地级维修 PPP 采购共生系统演化的一般规律,深刻揭示了军队装备部门与社会资本这对共生单元之间的相互关系。

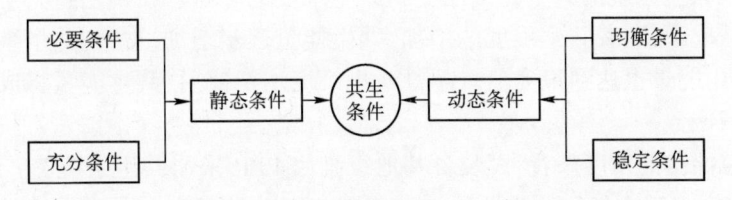

图 3-7 装备基地级维修 PPP 采购共生系统共生条件

3.1.3 共生能量

共生能量即合作经济学中的合作剩余,是指共生过程中新产生的净能量。按照共生能量生成原理,共生过程产生新能量是共生的本质特征,共生能量是

共生系统存在与发展的必要条件。装备基地级维修 PPP 采购共生系统中,共生能量作为共生系统生存和增值能力的具体体现,是军队装备部门与社会资本通过采购介体相互作用所产生的综合效益,是共生系统及其共生单元提高质量和扩张数量的前提条件。共生能量是由系统质参量的状态及其变化决定的。

设装备基地级维修 PPP 采购共生系统 P 的质参量为 Z_p,P 包括 $l(l \geq 2)$ 个共生单元,同时存在 $Z_p = f(Z_1, Z_2, \cdots, Z_i, \cdots, Z_l)$。另外设 λ 为该共生系统的共生界面特征系数,则其全要素共生度 δ_p 为

$$\delta_p = \frac{1}{\lambda} \sum_{i=1}^{l} \delta_{pi} \qquad (3-10)$$

其中,δ_{pi} 为该共生系统的单要素共生度,且 $\delta_{pi} = \frac{Z_i}{Z_p} \frac{\mathrm{d}Z_p}{\mathrm{d}Z_i}$。

对于装备基地级维修 PPP 采购共生系统而言,能否产生共生能量完全取决于其全要素共生度 δ_p。如果 $\delta_p > 0$,装备基地级维修 PPP 采购共生系统就会有共生能量产出,否则将不会产出共生能量。

作为典型的异类共生单元共生系统,装备基地级维修 PPP 采购共生系统的共生能量是全要素共生度和共生维度的函数,或者说是共生界面特征系数、单要素共生度和共生维度的函数。即

$$\Delta E = g(\delta_p, \eta_p) \quad \text{或者} \quad \Delta E = \varphi(\lambda, \delta_{pi}, \eta_p) \qquad (3-11)$$

装备基地级维修 PPP 采购共生系统的全要素共生度越高,共生能量越大;反之,则越小。全要素共生度反映了单个共生单元之间及其与整个共生系统间的内在联系,是体现共生系统结构和功能的重要特征量,对共生系统的能量生成与增长起决定作用。当然,要提高全要素共生度,必须在提高单要素共生度的同时,改进共生界面的功能,减小共生界面特征系数。此外,装备基地级维修 PPP 采购共生系统的共生能量还受到共生维度的影响。在不超过共生维度均衡值的情况下,随着共生维度的增加,共生能量逐步增加。达到共生维度均衡值时,共生能量也达到最大值。超过共生维度均衡值后,共生能量将成为共生维度的减函数。

从总能量的角度来看,设装备基地级维修 PPP 采购共生系统 P 产生的总能量为 E_p,将其中任一共生单元 $U_i(i \in l)$ 在共生条件下,新增的共生能量记为 E_{ni}、产生的共生消耗记为 E_{ci},并将其在非共生条件下产生的能量记为 E_{ui}。显然:

$$E_p = \sum_{i=1}^{l} E_{ui} + \sum_{i=1}^{l} E_{ni} - \sum_{i=1}^{l} E_{ci}$$

那么,该共生系统 P 产生的共生能量 ΔE_p 则为

第 3 章 装备基地级维修 PPP 采购共生系统

$$\Delta E_\mathrm{p} = E_\mathrm{p} - \sum_{i=1}^{l} E_{\mathrm{u}i}$$

即

$$\Delta E_\mathrm{p} = \sum_{i=1}^{l} E_{\mathrm{n}i} - \sum_{i=1}^{l} E_{\mathrm{c}i}$$

令：$E_\mathrm{u} = \sum_{i=1}^{l} E_{\mathrm{u}i}$；$E_\mathrm{n} = \sum_{i=1}^{l} E_{\mathrm{n}i}$；$E_\mathrm{c} = \sum_{i=1}^{l} E_{\mathrm{c}i}$。则有

$$\Delta E_\mathrm{p} = E_\mathrm{n} - E_\mathrm{c}$$

与共生能量一样，共生过程中产生的总共生消耗 E_c 同样是共生界面特征系数、单要素共生度和共生维度的函数。

3.2 装备基地级维修 PPP 采购共生系统结构

3.1 节全面分析了构成装备基地级维修 PPP 采购共生系统的基本要素，但是要真正把握装备基地级维修 PPP 采购共生系统，仅仅认识到其构成要素是远远不够的，还需要深入研究其系统结构。系统结构可分为共生体和共生环境两个层次，具体情况如图 3-8(a)所示。

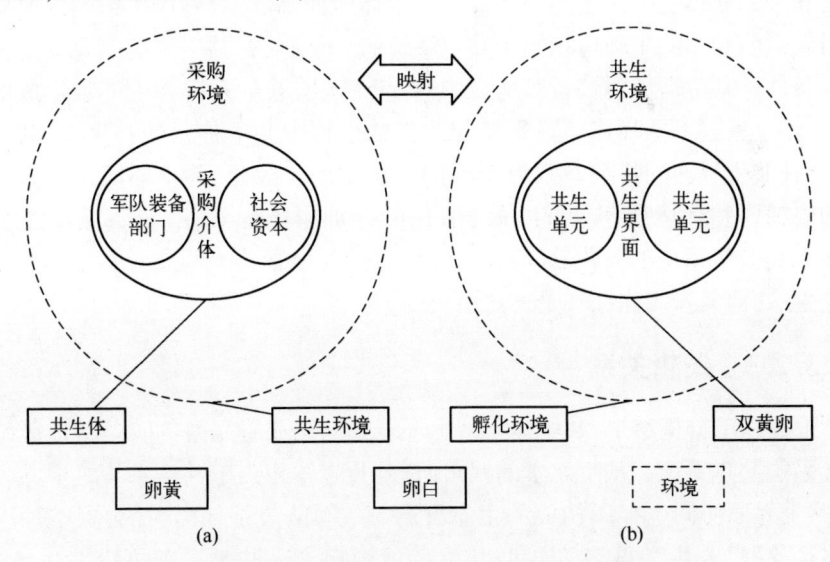

图 3-8 装备基地级维修 PPP 采购共生系统"双黄卵"结构模型
(a) 装备基地级维修 PPP 采购共生系统实体结构模型；
(b) 装备基地级维修 PPP 采购共生系统概念结构模型。

3.2.1 共生体

共生体是指共生系统之中由共生单元和共生界面构成的有机统一整体,换句话说,就是共生系统中除了共生环境之外的其他部分。装备基地级维修PPP采购共生系统中,其共生体是指由军队装备部门与社会资本共生单元之间通过采购介体这一共生界面所形成的有机统一整体。共生体相当于共生系统的"种子",是共生系统演化的基本物质条件。由式(3-11)可得出,装备基地级维修PPP采购共生系统产生的共生能量是由构成其共生体的共生单元的共生度、共生维度,及其共生界面的特征系数等指标直接决定的。因此,共生体作为共生系统的实体层和核心层,是共生系统演化的内部决定因素,对装备基地级维修PPP采购共生系统的演化起决定性作用。

3.2.2 共生环境

共生环境是指共生系统中共生体所面临的、对其产生影响的所有外部因素的总和,换句话说,就是共生系统中除了共生体外的其他部分。装备基地级维修PPP采购共生系统中,其共生环境是指由军队装备部门与社会资本这对共生单元和采购介体这一共生界面构成的共生体所面临的、对其产生影响的所有外部因素的总和。共生环境相当于共生系统的"土壤",是共生系统演化的总体主客观条件。共生环境对装备基地级维修PPP采购共生系统共生能量生成的影响,往往是通过一些环境变量影响和改变共生体中共生单元的共生度、共生维度,及其共生界面的特征系数等指标间接实现的。因此,共生环境作为共生系统的外围层和环境层,是共生系统演化的外部影响因素,对装备基地级维修PPP采购共生系统的演化起辅助性作用。然而,尽管共生环境对共生体的影响是外生的,但其作用往往却是无法避免的。

3.2.3 逻辑关系

根据以上分析结果,共生体与共生环境共同构成了完整的装备基地级维修PPP采购共生系统。从生态学的视角而言:共生体相当于共生系统之中共生单元、共生界面协同生存所构成的生态群落——军队装备部门、社会资本和采购介体等各种"共生种群"的总和;共生环境则相当于共生系统之中共生体(群落)协同生存的群落生境,主要是指共生系统的环境层,由军事环境、政策环境、市场环境、社会环境和科技环境等多种"生态因子"构成;共生体与共生环境共同构成了装备基地级维修PPP采购共生系统这一"生态系统"。

受自然界中卵生动物与自然环境共生关系的启发,结合装备基地级维修

PPP采购共生体中军队装备部门与社会资本平等自主合作的实际,构建了装备基地级维修PPP采购共生系统"双黄卵"结构模型,具体情况如图3-8(b)所示。其中,军队装备部门与社会资本这对共生单元同为"卵黄",承担着类似自然界中为卵细胞发育提供主要营养的功能,在共生系统之中分别具备优势互补的维修资源禀赋,能够为装备基地级维修PPP采购合作提供必要的维修资源,并通过共生过程产生维持共生系统生存和演化的共生能量,是共生系统演化的基本物质基础和前提条件。采购介体作为共生界面既是"卵白"又是"卵壳",承担着类似自然界中为卵细胞发育提供次要营养、气体交换和有效保护等功能,在共生系统之中具备部分维修资源禀赋(主要是资金)和采购服务保障等功能,能够为装备基地级维修PPP采购合作提供物质、价值和信息交换的媒介、通道或载体,以及辅助性维修资源,是共生系统演化的重要物质基础和根本保证。采购介体中:金融、保险等机构主要起到了"卵白"的作用,提供了辅助性维修资源;PPP咨询和采购代理等机构则主要起到了"卵壳"的作用,提供了共生界面。采购环境即共生环境,相当于自然界中卵的孵化环境,影响和制约着共生系统"孵化"的速度与质量,是共生系统演化的重要影响因素和外部条件。

3.3 装备基地级维修PPP采购共生系统特征

装备基地级维修PPP采购共生系统既是一个自组织为主、他组织为辅的复杂适应系统,又是一个典型的社会共生系统。从它的构成要素及其层次结构分析,装备基地级维修PPP采购共生系统具有以下突出特征。

3.3.1 复杂性

首先,装备基地级维修PPP采购共生系统的构成要素及其相互关系体现为多样性。该共生系统既包括由不同类型军队装备部门、不同性质社会资本等相关组织构成的共生单元——采购主体和合作主体,又包括多种类型、多种介质、多种形式及其组合构成的共生界面。同时,其共生环境也受到军事、政策、市场、社会和科技等多种因素耦合影响。因此,其构成要素之间的相互关系和作用也体现为多样性。其次,装备基地级维修PPP采购共生系统的组织结构体现为层次性。该共生系统中,军队装备部门内部、社会资本之间可以建立各种共生关系,军队装备部门与社会资本之间又可以形成采购共生体,采购共生体与采购共生环境又构成了共生系统。再次,装备基地级维修PPP采购共生系统的内外关系体现为非线性。该共生系统内,军队装备部门、社会资本以及采购介体构成的采购共生体内部,采购共生体与其外部采购共生环境之间存在着复杂的正反馈、负反馈和正负反馈耦合的非线性作用,系统的整体行为往往由多个正负反馈过程非线性耦合产生。最后,装备基地级维修PPP采购共生系统的形成条件体现为复杂性。该共生系统产生于竞生与共生、共生与混沌之间。如果完全竞生或者完全共生,都不存在真正的复杂性,系统复杂性的根源就在于其诞生于共生与混沌的边缘。

3.3.2 开放性

装备基地级维修PPP采购共生系统作为一个社会共生系统,其中的采购共生体必然与其外部的采购共生环境之间进行着物质、价值和信息的不断交换,加之系统某些自然生态功能的缺失,致使其必须通过与外界的物质、价值以及信息交换来实现功能替代。装备基地级维修PPP采购共生系统中,采购共生体既依赖于与采购共生环境的交换,又反过来影响与其交换的采购共生环境。同时,由于军事、政策、市场、社会和科技等采购共生环境的时变性、不确定性和不可预测性,又会不同程度地对共生系统产生扰动。这种扰动不但会对军队装备部门和社会资本的合作生产经营活动产生影响,激励它们根据自身的利益重构彼此之间的共生界面,从而造成采购共生体共生结构的变化;而且还会激励系统共生要素进行自我调整以提高相互之间的适应程度,从而进一步完善系统整体的共生功能,合力寻求适应采购共生环境变化的有效对策,而最终引导共生系统向适应共生环境变化的最佳共生模式方向演变。

3.3.3 动态性

装备基地级维修PPP采购共生系统的演化,同自然共生系统一样,也会经历孕育、生长、成熟和衰老或更新的动态过程。在这一全寿命周期中,由于共生单元之间通过共生界面存在复杂相互作用,加之采购共生环境的瞬息万变,共生系统的结构和状态都是不断变化发展的。装备基地级维修PPP采购共生系统结构的变化主要体现在系统内,军队装备部门与社会资本之间共生关系及其共生界面的变化。装备基地级维修PPP采购共生系统状态的变化主要体现在两个方面:

(1) 军队装备部门、社会资本自身状态的联动变化;

(2) 由于军队装备部门、社会资本状态的改变和它们之间共生关系的改变所导致的共生系统整体性质和状态的变化。

因此,从某种程度上讲,装备基地级维修PPP采购共生系统的结构、状态都是不稳定的,而恰恰也正是这种不稳定驱使系统不断发展演化。

3.3.4　自组织性

装备基地级维修PPP采购共生系统从竞生到共生、从低阶共生到高阶共生,都是受到系统内外共同作用和影响的结果。但从本质上讲,无论前者,还是后者,都是系统内部军队装备部门与社会资本之间共生关系的发展演变。因此,无论对系统的作用和影响是来自系统外部共生环境,还是来自系统内部共生体,或二者兼有,其最终只能通过系统内部军队装备部门与社会资本这对共生单元之间的相互作用来得以实现,即系统的组织力或组织指令来自系统自身内部。根据自组织理论,装备基地级维修PPP采购共生系统具有典型的自组织性。同时,现实中的装备基地级维修PPP采购往往受到政府、市场和行业等外界因素的制约,甚至在一定程度上被左右。因此,装备基地级维修PPP采购共生系统是以自组织为主、他组织为辅的复杂适应系统(CAS)。

3.3.5　协同演化性

装备基地级维修PPP采购不是简单的军队装备部门与社会资本间的协作采购活动,而是采购中军队装备部门与社会资本这对共生单元之间通过采购介体这一共生界面形成互惠共生、共存共荣的共生关系,并与共生环境共同构成互动适应的共生系统。装备基地级维修PPP采购共生系统中,军队装备部门与社会资本之间存在既竞争又合作、先竞争后合作的共生关系,军队装备部门或者社会资本在主观上实现自身演化的同时,客观上也实现了与其他共生单元之间的协同演化,从而全面推进了整个共生系统的演化发展,而最终达成了"整体大于部分之和"的合作愿景和共生效应。反之,如果军队装备部门或社会资本之一不能随着其他共生单元或共生环境的变化而变化,就会出现"脱节"现象,小则影响该共生单元自身的生存和壮大,大则影响该共生系统整体的稳定和发展。因此,装备基地级维修PPP采购共生系统内,军队装备部门或社会资本都处在协同演化的共生群落之中,与整个共生系统同命运、共呼吸、齐发展,谁也不能"独善其身"。

3.4　装备基地级维修PPP采购共生系统功能

要全面把握装备基地级维修PPP采购共生系统的隐性功能作用,必须深刻理解其背后蕴藏的内在功能机理。下面从共生理论的视角,分析装备基地级维修PPP采购共生系统的理论性功能。

3.4.1 资源整合功能

由于装备维修资源的专用性和稀缺性,整个社会环境中,无论是军队装备部门还是社会资本可以获得并有效利用的维修资源总是有限的。而且军队装备部门代表国家和全民拥有的维修资源与社会资本所拥有的维修资源,在类型、质量和数量上有着一定的差异,即双方存在维修资源禀赋比较优势。装备基地级维修 PPP 采购共生系统之中,军队装备部门与社会资本之间正是基于这种维修资源禀赋优势的互补耦合,打破了公共部门与其他部门之间的资源配置界限,在全社会的范围内按照优势互补、风险共担、利益共享原则,将军队装备部门与社会资本各自拥有的优质资源共同投入到装备基地级维修 PPP 项目中,实现了"1+1>2"的维修资源合理配置和高效整合。因此,资源整合功能既是装备基地级维修 PPP 采购共生系统运营的现实基础,也是其运营的必然结果。

3.4.2 风险降低功能

装备基地级维修项目具有资产专用性强、投资规模较大、建设和资金回收周期长等特点,加之装备基地级维修需求的波动性和其采购的不确定性,使得装备基地级维修项目建设和运营存在较高的风险性。装备基地级维修 PPP 采购共生系统之中,军队装备部门与社会资本之间通过 PPP 模式合作,共同建设运营装备基地级维修项目,能够从 3 个层面 4 个方面有效降低其风险。

(1) 在共生单元的层面,军队装备部门与社会资本之间通过建立互惠共生关系,既能够共同分担装备基地级维修项目风险,在数量上减少各自承担的风险量,又能够将风险分配给以最小成本、最大效益管理它的一方,在质量上提高风险管理的有效性。

(2) 在共生界面的层面,军队装备部门与社会资本之间通过构建更加便捷高效的物质、价值和信息传导介体,在二者之间形成相对稳固可靠的合作共生关系,能有效缓解装备基地级维修需求波动及其采购不确定性带来的风险。

(3) 在共生体的层面,军队装备部门与社会资本这对共生单元之间通过采购介体这一共生界面构成了同命运、共呼吸、齐发展的"采购命运共同体",共同应对外界采购环境(共生环境)的变化,大大提高了装备基地级维修 PPP 采购共生体及其共生单元的风险应对能力。

3.4.3 技术吸聚功能

随着我军武器装备的加速更新换代,大量的新型高技术武器装备特别是信息化装备陆续列装部队。这些装备构造复杂、技术先进、系统庞大,集成化、信息化和智能化程度高,对装备维修特别是基地级维修提出了更高的要求,要完成其基地级维修任务必须具备相应的技术。装备基地级维修PPP采购共生系统之中,军队装备部门与社会资本之间通过PPP模式合作,在聚集双方各自技术优势,取长补短共同完成装备基地级维修任务的目标引领下,既能通过竞争方式吸收地方优势技术力量参与装备基地级维修,弥补自身技术力量的不足,又能通过合作方式激励军队装备部门与社会资本开展技术创新、成果转化和联合攻关,形成和提高新型高技术武器装备基地级维修能力。

3.4.4　信息共享功能

传统的装备采购模式通常是在信息不完全和不对称的条件下,军队装备部门与社会资本之间采取"面对面"式的"一锤子买卖"的方式进行的,双方为了实现自身利益的最大化,往往不惜冒着道德风险以谋取更大利益,甚至会造成逆向选择。装备基地级维修PPP采购共生系统之中,军队装备部门与社会资本之间由"面对面"式的不合作博弈转变为"心连心"式的合作博弈,双方通过PPP模式建立起互惠共生、共存共荣的采购共生体,为了谋求装备基地级维修PPP项目的利益最大化,择优遴选合作伙伴——共生对象,降低PPP采购的交易成本,双方会尽最大可能彼此共享有关信息,军队装备部门可以及时了解社会资本装备维修资源及其能力,社会资本则可以及时掌握军队装备维修需求及其变化,从而形成稳固、可靠的共生关系。此外,这种信息的实时共享还能够加强军队装备部门与社会资本之间的交流、沟通、感情和信任,为进一步共享采购信息、深化共生关系奠定良好的基础。

3.4.5　环境适应功能

如同自然共生系统一样,装备基地级维修PPP采购共生系统面临的外部共生环境不会是一成不变的。随着我国社会主义市场经济改革的不断深入,市场在资源配置中逐渐起到决定性作用,维修资源流动更加自由、维修价格变化更加灵活、维修业务竞争更加激烈。在日益复杂多变的采购环境下,与传统的装备服务采购模式相比,装备基地级维修PPP采购共生系统之中,军队装备部门与社会资本能够通过PPP合作共同发挥各自的维修资源禀赋优势,在PPP咨询机构、采购代理机构等采购介体的助力下,携手共同应对外部共生环境变化带来的挑战,具有更强的环境适应能力和环境改造能力,能够更好地保持共生体与外部共生环境的动态平衡,实现共生体与外部采购环境之间的协同演化发展。

3.4.6 示范引路功能

长期以来,我军军队装备部门与社会资本,特别是与民营企业之间由于体制、机制和观念上的差异,彼此间缺乏沟通、相对孤立,二者之间无法进行装备基地级维修需求与装备基地级维修资源的有效对接。一方面造成装备基地级维修需求无法得到有效满足,主要体现为新型装备维修保障能力不足;另一方面造成装备基地级维修资源无法得到有效利用,主要体现为老旧装备维修保障能力过剩。近年来,部分军队装备部门选取典型装备进行了装备维修服务采购试点,使得军队装备部门与社会资本,特别是与民营企业之间的合作逐步加强,但是双方的联系还不够紧密,合作效益和效率还比较低。装备基地级维修PPP采购共生系统中,军队装备部门与社会资本之间通过互惠共生的PPP模式共同生产和提供装备基地级维修,既能有效缓解我军日益增长的装备基地级维修需求与相对落后的装备基地级维修能力之间的矛盾,又能有力促进军队装备部门与社会资本组织自身的发展。特别是通过建立起一套比较实用规范的管理体制、机制和法规,运营一批综合效益明显的装备基地级维修PPP采购项目,对于加强我军装备服务采购起到很好的示范引路作用。

3.5 装备基地级维修PPP采购共生系统状态

状态通常是指人或事物表现出来的形态,在科学技术中则是指物质系统所处的状况,可用一组物理量来表征。装备基地级维修PPP采购共生系统状态是指其共生系统所处的状况,具体而言,就是其共生系统之中军队装备部门与社会资本这对共生单元之间共生模式的具体组合和宏观体现。由于军队装备部门与社会资本之间的共生模式是复杂多变的,因此,装备基地级维修PPP采购共生系统状态也不是固定不变的,它随着共生单元和共生环境的性质及其内外相互关系的变化而变化。全面把握装备基地级维修PPP采购共生系统状态,对于从宏观和整体上认识装备基地级维修PPP采购共生系统具有重要意义。

3.5.1 共生模式

共生模式又称为共生关系,是指共生单元相互作用的方式和相互结合的程度,它既反映了共生单元之间的作用方式,也反映了共生单元之间的作用强度。既然装备基地级维修PPP采购共生系统状态是指军队装备部门与社会资本间的共生模式的具体组合和宏观体现,那么要分析其整体状态就必须首先分析其共生模式。按照共生理论,共生模式可以分为共生组织模式和共生行为模式,即可以从共生组织程度和共生行为方式两个维度来表征共生模式。

1. 共生组织模式

共生组织模式是指反映共生组织程度的模式。根据共生系统中形成的共生体存在的时间长短和空间大小不同,袁纯清把共生组织模式进一步细分为点共生模式、间歇共生模式、连续共生模式和一体化共生模式四种类型,并且从基本概念、示意图、共生界面特征、开放特征、分配特征、阻尼特征和共进化特征等方面分析和比较了其主要特征,具体情况见如表3-4。

表3-4 四种共生组织模式主要特征统计对照

	点共生模式	间歇共生模式	连续共生模式	一体化共生模式
基本概念	1. 在某一特定时刻共生单元具有一次相互作用; 2. 共生单元只有某一方面发生作用; 3. 具有不稳定性和随机性	1. 按某种时间间隔 t 共生单元之间具有多次相互作用; 2. 共生单元只在某一方面或少数方面发生作用; 3. 共生关系有不稳定性和随机性	1. 在一封闭时间区间内共生单元具有连续的相互作用; 2. 共生单元在多方面发生作用; 3. 共生关系比较稳定且具有必然性	1. 共生单元在一封闭时间区间内形成了具有独立性质和功能的共生体; 2. 共生单元存在全方位的相互作用; 3. 共生关系稳定且有内在必然性
示意图①	t_0时刻内　t_0时刻外	t_1　$t_1 \sim t_2$　t_2　$t_2 \sim t_3$	$t_0 \sim t_p$内　$t_0 \sim t_p$外	理论上无限时间内
共生界面特征	1. 共生界面生成具有随机性; 2. 共生介质单一; 3. 共生界面极不稳定; 4. 共生专一性水平低	1. 共生界面生成既有随机性也有必然性; 2. 共生介质较少,但包括多种介质; 3. 共生界面不稳定; 4. 共生专一性水平较低	1. 共生界面生成具有内在必然性和选择性; 2. 共生介质多样化且有互补性; 3. 共生界面比较稳定; 4. 均衡时共生专一性水平较高	1. 共生界面生成具有方向性和必然性; 2. 共生介质多元化且存在特征介质; 3. 共生界面稳定; 4. 均衡时共生专一性水平高
开放特征	1. 一般对比开放度远远大于1,即共生单元更依赖于环境; 2. 共生关系与环境不存在明显边界	1. 对比开放度在1左右,共生单元有时依赖环境,有时依赖共生关系; 2. 共生关系与环境存在某种不稳定的边界	1. 对比开放度大于0小于1,共生单元更多地依赖共生关系而不是环境; 2. 共生关系与环境存在某种较稳定但较不清晰的边界	1. 对比开放度远远小于1但大于0,共生单元主要依赖共生关系; 2. 对环境的开放表现为共生体整体的对外开放; 3. 共生体与环境存在稳定、清晰的边界

(续)

	点共生模式	间歇共生模式	连续共生模式	一体化共生模式
分配特征	1. 总体上看,分配特征取决于共生行为模式; 2. 任一共生单元的能量分配系数 K_{ei},不小于环境中同类共生单元的最小能量分配系数 K_{min},即 $K_{ei} \geq K_{min}$	1. 总体上看,分配特征取决于共生行为模式; 2. 任一共生单元的能量分配系数 K_{ei},不小于环境中同类共生单元的最小能量分配系数 K_{min} 与某一特征系数的积,即 $K_{ei} \geq (1+C_t)K_{min}$ ②	1. 总体上看,分配特征取决于共生行为模式; 2. 任一共生单元的能量分配系数 K_{ei},不小于环境中共生单元的最小能量分配系数 K_{min} 与某一特征系数的积,且满足共生稳定分配条件,即 $(1+\alpha_o)K_{eo} \geq K_{ei} \geq (1+C_{tp})K_{min}$ ③	1. 总体上看,分配特征取决于共生行为模式; 2. 任一共生单元的能量分配系数 K_{ei},不小于环境中共生单元的最小能量分配系数 K_{min} 与某一特征系数的积,且满足共生稳定分配条件,即 $(1+\alpha_o)K_{eo} \geq K_{ei} \geq (1+C_s)K_{min}$ ④
阻尼特征	1. 与环境交流的阻力和内部交流阻力较接近; 2. 共生界面阻尼作用最明显; 3. 分配关系一般不影响阻尼特征	1. 与环境交流阻力大,内部交流阻力较小; 2. 共生界面阻尼作用较明显; 3. 分配关系对阻尼特征影响较小	1. 与环境交流阻力大,而内部交流阻力小; 2. 共生界面阻尼作用较小; 3. 分配关系对阻尼特征影响较大	1. 与环境交流阻力大,而内部交流阻尼很小; 2. 共生界面阻尼作用最低; 3. 分配关系对阻尼特征影响最大
共进化特征	1. 事后分工; 2. 单方面交流; 3. 无主导共生界面; 4. 共进化作用不明显	1. 事后事中分工; 2. 少数方面交流; 3. 无主导共生界面; 4. 有较明显的共进化作用	1. 事中和事前分工; 2. 多方面交流; 3. 可能形成主导共生界面和支配介质; 4. 有较强的共进化作用	1. 事前分工为主,全线分工; 2. 全方位交流; 3. 具有稳定的主导共生界面和支配介质; 4. 有很强的共进化作用

① 图中白色的圆代表任一共生单元甲,灰色的圆代表任一共生单元乙;
② C_t 为间歇共生模式的能量转换系数;
③ C_{tp} 为连续共生模式的能量转换系数;
④ C_s 为一体化共生模式的能量转换系数

  装备基地级维修 PPP 采购共生系统中,军队装备部门和社会资本作为装备基地级维修的生产者和供给者,通过共同建设(运营)装备基地级维修 PPP 采购项目来生产和提供装备基地级维修。由于装备基地级维修 PPP 采购项目建设(运营)的契约性、长期性和动态性,决定了军队装备部门与社会资本之间的共生关系在一定时间和空间区间内是连续和稳定的。同时,从装备基地级维修 PPP 采购系统运营分析可得出,军队装备部门与社会资本之间要么是通过构建虚体组织——合作伙伴关系,要么是通过成立实体组织——项目公司来建设(运营)装备基地级维修 PPP 采购项目。基于上述四种基本共生组织模式,按照军队装备部门与社会资本之间合作组织的具体形式——虚体合作伙伴关系

第3章 装备基地级维修PPP采购共生系统

或者实体项目公司,可将装备基地级维修PPP采购共生系统的共生组织模式分为连续共生模式和一体化共生模式两种类型。

1) 连续共生模式

连续共生模式中,军队装备部门与社会资本这对共生单元之间是通过构建虚体组织——合作伙伴关系,来建设(运营)装备基地级维修PPP采购项目的。由于二者之间合作组织的虚拟性,使得此类装备基地级维修PPP采购共生系统共生组织模式具有以下四个方面的特征。

(1) 共生界面特征。一方面,在共生界面的生成上,连续共生模式中共生界面生成具有内在必然性和较强的选择性。连续共生模式的装备基地级维修PPP采购共生系统中,为使合作双方按照约定履行合作义务与权利,军队装备部门与社会资本之间的合作伙伴关系必然会以合同或协议等契约形式明确下来,这种契约形式恰恰正是这对共生单元之间的基本共生界面。同时,军队装备部门会选择符合装备采购管理要求的全军武器装备采购信息网等无形界面发布采购信息,并选择具备相应资质的采购代理机构等有形界面帮助军队装备部门遴选符合合作要求的社会资本,并与之订立合作契约。另一方面,在共生界面的介质上,连续共生模式中共生界面具有多重介质。连续共生模式的装备基地级维修PPP采购共生系统中,军队装备部门与社会资本之间的合作介质既有多种网络信息平台等无形介质,又有各种采购代理机构等有形介质,属于典型的多介质共生界面。而且网络信息平台等无形介质与采购代理机构等有形介质在采购功能上具有明显的互补性,大大提高了军队装备部门与社会资本之间物质、价值和信息交换的稳定性和时效性。

(2) 开放特征。连续共生模式的装备基地级维修PPP采购共生系统中,共生体内部军队装备部门与社会资本这对共生单元之间物质、价值和信息的交换,主要依赖于特有的共生介质——PPP合作契约,形成一种互利共赢的分工与合作关系。而共生体与共生环境之间物质、价值和信息的交换,则由于特定介质的缺乏而不可能达到与共生体内部相同的水平。

(3) 阻尼特征。通常来说,在连续共生模式中,共生阻力因共生界面的稳定性及其介质的多元性和内生性而比较小。连续共生模式的装备基地级维修PPP采购共生系统中,以PPP合作契约这一受法律保护的稳定的内生界面为主体的多介质共生界面,使得军队装备部门与社会资本这对共生单元之间,部分消除了采购的不确定性和长时间搜索合作对象的过程,从而保证物质、价值和信息的交流能够通过稳定的共生界面顺利进行。同时,采购介体的多元化,特别是由于网络信息平台、采购代理机构等介质的内生化,使得军队装备部门与社会资本之间物质、价值和信息的交换可以不依赖外部采购环境的路径和介质,而在共生体内部高效进行,大大减少了物质、价值和信息在传输过程中的损耗或失真。

(4) 共进化特征。共进化特征作为共生模式最重要的特征,是指共生系统中的共生单元之间的共同进化和协同发展。共进化是通过多重分工与合作来实现的,共进化程度往往取决于共生过程中分工与合作的方式和程度。由于共生单元之间共生关系在一定时间和空间区间内的连续性和稳定性,连续共生模式具有较强的共进化特征。连续共生模式的装备基地级维修 PPP 采购共生系统中,采购主体(军队装备部门与合作主体)-社会资本之间,通过事前制定的详尽的 PPP 合作契约和事中形成的多种协调沟通机制,形成了职责明确的分工与合作关系。根据 PPP 契约有效期限和合作范围,这种共生关系往往在时间上会持续一个周期,一般短则 3~5 年,长则可达数十年;在空间上会涵盖一定范围,一般小则涉及某装备修理车间,大则包括整个装备修理工厂。军队装备部门与社会资本按照 PPP 契约共同投入优势维修资源生产和提供装备基地级维修,既能够规避采购活动中的风险和不确定性因素,最大限度地内化交易成本,又能够同时发挥各自的维修资源禀赋优势,在实现"整体大于部分之和"的共生效应的同时,提高军队装备部门与社会资本各自的竞争力,还能够产生比军队装备部门或社会资本独立生产更多的共生能量,用于军队装备部门和社会资本提高能力或拓展规模。因此,连续共生模式的装备基地级维修 PPP 采购共生系统中,军队装备部门与社会资本之间具备较强的共进化特征。

2) 一体化共生模式

一体化共生模式也可称为组织共生模式或者共生体模式。这种共生组织模式与其他模式的根本区别在于共生单元之间形成了一种独特的共生界面,这种共生界面的最大特点是任意共生单元与共生环境的交流必须通过这一共生界面进行。一体化共生模式之中,军队装备部门与社会资本这对共生单元之间是通过成立实体组织—项目公司,来建设(运营)装备基地级维修 PPP 采购项目。二者之间合作组织的真实性,使得此类装备基地级维修 PPP 采购共生系统共生组织模式具有以下四个方面的特征。

(1) 共生界面特征。首先,在共生界面的生成上,一体化共生模式中共生界面生成具有内在的方向性和必然性。一体化共生模式的装备基地级维修 PPP 采购共生系统中,军队装备部门的共生动力是满足装备基地级维修需求,社会资本的共生动力是获得装备基地级维修效益,因此双方之间共生界面的形成必须以完成装备基地级维修任务或形成装备基地级维修能力这一共同目标为根本方向和必然选择。同时,军队装备部门与社会资本之间维修资源禀赋的优势耦合也是以这一共同目标为牵引的。其次,在共生界面的介质上,一体化

第3章 装备基地级维修 PPP 采购共生系统

共生模式中共生界面的构成介质具有更明显的多样性和互补性。一体化共生模式的装备基地级维修 PPP 采购共生系统中，除了具有连续共生模式中的包括无形介质、有形介质等在内的多介质共生界面之外，还形成了一种特有的介质——项目公司。与 PPP 合作契约相比，项目公司作为一种军队装备部门与社会资本之间内生的综合性介质，传输物质、价值和信息的稳定性和时效性要高得多。因此，一体化共生模式的共生介质和共生界面比连续共生模式具有更好的稳定性，同时也具有更强的选择性。再次，在共生界面的性质上，一体化共生模式中共生界面具有唯一性或主导性。或者说，一体化共生模式中，共生界面是共生体中所有共生单元在给定条件下的唯一共生界面或主导共生界面。一体化共生模式的装备基地级维修 PPP 采购共生系统之中，无论是共生体内部军队装备部门与社会资本这对共生单元间的交流，还是共生体及其共生单元与外部共生环境之间的交流，都能且只能通过项目公司进行，其他共生介质或者共生界面都必须服务和服从于项目公司。因此，项目公司作为一种特殊的内生综合性介质，在一体化共生模式中，已经成为装备基地级维修 PPP 采购共生系统的唯一共生界面或者主导共生界面。

（2）开放特征。一体化共生模式的装备基地级维修 PPP 采购共生系统中，不论是共生体内部军队装备部门与社会资本这对共生单元之间物质、价值和信息的交换，还是共生体与共生环境之间物质、价值和信息的交换，都只能通过项目公司这一科层组织进行，其内部相对固定的体制编制和运行机制使得物质、价值和信息传输的效率和效益要比 PPP 合作契约高得多，同时也使得装备基地级维修 PPP 采购共生体与外界共生环境之间具有明显的边界。因此，一体化共生模式比连续共生模式具有更好的开放特征，同时由于项目公司的内生性，装备基地级维修 PPP 采购共生体内部的开放度要远远大于共生体对外部环境的开放度。

（3）阻尼特征。首先，一体化共生模式的装备基地级维修 PPP 采购共生系统中，项目公司作为主导共生界面使得军队装备部门与社会资本这对共生单元有了共同的目标和方向——完成装备基地级维修任务或形成装备基地级维修能力，从而大大降低了共生对象（潜在共生单元）的搜寻和选择成本。其次，项目公司作为特有的共生介质使得军队装备部门与社会资本这对共生单元之间的内部交流具有较好的载体和稳定的边界，从而免受或少受外界环境因素的扰动和影响，减少了物质、价值和信息传输的损耗和失真。再次，项目公司作为军队装备部门与社会资本这对共生单元的内生组织，能够较好地按照投入成本和产出效益的比例分配共生能量，从而使能量分配系数更加接近理想共生状态。因此，一体化共生模式的装备基地级维修 PPP 采购共生系统中，共生阻尼明显较低。

（4）共进化特征。首先，科学分工促进了共生单元的共进化。一体化共生模式的装备基地级维修PPP采购共生系统中,项目公司是军队装备部门与社会资本内生化的科层组织,通过其科学分工和动态协调,既使共生体内部军队装备部门与社会资本维修资源禀赋优势耦合度达到了最大化,又使共生体能够更好地适应和利用共生环境的变化,最终使共生单元、共生体乃至共生系统产生更大的共生能量,也使共生单元、共生体及其共生系统实现共进化。其次,主导界面促进了共生单元的共进化。一体化共生模式的装备基地级维修PPP采购共生系统中,项目公司作为军队装备部门与社会资本内生的主导共生界面,其相对固定的体制编制和运行机制,既使共生过程中的物质、价值和能量的交流更有效率,又使共生体能够更好地应对环境的变化,确保物质、价值和能量的交流的稳定可靠,从而推动所有共生单元的共进化和同发展。最后,特征介质促进了共生单元的共进化。一体化共生模式的装备基地级维修PPP采购共生系统之中,项目公司是军队装备部门与社会资本内生化的特征共生介质,其作为装备基地级维修PPP采购项目的管理机构,在共生界面上具有支配作用。一方面它支配着军队装备部门与社会资本之间分工与合作的深度和广度,确定了二者之间物质、价值和能量的流向和流量;另一方面它支配着其他共生介质的地位和作用,能够协调和调动各种共生介质共同发挥作用,从而为共生单元的共进化提供了一条新的"绿色通道"。因此,一体化共生模式的装备基地级维修PPP采购共生系统具有最为明显的共进化特征。

2. 共生行为模式

共生行为模式是指反映共生行为方式的模式。根据共生系统中能量的分配方式和特征,袁纯清把共生行为模式进一步细分为寄生模式、偏利共生模式、非对称互惠共生模式和对称互惠共生模式四种类型,并且从基本概念、示意图、共生单元特征、共生能量特征以及共生作用特征等方面分析和比较了其主要特征,具体情况见表3-5。

表3-5 4种共生行为模式主要特征统计对照

	寄生模式	偏利共生模式	非对称互惠共生模式	对称互惠共生模式
基本概念	1. 寄生一般不产生新能量,而只改变寄主的能量分配; 2. 只存在单向的能量或物质流动,表现为从寄主流向寄生者	1. 偏利共生产生新能量,但这种新能量一般只向共生关系中的某一单元转移,或者说某一共生单元获得全部新能量; 2. 共生过程中存在双向物质、能量和信息交流	1. 非对称互惠共生以共生单元的分工为基础,产生新能量; 2. 所产生的新能量往往由于共生界面的作用而形成非对称性分配; 3. 共生过程中往往不仅存在双边交流机制,而且存在多边交流机制	1. 对称互惠共生以共生单元的分工与合作为基础,产生新能量; 2. 共生界面具有所有共生单元之间实现对称性分配的功能特性; 3. 共生过程中不仅存在频繁的双边交流机制,而且存在广泛的多边交流机制

第 3 章　装备基地级维修 PPP 采购共生系统

(续)

	寄生模式	偏利共生模式	非对称互惠共生模式	对称互惠共生模式
示意图①	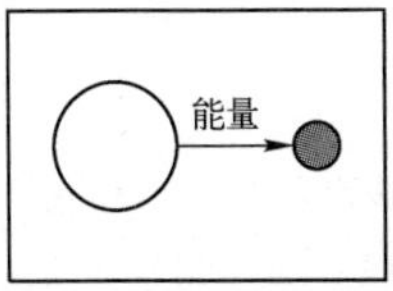 能量 →	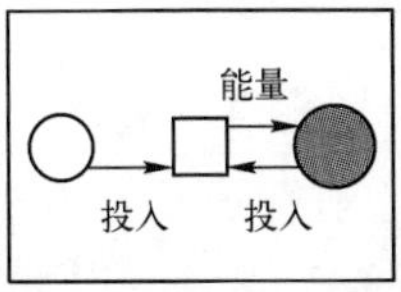 能量 → 投入　投入	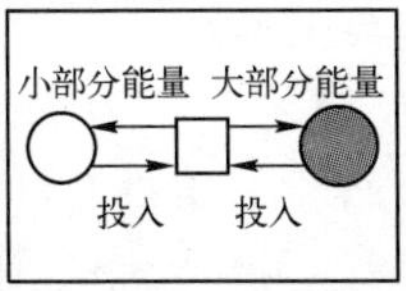 小部分能量　大部分能量 投入　投入	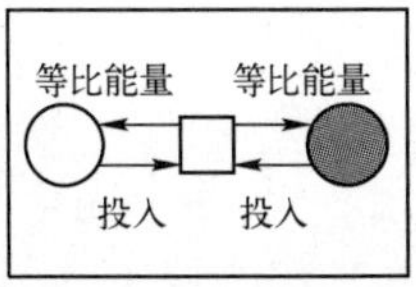 等比能量　等比能量 投入　投入
共生单元特征	1. 共生单元在形态上存在明显差异； 2. 同类单元亲近度要求高； 3. 异类单元只存在单向关联	1. 共生单元形态差异可以较大； 2. 同类单元亲近度要求高； 3. 异类共生单元存在双向关联	1. 共生单元形态差异较小； 2. 同类共生单元亲近度存在明显差异； 3. 异类共生单元之间存在双向关系	1. 共生单元形态差异不大； 2. 同类共生单元亲近度相同或相近； 3. 异类共生单元之间存在双向关联
共生能量特征	1. 不产生新能量； 2. 寄主向寄生者转移能量	1. 产生新能量； 2. 一方获得全部新能量，不存在新能量的广泛普遍分配	1. 产生新能量； 2. 存在新能量的广泛普遍分配； 3. 广泛普遍分配按非对称机制进行	1. 产生新能量； 2. 存在新能量的广泛普遍分配； 3. 广泛普遍分配按对称机制进行
共生作用特征	1. 寄生并不一定对寄主有害； 2. 存在寄主与寄生者的双边单向交流机制； 3. 有利于寄生者进化，而一般不利于寄主进化	1. 对一方有利而对另一方有害； 2. 存在双边双向交流； 3. 有利于获利方进化创新，对非获利方进化无补偿机制时不利于其进化	1. 存在广泛普遍的进化作用； 2. 不仅存在双边双向交流，而且存在多边多向交流； 3. 由于分配机制的不对称性，导致进化的非同步性	1. 存在广泛普遍的进化机制； 2. 既存在双边交流机制，又存在多边交流机制； 3. 共生单元进化具有同步性
① 图中白色的圆代表任一共生单元甲，灰色的圆代表任一共生单元乙				

　　此外，四种共生行为模式还具有共生增容特征和共生稳定特征。其中：寄生和偏利共生模式一般不具备共生增容特征；非对称互惠共生模式具有较强的共生增容特征；对称互惠共生模式具有很强的共生增容特征。寄生模式的稳定性最差；偏利共生模式的稳定性较差；非对称互惠共生模式的稳定性较强；对称互惠共生模式的稳定性最强。

　　装备基地级维修 PPP 采购共生系统中，军队装备部门和社会资本作为装备基地级维修的生产者和供给者，通过共同建设(运营)装备基地级维修 PPP 采购项目来获取装备基地级维修效益。作为一种典型的军事经济复合共生系统，装备基地级维修 PPP 采购共生系统必须以产生维修效益——共生能量为前提，没有维修效益共生系统就没有存在的必要。同时，从共生稳定分配条件可知，要确保军队装备部门与社会资本之间共生关系的稳定性，共生能量(维修效益)必须在二者之间均衡或近似均衡分配。因此，基于袁纯清划分的四种基本共生行为模式，按照维修效益在军队装备部门与社会资本之间分配方式和比例的不同,可将装备基地级维修 PPP 采购共生系统的共生行为模式分为非对称互惠共生模式和对称互惠共生模式两种类型。

1) 非对称互惠共生模式

非对称互惠共生模式中,共生能量在军队装备部门与社会资本这对共生单元之间,并未完全按照共生能量与共生消耗成正比的原则进行分配,此类装备基地级维修 PPP 采购共生系统共生行为模式具有以下特征。

(1) 共生单元特征。非对称互惠共生模式的装备基地级维修 PPP 采购共生系统中,军队装备部门与社会资本之间维修资源禀赋的优势互补耦合,实质上体现了这对共生单元之间的质参量兼容本质。同时,作为典型的异类共生单元,二者的共生关系也正是基于维修资源禀赋的优势互补耦合这一特殊关联度而形成的。

(2) 共生能量特征。非对称互惠共生模式的装备基地级维修 PPP 采购共生系统中,军队装备部门与社会资本通过 PPP 模式合作生产和提供装备基地级维修,能产生比双方独自生产和提供装备基地级维修更高的效益,这种合作生产产生的净收益与独自生产产生的净收益之差就是共生能量,共生能量的大小除了受到共生单元自身维修资源禀赋等基本特征影响外,主要取决于共生界面的性质和功能,采购介体传输物质、价值和信息的速度快、效率高、损耗低,产生的共生能量就大,反之则小。

(3) 共生作用特征。非对称互惠共生模式中:一方面,分工与合作的发展使得共生单元之间不仅存在双边作用机制,而且存在多边作用机制。非对称互惠共生模式的装备基地级维修 PPP 采购共生系统中,军队装备部门与社会资本通过 PPP 模式分工合作共同生产和提供装备基地级维修,正是这种 PPP 模式不仅使军队装备部门与社会资本这对共生单元之间建立了双边作用机制,还使二者与采购介体、采购环境等要素及其之间建立了多边作用机制,从而大大提高了共生系统的共生效率和共生范围。另一方面,共生能量的非对称性分配使不同共生单元的能量积累产生差异,从而导致共生单元进化的差异性。非对称互惠共生模式的装备基地级维修 PPP 采购共生系统中,共生能量(维修效益)的非对称性分配,使得军队装备部门与社会资本在共进化过程中得到的"养分"多少不同,得到维修效益多的一方就会比得到维修效益少的一方发展得更好、更快。这种"不公正"的情形持续的时间越长,共生系统的稳定性越差,最终将会解体。

(4) 共生稳定特征。非对称互惠共生模式的装备基地级维修 PPP 采购共生系统中,其稳定性取决于两个因素:非对称分配的程度和范围以及共生界面的性质和功能。具体而言,装备基地级维修 PPP 采购共生系统的稳

第3章 装备基地级维修 PPP 采购共生系统

定性与共生能量的非对称分配的程度和范围成反比;与采购介体的性质和功能成正比。换句话说:共生系统中维修效益的非对称性分配的程度越低、范围越小,其稳定性越好;共生系统中采购介体的性质越稳定、功能越全,其稳定性越好。

2) 对称互惠共生模式

对称互惠共生模式是装备基地级维修 PPP 采购共生系统的最佳行为模式,而且是最有效率、最有共生力以及最稳定的共生形态,是装备基地级维修 PPP 采购共生系统的发展目标和理想状态。对称互惠共生模式中,共生能量在军队装备部门与社会资本这对共生单元之间,完全按照共生能量与共生消耗成正比的原则进行分配,此类装备基地级维修 PPP 采购共生系统共生行为模式具有以下特征。

(1) 共生单元特征。与非对称互惠共生模式的装备基地级维修 PPP 采购共生系统的共生单元特征一样,对称互惠共生模式的装备基地级维修 PPP 采购共生系统中,军队装备部门与社会资本作为共生单元具有质参量兼容的特征,而且作为异类共生单元,二者之间基于维修资源禀赋的优势互补耦合存在较高的关联度。

(2) 共生能量特征。在非对称互惠共生模式的装备基地级维修 PPP 采购共生系统的基础上,对称互惠共生模式的装备基地级维修 PPP 采购共生系统不仅能够通过 PPP 模式产生共生能量,而且能够做到共生能量广泛普遍的对称性分配,大大激发了共生单元的共生热情和共生动力,使军队装备部门与社会资本之间的维修资源禀赋优势耦合度达到了峰值,实现了最高的共生效率和最低的共生消耗,从而能够产生最大的共生能量。同时,共生能量的产生与分配已不取决于单个共生单元的作用,而是取决于由共生界面所规定的共生单元之间的整体作用。

(3) 共生作用特征。与非对称互惠共生模式的装备基地级维修 PPP 采购共生系统相比,对称互惠共生模式的装备基地级维修 PPP 采购共生系统中,军队装备部门与社会资本这对共生单元与采购介体、采购环境等要素及其之间的多边作用机制的效率更高,采购介体的种类更多、稳定性更好,共生过程中产生的共生能量更多。同时,共生能量广泛普遍的对称性分配,使得军队装备部门与社会资本能够做到共进化、同发展。

(4) 共生稳定特征。对称互惠共生模式的装备基地级维修 PPP 采购共生系统中,共生能量对称性分配机制使各种共生要素都处于理想的共生状态之中,实现了物质、价值和信息生产和交换的最高效率。因此,对称互惠共生模式的装备基地级维修 PPP 采购共生系统具有最佳的稳定性。

3.5.2 共生状态

1. 共生类型

如图 3-9 所示,根据共生理论,从不同的视角可以将共生系统分为不同的类型。按照共生系统的自然属性,可将其分为自然共生系统和社会共生系统。自然共生系统是指自然界生成的共生系统,这类共生系统随着时空变化按共生规律自然演化。它主要包括动物、植物、真菌、原核生物和原生生物内部及其相互之间形成的共生系统。社会共生系统是指人类社会通过人的劳动与创造所生成的共生系统,这类共生系统往往是在人类依据客观共生规律的主观调控下向预定方向发展。它主要包括政治共生系统、经济共生系统、军事共生系统、科技共生系统和文化共生系统等;按照共生系统中共生单元之间的关系,可以将其分为竞争型共生系统、互补型共生系统和供需型共生系统。竞争型共生系统中共生单元之间是一种通过合理竞争获得共同发展的相互作用关系,现代经济中垄断竞争所构成的经济系统就是竞争型共生系统。互补型共生系统中共生单元之间的功能具有互补性,这种共生系统往往易于采用一体化共生模式。供需型共生系统往往是因物质、能量或信息的供需关系所形成的共生系统。按照共生系统的数理性质,可将其分为线性共生系统和非线性共生系统。线性共生系统中共生单元的质参量与质参量、质参量与象参量之间的关系呈线性关系,这类共生系统比较简单。非线性共生系统中变量之间的关系呈非线性特征,这类共生系统往往既有随机性,又有确定性,是比较复杂的共生系统。

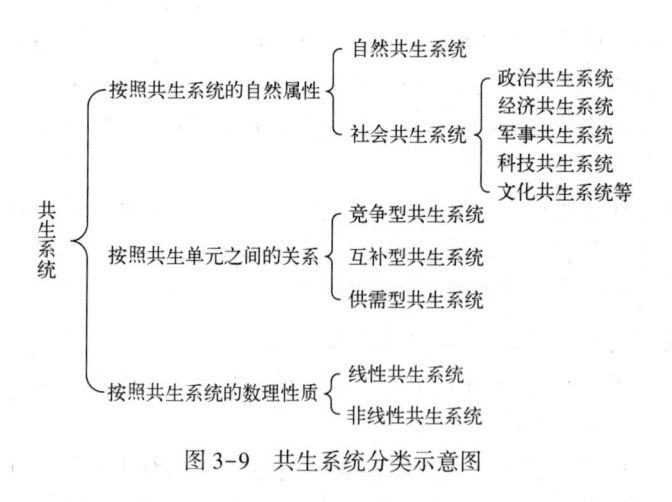

图 3-9 共生系统分类示意图

对共生关系的考察角度不同,共生系统分类的标准或方法也不尽相同。现实生活中的共生系统,尤其是人类社会中的共生系统,往往是以上基本类型的综合体,呈现出多类型共生系统的复合性特征。因此,想要认识和鉴别某一个特定的共生系统,尤其是人类社会中的共生系统,往往需要从不同视角或侧面同时对其所属类型进行多维综合分析,才能全面把握其类型特征。具体到装备基地级维修 PPP 采购共生系统,它就是一个典型的综合性共生系统。依据上述分类标准,首先,它是社会共生系统中的军事经济复合共生系统。人们设计、构建装备基地级维修 PPP 采购共生系统的根本目的就是实现其军事、经济效益。其次,它是一种竞争型、互补型和供需型复合的共生系统。共生系统运营初期,在从共生对象(潜在共生单元)中遴选共生单元的过程中,军队装备部门与社会资本为了维护各自核心利益,二者之间主要存在着一种竞争合作关系;共生系统运营中期,在装备基地级维修 PPP 采购项目建设的过程中,军队装备部门与社会资本为了共同的目标,二者之间主要存在着一种互补耦合关系;共生系统运营后期,在装备基地级维修 PPP 采购项目运营的过程中,二者之间主要存在着一种买卖供需关系。再次,装备基地级维修 PPP 采购共生系统是一个线性与非线性复合的共生系统。这主要是由于军队装备部门与社会资本这对共生单元之间的质参量、象参量及其相互之间的关系,有的遵循线性规律,而有的却遵循非线性的规律。

2. 共生状态

上述分析表明:共生组织模式分析侧重于系统揭示共生单元之间、共生单元与共生界面之间、共生体与共生环境之间的动态关系;共生行为模式研究则主要反映共生单元之间或共生体内部的相互作用。任何共生系统的状态都是其共生组织模式和共生行为模式的有机组合。因此,识别任何共生系统的状态,都应该首先识别其共生组织模式,其次识别其共生行为模式,共生组织模式的识别能够把握共生系统的宏观总体性质,共生行为模式的识别可以理解共生系统的微观作用机制。

通过共生组织模式和共生行为模式的有机组合,可以得到装备基地级维修 PPP 采购共生系统的四种基本状态,具体情况如表3-6所列。为了简便起见,用向量 $S(O,H)$ 代表装备基地级维修 PPP 采购共生系统的状态向量,其中 O 代表共生组织模式向量,H 代表共生行为模式向量。

从表3-6可以看出,装备基地级维修 PPP 采购共生系统的状态进化有两个基本方向:一个基本方向是共生组织模式 O 的进化,共生体的稳定性增强,称之为一体化共生进化;另一个基本方向是共生行为模式 H 的进化,共生能量分配的对称性提高,称之为对称互惠共生进化。共生理论把二者分别称为 O 相变和 H 相变,把二者的同时变化称为混合相变。

表 3-6　装备基地级维修 PPP 采购共生系统四种基本状态

共生模式		共生组织模式 O	
		连续共生模式 O_1	一体化共生模式 O_2
共生行为模式 H	非对称互惠共生模式 H_1	$S_{11}(O_1,H_1)$	$S_{21}(O_2,H_1)$
	对称互惠共生模式 H_2	$S_{12}(O_1,H_2)$	$S_{22}(O_2,H_2)$

共生组织模式 O 进化 →

共生行为模式 H 进化 ↓

在此基础上,构建了如图 3-10 所示的装备基地级维修 PPP 采购共生系统"双轮驱动"进化概念模型。"双轮驱动"即指一体化共生进化和对称互惠共生进化,对称互惠共生进化侧重于微观关系的进化,而一体化共生进化则更关注整体结构的进化。需要强调的是,这两种进化不是相互割裂、各自为战的,而是相互协同、联合作战的,共同驱动装备基地级维修 PPP 采购共生系统的进化发展。

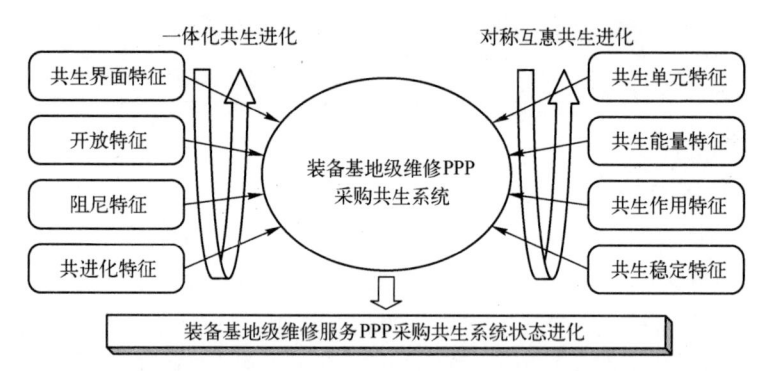

图 3-10　装备基地级维修 PPP 采购共生系统"双轮驱动"进化概念模型

3. 运营方式与共生状态对应关系

装备基地级维修 PPP 采购共生系统运营方式可以分为 3 类 6 型 16 种。由于具体运营方式的针对性、多样性和动态性,无法也不必对其一一进行详尽分析。因此,下面根据不同运营方式的根本性特征,主要对模块式外包型、整体式外包型、转让-经营-转让型、合资型、建设-拥有-转让型和适当社会化型 6 种基本类型运营方式所属的共生状态进行深入讨论。

依据共生理论关于共生组织模式和共生行为模式的划分标准,按照装备基地级维修 PPP 采购共生系统共生组织模式和共生行为模式基本类型及其主要特征,可把 6 种基本类型运营方式的共生状态分为 4 类:

(1) $S_{11}(O_1,H_1)$ 类,主要包括模块式外包型、整体式外包型和适当社会化型 3 种基本类型,主要特征是:军队装备部门与社会资本之间通常是通过构建虚体组织——合作伙伴关系,运营装备基地级维修 PPP 采购项目;并且共生能量在军队装备部门与社会资本之间,往往并未完全按照共生能量与共生消耗成正比的原则进行分配。

(2) $S_{12}(O_1,H_2)$ 类,主要包括转让-经营-转让型,其特征是:军队装备部门与社会资本之间通常是通过构建虚体组织,运营装备基地级维修 PPP 采购项目;并且共生能量在军队装备部门与社会资本之间,往往近似按照共生能量与共生消耗成正比的原则进行分配。

(3) $S_{21}(O_2,H_1)$ 类,主要包括建设-拥有-转让型,主要特征是:军队装备部门与社会资本之间通常是通过成立实体组织——项目公司(SPV),来建设(运营)装备基地级维修 PPP 采购项目;并且共生能量在军队装备部门与社会资本之间,往往并未完全按照共生能量与共生消耗成正比的原则进行分配。

(4) $S_{22}(O_2,H_2)$ 类,主要包括合资型,主要特征是:军队装备部门与社会资本之间通常是通过成立实体组织,建设(运营)装备基地级维修 PPP 采购项目;并且共生能量在军队装备部门与社会资本之间,往往近似地按照共生能量与共生消耗成正比的原则进行分配。

上述装备基地级维修 PPP 采购共生系统运营方式与共生状态之间的一般性对应关系如图 3-11 所示。

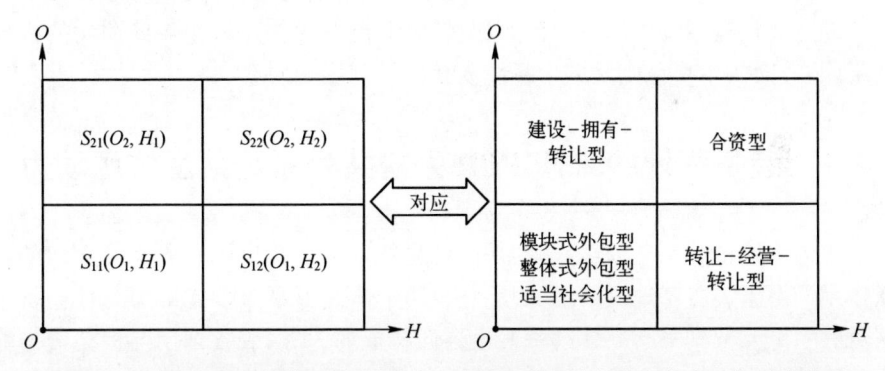

图 3-11 装备基地级维修 PPP 采购共生系统运营方式与共生状态一般对应关系

第4章　装备基地级维修 PPP采购共生系统动力因素

动力因素是装备基地级维修PPP采购共生系统动力机制的基本要素,要把握其动力机理,进而设计其动力路径,理应首先研究装备基地级维修PPP采购共生系统演化的动力因素。德国心理学家库尔特·勒温研究了社会行为的一般规律,认为个体行为取决于个人及其所处的环境,可用公式$B=f(P,E)$来表示,其中B表示行为,P表示行为主体变量,E则代表环境因素,f为任一函数。该式表明,社会行为的产生主要是由内部主体因素和外部环境因素及其相互影响、相互作用的结果。装备基地级维修PPP采购共生系统作为一个典型的军事经济复合共生系统也不例外,其演化不但受到内部共生体构成要素的影响,而且受到外部共生环境构成要素的影响。同时,系统科学也认为系统整体所显示的一切动力学性质首先来自系统内部元素之间的动力学作用,其次来自环境本身的动态变化与系统的动力学相互作用。因此,共生体是共生系统演化的内部决定因素,而共生环境则是共生系统演化的外部影响因素。

4.1　装备基地级维修PPP采购共生系统共生体源动力

源动力是指装备基地级维修PPP采购共生系统共生体构成要素之间的相互作用。由于装备基地级维修PPP采购共生体是由军队装备部门与社会资本这对共生单元及其采购介体这一共生界面构成的,军队装备部门与社会资本作为共生单元是构成共生系统的基本物质条件,采购介体作为共生界面是军队装备部门与社会资本之间相互作用的媒介。因此,把源动力进一步分为两个部分:一部分是共生单元产生的动力,称之为主动力;另一部分是共生界面产生的动力,称之为助动力。

4.1.1　共生单元主动力

主动力是指共生单元,即军队装备部门与社会资本共同参与装备基地级维修PPP采购的动力。其中:军队装备部门产生的主动力称为主拉力,总体表现为其通过PPP模式采购装备基地级维修的需求动机;社会资本产生的主动力称

第4章　装备基地级维修 PPP 采购共生系统动力因素

为主推力,总体表现为其通过 PPP 模式供给装备基地级维修的获利动机。

1. 军队装备部门主拉力

主拉力是指军队装备部门参与装备基地级维修 PPP 采购的主动力。军队装备部门作为采购主体,通常是装备基地级维修 PPP 采购项目的发起方和主导方,主要承担项目规划、管理以及监督等职能。因此,作为采购主体的军队装备部门对装备基地级维修 PPP 采购的拉力是整个装备基地级维修 PPP 采购共生系统的核心动力之一。根据我军现行体制编制和管理机制,军队装备部门主要包括军委装备发展部和各军兵种装备部 2 级装备部门。如图 4-1 所示,下面分别从军委装备发展部和各军兵种装备部的视角,剖析它们参与装备基地级维修 PPP 采购的动力,以深入分析装备基地级维修 PPP 采购共生系统的主拉力因素。

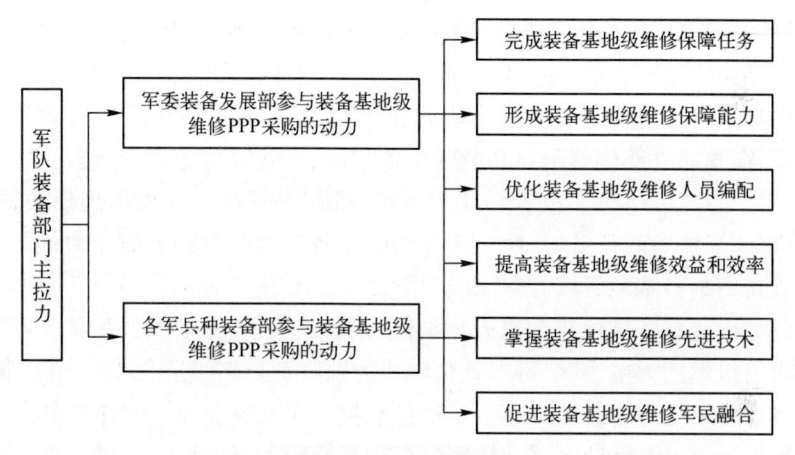

图 4-1　装备基地级维修 PPP 采购共生系统主拉力因素示意图

1) 军委装备发展部参与装备基地级维修 PPP 采购的动力

(1) 完成装备基地级维修保障任务。军委装备发展部作为军队中负责装备工作的军委机关办事部门,完成装备基地级维修保障任务是其核心职能之一。但装备维修资源的专用性、稀缺性与装备维修需求的波动性、增长性之间的"剪刀差",使日益增长的装备基地级维修需求与相对有限的装备基地级维修资源之间的矛盾成为装备维修保障工作中一对难以调和的矛盾,其外在的表现就是我军逐渐显现的日益增长的装备维修需求与相对落后的装备维修能力之间的矛盾。通过 PPP 模式装备基地级维修,能够发挥装备基地级维修 PPP 采购共生系统的资源整合功能,打破军队自身有限维修资源的限制,有机耦合军队装备部门与社会资本之间的装备维修资源禀赋优势,在全社会范围内通过市场机制高效调配军队装备部门与社会资本各自拥有的优质资源,从而以更大的规模和更高的效益来生产和提供装备基地级维修,更好地满足平时"波谷式"和战时"波峰式"装备基地级维修需求,有效缓解日益增长的装备基地级维修需求与相对有限的装备基地级维修资源之间的矛盾,按时保质保量完成装备基地级维修保障任务。

(2) 形成装备基地级维修保障能力。装备基地级维修保障能力建设的过程中,新型装备的基地级维修能力形成难一直是令中外军队头痛的"老大难"问题。究其原因,主要是因为绝大部分武器装备都是由地方企业、事业单位研制或者生产的,在新型装备列装的同时虽然对部队人员进行了必要的操作使用和维护保养培训,但由于思想意识不够到位、法规制度不够健全、激励机制相对欠缺以及国防专利技术转移不力等原因,绝大部分装备科研、生产等资源还"滞留"在原研制、生产单位,未能及时迅速衍生出或者转化成管理、维修等资源。通过 PPP 模式装备基地级维修,能发挥装备基地级维修 PPP 采购共生系统的资源整合功能。一方面,在军队内部能够有计划地将老旧装备冗余或者新老装备通用维修资源向新型装备维修能力建设配置,避免重复建设和资源浪费;另一方面,在军队外部能够引导和激励装备承研、承制单位主动、迅速将新型装备科研、生产等资源衍生出或者转化为管理、维修等资源。在发挥规模效益的同时,发挥明显的时间效益,从而在保持老旧装备基地级维修保障能力的同时,加速形成新型装备基地级维修保障能力。

(3) 优化装备基地级维修人员编配。目前,我军装备基地级维修采取"军队机构内包模式为主、社会资本外包模式为辅"的采购策略,军队往往是事无巨细、大包大揽,承担了许多本不该承担也承担不了的装备基地级维修任务,在一定程度上造成了军队装备基地级维修机构规模臃肿、结构失衡、效率效益低下。目前我军正在进行体制编制调整改革,通过 PPP 模式装备基地级维修,能够发挥装备基地级维修 PPP 采购共生系统资源整合功能,打破军民之间装备维修资源配置界限,把大量准经营性装备基地级非核心维修采取外包、特许经营或者适当私有化的方式交给社会资本来承担。军队只需集中有限的装备维修资源,保持满足装备基地级维修保障需求的最重要、最基本、最低限度的必须保持的核心维修能力,从而实现由"养人"向"养事"转变,着力构建与武器装备科研生产体系高效衔接、深度融合的"小核心、大协作、专业化、开放型"的装备基地级维修作业体系,在整个军队员额和保障力量编制规模不变甚至相对缩减的情况下,切实把人力资源向"能打仗、打胜仗"聚焦,最大限度地优化装备基地级维修员额的整体规模结构和具体编配比例。

(4) 提高装备基地级维修效益和效率。装备基地级维修设施、设备以及人员等维修资源专用性强、投资规模大、建设周期长,并且装备基地级维修需求具

第4章　装备基地级维修PPP采购共生系统动力因素

有明显的波动性及其衍生的采购不确定性，军队装备部门为保证完成战时装备基地级维修保障任务，必须投入大量的人力、物力和财力，保有超过和平时期需求的相当比例的装备基地级核心维修能力。通过PPP模式装备基地级维修，能够发挥装备基地级维修PPP采购共生系统风险降低功能。一方面在确保装备基地级核心维修能力不受"侵害"的前提下，既能通过竞争打破贸易壁垒，降低装备维修交易成本、提高装备维修服务采购透明度，防止腐败滋生，又能通过合作引入社会资本的资金、技术以及管理等优质资源，提升装备维修劳动生产率，降低装备维修生产成本、提高装备维修质量或两者兼备。另一方面，既能通过"民参军"突破军队自身有限的资源限制，引入优势社会资本分担一般性武器装备维修能力建设风险和压力，使军队集中优质资源抓好装备核心维修能力建设，又能通过"军参民"充分利用军队平时"闲置"的装备基地级维修设施、设备和人员等维修资源，减少分摊成本，维持人员技能，使其时刻保持良好的战备状态。以美军为例，截至2006财年，共有256个装备基地级维修PPP采购项目为建制装备基地级维修机构新增工时3450万个，其中209个项目有助于保持装备基地级核心维修能力。可见，PPP采购有效提高了装备基地级维修的效益和效率，使有限的装备维修资源用在了关键环节。

（5）掌握装备基地级维修先进技术。科学技术是第一生产力在装备基地级维修中体现得尤为突出。当前，我军武器装备更新换代步伐加快，装备机械化和信息化水平大幅提升，装备构造日益复杂、技术越发先进、系统更加庞大，通常集机、液、声、光、电、磁等多种先进技术于一体，自动化、集成化、智能化程度高，对装备进行维修特别是基地级维修必须掌握必要的科学技术，否则就只能"望装兴叹"、无从下手。然而，由于法规制度缺失、激励机制欠缺以及知识产权保护不力等原因，对先进技术的引进和掌握已经成为制约军队装备基地级维修保障任务完成和能力形成的"瓶颈"。通过PPP模式装备基地级维修，能发挥装备基地级维修PPP采购共生系统的技术吸聚功能。一方面通过竞争方式吸引地方优势技术力量参与装备基地级维修，并通过经济手段激励其不断投入更多资源进行维修技术创新，引进地方先进技术弥补军队自身技术力量不足；另一方面通过合作方式聚合军队装备部门与社会资本各自特有的技术优势，激励双方搁置知识产权争议，联合开展成果转化、集智攻关和技术创新，发挥专业技术"长板效应"，共享装备基地级维修先进技术。

（6）促进装备基地级维修军民协同发展。传统的"军队机构内包模式为主、社会资本外包模式为辅"的采购策略下，前者主要是从军队建制装备维修机构装备基地级维修，其实质是计划经济体制下的自我保障模式，后者主要是从社会装备维修企业、事业单位装备基地级维修，其实质是市场经济体制下的市场采购模式。无论是前者还是后者,都人为地将军队和地方两个市场"割裂"开来,形成了军民二元分离的历史格局。通过 PPP 模式装备基地级维修,能发挥装备基地级维修 PPP 采购共生系统的信息共享、环境适应和示范引路功能,打破军民二元分离的历史格局,按照资源共享、优势互补、风险共担的原则,在促进竞争的基础上,进一步深化融合,通过军队装备部门与社会资本的合作在全社会范围内实现维修资源全面整合、优化组合和效能聚合,发挥资源禀赋优势、降低交易成本,实现规模经济和范围经济,以更小的资源投入取得更大的装备基地级维修效益。军队从中主要获得军事效益,而社会资本从中主要获得经济效益,合作产生的社会效益由社会全体成员共享,从而全面促进装备基地级维修军民深度融合。

2) 各军兵种装备部参与装备基地级维修 PPP 采购的动力

因为各军兵种装备部与军委装备发展部在单位性质、组织结构、管理能力以及运行机制等方面基本相同,不同的只是二者所管理的范围和对象,所以各军兵种装备部参与装备基地级维修 PPP 采购的动力,与军委装备发展部也基本相同,在此不再赘述。

2. 社会资本主推力

主推力是指社会资本参与装备基地级维修 PPP 采购的主动力。社会资本作为合作主体,通常是装备基地级维修 PPP 采购项目的运营方和建设方,主要承担项目设计、建设和运营等职能。因此,作为合作主体的社会资本对装备基地级维修 PPP 采购的推力是整个装备基地级维修 PPP 采购共生系统的另一个核心动力。在当前我国社会主义市场经济体制下,社会资本囊括了除个体企业和外资企业之外的各种所有制性质的企业、事业单位,将其归纳为军队装备修理工厂、军工集团、地方军工及民口配套单位、优势民营企业等,如图 4-2 所示。由于它们在单位性质、组织结构、管理能力和运行机制等多方面存在较大差别,决定了其参与装备基地级维修 PPP 采购的主动力也存在较大差异。

1) 军队装备修理工厂参与装备基地级维修 PPP 采购的动力

根据原解放军四总部颁布实施的《军队装备保障性企业管理规定》,军队装备修理工厂是国家投资、军队管理、为军队建设服务的国有企业。可见,军队装备修理工厂除了具备一般国有军工企业的基本特征之外,还是一支"没穿军装"的军队装备保障力量。军队为保持和形成装备基地级核心维修能力,建设和保留了一大批装备修理工厂,它们是我军现行体制编制下履行装备基地级维修任务的主力军,承担了绝大部分现役武器装备的基地级维修保障服务。鉴于其"半军半商、亦兵亦民"的双重属性,军队装备修理工厂在装备基地级维修 PPP 采购项目中,通常是作为军队装备部门授权实体履行设计、出资、建设或运营等

第4章 装备基地级维修PPP采购共生系统动力因素

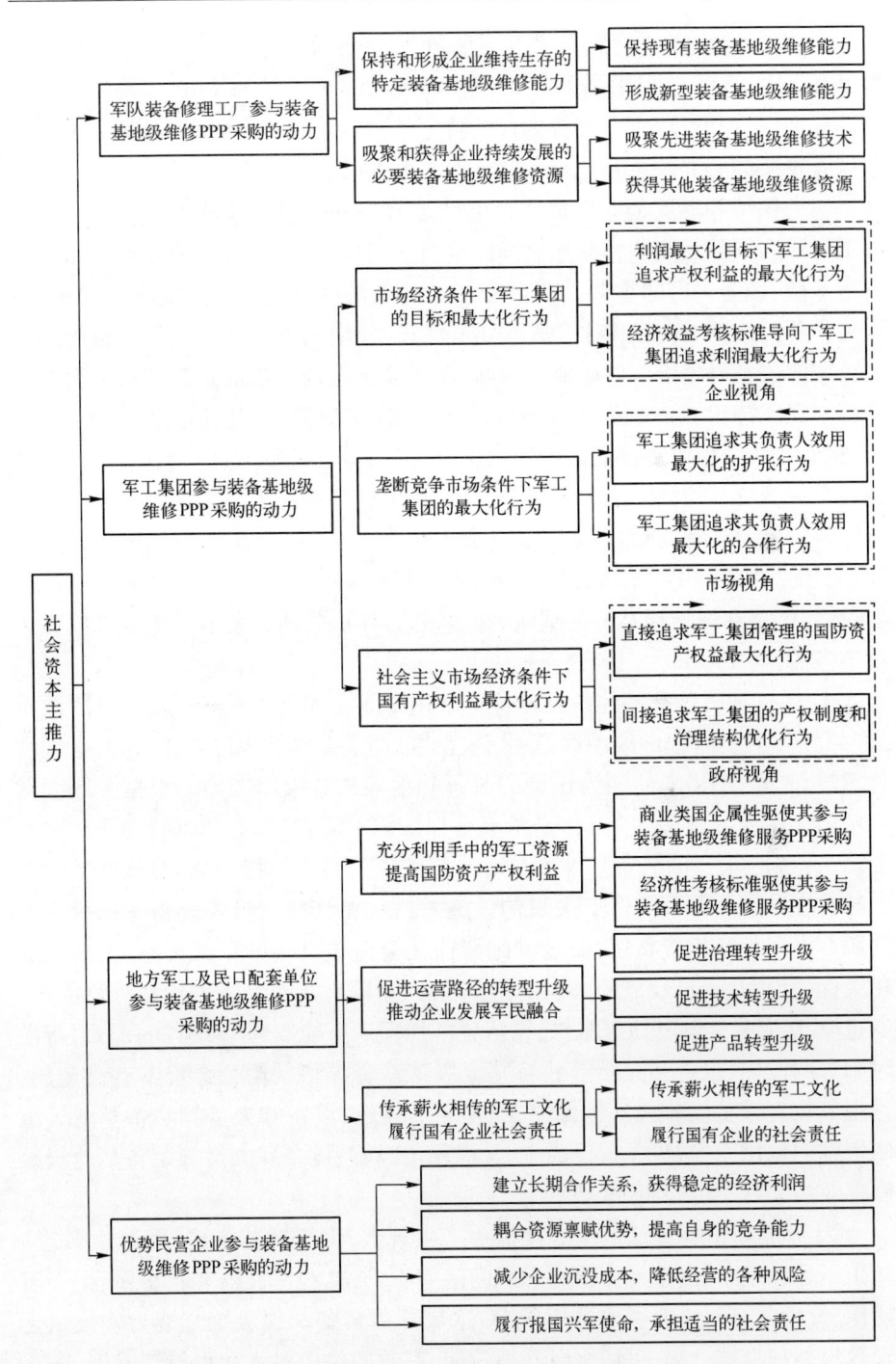

图4-2 装备基地级维修PPP采购共生系统主推力因素示意图

具体职能。然而,无论是作为甲方下属单位,还是作为乙方参与装备基地级维修PPP采购项目,军队装备修理工厂参与装备基地级维修PPP采购的动力主要体现在保持和形成企业维持生存的特定装备基地级维修能力、吸聚和获得企业持续发展的必要装备基地级维修资源两个方面。

(1) 保持和形成企业维持生存的特定装备基地级维修能力。军队装备修理工厂作为军队建制装备基地级维修机构,是我军装备维修保障作业体系当中最为基础、最为关键的重要组成部分。为了满足战时装备基地级维修需求,军队装备部门按照"专业+装备"基本分工模式,分别赋予了各个军队装备修理工厂特定的装备基地级维修职能。因此,军队装备修理工厂的首要使命和根本职能就是完成特定的装备基地级维修任务。然而随着装备及其维修需求的变化和波动,装备基地级维修能力的建设也不是一劳永逸,更不是一蹴而就的,必然会随着装备更新换代而逐步拓展。当前,我军装备基地级维修能力主要存在着老旧装备能力过剩、新型装备能力不足的问题。因此,军队装备修理工厂通过装备基地级维修PPP采购,保持和形成企业维持生存的特定装备基地级维修能力,具体体现在保持现有装备基地级维修能力和形成新型装备基地级维修能力两个方面。

① 保持现有装备基地级维修能力。由于装备基地级维修需求平时"波谷式"与战时"波峰式"的波动性,军队为完成战时装备维修保障任务,平时必须维持超过和平时期需求的相当比例的装备基地级核心维修能力。根据美军同时应对两大主要区域军事斗争准备的装备保障需求测算,其需要维持超出和平时期需求40%~45%的装备基地级核心维修能力。同样,对我军亦是如此。这就意味着军队装备修理工厂有大量的设施、设备,尤其是人员等装备基地级维修资源在平时处于闲置状态,而这种闲置往往会造成设施的年久失修、设备的老化失保,特别是人员技能的大幅退化,从而严重降低现有装备基地级维修能力。通过PPP模式装备基地级维修,军队装备修理工厂能以"军参民"的形式,将平时闲置的设施、设备和人员等装备基地级维修资源租赁给社会资本有偿使用,并由其负责维护保养和日常保障,既提高了设施、设备和人员等装备基地级维修资源的利用率,减少了沉没成本,又确保了设施、设备和人员等装备基地级维修资源的完好率,提高了战备水平。

② 形成新型装备基地级维修能力。主观上,由于对装备建设"冰山效应"认识不足和全系统、全寿命指导思想的落实不到位,我军武器装备科研、生产与使用、管理尤其是维修保障严重脱节,造成新型装备基地级维修能力建设缺乏宏观规划和具体计划,进而难以获得长期、有效的经费投入和可持续发展;客观上,维修人员的培训、设备的开发、器材的生产、工艺的编制、设施的建设等都需

第4章 装备基地级维修PPP采购共生系统动力因素

要一定的周期和时间,使装备基地级维修能力的形成具有一定周期性和滞后性。因此,我军装备修理工厂对国产新型和引进装备的修理能力特别是基地级维修能力建设相对滞后。通过PPP模式装备基地级维修,社会资本能以"民参军"的形式,尤其是新型装备科研、生产单位能将其具备的优势维修资源以特许经营等方式投入装备修理工厂,合作进行新型装备基地级维修能力建设,待到特许期满后再将装备基地级维修PPP项目移交给军队装备修理工厂,既耦合发挥了双方的优势维修资源的规模效益,又取得了难以估量的时间效益,从而在不增加军队(政府)投入的现有条件下,加快形成新型装备基地级维修能力。

(2) 吸聚和获得企业持续发展的必要装备基地级维修资源。2002年军队保障性企业调整改革中,原总后勤部与总装备部之间对保障性企业管理职能的交接不彻底,加之当时中央企业管理体制也正在进行改革,国家有关部门对军队保留的装备修理工厂更是无暇顾及,使其现在处于名义上谁都应该管、实际上谁都管不了的尴尬境地,成了"半军半商"特殊性质的国有企业,既要"保战场"又要"闯市场",既要遵循"市场规律"又要保留"核心能力"。"半军"性质使军队装备修理工厂既无法享受国有企业的优惠政策和财政投入,又无法完全按市场机制生产经营,以谋求利润最大化;"半商"性质使军队装备修理工厂既无法直接获得军费投入,又无法享受队属修理机构的特殊政策。只能通过"08"工程、战备工程等专项工程建设获得间断、有限的投入,而无法获得持续、充足的投入,使得企业可持续发展成为无本之木、无源之水。因此,军队装备修理工厂通过装备基地级维修PPP采购,吸聚和获得企业持续发展的必要装备基地级维修资源具体体现在吸聚先进装备基地级维修技术和获得其他装备基地级维修资源两个方面。

① 吸聚先进装备基地级维修技术。客观上,大批新型装备陆续列装部队,新型装备构造越发复杂,普遍涉及微电子技术、电子计算机技术、人工智能技术、光电技术、电子对抗技术、制导技术和纳米技术等前沿科技。导致装备损坏机理多样,武器装备在遭到火力打击等"硬摧毁"的同时,更可能受到电磁波、粒子束、计算机病毒等"软杀伤",成倍增加了装备基地级维修难度,亟需先进装备基地级维修技术保障任务的完成。同时,由于维修处于装备全寿命周期的中后段,对新技术、新工艺、新材料的应用相对明显滞后于武器装备对高新技术的应用。主观上,由于武器装备科研、生产与维修的严重脱节,大量可迅速衍生出或者转化为装备基地级维修资源的装备科研、生产资源,因军民二元割裂、知识产权转移不力、安全保密制度不够健全等原因"滞留"在装备科研、生产单位,未能进行二次开发和利用。有的装备科研、生产单位甚至认为军队装备修理工厂是其竞争对手,对军队装备修理工厂进行技术封锁。通过PPP模式装备基地级维

133

修,军队装备修理工厂既能通过竞争吸引地方优势技术力量参与装备基地级维修,打破现有技术垄断和技术封锁,引进装备基地级维修先进技术,又能通过合作聚集军队与地方的科学技术优势,共同开展成果转化和联合攻关,创新装备基地级维修先进技术。

② 获得其他装备基地级维修资源。由于"半军半商"的特殊性质,军队装备修理工厂既无法获得国有企业的优惠政策和财政投入,又无法享受队属修理机构的特殊政策和军费投入,更困难的是在这种多头管理体制下,面临市场经济环境,使企业陷入两难的境地:一方面,军品修理任务"吃不饱",要与地方企业在市场上去竞争,按市场经济规律运营;另一方面,资产产权不够清晰,又受到行政管理体制的束缚,没有充分的自主经营权,缺乏有效的激励机制,无法真正走向市场。加之大多数军队装备修理工厂都脱胎于军队建制单位,历史包袱沉重,致使企业生产经营普遍处于勉强维持状态,人均收入大都处于当地中等偏下水平,正在陷入"投入不足-能力降低-任务减少-投入更加不足"的恶性循环。而装备基地级维修PPP采购恰恰为军队装备修理工厂摆脱这一困境提供了一条现实路径。通过PPP模式装备基地级维修,军队装备修理工厂能在现有条件下,以特许经营等方式引入社会资本的资金、管理和技术人员等优势维修资源与自身具备的设施、设备和维修人员等优势维修资源相耦合,共同建设和运营装备基地级维修PPP项目,待特许期满后则由装备修理工厂代表军队拥有和运营该项目,从而起到"借鸡下蛋"的效果,使军队装备修理工厂逐步走上"投入增加-能力提高-任务增多-投入更加充裕"的可持续发展道路。

2) 军工集团参与装备基地级维修PPP采购的动力

军工集团作为我国国防科技工业的主干和核心,是我军武器装备科研、生产的主体力量,长期以来承担了我军绝大部分武器装备的科研、生产任务,手中掌握了大量的武器装备科研、生产资源,经过适当改造就可很快衍生出或转化成装备基地级维修资源。同时,军工集团作为国家特大型国有企业,具有资金优势、技术优势、规模优势、信用优势、产业优势以及人才优势等参与PPP项目建设和运营的优势。因此军工集团是当前装备基地级维修PPP采购合作主体的核心和主体,其参与装备基地级维修PPP采购的动力也成为整个装备基地级维修PPP采购共生系统的基本动力因素。社会主义市场经济的条件下,参与装备基地级维修PPP采购属于企业的自主生产经营行为。因此,分析军工集团参与装备基地级维修PPP采购的动力首先就要分析其行为。传统微观经济学可从企业的角度为分析装备基地级维修PPP采购共生系统动力因素提供经济学依据。然而,军工集团除具有企业的一般本质属性和经济目标外,还具有社

第4章 装备基地级维修PPP采购共生系统动力因素

属性和社会目标,其在产权结构、产业特质等方面与民营企业存在较大区别,所以仅从企业本质的一维视角分析其行为,进而考察其参与装备基地级维修PPP采购的动力难免过于片面。因此,在分析军工集团具体目标和行为时不能仅仅依据传统经济学的理论,还需要考虑其产权结构、产业特质等带来的影响。产业经济学认为,分析企业的行为主要分析的是市场行为,而企业的市场行为往往是在相应的市场结构基础上形成的,这种行为又直接决定了企业可能盈利率。因此,分析军工集团参与装备基地级维修PPP采购的动力不仅要从企业最一般的本质出发,还要考虑军工集团特殊的市场行为。此外,由于军工集团的军品部分以计划性为主,企业的行为体现着政府的意志和利益,因此还需从政府的视角一并考察军工集团参与装备基地级维修PPP采购的动力。

(1)企业视角。市场经济条件下军工集团的目标和最大化行为。军工集团作为我国特大型国有企业,在经历了几轮国企改革之后,从20世纪90年代末纷纷改制为公司制,相继成立了军工总公司。虽然"政企不分"的问题没有得到根本性解决,但是军工集团公司基本都成为了依法自主经营、自负盈亏、自担风险、自我约束、自我发展的独立市场主体。根据《公司法》,国有企业作为受国资委委托经营国有资产的独立法人,实现国有资产保值与增值是其第一要务。换句话说,从纯经济学角度,军工集团与一般企业的行为目标一致,都是实现利润最大化。因此,从企业视角来看,军工集团利润最大化的目标和追求利润最大化的行为就成为其参与装备基地级维修PPP采购的企业动力,主要体现在以下两个方面。

① 利润最大化目标下军工集团追求产权利益的最大化行为。社会主义市场经济的条件下,政企分开、政资分开、2权分离[①]和现代企业制度的确立赋予了军工集团更大的决策权和自主经营权。根据产权理论以及委托代理理论,军工集团是国家(以政府的组织形式出现)选定的代理人,代表其拥有国有产权,即军工集团实际履行国家委托其管理的资产的所有权、支配权、收益权以及让渡权。军工集团作为一个能独立交易的市场经济主体,为维持企业生存和发展,必然会采取追求产权利益的最大化行为以实现利润最大化目标(在符合其社会属性的情况下)。具体而言,军工集团代表国家管理了大量的国防资产,其中既包括了生产设施、仪器设备、技术人员等有形资产,又包括了科学技术、知识产权、国防专利等无形资产。这些资产在完成武器装备科研、生产任务之后大都处于"闲置"状态,通过参与装备基地级维修PPP采购,能进一步挖掘其(特别是无形资产)潜在价值和"剩余价值",使其衍生出或者转化为装备维修

---

① 2权分离是指所有权与经营权分离。

资源,拓展军工集团的装备产业链,提高军工集团的资产利润率,从而产生更大的产权利益,为军工集团带来更多利润。因此,军工集团对其拥有资产价值的充分利用以及实现其产权利益的最大化行为,形成了参与装备基地级维修 PPP 采购的内生动力。

②经济效益考核标准导向下军工集团追求利润最大化行为。根据国务院国有资产监督管理委员会 2016 年 12 月 8 日颁布实施的《中央企业负责人经营业绩考核办法》,虽然对军工集团这类主业处于关系国家安全、国民经济命脉的重要行业和关键领域、主要承担重大专项任务的商业类企业,增加了服务国家战略、保障国家安全和国民经济运行、发展前瞻性战略性产业以及完成重大专项任务情况的考核,但保证合理回报和国有资本保值增值仍然是考核与激励中央企业负责人的主体指标。例如,军工集团负责人的绩效年薪主要是由年度经营业绩考核结果决定的,而年度经营业绩考核的主要指标就是年度利润总额、经济增加值(即经济利润)等可量化经济效益指标。因此,在以经济效益指标为主要考核标准的导向作用下,作为代表军工集团行使资产权利的负责人必然将追求利润最大化作为企业最高目标,并且以此为指导采取各种追求利润最大化的生产经营行为。这种以企业经营业绩为主的市场化经营考核方式与军工集团的特殊性质和双重目标存在着结构性矛盾,缺乏对于军工集团承担的国家政治利益和社会利益使命任务的政治考量,使其陷入"既要保战场,又要争市场"的两难境地。而装备基地级维修 PPP 采购刚好为军工集团摆脱这一困境,实现经济利益和社会效益兼顾发展提供了一条有效路径。

通过 PPP 模式装备基地级维修,能够带来良好的军事、经济和社会综合效益。对于军工集团而言,能在保证不偏离装备科研、生产主业的根本前提下,充分利用手中掌握的技术、资金和人员等优势国防资产与军队装备部门合作,共同生产和提供装备基地级维修,既利于装备基地级维修能力的保持和形成,更好更快地完成装备基地级维修保障任务,起到良好的军事效益;又利于军工资产知识潜力和比较优势的充分发挥,有效降低沉没成本,进一步提升现有军工资产的利润总额和经济增加值,起到良好的经济效益;还利于军工集团与军队装备部门的军民深度融合,及时了解和掌握部队现有装备使用和未来装备需求情况,持续改进现有装备,接续研发新型装备,巩固军工企业产业地位和技术优势,不断提高军工集团核心竞争力和市场占有率,实现高质量、可持续的发展。此外,外军实践还表明,通过 PPP 模式装备基地级维修能够创造就业机会、促进环境保护、融洽军民关系,起到了良好的社会效益。因此,军工集团在以经济效益为主要考核标准的导向下,通过各种途径追求利润最大化的生产经营行为,形成了参与装备基地级维修 PPP 采购的内驱动力。

第4章　装备基地级维修PPP采购共生系统动力因素

（2）市场视角。垄断竞争市场条件下军工集团的最大化行为。因为企业是市场结构的微观基础，而市场结构是企业聚集的宏观反映，所以企业的生产经营活动都是基于市场的行为(也称为市场行为)，受到市场结构的重要影响和制约。具体到军工集团来说，既然参与装备基地级维修PPP采购是其市场行为，那么军工集团采取这一市场行为的动机(最大化行为的目标)就成为其动力来源。因此，分析其参与装备基地级维修PPP采购的动力就需要考察军工集团在实际市场结构下的企业最大化行为。

按照装备维修资源能够通过市场机制从高到低配置的程度，可把装备维修服务市场结构分为四种基本类型：完全竞争市场、垄断竞争市场、寡头垄断市场和完全垄断市场。根据PPP基本理论，装备基地级维修PPP采购作为一种多中心治理模式，本身就要求突破计划经济体制下设置在军队与地方之间、国营与民营之间的资源配置界限，由包括军队装备部门、社会资本以及采购介体等多中心共同进行装备基地级维修决策。也就是说，PPP模式下装备维修资源是在军品市场和民品市场有机融合的相对开放的垄断竞争市场中合理配置，所以，装备基地级维修PPP采购所处的市场结构主要是垄断竞争市场。因此，分析军工集团参与装备基地级维修PPP采购的动力只需考察其在垄断竞争市场下的企业最大化行为。

根据产权理论和委托代理理论，军工集团代理人-军工集团负责人与军工集团产权人-政府部门的目标函数存在一定差异，或者说军工集团负责人的目标(效用)函数与国有产权利益不完全一致。由于产权基础和效用目标不同，在现行产权机制下，无论是在完全垄断市场下，还是在完全竞争市场下，军工企业负责人效用都会取代政府(国家)效用成为企业的效用，进而企业的利润最大化行为便为军工企业负责人的效用最大化和可支配收益最大化行为所取代。这一现象也可用企业剩余理论来解释，并且在国有企业负责人实行与经营业绩相挂钩的差异化薪酬分配办法这一制度上体现的最为明显。因此，从市场视角来看，军工集团负责人的效用最大化目标以及追求其效用最大化的行为就成为军工集团参与装备基地级维修PPP采购的市场动力，并突出体现在其扩张行为和合作行为两个方面：

① 军工集团追求其负责人效用最大化的扩张行为。根据国资委对中央企业及其负责人的管理及考评制度，军工集团负责人的效用与其所管理和经营的企业的规模呈正相关关系。即军工集团规模越大，其负责人所能控制的资源就越多，能够得到的收益和享受的待遇(特别是职务级别等政治待遇)就越高，因而，追求企业经营规模扩大化的扩张行为就成为军工集团负责人效用最大化的基本动机之一。一般来说，企业规模扩张的基本途径主要包括横向拓展产业域

和纵向延伸产业链,例如,军工集团涉足房地产、酒店等高利润产业就属于前者,而进军装备维修服务等产业则属于后者。随着国有企业改革逐步深入,2015年以来国务院出台相关政策,将军工集团列入主业处于关系国家安全、国民经济命脉的重要行业以及关键领域、主要承担重大专项任务的商业类中央企业,实施分类考核。特别是在保证合理回报和国有资本保值增值的基础之上,加强了对军工集团服务国家战略、保障国家安全和国民经济运行、发展前瞻性战略性产业以及完成重大专项任务情况的考核,对于军工集团进入民品市场进行了严格限制,基本堵死了军工集团产业域拓展这条途径。因此,延伸产业链就成了军工集团唯一一条扩张规模的可行途径。

装备基地级维修PPP采购的运营方式有很多,其中特许经营方式可以很好地满足军工集团延伸产业链的现实需要。运用特许经营方式,军工集团能通过技术入股、资产入股、资金入股等一种或者多种方式,与军队装备部门合作共同建设和运营装备基地级维修PPP采购项目,既充分发挥了维修资源禀赋,又合理规避了生产经营风险,因此,它是军工集团在垄断竞争市场下规模扩张行为的最佳选择。军工集团通过特许经营方式,参与装备基地级维修PPP采购的动力主要来源于两个方面。第一,军工集团不仅能够在保证其装备科研、生产主业不受影响的前提下实现产业链的延伸,而且通过延伸产业链能够促进其装备科研、生产主业的发展,间接满足军工集团负责人的效用最大化目标。第二,通过与军队装备部门合作帮助其完成装备基地级维修保障任务,能使军工集团负责人在服务国家战略、保障国家安全考核方面得到加分,直接满足其效用最大化目标。此外,通过特许经营方式参与装备基地级维修PPP采购的动力还在于,可以规避自行建设和运营装备基地级维修线的风险。

② 军工集团追求其负责人效用最大化的合作行为。企业的规模越大意味着其负责人的效用基数越大,但是随着国有企业政企分开、政资分开逐步落实,特别是从2010年起国资委把净资产收益率(对中央企业负责人的年度考核的基本指标之一)调整为经济增加值①,使企业负责人的效用更加贴近股东效用—国有产权利益,进一步遏制了企业负责人盲目扩大规模,尤其是扩张非主业产业域的行为。更重要的是,在垄断竞争的市场结构下,军工集团也难以像在计划经济时代那样,凭借"天生"的垄断性资源和经营维持高额利润。因而,追求企业经营效益最大化的合作行为就成为军工集团负责人效用最大化的另一基本动机。通常,企业经营效益提升的基本途径主要包括增量上提高效率和减量

---

① 净资产收益率隐含了企业债务,更多的考量是企业负责人能够为股东带来收益的能力,而经济增加值则扣除了企业债务,更多的考量是企业负责人实际为股东带来的收益。

第4章 装备基地级维修PPP采购共生系统动力因素

上降低成本①,而这两条途径往往是高度关联的,例如,军工集团引进先进技术通常能够同时提高生产效率并降低生产成本,与军队建立战略合作联盟一般能够同时提高运营效率并降低交易成本。

而装备基地级维修PPP采购作为一种军队装备部门与社会资本合作共同生产和提供装备基地级维修的基本模式,恰恰能够同时实现企业提高效率和降低成本。通过PPP模式装备基地级维修,不但能有机耦合各利益相关方装备维修资源禀赋,充分发挥各方技术、资金、人力等优势维修资源的"长板效应",有效提高装备基地级维修的劳动生产率和维修资源利用率,以比各利益相关方独自从事装备基地级维修更高的生产效率和更低的生产成本进行装备基地级维修,而且能够在军队装备部门与包括军工集团在内的社会资本之间建立稳固的供需型战略合作伙伴关系,在军地双方之间建立平等、高效、互信的协调沟通机制,有效减少军工集团在垄断竞争市场上由于搜寻、谈判以及信息不对称等产生的成本,以比各利益相关方独自从事装备基地级维修更高的运营效率和更低的交易成本进行装备基地级维修。从而通过装备基地级维修PPP采购实现军工集团负责人的效用最大化。

(3) 政府视角。社会主义市场经济条件下国有产权利益最大化行为。军工集团作为我军国防科技工业的核心和主体,属于主业处于关系国家安全、国民经济命脉的重要行业和关键领域、主要承担重大专项任务的商业类中央企业。因此,国家对军工集团实行了严格的政府管制,如军工集团受国资委和国防科工局直接领导,由政府任命和管理企业负责人。虽然通过股份制改革军工集团基本建立了现代企业管理制度,实现了所有权与经营权的有效分离,但是由于国防产业的特殊性和国防资产的国有产权,政府依然是军工集团的最大股东和实际控制方,可通过掌控军工集团的生产经营活动实现其政治意图、国防目标和社会效益等,并且对军工集团的生产经营活动具有"一票否决权"。因为政府与军工集团之间的"特殊关系",军工集团的行为处处体现着政府的意志和利益,所以政府的作用对军工集团的行为具有深刻而长远的影响。因此,通过政府视角进一步考察军工集团的行为才能更为深刻地揭示出军工集团参与装备基地级维修PPP采购的动力。

根据产权理论和委托代理理论,政府是军工集团管理的国有资产的主要所有者和实际控制方,社会主义市场经济条件下,政府的意志和利益自然是实现其资产的权益最大化,虽然政府的效用目标与军工集团及其负责人的效用目标不完全一致,但是由于政府的意志和利益决定了军工集团的行为,所以政府的

---

① 提高效率即包括提高生产效率又包括提高运营效率,降低成本即包括降低生产成本又包括降低交易成本。

效用目标便会取代军工集团负责人的效用目标成为企业的效用目标,进而军工集团负责人效用最大化的行为便为军工集团国防资产权益最大化的行为所取代。因此,从政府视角来看,军工集团国有资产权益最大化目标及其最大化行为就成为其参与装备基地级维修PPP采购的政府动力,并集中体现在以下两个方面:

① 直接追求军工集团管理的国防资产权益最大化行为。从企业性质上讲,军工集团作为从事国防科技工业的特大型国有企业,兼有政府和企业双重性,企业化是外表,贯彻政府的政策意图才是它的实质,即军工集团在很大程度上与非市场领域有关,是遵照政府的意志和利益等市场以外的规则在运营。所以,军工集团同时具有营利法人和公共法人两种特点。其营利性体现为追求国有资产的保值和增值;公共性体现为完成国家赋予的武器装备科研、生产及其相关任务。因此,军工集团的效用目标体现为经济效益和社会效益的帕累托最优——国防资产权益最大化,进而军工集团的最大化行为也体现为追求国防资产权益的最大化行为。

政府推动军工集团参与装备基地级维修PPP采购的动力,首先来源于直接追求军工集团管理的国防资产权益最大化行为。按照宏观经济学原理,在需要政府提供公共产品的国防领域,因为投入国家资产一不能直接用于生产和消费,二不能用于扩大再生产,间接用于生产和消费,因而无法通过市场进行有效的资源配置,所以政府在国防资产配置中起主导作用,即政府是军工集团管理的国防资产的配置主体,因此政府势必会采取各种措施提高国防资产的配置效率,充分发挥每一分钱国防资产的作用。从这个角度来看,政府之于军工集团参与装备基地级维修PPP采购的动力,也是一个资源优化配置问题。通过PPP模式参与装备基地级维修采购,能实现军工集团管理的国防资产的二次开发和深入利用,避免军队装备部门的重复建设以及资源浪费,优化国防资产的资源配置,实现军工集团管理的国防资产权益最大化。

如图4-3所示,国家资源在配置给军工集团进行武器装备科研、生产一次开发之后,形成了装备科研、生产资源,通过参与装备基地级维修PPP采购,可以对装备科研、生产资源进行二次甚至多次开发利用,生成装备维修资源,并且通过形成装备维修能力以及装备作战能力保障国家更好地进行经济建设,生产

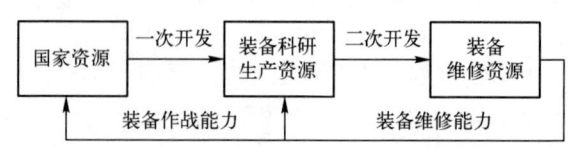

图4-3 装备科研、生产资源二次开发和优化配置示意图

第4章 装备基地级维修PPP采购共生系统动力因素

更多的国家资源,从而实现军工集团管理的国防资产权益最大化,形成经济建设与国防建设协调发展的良性循环。

②间接追求军工集团的产权制度和治理结构优化行为。根据委托代理和产业组织理论,军工集团作为一种运用国有国防资产进行生产经营活动的企业组织形式,受政府(委托人)的委托代理履行国有产权,是其所管理的国防资产的代理人,对其所管理的国防资产具有所有权、支配权、收益权和让渡权。随着国企改革的步伐,军工集团建立了以股份制为代表的现代企业制度,成立了集团公司,拥有了法人财产权,成为了自主经营、自负盈亏、自担风险、自我约束、自我发展的经济实体。所以,军工集团的经营业绩直接决定着其所管理的国防资产权益。在垄断竞争市场结构的既定条件下,军工集团的经营业绩由其行为决定,而其行为则是由其产权制度和治理结构所决定的。因为好的产权制度和治理结构能够对企业管理层形成适当的激励机制,以实现既符合企业利益,又符合股东利益的目标,并促进对企业管理层的有效监管。因此,政府推动军工集团参与装备基地级维修PPP采购的动力,还来源于间接追求军工集团的产权制度和治理结构优化行为。

军工集团改革,表面上看是市场机制作用发挥不足,实质是国防资产优化配置受阻,根子在产权制度和治理结构滞后导致国防资产潜力难以充分发挥。如上所述,虽然军工集团实行了公司化改制,但是由于政府仍然处于绝对控股,国有股东"一股独大",使得董事会"内部人控制"现象比较严重,加之经营管理人员又由政府委派,从而市场机制的约束被大大削弱。同时在军工集团公司中,建立了由股东大会、董事会和监事会—"新三会"组成的董事会机构,再加上原先的党委会、行政会和工会—"老三会"构成的党政群机构,形成了"双轨制"治理模式,但在实际运营中多以"老三会"为主,从而使军工集团徒有现代企业制度之名,而不具现代企业制度之实,大大制约了其经营业绩和产权利益的提升。

首先参与装备基地级维修PPP采购,能够优化军工集团产权制度。PPP模式下,通过竞争可引入其他国有企业、民营企业甚至机构投资者和社会公众等优势资本对军工集团投资的方式,促使军工集团产权多元化和股权分散化,而国有资本只需保持控股地位即可。同时,政府可以出台一些法令,防止军工集团被恶意收购或者国外资本控制等。通过军工集团的股权多元化和混合所有制,既能够有效防止国有资本在一般企业运营决策上的"一言堂",充分发挥市场机制,强化权力制衡监督;又能够有效发挥国有资本在重大决策特别是关系到国家安全利益时的"一票否决权",从而通过适当市场机制激发军工集团的创造力和竞争力,以混合的产权制度实现军工集团经济效益和社会效益的帕累托最优—国防资产权益最大化。其次通过PPP模式参与装备基地级维修采购,能够优化军工集团公司治理结构。PPP多中心治理模式下,各个利益相关方是基于平等互利、优势互补、风险共担、利益共享的原则,合作共同生产和提供装备基地级维修的,与"老三会"那种组织结构有着本质区别,能充分发挥"新三会"在军工集团经营管理上的主导权,实现政企与政资有机分离,形成"新三会"管经营、"老三会"管党政的具有中国特色的现代企业制度。从而通过适当激励机制调动军工集团管理层的积极性和主动性,以规范的公司治理实现既符合军工集团利益,又符合政府股东利益的复合性目标——国防资产权益最大化。

3) 地方军工及民口配套单位参与装备基地级维修PPP采购的动力

地方军工及民口配套单位作为我国国防科技工业的分支和补充,是我军武器装备科研、生产的辅助力量,承担了大量军品配套和部分装备部组件及少量整装科研、生产任务,积累了丰富的武器装备科研、生产经验,具备了一定的装备维修服务条件。因此,地方军工及民口配套单位是当前装备基地级维修PPP采购合作主体的重要组成部分,其参与装备基地级维修PPP采购的动力也成为整个装备基地级维修PPP采购共生系统的重要动力因素。地方军工及民口配套单位主要以地方国有企业和民口中央企业为主,大学高校、科研院所以及少量民营企业为辅,它们通常深耕于机械、电子、钢铁、有色、建材、化工等某一民用工业,以民用产品开发、研制、生产为主,依托民用领域的优质资源,为武器装备提供相关配套产品。把地方军工及民口配套单位定位在主业处于充分竞争行业和领域的商业类国有企业,并从以下三个方面分析其参与装备基地级维修PPP采购的动力。

(1) 充分利用手中的军工资源,提高国防资产产权利益。由于地方军工及民口配套单位属于一般性商业类国有企业,因此,根据产权理论和委托代理理论可知,就地方军工及民口配套单位来说,国防资产产权利益最大化目标和追求利益最大化行为就成为其参与装备基地级维修PPP采购的基本动力,主要体现在以下两个方面。

① 商业类国企属性驱使其参与装备基地级维修PPP采购以实现其产权利益最大化。商业类企业作为完全独立的市场主体,为维持其生存和发展,必然会采取产权利益的最大化行为以实现其利润最大化目标,地方军工及民口配套单位自然也不例外。同时,地方军工及民口配套单位作为国有企业与军工集团一样,受地方或中央政府的委托管理了部分国防资产,其中既有硬件的有形资产,又有软件的无形资产。这些资产在完成武器装备科研、生产任务之后大都处于"闲置"状态,特别是由于武器装备制造业"多品种、小批量、多研发、少批产"的离散制造业属性,使任务不足成为武器装备科研、生产企业面临的普遍难

第4章 装备基地级维修PPP采购共生系统动力因素

题,形成巨大的沉没成本和维护开支,通过参与装备基地级维修PPP采购:一方面能够运用这些资源继续为装备基地级维修生产维修器材和备件;另一方面对其稍加改造和开发,就可衍生出或转化为装备维修资源,大大提高国防资产的利用率和完好率,同时还能避免军队装备维修资源的重复建设和资源浪费,从而使国防资产产生更大的产权利益。

② 经济性考核标准驱使其参与装备基地级维修PPP采购以实现其产权利益最大化。与中央企业类似,对地方军工及民口配套单位这样的商业类国企负责人的考核,大都是以企业经济效益、资本回报水平和市场竞争能力为主,即企业负责人的实际效用特别是经济收入是由企业经济效益所决定的。因此,在经济性考核标准的驱使下,作为受地方或中央政府委托具体行使地方军工及民口配套单位资产权利的企业负责人为了实现自身的效用最大化目标,必然会将追求利润最大化作为企业最高目标,并首先会通过采取产权利益最大化的生产经营行为以实现其利润最大化目标。参与装备基地级维修PPP采购,不但能够充分挖掘和发挥现有国防资产的比较优势和溢出效应,对其进行二次开发和充分利用,提高国防资产的配置效率,而且能够有效降低沉没成本,提升现有军工资产利润总额和经济增加值,创造更多经济价值,从而使国防资产产生更大的产权利益。

(2) 促进运营路径的转型升级,推动企业发展。与军工集团性质不同,地方军工及民口配套单位是以民品为主、军品为辅的"纯商业类国有企业"。根据中共中央、国务院《关于深化国有企业改革的指导意见》,对地方军工及民口配套单位这样的主业处于充分竞争行业和领域的商业类国有企业,原则上都要实行公司制股份制改革,引入其他国有资本或各类非国有资本实现股权多元化,国有资本可以绝对控股、相对控股,也可以参股,并着力推进整体上市。为此,地方军工及民口配套单位必须主动适应社会主义市场经济体制变革和国防科技工业产业结构调整,立足市场环境、立足企业现状求生存、谋发展,如图4-4所示。参与装备基地级维修PPP采购能从治理、技术和产品3个方面促进地方军工及民口配套单位运营路径的转型升级,推动企业发展。地方军工及民口配套单位参与装备基地级维修PPP采购的长效动力主要体现在以下三个方面。

① 促进治理转型升级的动机驱使其参与装备基地级维修PPP采购。从国有企业改革历程来看,其实质就是计划经济向市场经济发展的过程。当前,以股份制公司制为代表的现代企业制度在大部分地方军工及民口配套单位已经初步建立,有的企业甚至正在筹划上市。但对公司治理模式认识不够全面、传统的科层制组织机构运营"惯性"和国有资本"一股独大"等主客观原因,造成

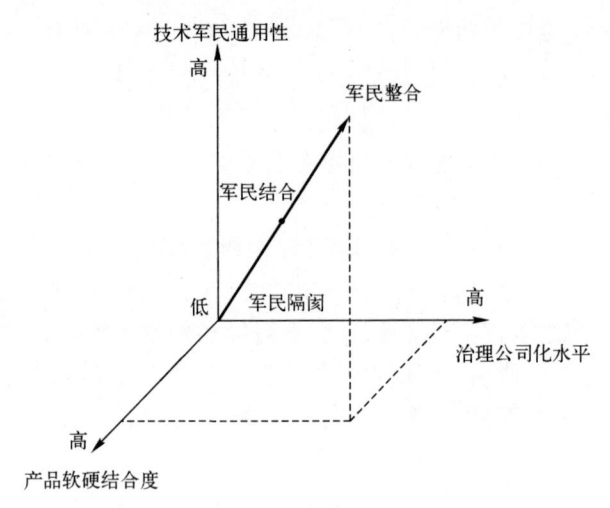

图 4-4 地方军工及民口配套单位运营路径转型升级模型

企业董事会形同虚设、"一支笔审批、一把手拍板、一言堂决策"等问题时有发生,使现代企业制度在地方军工及民口配套单位很难落实。通过参与装备基地级维修 PPP 采购,既可以引入优质资本实现股权多元化和分散化,逐步改变国有资本"一股独大"的局面;又可以按照 PPP 多中心治理模式,由各利益相关方共同决策企业的行为,有效遏制传统的科层制组织机构运营"惯性";还可以通过参加装备基地级维修 PPP 采购项目的建设或运营,理解和把握公司治理模式的内涵本质,深化对公司治理模式的思想认识。从而促进从计划经济体制下"行政化"计划调控向市场经济体制下"市场化"公司治理的治理转型升级,提升地方军工及民口配套单位治理公司化水平。

② 促进技术转型升级的动机驱使其参与装备基地级维修 PPP 采购。科学技术作为企业发展的根本原动力和核心竞争力,只有技术的转型升级才能驱动企业的转型升级。对于地方军工及民口配套单位而言,建立之初都是运用某一科学技术进行社会化大生产,这一科学技术按其应用领域可以分为军用技术和民用技术。从本质上讲,科学技术本无军用与民用之分,只有先进与落后之别。人们按照应用领域对其进行分类,只是为了在资源有限的条件下抓住要害、优先军品。然而有的地方军工及民口配套单位对科学技术这一本质认识不清、思想僵化,片面认为军用技术只能军用,而民用技术只能民用,有意无意地将科学技术的应用范围局限在某一特定领域,造成大量极具价值的科学技术处于"沉睡"状态。通过参与装备基地级维修 PPP 采购:一方面能充分运用军事装备基地级维修"闲置"资源,尤其是通过二次开发将先进的军用技术及时推广应用到民用领域,创造更多的经济效益;另一方面能吸引优势民用装备维修资本参与

第4章 装备基地级维修PPP采购共生系统动力因素

军事装备基地级维修,特别是通过需求对接将先进民用技术迅速应用于军事领域,创造更多的军事效益。从而拆除军用和民用两大体系间的技术壁垒和藩篱,促进军用技术与民用技术相互转化、有机融合的技术转型升级,提升地方军工及民口配套单位技术军民通用性。

③ 促进产品转型升级的动机驱使其参与装备基地级维修PPP采购。在传统的国防工业产业链中,无论是以整装科研、生产为主的军工集团,还是以装备配套或零部件科研、生产为主的地方军工及民口配套单位,给部队提供的都是"硬件"产品——装备实体或其零部件。一方面,装备"硬件"制造业的离散制造业属性——"多品种、小批量、多研发、少批产",使地方军工及民口配套单位产能在大部分时期处理"饥饿"状态,同时地方军工及民口配套单位是自主经营、自负盈亏的市场主体,无法获得军工集团那样的政府补贴和专项投入,迫使其只能通过产品转型升级赢市场、求生存、谋发展。另一方面,随着我国服务经济快速兴起和装备服务需求迅猛增长,越来越多的装备及其零部件制造企业开始重视售后服务和维修保障,包括装备基地级维修在内的装备服务("软件"产品)作为一种极具竞争力的新兴产品正在为企业带来巨大的利润,从通用电气、IBM到联想、海尔,这些利润大都来自"硬件"产品销售的企业都在迅速转变为服务提供商,这为地方军工及民口配套单位产品转型升级提供了良好契机和经验借鉴。通过参与装备基地级维修PPP采购,地方军工及民口配套单位能充分利用手中掌握的装备配套和部分装备部组件及少量整装科研、生产资源,通过二次开发从事相关装备及其部组件的基地级维修,从而延伸地方军工及民口配套单位的产业链,促进从单一"硬件"向多种"软硬结合"的产品转型升级,提升地方军工及民口配套单位产品软硬结合度。

综上所述,随着我国从计划经济向市场经济的转变、军事战略方针的调整以及国有企业改革的深化,地方军工及民口配套单位运营环境发生了前所未有的变化。如图4-5所示,通过参与装备基地级维修PPP采购,能够从治理、技术和产品三个方面同时促进地方军工及民口配套单位的运营路径向军民融合方向转型升级,从而在激烈的市场竞争中赢得一席之地。

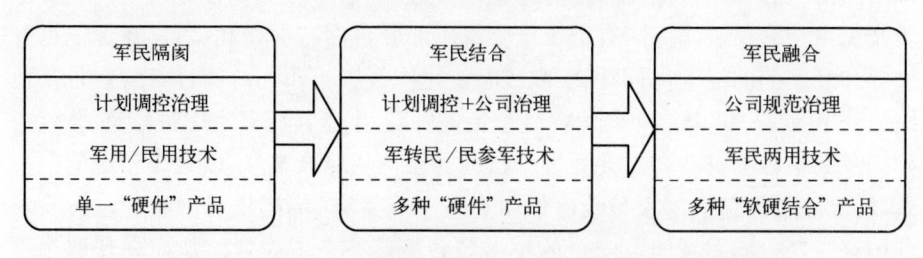

军民隔阂	军民结合	军民融合
计划调控治理	计划调控+公司治理	公司规范治理
军用/民用技术	军转民/民参军技术	军民两用技术
单一"硬件"产品	多种"硬件"产品	多种"软硬结合"产品

图4-5 地方军工及民口配套单位运营路径转型升级示意图

(3) 传承薪火相传的军工文化,履行国有企业社会责任。从企业发展历程来看:地方军工起源于"小三线"建设,军工历史悠久;民口配套单位大都多年从事军工产品相关配套工作,军工情节厚重。所以,无论是地方军工,还是民口配套单位都具有浓厚的军工氛围,形成了独特的军工文化。从企业产权归属来看,地方军工及民口配套单位大都属于商业类国有企业,除了依法参与市场竞争、获得经济效益之外,还有一个重要职能就是协助政府实现政策目标,这也是国企职责所在。因此,地方军工及民口配套单位参与装备基地级维修PPP采购的辅助动力主要体现在传承军工文化和履行社会责任两个方面。

① 传承薪火相传的军工文化。企业文化是企业的"基因"和"灵魂",具有凝聚功能、导向功能、激励功能、约束功能、协调功能和辐射功能,是企业可持续发展的力量源泉。长期以来,包括地方军工及民口配套单位在内的广大军工人经过艰苦奋斗和不懈努力,形成了以"一个中心、五个基本"为代表的军工文化核心价值体系。这种先进的文化贯穿于军工企业科研、生产、经营和管理等全过程,形成高度的凝聚力、卓越的创造力、强大的竞争力和非凡的感召力,成为推动军工企业创新发展的动力源泉。有效传承先进军工文化并将其融入企业文化之中,同样能为地方军工及民口配套单位可持续发展提供强大动力。通过参与装备基地级维修PPP采购,能够保持并拓展地方军工及民口配套单位与军队融合的广度和深度,在传承"以国家利益为中心"的核心价值观和"爱党爱国、服务国防,团结协作、服从全局,无私奉献、忠诚敬业,艰苦奋斗、自主创新,崇尚科学、精益求精"的军工文化精髓的基础上,源源不断地从军队红色文化等先进文化之中汲取"养分",培育更加先进、多样和与时俱进的企业文化,从而为地方军工及民口配套单位可持续发展提供不竭动力。

② 履行国有企业的社会责任。作为国有企业,地方军工及民口配套单位不仅具有经济属性和经济目标,而且有社会属性和社会目标。国家和政府明确要求,国有资本的配置要围绕服务国家战略,落实国家产业政策和重点产业布局调整总体要求,优化国有资本重点投向和领域,推动国有资本向关系国家安全、国民经济命脉和国计民生的重要行业和关键领域、重点基础设施集中。地方军工及民口配套单位作为国有企业重要组成部分自然有责任和义务,在保证自身生存和发展的前提下,协助国家和政府优化国有资本布局。通过参与装备基地级维修PPP采购,既能充分发挥自身装备科研、生产资源禀赋优势,与军队装备部门及其他社会资本合作共同生产和提供装备基地级维修,以获得相应的经济效益;又能贯彻落实国家和政府的国有资本配置方针,把代表国家和政府管理的国有资产投向关系国家安全的军事装备维修行业或企业。从而在获取合理经济利润的同时,有效履行国有企业的社会责任。

第4章 装备基地级维修PPP采购共生系统动力因素

4) 优势民营企业参与装备基地级维修PPP采购的动力

作为武器装备科研、生产和维修的生力军,越来越多的优势民营企业正在逐步进入装备采购市场,成为我军武器装备科研、生产和维修的潜在力量。优势民营企业作为民营企业之中的佼佼者,通常具有装备维修技术、管理或者资金等方面的资源禀赋优势,在某些行业和领域拥有核心竞争力。同时,民营企业具有产权制度明晰、管理制度健全、运营决策机制灵活和激励约束机制完善等参与PPP项目建设和运营的优势。因此,优势民营企业是未来装备基地级维修PPP采购合作主体的重点发展对象和潜在合作主体,其参与装备基地级维修PPP采购的动力也成为整个装备基地级维修PPP采购共生系统的潜在动力因素。作为"纯粹"的商业类企业,优势民营企业参与装备基地级维修PPP采购的动力主要体现在以下四个方面。

(1) 建立长期合作关系,获得稳定的经济利润。通过参与装备基地级维修PPP采购,优势民营企业与军队装备部门之间能够建立短则三五年、长则数十年的供需合作关系,通过合作生产和提供装备基地级维修,以获得长期稳定、合理适度的经济利润,从而维持企业的正常运营和可持续发展。

(2) 耦合资源禀赋优势,提高自身的竞争能力。通过参与装备基地级维修PPP采购,优势民营企业与军队装备部门之间能耦合各自独特的装备维修资源禀赋优势,通过合作生产和提供装备基地级维修,以发挥"长板效应"、避免"短板效应",从而增强优势民营企业的核心竞争力和市场占有率。

(3) 减少企业沉没成本,降低经营的各种风险。通过参与装备基地级维修PPP采购,优势民营企业与军队装备部门之间能够基于维修资源禀赋优势共同投入装备维修服务资本,通过合作生产和提供装备基地级维修,以分担PPP项目运营风险,从而减少优势民营企业的沉没成本,降低经营的各种风险。

(4) 履行报国兴军使命,承担适当的社会责任。通过参与装备基地级维修PPP采购,优势民营企业与军队装备部门之间能够建立互惠共生、互利共赢的合作关系,通过合作生产和提供装备基地级维修,以在获得合理经济利润的前提下,服务于军事装备基地级维修事业,从而履行民营企业报国兴军的历史使命和社会责任,树立良好的企业形象。

4.1.2 共生界面助动力

助动力是指共生界面,即采购介体参与装备基地级维修PPP采购的动力。采购介体作为军队装备部门与社会资本的合作介质,通常是装备基地级维修PPP采购项目的服务保障方,主要承担项目运营支持服务职能。共生界面可分为有形界面和无形界面。无形界面往往是军队装备部门与社会资本直接进行装备基地级维修PPP采购合作的"工具"或者"手段",不像有形界面那样具有参与装备基地级维修PPP采购合作的行为主体和主观能动性。同时,装备基地级维修PPP采购是一种"融资+融制+融智"等融多方多种优质资源于一体的采购模式。装备基地级维修PPP采购共生系统的助动力因素如图4-6所示。

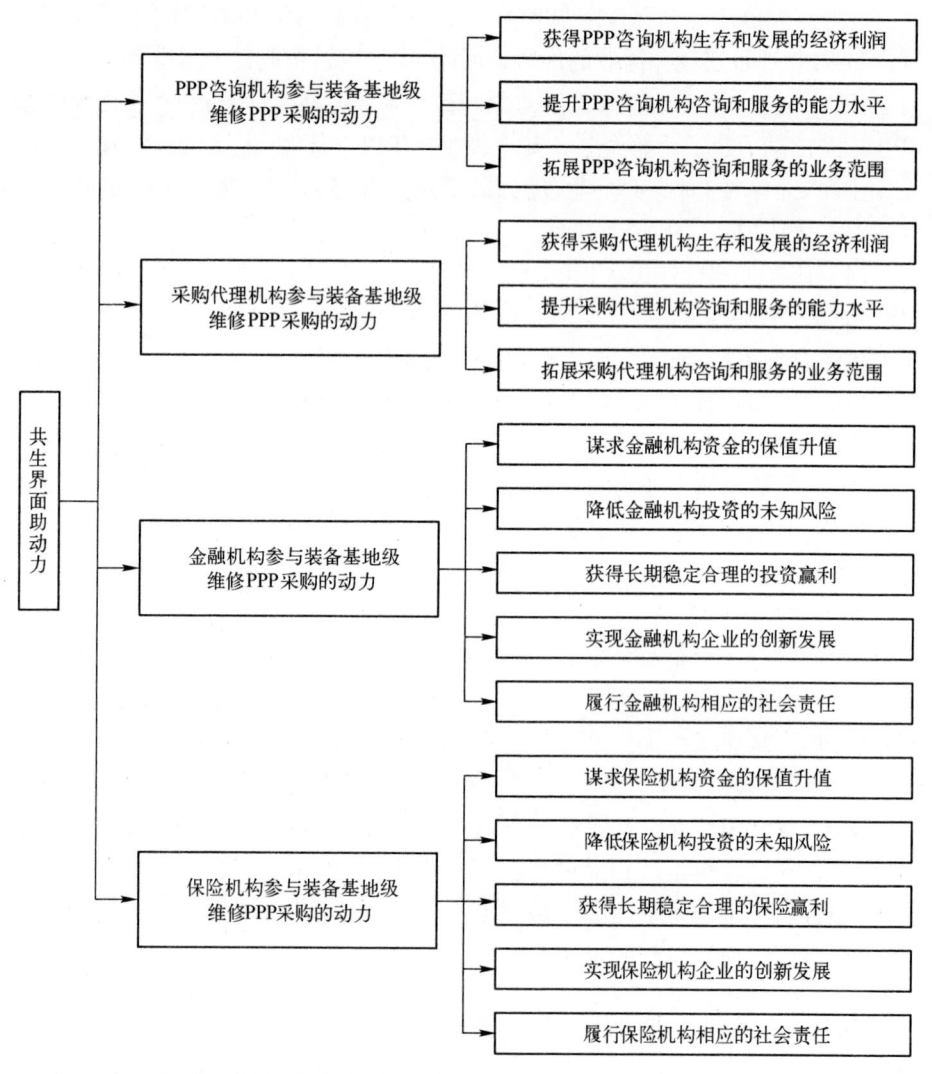

图4-6 装备基地级维修PPP采购共生系统助动力因素示意图

1. PPP 咨询机构参与装备基地级维修 PPP 采购的动力

装备基地级维修PPP采购不仅包括项目规划、项目准备、项目采购、项目执

第4章 装备基地级维修PPP采购共生系统动力因素

行和项目移交等多个阶段,还涉及采购代理、法律咨询、融资管理、合同管理、运营管理、绩效评价、资产评估等管理咨询服务,组织实施较为复杂。同时,由于装备基地级维修资产专用性强、需求波动性大、采购不确定性明显,而且PPP项目本身就具有投资规模较大、项目建设周期以及资金回收周期长等特征。因此,基于PPP模式装备基地级维修存在较高的风险性,离不开专业咨询机构的出谋划策。作为专门从事PPP项目相关智力支持服务的企事业单位,PPP咨询机构参与装备基地级维修PPP采购的动力主要体现在以下三个方面。

(1) 获得PPP咨询机构生存和发展的经济利润。从组织本质上讲,PPP咨询机构作为企业与一般商业类企业并无二致,都是以获得经济利润为第一要务。不同的是,PPP咨询机构作为服务性商业类企业,为客户生产和提供的"产品"是PPP采购咨询服务——一种智力支持。换句话说,PPP咨询机构本身就是为PPP采购而生的,即其本性就是通过生产和提供PPP采购咨询服务以获得自身生存和发展的经济利润。因此,PPP咨询机构参与装备基地级维修PPP采购的动力首先来自其获得自身生存和发展的经济利润的本性使然。

(2) 提升PPP咨询机构咨询和服务的能力水平。与传统的"单一、被动的报告式"采购咨询服务不同,PPP采购咨询服务是一种"综合、主动的智库式"采购咨询服务,在周期上包括项目规划、项目准备、项目采购、项目执行和项目移交等整个流程,在范围上涵盖规划计划、项目评估、方案编制、采购代理、法律咨询、融资管理、合同管理、运营管理、绩效评价以及纠纷调解等多项业务。因此,PPP采购咨询服务具有更高的智力附加值,同时更对PPP咨询机构的能力水平提出了较高要求。通过参与装备基地级维修PPP采购,PPP咨询人员能够在工作实践中增长才干、积累经验、提高素质,从而全面提升PPP咨询机构咨询和服务的能力水平。

(3) 拓展PPP咨询机构咨询和服务的业务范围。作为与PPP采购模式相生相伴的咨询服务机构,PPP咨询机构的生存和发展与PPP采购模式的应用和推广命运相连、荣辱与共。在我国供给侧结构性改革、推进公共服务PPP采购和我军体制编制调整改革的大背景下,PPP采购模式的运用逐步走上高速发展的"快车道"。PPP咨询机构只有抓住机遇、拓展业务才能在激烈的市场竞争中站稳脚跟、谋求发展。通过参与装备基地级维修PPP采购,可从三个方面拓展PPP咨询机构咨询和服务的业务范围,促进PPP咨询机构的转型升级。首先,在服务对象上,能够从企业、政府等"普通客户"进一步拓展到警察、军队等"特殊客户";其次,在咨询内容上,能够从基础设施建设等"有形产品"进一步拓展到公共服务采购等"无形产品";最后,在服务领域上,能够从一般公共服务采购领域进一步拓展到国防服务采购领域。

如图4-7所示，获得经济利润、提升能力水平和拓展业务范围相互联系、相互促进、相互渗透，共同构成PPP咨询机构参与装备基地级维修PPP采购的动力体系，同时也推动着PPP咨询机构自身的螺旋式可持续发展。

图4-7　PPP咨询机构参与装备基地级维修PPP采购动力体系示意图

2. 采购代理机构参与装备基地级维修PPP采购的动力

作为专门从事采购相关智力支持服务的企事业单位，采购代理机构与PPP咨询机构相类似，都是为装备基地级维修PPP采购提供服务保障的社会中介机构。因为从本质上讲，PPP模式就是一种采购模式，所以采购代理机构与PPP咨询机构在本质上也是一致的，只不过是两者的经营范围各有侧重，前者可以提供多种采购方式的代理服务，而后者则更加专注于PPP模式的采购代理服务。因此，采购代理机构参与装备基地级维修PPP采购的动力与PPP咨询机构基本相同，主要体现在获得采购代理机构生存和发展的经济利润、提升采购代理机构咨询和服务的能力水平、拓展采购代理机构咨询和服务的业务范围三个方面，这里不再赘述。

3. 金融机构参与装备基地级维修PPP采购的动力

由于装备基地级维修PPP采购项目投资规模较大、建设（运营）周期长、收回投资慢、经济利润虽然不高但长期稳定，而且资产专用性强、沉没成本较大，通常需要持续稳定的资金流支持项目的建设和运营。所以，装备基地级维修PPP采购中，不仅需要专业化的社会资本方的投资，同样需要进行融资，因此金融机构的参与必不可少，更是大势所趋。作为装备基地级维修PPP采购项目的融资方，金融机构参与装备基地级维修PPP采购的动力主要体现在以下几个方面。

第4章　装备基地级维修PPP采购共生系统动力因素

1) 谋求金融机构资金的保值升值

当前,我国经济呈现出经济增长速度换挡期、前期刺激政策消化期和结构调整阵痛期"三期叠加"的阶段性特征。从资金供给端看,虽然增量的财富创造放缓,但是居民的存量理财需求仍在增长,金融机构吸收的资金还在累加,在其手中特别是银行形成大量的资金沉淀。从资金需求端看,虽然随着新型城镇化规划(2014年—2020年)的实施,能源、交通、医疗等各种城投项目开展的如火如荼,但国家对地方政府举债融资机制进行了明确规范,基本堵死了地方政府融资平台的"歪门"。同时传统的房地产等优质资产也因受到政策调控而严格限制资金的流入,从而使得金融机构面临严重的资产荒。在资金沉淀与资产荒的"剪刀差"作用下,金融机构亟需安全理想的投资标的。另外,国务院在《关于加强地方政府性债务管理的意见》中明确提出,促进PPP模式参与基础设施和公共服务运营,实际上确定了PPP模式在未来地方政府投融资中的主体地位。因此,PPP项目恰逢其时,给金融机构提供了极具投资价值的、新的优质资产,为谋求资金的保值升值,金融机构势必会努力开拓包括装备基地级维修PPP采购项目在内的PPP业务。

2) 降低金融机构投资的未知风险

通过参与装备基地级维修PPP采购,可以从以下三个方面降低金融机构的投资风险。

(1) 在项目属性上,装备基地级维修PPP采购项目具有军事属性、经济属性和社会属性,能够得到国家财政的支持和国防经费的保障,与一般的投资项目甚至是其他PPP项目相比具有较低的风险性。

(2) 在项目特征上,虽然装备基地级维修PPP采购项目多为中微利项目,投资规模大、建设(运营)周期长、收回投资慢,具有一定的风险性,但是参与装备基地级维修PPP采购起码是与军队信用合作,风险相对来说要低于一些完全市场化的投资项目。

(3) 在付费机制上,装备基地级维修PPP采购项目属于典型的政府付费项目,所需资金将会列入国家财政和军队经费预算,有政府、军队的信用和财力作保障,风险相对可控。

3) 获得长期稳定合理的投资赢利

通过参与装备基地级维修PPP采购,可以从融资主体、融资模式、融资监管和融资进程等方面,确保金融机构获得长期、稳定、合理的投资赢利。

(1) 在融资主体上,装备基地级维修PPP采购遴选的社会资本(融资主体),无论是军队装备修理工厂、军工集团,还是地方军工及民口配套单位、优势民营企业,都是相应装备行业或者领域中的领头羊,拥有齐全的资质、优良的信用和突出的能力,能够较好地保证装备基地级维修 PPP 采购项目的正常运营。

(2) 在融资模式上,金融机构能够结合实际运用常规贷款、投贷联动、借道理财、资产证券化以及股权融资、保理融资、融资租赁等多种方式参与装备基地级维修 PPP 采购,从而按照利息、股息、分红、经营收益和管理服务费等相应机制获得稳定的投资收益。

(3) 在融资监管上,作为一种成熟的先进投、融资模式,PPP 模式前期经过了周密而细致的论证,且从装备基地级维修 PPP 采购项目立项到执行,都处于严格的监管之下,与原来的地方融资平台相比更加规范、透明,能给金融机构带来长期稳定的投资赢利。

(4) 在融资进程上,由于装备基地级维修 PPP 采购项目建设(运营)周期较长,而且资金体量较大,项目资金融通难以一步到位,由此便产生了现金管理的需求。一方面,金融机构可为项目提供资金托管、支付、结算等现金业务;另一方面,项目的部分沉淀资金可使金融机构获得存款留存,并利用其中、短期业务优势得到额外收益。

4) 实现金融机构企业的创新发展

通过参与装备基地级维修 PPP 采购,可以从三大方面实现金融机构企业的创新发展。

(1) 能够创新业务种类。例如,可以结合装备基地级维修 PPP 采购项目具体实际或者所处阶段,设计开发各种不同利率、不同类型的债券。又如,可以参与设计装备基地级维修 PPP 采购项目并进行资产证券化,然后进行承销。还如,可以参与政府(军队)、企业以及其他金融机构等设立的 PPP 产业基金等,以提高资金流动性,有效管控投资风险。

(2) 能够创新业务范围。金融机构长期参与各种项目的融资,积累了各行各业、品种繁多的项目开发、建设信息大数据,目前这些专业、翔实、准确的大数据还未得到充分利用,金融机构可运用现代信息技术挖掘大数据潜力,开展装备基地级维修 PPP 采购咨询服务,以实现从"融资"向"融智"的升华。

(3) 能够创新发展空间。经济服务化的趋势不可阻挡并且发展迅猛,服务业在我国国民经济中的比重将越来越大。通过参与装备基地级维修 PPP 采购,金融机构可从基础设施建设等"硬件"领域进入公共服务采购等"软件"领域,从传统的金融服务机构向未来的综合服务机构转型升级。

5) 履行金融机构相应的社会责任

(1) 从企业公民的视角来看,金融机构从事金融服务职能天生的高风险性、掌握稀缺资源本质赋予的责任性和作为特殊行业具有的垄断性,决定了其理应承担一定社会责任,以保障金融安全、维护平等竞争的金融秩序,加强防范金融风险。

（2）从企业性质的视角而言，我国金融机构是以国有金融企业为主体的金融机构，决定了其必须承担相应的社会责任，积极支持政府经济政策，促进经济稳定和可持续发展，为国民经济提供优良的专业性服务。

通过装备基地级维修PPP采购，能够在"寓义于利"的前提下，基于PPP模式整合社会资源、提升维修效益、优化治理结构，促进我国供给侧结构性改革、国防服务PPP采购和军队体制编制调整改革的发展，是金融机构切实履行社会责任、服务实体经济的实际行动和现实举措。同时，积极履行社会责任能够使金融机构在市场和社会上树立良好的信誉和形象，从而对其长远发展起到潜移默化的推动作用。

4. 保险机构参与装备基地级维修PPP采购的动力

保险机构与金融机构在本质上也是一致的，只不过是前者侧重于提供保险服务，而后者则侧重于提供金融服务，以至于绝大多数观点普遍认为保险机构属于金融机构。因此，保险机构参与装备基地级维修PPP采购的动力与金融机构也大致相同，在此不再赘述。

4.2 装备基地级维修PPP采购共生系统共生环境驱动力

驱动力是指装备基地级维修PPP采购共生系统、共生环境与共生体之间的相互作用。装备基地级维修PPP采购共生系统是一个开放的自组织为主、他组织为辅的复杂适应系统，其演化除了受到系统内部共生体的直接主导作用外，还受到系统外部共生环境的间接影响作用。按照共生环境对共生体的不同作用可以将共生环境分为有利环境、中性环境和不利环境，因为本章研究的是装备基地级维修PPP采购共生系统的动力因素，所以在此只分析有利环境对于共生体的促进作用。

4.2.1 军事环境下维修需求激增驱动

装备基地级维修PPP采购作为一种军事采购活动，采购需求（装备基地级维修）是其最终目标，而军事环境正是影响其采购需求的决定性因素。首先，进入21世纪以来，在以打赢信息化战争为基点的积极防御军事战略方针的指导下，我军武器装备建设发生了深刻变化。尤其是党的十八大以来，陆军、海军、空军、火箭军以及战略支援部队武器装备加速更新换代，大批第四代新型主战装备陆续列装部队，武器装备体系建设实现整体跨越。军队装备的规模和密度大大增加，附带产生了呈几何级增加的包括基地级维修在内的装备维修服务现实需求。其次，随着新型高技术装备大量列装部队，武器装备体系向高新技术为主转变，机械化、信息化和智能化水平大幅提升，使包括基地级维修在内的装备维修服务现实需求呈数量级增加。据统计，20世纪40—50年代列装的比较复杂的武器系统，其检测点共约有1000个，60年代中期增至3万个左右，而目前已达10万个以上。20世纪50年代的F-4战斗机机载软件只有2000行代码，而90年代的F-22战斗机机载软件的代码则达700万行。据美军统计，根据具体装备不同，其维修费约为购置费的3~20倍。难怪美军中央司令部后勤官员称，其在伊拉克战场上的主要开销之一就是装备维修保障费用。最后，随着改革开放以来我国经济的长期健康持续发展，国民经济总量和国内生产总值稳步增加，同时国防支出也"水涨船高"，特别是在2017年我国国防支出预算达10443.97亿元，首次超过1万亿元。包括装备维修费在内的国防支出的持续增加，能把更多的装备基地级维修需求列入采购预算，使之成为可执行的采购计划，从而客观实现装备基地级维修采购需求的激增。

根据微观经济学经典理论，既然装备基地级维修是一种"商品"，那么其采购理应遵循一般商品采购的客观规律——供求理论，即装备基地级维修作为其PPP采购的采购对象，其采购需求是装备基地级维修PPP采购的根本牵引。也就是说，装备基地级维修的采购需求越大，其PPP采购的动机就越强。因此，军事环境下装备基地级维修采购需求的激增便成为推动装备基地级维修PPP采购的间接驱动力。

4.2.2　政策环境下政策法规完善驱动

装备基地级维修PPP采购作为一种政府采购活动，健全的政策法规是军队装备部门和社会资本合作的政策指导、行为规范和利益保障，特别是军队装备部门与社会资本之间的一系列长期合作行为，离不开完善政策和健全法规的授权、引导、规范和保障。开展装备基地级维修PPP采购是贯彻落实政府公共服务PPP采购的具体举措和实际行动，目的是改善装备基地级维修供给结构，缓解我军日益增长的装备维修服务与落后的装备维修能力之间的矛盾，本质是打破军民二元分离的维修资源配置界限，实现维修资源在不分军民的整个市场上的优化配置。在国家推进公共服务PPP采购等宏观政策环境下，政府和军队势必会出台一系列公共服务PPP采购政策法规，从而间接推动装备基地级维修PPP采购开展。因此，政策环境下政府和军队政策法规的完善便成为推动装备基地级维修PPP采购的间接驱动力。

十八届三中全会以来，我国的PPP采购发展迎来了新高潮。特别是2014年以来，在国务院领导下，国家发展改革委、财政部主导，各部委、省市积极配

第4章 装备基地级维修PPP采购共生系统动力因素

合,包括公共服务PPP采购在内的PPP采购相关政策法规密集出台,政策法规体系日趋完善,初步形成了"法律规范+配套政策+操作指引"的政策法规框架体系,为PPP采购操作实施和推广应用提供了科学指导、奠定了规制基础。随着我国PPP采购从基础设施领域向公共服务领域深化拓展,国务院法制办正在抓紧制定PPP采购的上位法规。装备基地级维修PPP采购的采购对象——装备基地级维修属于典型的国防服务和准公共产品。因此,从类型上讲装备基地级维修PPP采购是一种典型的国防服务PPP采购,理应属于政府公共服务PPP采购范畴。政府和军队公共服务PPP采购宏观政策法规的修订完善,特别是装备服务PPP采购政策法规的出台,将势必会对装备基地级维修PPP采购产生强大的推动作用。

4.2.3 市场环境下服务经济发展驱动

如图4-8、图4-9所示,十八大以来我国服务业增加值及其占国内生产总值的比重逐步上升。2017年服务业增加值达427032亿元,虽然占国内生产总值比重与2016年相同,都为51.6%,但是服务业增加值却比上年增长8%,比国内生产总值和第二产业增加值增速分别高1.1%和1.9%,连续五年在三次产业中领跑,表明我国社会主义市场经济正在稳步迈进服务经济的新时代。随着我国服务经济持续发展和服务市场不断开放,装备制造业与生产服务业之间的依赖程度日益加深,使制造业呈现出服务化趋势。越来越多的装备制造企业逐步

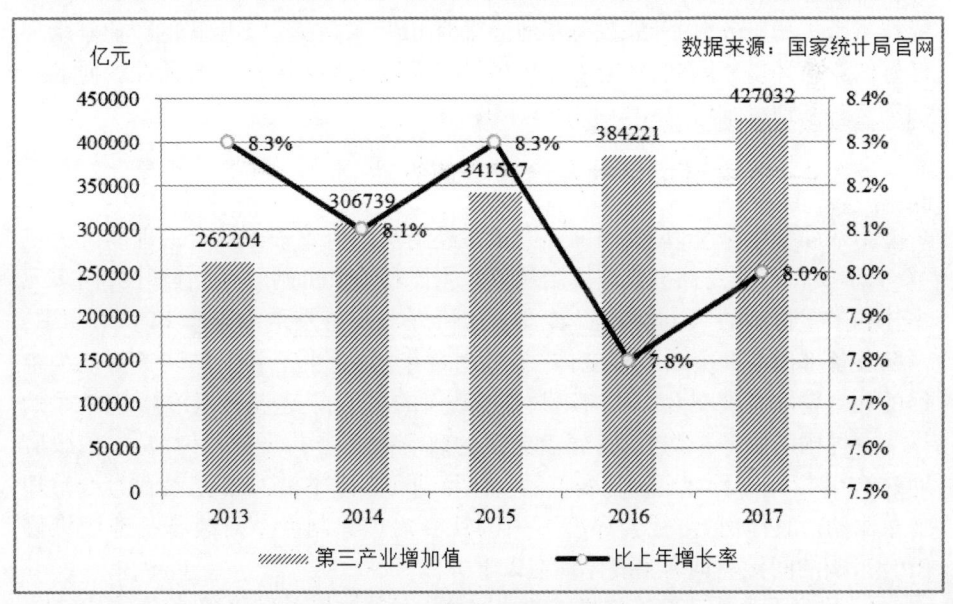

图4-8 2013年—2017年第三产业增加值及其增长率

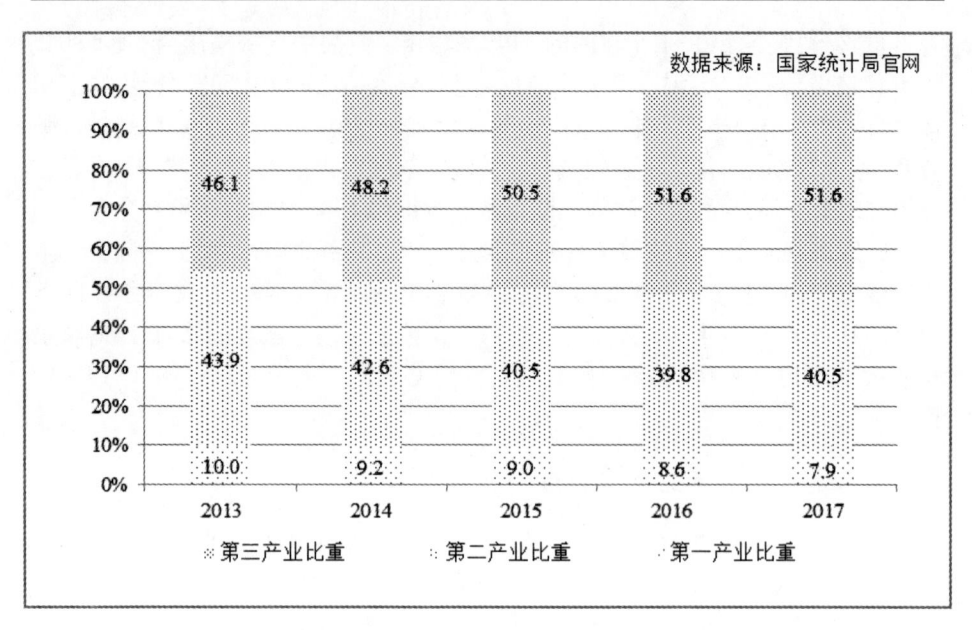

图 4-9 2013年—2017年三次产业增加值占国内生产总值比重

认识到由于服务所产生的产品差异性和增值性已成为企业核心竞争力,在把一般经营性服务外包的同时,着力发挥生产资源(尤其是人力资源)禀赋等优势,将产业链从装备制造业向生产性服务业拓展延伸,向客户提供高附加值的知识或技术密集型服务,为开展装备基地级维修 PPP 采购奠定了坚实的产业基础和良好的竞争环境。因此,社会主义市场经济环境下服务经济的繁荣发展便成为推动装备基地级维修 PPP 采购的间接驱动力。

4.2.4　社会环境下社会治理变革驱动

十八届三中全会以来,中国社会正在经历从政府管理到社会治理的巨大变革,其本质特征就是社会管理体制从单一主体和单重机制的"政府管控"向多元主体和多重机制的"协同治理"转变。这恰好与装备基地级维修 PPP 采购中,军队装备部门与社会资本多主体、多机制合作,共同生产和提供装备基地级维修的共生精髓高度契合。从构建服务型政府的视角,装备基地级维修 PPP 采购作为一种国防服务采购活动,属于典型的政府购买公共服务行为,是中国政府通过 PPP 模式推行社会治理变革的具体行动和实际举措,必然会受到社会治理变革驱动。具体而言,社会环境下中国社会治理体制变革对装备基地级维修 PPP 采购的间接驱动力主要体现在以下方面。

1. 政府观念从政府管控思维向协同共治思维转变的间接驱动

政府的思想观念正在由政府管控思维向协同共治思维转变,逐步改变过去那种"等级分明"的政府管控主导的行为模式,转而把社会成员从治理的对象变为治理的主体,从而构建一种"平等协商"的各方协同共治的行为模式。政府观念的这种转变能够指导军队装备部门正确认识和处理与社会资本之间的合作关系,对于装备基地级维修PPP采购之中,军队装备部门与社会资本之间合作伙伴关系的构建具有重要指导意义和积极推动作用。

2. 治理主体从一元主体治理向多元主体治理转变的间接驱动

社会的治理主体正在由一元主体—单一政府部门向多元主体—多种社会主体转变,党委领导、政府负责、社会协同、公众参与、法治保障的社会治理体制不断完善。治理主体的这种转变能够打破公共物品和服务政府垄断,通过市场机制作用使各利益相关方在互利共生、平等自愿的原则上形成合作关系,是装备基地级维修PPP采购中,采购主体、合作主体、采购介体及其构成要素之间达成采购合同或者协议的组织基础。

3. 治理体系的决策—执行系统从封闭向开放转变的间接驱动

社会治理体系的决策—执行系统正在由封闭向开放转变,不同社会主体尤其是公民对社会公共事务的参与度越来越高,公共决策和公共服务的社会化、透明化、合理化水平持续提高。社会治理体系决策—执行系统的这种转变能够使得各利益相关方博采众长、共同治理装备基地级维修PPP采购项目,并防止其中某一方利用其信息优势侵害合作伙伴的合法权益,是装备基地级维修PPP采购中,PPP项目正常运营的根本保证。

4. 治理机制从"各自为政"向"协同治理"转变的间接驱动

社会治理机制正在由"各自为政"向"协同治理"转变,共建、共治、共享的社会治理格局逐步形成。社会治理机制的这种转变能够促使各利益相关方基于维修资源禀赋的耦合建立合作关系,按照"资源共用、风险共担、利益共享"的原则共同生产和提供装备基地级维修,是装备基地级维修PPP采购中,实现各利益相关方权益帕累托最优的基本机制。

4.2.5 科技环境下科学技术创新驱动

科学技术是装备维修资源之中最基本、最活跃、最经济的生产要素。装备基地级维修PPP采购作为一种技术服务采购活动,必然会受到科技环境下科学技术创新驱动。对装备维修而言,科学技术创新是一把双刃剑,一方面它能提高武器装备的科技含量和技术水平,从而间接增加装备维修的复杂性和工作量;另一方面,它能提高装备维修的劳动生产率和资源利用率,从而降低装备维修成本、提高维修效率和效益,提升装备维修保障力。因此,科技环境下科学技术创新对装备基地级维修PPP采购的间接驱动力主要体现在以下两个方面。

1. 科学技术创新产生的装备维修服务现实需求的间接牵引力

从宏观视角,某一国家或者地区整体的科学技术创新发展成果,一般都会首先应用于其国防领域尤其是装备建设方面,通过提升武器装备的科技水平和先进程度以增强国防实力。因为武器装备维修的复杂性和工作量与其科技含量和技术水平的高低成正比,所以随着先进高新技术装备批量列装部队,将会产生大量的包括装备基地级维修在内的装备维修服务现实需求。因此,科学技术创新产生的大量装备维修服务现实需求间接牵引了装备基地级维修PPP采购。

2. 科学技术创新产生的维修技术资源禀赋差异的间接推动力

从微观视角,企业或者事业单位个体的科学技术创新发展成果,通常都会使其在一段时期内拥有某种或者某类装备(部组件),甚至是某一行业的维修技术禀赋优势。因为任一科学技术创新主体都无法同时拥有所有的科学技术创新优势,所以无论是对于军队装备部门,还是对于社会资本,只有通过耦合各自特有的科学技术创新优势,资源共享、优势互补地发挥"长板效应",才能实现其"价值"最大化,做到军事、经济和社会等效益的帕累托最优。因此,科学技术创新产生的装备维修技术资源之间的禀赋差异间接推动了装备基地级维修PPP采购。

此外,科技环境下科学技术创新特别是信息通信技术的飞速发展给装备基地级维修PPP采购提供了可靠平台和有力支撑,也间接促进了装备基地级维修PPP采购。

4.3 装备基地级维修PPP采购共生系统动力体系

为了从整体上进一步认识和把握装备基地级维修PPP采购共生系统动力体系,本节基于装备基地级维修PPP采购共生系统的视角,在宏观上系统梳理其动力结构,构建其动力模型,揭示其动力合成。

4.3.1 动力结构

如图4-10所示,根据上述微观动力因素分析结果,结合其共生系统"双黄卵"结构模型,装备基地级维修PPP采购共生系统动力结构可以分为2大方面、5个层次,共包括15个动力因素。具体而言,装备基地级维修PPP采购共生系统的动力结构分为共生体源动力和共生环境驱动力(一级子系统层)。其中,共生体源动力又包括共生单元主动力和共生界面助动力(二级子系统层);而共生单元主动力还可以进一步分为军队装备部门主拉力和社会资本主推力(三级子

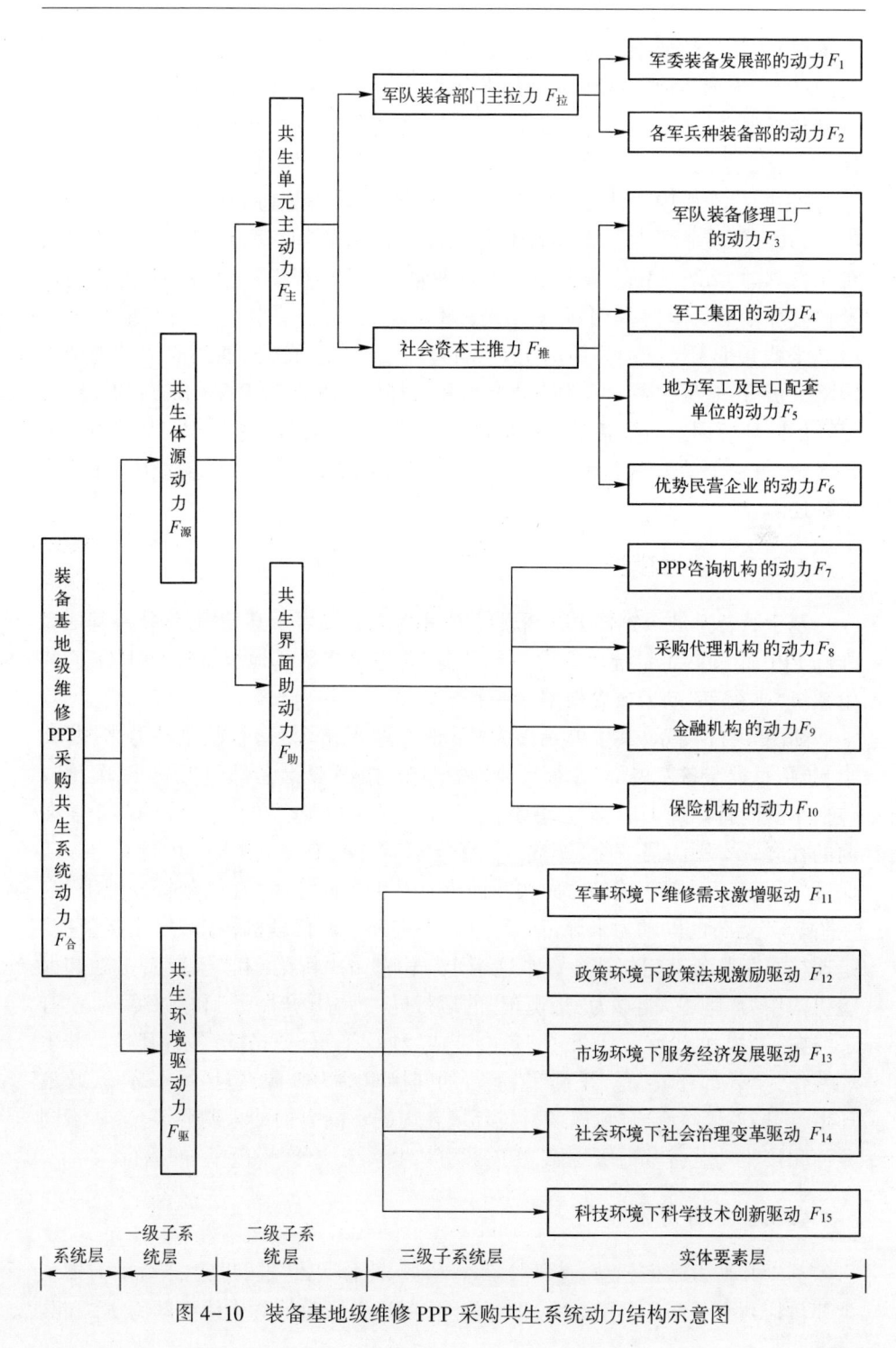

第4章 装备基地级维修 PPP 采购共生系统动力因素

```
系统层          一级子    二级子     三级子系统层              实体要素层
               系统层    系统层

装备基         共生体    共生单元   军队装备部门主拉力 F_拉 ┬─ 军委装备发展部的动力 F_1
地级维         源动力    主动力                            └─ 各军兵种装备部的动力 F_2
修 PPP        F_源      F_主
采购共                              社会资本主推力 F_推 ┬─ 军队装备修理工厂的动力 F_3
生系统                                                 ├─ 军工集团的动力 F_4
动力                                                   ├─ 地方军工及民口配套单位的动力 F_5
F_合                                                   └─ 优势民营企业的动力 F_6

               共生界面助动力 F_助 ┬─ PPP 咨询机构的动力 F_7
                                  ├─ 采购代理机构的动力 F_8
                                  ├─ 金融机构的动力 F_9
                                  └─ 保险机构的动力 F_10

               共生环境驱动力 F_驱 ┬─ 军事环境下维修需求激增驱动 F_11
                                  ├─ 政策环境下政策法规激励驱动 F_12
                                  ├─ 市场环境下服务经济发展驱动 F_13
                                  ├─ 社会环境下社会治理变革驱动 F_14
                                  └─ 科技环境下科学技术创新驱动 F_15
```

图 4-10 装备基地级维修 PPP 采购共生系统动力结构示意图

系统层)。从实体要素层进一步来看,军队装备部门主拉力包括军委装备发展部的动力、各军兵种装备部的动力两个实体动力因素;社会资本主推力包括军队装备修理工厂的动力、军工集团的动力、地方军工及民口配套单位的动力和优势民营企业的动力4个实体动力因素;共生界面助动力包括PPP咨询机构的动力、采购代理机构的动力、金融机构的动力和保险机构的动力4个实体动力因素;共生环境驱动力包括军事环境下维修需求激增驱动、政策环境下政策法规完善驱动、市场环境下服务经济发展驱动、社会环境下社会治理变革驱动以及科技环境下科学技术创新驱动5个环境驱动因素。因此,装备基地级维修PPP采购共生系统动力体系由15个动力因素构成。此外,通过前文微观动力因素分析可知,根据各个行为主体参与装备基地级维修PPP采购的目的、行为,以及不同环境因素对装备基地级维修PPP采购的间接促进,上述15个动力因素之中,每一个动力因素都包含若干具体动力因子或者间接驱动作用,在此不再赘述。

4.3.2　动力模型

基于装备基地级维修PPP采购共生系统动力因素及其结构,将装备基地级维修PPP采购共生系统比喻为一台平衡车,构建装备基地级维修PPP采购共生系统"平衡车"动力概念模型。

如图4-11所示,共生单元作为"车轮"是"平衡车"运行的主动力来源,其中,包括军委装备发展部、各军兵种装备部在内的军队装备部门为一个"车轮";包括军队装备修理工厂、军工集团、地方军工及民口配套单位、优势民营企业在内的社会资本则为另一个"车轮"。两个"车轮"只有协同配合、共同发力才能保证"平衡车"沿着正确的方向快速前进。共生界面作为"连接踏板和把手"是"平衡车"运行的助动力来源,其中:PPP咨询和采购代理机构作为"连接踏板"是连接军队装备部门与社会资本这两个"车轮"的"桥梁"和"纽带";金融和保险机构作为"把手"能够为"平衡车"的运行提供所需的"服务"和"保障"。没有了"连接踏板和把手","平衡车"就会变成"独轮车"分道扬镳、各行其是。共生环境作为"外部环境"是"平衡车"运行的间接驱动力来源,包括军事环境、政策环境、市场环境、社会环境以及科技环境在内的不同方面的采购环境,会从不同方面间接驱动装备基地级维修PPP采购共生系统这台"平衡车"的运行。

4.3.3　动力合成

基于其动力结构和动力模型,装备基地级维修PPP采购共生系统动力体系主要包括两个层面的两类动力,即,共生体源动力层面的共生体源动力 $F_{源}$ 和共

第4章 装备基地级维修PPP采购共生系统动力因素

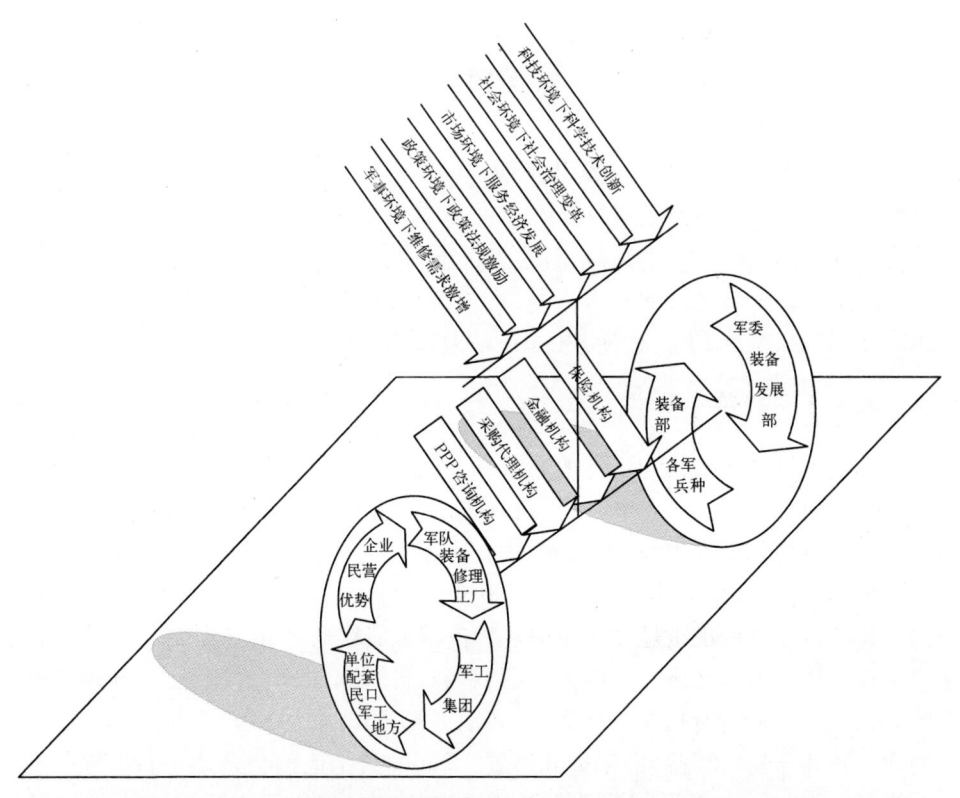

图 4-11 装备基地级维修PPP采购共生系统"平衡车"动力概念模型

生环境驱动力层面的共生环境驱动力 $F_{驱}$。其中：共生体源动力 $F_{源}$ 是由共生单元主动力 $F_{主}$ 和共生界面助动力 $F_{助}$ 构成；共生单元主动力 $F_{主}$ 又包括了军队装备部门主拉力 $F_{拉}$ 和社会资本主推力 $F_{推}$ 两个方面的动力。装备基地级维修 PPP 采购共生系统演化过程中，两类动力相互联系、相互影响、相互促进，构成了一个紧密联系的有机统一体。这些动力有时共同发挥作用，有时则是其中某些动力发挥作用。因此，推动装备基地级维修 PPP 采购共生系统演化的是这些动力相互耦合整体表现出来的合力。也就是说，推动装备基地级维修 PPP 采购共生系统演化的是两类动力的矢量合力 $F_{合}$，即

$$F_{合} = F_{源} + F_{驱}$$

其中

$$F_{源} = F_{主} + F_{助} ; \quad F_{主} = F_{拉} + F_{推} ;$$

$$F_{拉} = \sum_{i=1}^{2} F_i, \quad F_{推} = \sum_{j=3}^{6} F_j, \quad F_{助} = \sum_{k=7}^{10} F_k, \quad F_{驱} = \sum_{l=11}^{15} F_l$$

4.4 装备基地级维修PPP采购共生系统动力特征

装备基地级维修PPP采购共生系统的动力因素是根据其共生要素逐一识别的。因为构成装备基地级维修PPP采购共生系统的共生要素的地位和作用各有不同,所以每一种动力因素的地位和作用也各有差异。而恰恰是不同动力因素之中共生要素之间的主次关系、行为特征及其相互作用的客观规律,形成了装备基地级维修PPP采购共生系统动力特征。

4.4.1 利益主导性

利益主导性是指行为主体的自身利益对其决策和行为的决定性和导向性作用。任何社会组织或者个人要采取某种社会行为,都必然受到某种利益期望的驱使。装备基地级维修PPP采购共生系统作为一种典型的军事经济复合共生系统,其本身就是为实现特定的军事、经济、社会等目标而人为设计和构建的。这些特定目标也正是设计和构建装备基地级维修PPP采购共生系统的行为主体的核心利益之所在。因而,从某种程度上讲,对于参与装备基地级维修PPP采购活动的所有行为主体而言,其动力都可以归结为是出于对利益(包括物质利益和非物质利益)的期望和追逐,不同的只是他们各自期望和追逐的利益有所差别而已。微观上讲,装备基地级维修PPP采购共生系统中,作为非营利性公共部门的包括军委装备发展部和各军兵种装备部在内的军队装备部门及其所属的军队装备修理工厂,对以完成装备基地级维修保障任务、形成装备基地级维修保障能力等为核心的国防公共利益的追求,主导了其参与装备基地级维修PPP采购的动机和行为;包括军工集团、地方军工及民口配套单位、优势民营企业在内的社会资本以及包括PPP咨询机构、采购代理机构、金融机构和保险机构在内的采购介体作为不同所有制的营利性经济组织,对以产权利益或股东利益为核心的企业经济利润的追求主导了其参与装备基地级维修PPP采购的动机和行为。宏观上看,因为装备基地级维修PPP采购是基于各行为主体维修资源禀赋优势耦合,共同合作生产和提供装备基地级维修的采购活动,所以各行为主体利益的帕累托最优便成为各利益相关方的必然选择和共同利益,实际主导了各行为主体参与装备基地级维修PPP采购的动机和行为。可见,装备基地级维修PPP采购共生系统的动力具有明显的利益主导性特征。同时,这种共同利益或者说是利益共享也正是装备基地级维修PPP采购的根本特征和优势所在。需要指出的是,因为在装备基地级维修PPP采购过程之中,军队装备部门作为采购主体是采购活动的发起方和管理者,所以其追求的国防公共利益便成为装备基地级维修PPP采购的首要利益,即装备基地级维修PPP采购必须以实现国防公共利益为前提和根本,兼顾其他利益相关方的经济、社会等利益,否则便失去了进行装备基地级维修PPP采购的意义。

4.4.2 内外转化性

内外转化性是指系统内部和外部动力之间相互制约、相互促进和相互转化的特性,它包括外力内生化和内力外现化两种具体表现形式。根据共生理论,共生系统运行动力主要来自于系统共生体内部动力,并受到共生环境外部动力的间接影响。同时,共生系统也会对共生环境产生一定的影响。共生环境外部动力转化为共生体内部动力,通过间接改变共生体结构和功能进而影响共生系统运行的现象称为外力内生化;将共生体内部动力与共生环境外部动力形成正负反馈和动力循环,通过直接改变共生体结构和功能进而影响共生环境的现象称为内力外现化。

装备基地级维修PPP采购共生系统动力体系中,来自系统内部共生体的源动力与来自系统外部共生环境的驱动力之间呈现出强烈的内外转化性特征。

首先,驱动力之于源动力的作用体现出突出的外力内生化特征。在军事环境下,驱动力是通过增加装备基地级维修的采购需求,内化为军队装备部门完成装备基地级维修保障任务和社会资本以及采购介体谋求产权利益或经济利润等源动力来间接影响共生系统运行;在政策环境下,驱动力是通过完善装备基地级维修PPP采购相关政策法规,内化为军队装备部门、社会资本和采购介体参与装备基地级维修PPP采购的政策指导、行为规范以及利益保障来间接影响共生系统运行;在市场环境下,驱动力是通过发展包括装备基地级维修在内的服务经济,内化为社会资本以及采购介体参与装备基地级维修PPP采购的服务意识、服务能力和服务利润来间接影响共生系统运行;在社会环境下,驱动力是通过变革社会治理体制,推动社会治理向多元主体和多重机制的"协同治理"转变,内化为装备基地级维修PPP采购中各利益相关方合作的指导思想、组织基础、根本保证和基本机制来间接影响共生系统运行;在科技环境下,驱动力是通过创新发展科学技术,内化为采购客体(装备基地级维修)的需求增加以及采购主体(各利益相关方)之间的禀赋差异来间接影响共生系统的运行。

其次,源动力之于驱动力的作用体现出明显的内力外现化特征。共生体源动力之中,无论是共生单元主动力,还是共生界面助动力,都是通过直接参与装备基地级维修PPP采购项目这一共生实体的运营,即通过直接改变共生体结构和功能,与共生环境驱动力形成维修需求是否满足、政策法规是否完善、服务经济是否发展、社会治理是否变革和科学技术是否创新等正负反馈和动力循环，进而促使参与装备基地级维修 PPP 采购的行为主体各司其职、各尽其能满足维修需求、完善政策法规、发展服务经济、变革社会治理以及创新科学技术，以更好地推动装备基地级维修 PPP 采购共生系统运行，从而实现对共生系统外部共生环境的影响。

4.4.3 互动倍增性

互动倍增性是指构成系统的要素或子系统之间通过相互依赖、相互转化和相互影响等互动作用所产生的"整体成倍于部分之和"的特性。装备基地级维修 PPP 采购共生系统动力体系中，无论是宏观层面的源动力与驱动力之间，还是中观层面的主动力与助动力之间，甚至是微观层面的各个动力因素之间都体现出明显的互动倍增性特征。

从宏观视角来看，源动力与驱动力之间具有明显的内外转化性，驱动力能够通过外力内生化转化为源动力，源动力也能够通过内力外现化影响驱动力，从而实现驱动力与源动力之间的相互促进、持续提升，进而激发出动力体系的整体涌现性，产生"整体成倍于部分之和"的效应。

从中观视角来看，主动力与助动力之间存在明显的依赖性和互补性，主动力的实现离不开助动力的推动和促进，助动力的实现是以主动力为前提和基础的，因而通过主动力与助动力之间的相互补充、共同提升，能够激发源动力子系统的整体涌现性，产生"整体成倍于部分之和"的效应。

从微观视角来看，参与装备基地级维修 PPP 采购的各个行为主体的动力因素以及共生环境的驱动因素之间存在普遍的联系性、耦合性和共生性，它们之间相互依赖、相互补充、相互转化、相互促进，通过逐层激发出系统不同层次的整体涌现性，从而使得装备基地级维修 PPP 采购共生系统的合成动力成倍于 15 个动力因素相加之和，进而体现出 15 个动力因素之间的互动倍增性特征。

4.4.4 激励催化性

激励催化性是指社会行为中，行为主体受到某种规制、措施等激励能够激发和调动其从事该社会行为的热情和动力的特性。装备基地级维修 PPP 采购共生系统动力体系之中，来自系统外部共生环境的驱动力主要就是通过发挥激励催化性特征来激发和调动源自系统内部共生体的源动力，从而对装备基地级维修 PPP 采购共生系统的演化起到间接的驱动作用。具体地讲，军事环境下装备基地级维修采购需求的激增、政策环境下政府和军队政策法规的完善、市场

第4章 装备基地级维修PPP采购共生系统动力因素

环境下服务经济的繁荣发展、社会环境下中国社会治理体制的变革和科技环境下科学技术的创新发展,不但能够直接激发和调动军队装备部门与社会资本合作进行装备基地级维修PPP采购的多种动力(共生单元主动力),而且能够间接激发和调动采购介体参与装备基地级维修PPP采购的各种动力(共生界面助动力)。可见,共生环境驱动力对共生体源动力具有明显的激励催化性。同时,装备基地级维修PPP采购共生系统作为一种为实现特定军事、经济、社会等目标,而人为设计和构建的军事经济复合共生系统,其动力的激励催化性特征对于整个共生系统的演化具有举足轻重的作用。要使装备基地级维修PPP采购共生系统保持旺盛而持久的生命力,就必须充分激发和调动各个共生要素参与装备基地级维修PPP采购的动力和活力,人们也正是利用其动力的激励催化性特征,通过改善外部共生环境引导和促进装备基地级维修PPP采购共生系统的演化,从而实现其预期目标。这也为我们设计装备基地级维修PPP采购共生系统动力路径提供了有益启示。

4.4.5 社会责任性

社会责任性是指社会行为中,各行为主体都承担着一定的对社会应负的责任的特征。作为一种典型的政府公共服务PPP采购行为,因为装备基地级维修PPP采购的对象是装备基地级维修——一种公共国防服务产品,所以满足社会公众对装备基地级维修的迫切需求是装备基地级维修PPP采购的根本出发点和立足点,更是装备基地级维修PPP采购的根本动机和力量源泉;同时,也赋予了各个行为主体相应的社会负责,从而使得装备基地级维修PPP采购共生系统的动力体现出不同程度的社会责任性。装备基地级维修PPP采购共生系统中,参与装备基地级维修PPP采购的行为主体或者利益相关方包括军委装备发展部等各级军队装备部门、军工集团等各类社会资本,甚至是PPP咨询机构等各种采购介体。它们总体上可以分为两类:一类是公共部门(包括军队装备部门);另一类是社会资本(包括多种所有制下的企业事业单位)。对于公共部门来说,社会责任既是"底线"——履行公共服务管理的职责使然,更是"红线"——全心全意为人民服务的宗旨应然;对于社会资本而言,经济利润是"红线"——市场生存本能的使然,而社会责任则是"底线"——企业公民地位的应然。因此,作为装备基地级维修的采购者和监管者,军队装备部门既是公共国防服务的提供者,又是公共国防利益的维护者,其参与装备基地级维修PPP采购的动力无不强烈地体现出献身国防、服务人民、完成任务的社会责任性;社会资本与采购介体作为装备基地级维修的产生者与运营者,同样也是公共国防服务的提供者,其参与装备基地级维修PPP采购的动力虽然不尽相同,但都不同程度地体现出在获得合理经济利润的前提下,执行国家产业政策、履行企业公民责任、服务服从于国家经济和国防建设大局的社会责任性。

综上所述,利益主导性、内外转化性、互动倍增性、激励催化性和社会责任性共同构成了装备基地级维修 PPP 采购共生系统的动力特征体系,它们之间互相渗透、互相联系、互相作用,形成了一个有机统一体,全面体现了装备基地级维修 PPP 采购共生系统的动力特征。

第 5 章 装备基地级维修 PPP 采购共生系统动力机理

理解和把握装备基地级维修 PPP 采购共生系统动力机理是设计其动力路径的根本前提。第 4 章虽然从共生要素的视角，静态辨析了装备基地级维修 PPP 采购共生系统动力因素及其体系结构和主要特征。然而，根据系统科学的基本理论，直接刻画元素之间的动力学相互作用几乎是不可能的，可行的做法是刻画系统的整体状态、行为、特性的动力学变化。因为元素之间的动力学相互作用、环境的动力学变化必然通过系统整体的状态、特性、行为表现出来。同时，作为人类社会中一种典型的军事经济复合共生系统，与自然界中生态系统的演化过程类似，装备基地级维修 PPP 采购共生系统在来自内部共生体源动力和外部共生环境驱动力的共同推动下，同样经历了无数个由生成、成长、成熟到衰退的单生命周期所构成的螺旋式上升的循环演化过程。所以，要全面揭示装备基地级维修 PPP 采购共生系统动力因素之间相互联系、相互作用的基本原理—动力机理，理应从动态分析的视角，研究和把握其演化规律和动力机制。

5.1 装备基地级维修 PPP 采购共生系统演化基本内涵

一般而言，系统的演化是指系统的结构、状态、特性、行为、功能等随着时间的推移而发生的变化。广义的演化包括系统的生成、发育、变化以及消亡，甚至是存续。共生演化是自然生态系统、农业生态系统、工业生态系统、商业生态系统以及技术生态系统等多领域"生态系统"中的一种普遍现象和演化形式。装备基地级维修 PPP 采购共生系统中，各行为主体不是孤立发展的，往往受到来自其他利益相关方和采购环境的影响，各行为主体的进化、发展不仅取决于其自身行为，而且取决于其利益相关方的运营行为和采购环境的变化。同时装备基地级维修 PPP 采购共生系统中，任何行为主体的变化都会直接或者间接影响其他利益相关方和采购环境，从而形成一个相互作用、协同发展的演化过程和共生系统。

5.1.1 演化概念

装备基地级维修PPP采购共生系统演化是指其共生系统中的共生要素为了适应其他共生要素(包括共生环境)的变化而不断做出相应变化,最终导致整个共生系统结构、状态、特性、行为、功能等发生变化的现象。装备基地级维修PPP采购共生系统演化有两个基本方向,一个是从竞生到共生、从低阶共生向高阶共生的进化,另一个则是从共生到竞生、从高阶共生向低阶共生的退化。

装备基地级维修PPP采购共生系统演化首先强调的是,共生系统中的共生单元及其共生界面间的共生演化,即共生体内部要素之间通过相互作用、相互影响而协同进化或是退化的过程。装备基地级维修PPP采购共生系统中,共生单元及其共生界面之间存在着互利共赢、互惠共生的合作关系,在这种关系的作用下,每个共生要素都会通过自身的变化来适应和带动其合作伙伴的变化,从而形成共生演化的模式,最终使得整个共生系统成为一个同呼吸、共命运、齐发展的有机整体。共生单元及其共生界面之间的共生演化是通过"基于竞争的合作"机制得以实现的。单个生命周期演化初期,共生单元及其共生界面之间合作伙伴的选择往往通过竞争性采购来择优遴选,这就要求潜在合作伙伴必须增强自身的竞争力以获得合作机会;单个生命周期演化中后期,共生单元及其共生界面之间合作关系的运营往往是基于维修资源禀赋优势的互补,这也要求合作伙伴必须持续保持并提高自身的核心竞争力以确保合作稳定。可见,通过多个生命周期的这种动态"基于竞争的合作"机制,装备基地级维修PPP采购共生系统整个共生体便实现了共生演化。

同时,装备基地级维修PPP采购共生系统演化也强调共生体与共生环境间的共生演化。装备基地级维修PPP采购共生系统中,共生体及其构成要素不是封闭的,而是处于外部共生环境的间接影响之下,共生单元及其共生界面之间在进行共生演化的同时,也在与共生环境进行着共生演化。人们为推动装备基地级维修PPP采购共生系统演化,就会不断改善其共生环境以促进共生体及其构成要素不断进化,同时共生体及其构成要素的持续进化也会潜移默化地推进外部共生环境的进化。共生体与共生环境之间的共生演化是通过反馈机制得以实现的。单个生命周期演化初期,公共部门通过改善外部共生环境来激励和促进共生体的生成;单个生命周期演化中后期,共生体在成长的过程中,对公共部门的政策、制度和措施等激励给予及时的正负反馈,引发公共部门继续采取措施进一步改善共生环境,从而为下一个新生命周期的演化创造更好的外部共生环境。因此,与自然共生系统相似,通过多个生命周期的这种动态反馈机制,装备基地级维修PPP采购共生系统共生体与共生环境之间便实现了共生演化。

第5章 装备基地级维修PPP采购共生系统动力机理

5.1.2 演化层次

层次是系统由元素整合为整体过程中的涌现等级。因为系统是具有层次性的,所以系统的演化也体现出明显的层次性。也就是说,演化通常只发生在同一个层次中的元素或者不同层次整体之间,属于不同层次的元素之间一般不直接发生演化。因此,基于上述装备基地级维修PPP采购共生系统演化的基本概念,按照本书第3章划分的装备基地级维修PPP采购共生系统共生体与共生环境,可以进一步把装备基地级维修PPP采购共生系统中的共生演化分为两个层次:一个是发生在实体核心层,即共生体内部的共生演化,称为"内共生";另一个则是发生在外围环境层,即共生体与共生环境之间的共生演化,称为"外共生"。

如图5-1所示,在装备基地级维修PPP采购共生系统"双黄卵"结构模型的基础之上,构建了装备基地级维修PPP采购共生系统"双共生"演化结构模型。从图5-1(a)可以看出,装备基地级维修PPP采购共生系统的共生演化既存在于共生体内部的各个要素之间,又存在于共生体与共生环境之间,形成一个"多层嵌套、立体交织"的共生演化体系,"内共生"是共生系统演化的主因,而"外共生"则是其演化的诱因。从图5-1(b)可以看出,"内共生"是装备基地级维修PPP采购共生系统微观层面的共生演化,而"外共生"则是其中观层面的共生演化,"内共生"是共生系统演化的内因,而"外共生"则是其演化的外因。

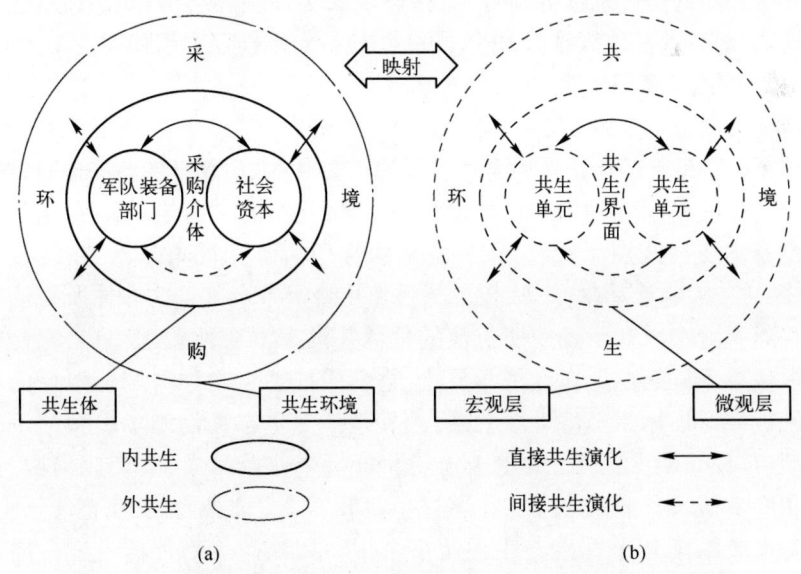

图5-1 装备基地级维修PPP采购共生系统"双共生"演化结构模型
(a) 装备基地级维修PPP采购共生系统实体演化模型;
(b) 装备基地级维修PPP采购共生系统概念演化模型。

5.2　装备基地级维修 PPP 采购共生系统演化基本规律

作为人类社会中一个典型的军事经济复合共生系统,装备基地级维修 PPP 采购共生系统演化既遵循一般自然生态系统的演化规律,又遵循一般社会经济系统的演化规律。

5.2.1　微观层面:"内共生"演化规律

1. "内共生"基本内涵

所谓"内共生"是指共生系统共生体中的共生单元及其共生界面之间为了适应彼此的变化而不断做出相应变化,最终导致整个共生系统结构、状态、特性、行为、功能等发生变化的现象。"内共生"是装备基地级维修 PPP 采购共生系统微观层面的共生演化过程,它是装备基地级维修 PPP 采购过程之中,军队装备部门与社会资本这对共生单元及其共生界面之间互相联系、互相作用,通过"基于竞争的合作"机制共同生产和提供装备基地级维修的过程。"内共生"是共生系统演化的内部决定因素,决定了共生单元相互作用的方式以及相互结合的程度(共生模式)及其发展趋势,它通过决定共生单元的共生度、共生维度及其共生界面的特征系数等指标,直接影响共生系统的结构、状态、特性、行为以及功能,对装备基地级维修 PPP 采购共生系统演化起决定性作用。

2. "内共生"模型构建

从装备基地级维修 PPP 采购社会经济活动本质属性出发,无论是作为采购主体的军队装备部门还是作为合作主体的社会资本,其参与装备基地级维修这种特殊商品交易活动的根本目的都是为了满足自身效用,与一般企业的采购行为没有本质性区别。所以,从装备采购管理的研究视角来看,在装备基地级维修 PPP 采购活动中,军队装备部门和社会资本及其采购介体所扮演的角色与普通企业在采购活动中所扮演的角色并没有本质性差别,只是它们的效用目标各有不同而已。在经济学界,生物学中描述生物种群增长规律的各种模型已被广泛运用于经济管理领域,尤其是作为生态理论基本模型的逻辑斯蒂模型(Logistic)已被广泛应用于描述和分析企业及其集群、产业集群、技术创新和产学研合作演化过程,并通过仿真模拟、实证拟合得到了充分验证。装备基地级维修 PPP 采购共生系统单个生命周期与生物种群的生命周期类似,都经历了诞生、成长、成熟和进化(退化)的演化过程。因此,运用 Logistic 模型描述和分析装备基地级维修 PPP 采购共生系统的动态演化过程是切实可行的。

第5章 装备基地级维修PPP采购共生系统动力机理

1) 基于质参量兼容的"内共生"洛特卡—沃尔泰勒(Lotka-Volterra)拓展模型(L-V拓展模型)

为了深入研究生物种间的竞争关系,20世纪40年代学者Lotka和Volterra在Logistic模型的基础之上,研究提出了分析生物种间竞争关系的经典模型:L-V模型。近年来,L-V模型被大量引入到企业、产业和产学研之间的竞争、合作关系的研究中来,被学者们普遍认为是解释和分析企业间竞争、合作关系的最佳模型。

装备基地级维修PPP采购共生系统共生体中的共生单元之间存在着质参量兼容的本质特征,也正是由于其质参量的兼容性,共生关系才能得到确立和巩固。根据共生理论质参量兼容原理,质参量兼容是指共生单元的质参量可以相互表达。所以从某种程度上讲,L-V模型恰好就是对共生单元质参量兼容特性的数学表达。将质参量兼容原理融入L-V模型,通过科学设定模型中的变量和参数,构建基于质参量兼容的"内共生"L-V拓展模型,在微观层面深入分析装备基地级维修PPP采购共生系统共生体内部共生单元之间的"内共生"演化规律。

(1) 条件假设。为便于讨论和理解,在不影响问题本质的前提下,假设:

① 设研究对象为2维装备基地级维修PPP采购共生系统。

② 设$x(t)$为共生系统共生单元所得全部产出,如维修服务、维修利润、附带效益等。也就是说,假定共生系统共生单元所得产出是时间t的函数。需要强调的是,这里的t并非仅仅是指时间上的推移,还包括维修需求增加、政策法规完善和服务经济发展等共生环境的发展变化。因为这些因素都可以简单地被认为是时间的函数,因此在本节中统一用时间t来表达这样一种较为宽泛的含义,并用共生系统共生单元所得产出量随时间t的变化来刻画"内共生"的动态演化过程。

③ 在给定的时空环境下,假定受人员、设备、设施、资金、技术、管理等既定维修资源条件的约束,共生系统共生单元所得产出存在一个最大阈值,记为N。N只受人员、设备、设施、资金、技术、管理等维修资源禀赋的影响,与时间t无关。

④ 设$x(t)/N$为自然市场规模饱和度,$1-x(t)/N$反映在既定约束条件下自然增长饱和度对共生系统共生单元所得产出的阻滞作用,即产出增长的空间。

⑤ 设r为共生系统共生单元所得产出的平均增长率或内禀增长率,它与共生系统自身的固有特性有关,因此对于给定的共生系统假设其为常数。

⑥ δ为共生单元所得产出的自然增长饱和度对另一共生单元所得产出增长的贡献。装备基地级维修PPP采购共生系统中,共生单元之所以选择进入共

生体主要是想在发挥其维修资源禀赋优势的基础之上,耦合其他共生单元的维修资源禀赋优势,从而产生"1+1>2"的共生效应。因此,可以假设 δ>0。

(2) 模型建立。根据上述模型分析和假设条件,以质参量兼容原理为指导原则,以 L-V 模型为方法工具,分别用右下脚标 m、s 代表军队装备部门和社会资本,"内共生"L-V 模型为

$$\begin{cases} \dfrac{\mathrm{d}x_\mathrm{m}}{\mathrm{d}t}=r_\mathrm{m}x_\mathrm{m}\left(1-\dfrac{x_\mathrm{m}}{N_\mathrm{m}}+\delta_\mathrm{sm}\dfrac{x_\mathrm{s}}{N_\mathrm{s}}\right) \\ \dfrac{\mathrm{d}x_\mathrm{s}}{\mathrm{d}t}=r_\mathrm{s}x_\mathrm{s}\left(1-\dfrac{x_\mathrm{s}}{N_\mathrm{s}}+\delta_\mathrm{ms}\dfrac{x_\mathrm{m}}{N_\mathrm{m}}\right) \end{cases} \quad (5-1)$$

式中:x_m、x_s 为军队装备部门和社会资本所得产出;r_m、r_s 为军队装备部门和社会资本所得产出的平均增长率或者内禀增长率;N_m、N_s 为军队装备部门和社会资本在未形成共生关系时所得产出的最大阈值;δ_sm 为社会资本所得产出的自然增长饱和度对军队装备部门所得产出增长的贡献;δ_ms 则为军队装备部门所得产出的自然增长饱和度对社会资本所得产出增长的贡献。

显然,根据上述条件假设,模型中的 4 个变量都是大于 0 的。

从质参量兼容的视角来看,军队装备部门所得产出(如装备基地级维修服务)与社会资本所得产出(如装备基地级维修利润)这对主质参量是相互兼容的。也就是说,它们之间可以相互表达,而式(5-1)恰恰充分体现了这一点。因此,可以将 δ 称为"兼容系数",δ_sm(δ_ms)就体现了社会资本(军队装备部门)所得产出对军队装备部门(社会资本)所得产出的兼容性。进而,式(5-1)所示模型可以称为基于质参量兼容的"内共生"L-V 拓展模型。

(3) 模型探讨。下面,分为 3 种情况对该模型进行深入探讨。

① 当 δ_sm、δ_ms 都等于 0 时,式(5-1)变为

$$\begin{cases} \dfrac{\mathrm{d}x_\mathrm{m}}{\mathrm{d}t}=r_\mathrm{m}x_\mathrm{m}\left(1-\dfrac{x_\mathrm{m}}{N_\mathrm{m}}\right) \\ \dfrac{\mathrm{d}x_\mathrm{s}}{\mathrm{d}t}=r_\mathrm{s}x_\mathrm{s}\left(1-\dfrac{x_\mathrm{s}}{N_\mathrm{s}}\right) \end{cases} \quad (5-2)$$

式(5-2)表示军队装备部门与社会资本的所得产出增长率相互独立,不存在合作生产和提供装备基地级维修的共生关系。在这种情况之下,军队装备部门与社会资本的所得产出增长率分别都符合 Logistic 模型。因此,军队装备部门与社会资本所得产出的最大阈值分别为 N_m(当 $\mathrm{d}x_\mathrm{m}/\mathrm{d}t=0$ 时)、N_s(当 $\mathrm{d}x_\mathrm{s}/\mathrm{d}t=0$ 时)。通过数学模型验证了第 3 章对于质参量兼容原理的理论分析,充分说明军队装备部门与社会资本这对共生单元之间的质参量是否兼容,直接决定着装备基地级维修 PPP 采购这种共生关系的形成与否。

第5章 装备基地级维修PPP采购共生系统动力机理

② 当 δ_{sm}、δ_{ms} 之一为 0 时,式(5-1)变为

$$\begin{cases} \dfrac{\mathrm{d}x_m}{\mathrm{d}t}=r_m x_m\left(1-\dfrac{x_m}{N_m}+\delta_{sm}\dfrac{x_s}{N_s}\right) \\ \dfrac{\mathrm{d}x_s}{\mathrm{d}t}=r_s x_s\left(1-\dfrac{x_s}{N_s}\right) \end{cases} \quad 或 \quad \begin{cases} \dfrac{\mathrm{d}x_m}{\mathrm{d}t}=r_m x_m\left(1-\dfrac{x_m}{N_m}\right) \\ \dfrac{\mathrm{d}x_s}{\mathrm{d}t}=r_s x_s\left(1-\dfrac{x_s}{N_s}+\delta_{ms}\dfrac{x_m}{N_m}\right) \end{cases} \quad (5-3)$$

式(5-3)表示军队装备部门与社会资本之间,一方对另一方所得产出增长率有所促进,另一方对一方所得产出增长率却毫无影响。也就是说,在装备基地级维修PPP采购过程中,军队装备部门与社会资本之间存在一种一方收益增加而另一方收益却不变的共生关系,共生理论称之为偏利共生模式。在这种情况下,军队装备部门与社会资本的所得产出增长率一个符合Logistic模型,另一个则符合L-V模型。因此,军队装备部门与社会资本所得产出的最大阈值为

$$\begin{cases} x_m=N_m(1+\delta_{sm}) \\ x_s=N_s \end{cases} \quad 或 \quad \begin{cases} x_m=N_m \\ x_s=N_s(1+\delta_{ms}) \end{cases} \quad (5-4)$$

显然,这种只对一方有利的情况在实际采购之中不会出现。通过数学模型验证了第3章对于装备基地级维修PPP采购共生系统共生模式的理论分析,充分说明装备基地级维修PPP采购共生系统之中,军队装备部门与社会资本之间的共生模式既不是寄生模式也不是偏利共生模式。

③ 当 δ_{sm}、δ_{ms} 均大于 0 时,式(5-1)保持不变,表示军队装备部门与社会资本所得产出增长率相互影响、相互促进。也就是说,在装备基地级维修PPP采购过程中,通过基于维修资源禀赋优势互补合作生产和提供装备基地级维修,军队装备部门与社会资本之间存在一种双方获得收益都能增加的共生关系,共生理论称之为互惠共生模式。在这种情况之下,军队装备部门与社会资本的所得产出增长率分别都符合L-V模型。因此,军队装备部门与社会资本所得产出的最大阈值分别为

$$\begin{aligned} x_m &= \frac{N_m(1+\delta_{sm})}{1-\delta_{sm}\delta_{ms}} \\ x_s &= \frac{N_s(1+\delta_{ms})}{1-\delta_{sm}\delta_{ms}} \end{aligned} \quad (5-5)$$

通过数学模型验证了第3章对于装备基地级维修PPP采购共生系统共生模式的理论分析,充分说明在装备基地级维修PPP采购共生系统中,军队装备部门与社会资本之间的共生模式只能是一种互惠共生模式。

2) 基于质参量兼容的"内共生"L-V拓展模型稳定性分析

由于式(5-1)为非线性自治方程,在分析"内共生"演化过程中,既无法求出 x_m、x_s 的解析表达式,也没有必要解方程(5-1)。在数学上对此类模型分析的

基本方法是根据微分方程几何理论,分析系统的定态及其稳定性,进而根据定态稳定性的不同类型导出演化轨线(微分方程积分曲线)的趋向,在此基础上研究"内共生"演化规律。

(1) 模型求解。对于一般的非线性方程,可用近似线性方法判断其平衡点的稳定性。具体方法是:将非线性方程在平衡点作一级泰勒展开,再通过平衡点的计算结果及其系数矩阵判断每一个平衡点的稳定性及稳定性条件。下面,就通过将非线性方程(5-1)化为线性方程,进而通过求解线性方程的方法来获取其稳定解。当装备基地级维修 PPP 采购共生系统共生单元之间的共生关系达到稳定均衡状态时,可以用下列微分方程组来描述:

$$\begin{cases} f(x_m, x_s) \equiv \dfrac{dx_m}{dt} = r_m x_m \left(1 - \dfrac{x_m}{N_m} + \delta_{sm} \dfrac{x_s}{N_s}\right) = 0 \\ g(x_m, x_s) \equiv \dfrac{dx_s}{dt} = r_s x_s \left(1 - \dfrac{x_s}{N_s} + \delta_{ms} \dfrac{x_m}{N_m}\right) = 0 \end{cases} \quad (5-6)$$

微分方程组(5-6)可变换为代数方程组:

$$\begin{cases} x_m = 0 \\ x_s = 0 \end{cases} \text{或} \begin{cases} x_m = 0 \\ 1 - \dfrac{x_s}{N_s} + \delta_{ms} \dfrac{x_m}{N_m} = 0 \end{cases} \text{或} \begin{cases} 1 - \dfrac{x_m}{N_m} + \delta_{sm} \dfrac{x_s}{N_s} = 0 \\ x_s = 0 \end{cases} \text{或} \begin{cases} 1 - \dfrac{x_m}{N_m} + \delta_{sm} \dfrac{x_s}{N_s} = 0 \\ 1 - \dfrac{x_s}{N_s} + \delta_{ms} \dfrac{x_m}{N_m} = 0 \end{cases}$$

求解上述代数方程组,得到 4 个平衡点:

$P_1(0,0)$, $P_2(0, N_s)$, $P_3(N_m, 0)$, $P_4(N_m(1+\delta_{sm})/(1-\delta_{sm}\delta_{ms}), N_s(1+\delta_{ms})/(1-\delta_{sm}\delta_{ms}))$。

(2) 稳定性分析。用近似线性方法进一步判断 4 个平衡点的稳定性,将微分方程组(5-6)在任意一点 $P_0(x_m^0, x_s^0)$ 进行泰勒展开,并且只保留常数项和一次项,得到式(5-6)的近似线性方程:

$$\begin{cases} \dfrac{dx_m}{dt} = r_m \left(1 - \dfrac{2x_m}{N_m} + \delta_{sm} \dfrac{x_s}{N_s}\right)(x_m - x_m^0) + r_m \delta_{sm} \dfrac{x_m}{N_s}(x_s - x_s^0) \\ \dfrac{dx_s}{dt} = r_s \delta_{ms} \dfrac{x_s}{N_m}(x_m - x_m^0) + r_s \left(1 - \dfrac{2x_s}{N_s} + \delta_{ms} \dfrac{x_m}{N_m}\right)(x_s - x_s^0) \end{cases} \quad (5-7)$$

其系数矩阵为

$$A = \begin{bmatrix} r_m \left(1 - \dfrac{2x_m}{N_m} + \delta_{sm} \dfrac{x_s}{N_s}\right) & r_m \delta_{sm} \dfrac{x_m}{N_s} \\ r_s \delta_{ms} \dfrac{x_s}{N_m} & r_s \left(1 - \dfrac{2x_s}{N_s} + \delta_{ms} \dfrac{x_m}{N_m}\right) \end{bmatrix} \quad (5-8)$$

第5章 装备基地级维修PPP采购共生系统动力机理

将其记为

$$A = \begin{bmatrix} f_{x_m} & f_{x_s} \\ g_{x_m} & g_{x_s} \end{bmatrix}$$

其特征方程系数为

$$p = -(f_{x_m} + g_{x_s})|_{P_i}, \quad i=1,2,3,4$$
$$q = \det A|_{P_i}, \quad i=1,2,3,4$$

即

$$p = (2r_s - r_m \delta_{sm}) \frac{x_s}{N_s} + (2r_m - r_s \delta_{ms}) \frac{x_m}{N_m} - r_m - r_s$$

$$q = r_m r_s \left[1 + (\delta_{sm}-2)\frac{x_s}{N_s} + (\delta_{ms}-2)\frac{x_m}{N_m} + \frac{4x_m x_s}{N_m N_s} - 2\left(\frac{\delta_{ms} x_m^2}{N_m^2} + \frac{\delta_{sm} x_s^2}{N_s^2}\right) \right]$$

根据微分方程稳定性相关理论,分别求解4个平衡点 p、q 的值及其稳定条件:

① 对于平衡点 $P_1(0,0)$,有

$$p = -r_m - r_s, \quad q = r_m r_s$$

显然,平衡点 $P_1(0,0)$ 为不稳定节点,不具有稳定性。

② 对于平衡点 $P_2(0,N_s)$,有

$$p = r_s - r_m(\delta_{sm}+1), \quad q = -r_m r_s(\delta_{sm}+1)$$

因为 $q<0$,所以平衡点 $P_2(0,N_s)$ 为鞍点,是不稳定的。

③ 对于平衡点 $P_3(N_m,0)$,有

$$p = r_m - r_s(\delta_{ms}+1), \quad q = -r_m r_s(\delta_{ms}+1)$$

同理,平衡点 $P_3(N_m,0)$ 为鞍点,是不稳定的。

④ 对于平衡点 $P_4(N_m(1+\delta_{sm})/(1-\delta_{sm}\delta_{ms}), N_s(1+\delta_{ms})/(1-\delta_{sm}\delta_{ms}))$,有

$$p = \frac{r_m(\delta_{sm}+1) + r_s(\delta_{ms}+1)}{1-\delta_{sm}\delta_{ms}}, \quad q = \frac{r_m r_s(\delta_{sm}+1)(\delta_{ms}+1)}{1-\delta_{sm}\delta_{ms}}$$

因为 $\delta_{sm}\delta_{ms}<1$ 时,$p>0$,$q<0$,且

$$p^2 - 4q = \frac{[r_m(\delta_{sm}+1) - r_s(\delta_{ms}+1)]^2 + 4r_m r_s \delta_{sm} \delta_{ms}(\delta_{sm}+1)(\delta_{ms}+1)}{(1-\delta_{sm}\delta_{ms})^2} > 0$$

所以,平衡点 $P_4(N_m(1+\delta_{sm})/(1-\delta_{sm}\delta_{ms}), N_s(1+\delta_{ms})/(1-\delta_{sm}\delta_{ms}))$ 为稳定节点,具有稳定性。

根据上述分析结果,基于质参量兼容的"内共生"L-V拓展模型的平衡点及其稳定性具体情况如表5-1所列。

以上通过分析平衡点的稳定性,探讨了基于质参量兼容的"内共生"L-V拓展模型的局部稳定性,为全面把握和理解"内共生"规律,下面运用相轨线分析

方法,进一步研究模型的全局稳定性。

表 5-1　基于质参量兼容的"内共生"L-V 拓展模型平衡点及其稳定性

平　衡　点	p	q	稳定条件
$P_1(0,0)$	$-r_m-r_s$	$r_m r_s$	不稳定节点 不稳定
$P_2(0,N_s)$	$r_s-r_m(\delta_{sm}+1)$	$-r_m r_s(\delta_{sm}+1)$	鞍点 不稳定
$P_3(N_m,0)$	$r_m-r_s(\delta_{ms}+1)$	$-r_m r_s(\delta_{ms}+1)$	鞍点 不稳定
$P_4\left(\dfrac{N_m(1+\delta_{sm})}{1-\delta_{sm}\delta_{ms}},\dfrac{N_s(1+\delta_{ms})}{1-\delta_{sm}\delta_{ms}}\right)$	$\dfrac{r_m(\delta_{sm}+1)+r_s(\delta_{ms}+1)}{1-\delta_{sm}\delta_{ms}}$	$\dfrac{r_m r_s(\delta_{sm}+1)(\delta_{ms}+1)}{1-\delta_{sm}\delta_{ms}}$	稳定节点 $\delta_{sm}\delta_{ms}<1$

由方程组(5-6)可以得出,模型的等倾线为

$$\varphi(x_m,x_s)=1-\frac{x_m}{N_m}+\delta_{sm}\frac{x_s}{N_s}$$

$$\psi(x_m,x_s)=1-\frac{x_s}{N_s}+\delta_{ms}\frac{x_m}{N_m}$$

对于 δ_{sm}、δ_{ms} 的不同取值范围,直线 $\varphi(x_m,x_s)=0$ 和 $\psi(x_m,x_s)=0$ 在相平面上的相对位置有 4 种不同情况,下面分别对这四种情况进行分析(图 5-2)。

① 当 $\delta_{sm}<1$,$\delta_{ms}<1$ 时,结合 4 个平衡点,可画出如图 5-2(a)所示的基于质参量兼容的"内共生"L-V 拓展模型的等倾线和平衡态。

② 当 $\delta_{sm}<1$,$\delta_{ms}>1$,而且 $\delta_{sm}\delta_{ms}<1$ 时,结合 4 个平衡点,可画出如图 5-2(b)所示的基于质参量兼容的"内共生"L-V 拓展模型的等倾线及其平衡态。

③ 当 $\delta_{sm}>1$,$\delta_{ms}<1$,而且 $\delta_{sm}\delta_{ms}<1$ 时,结合 4 个平衡点,基于质参量兼容的"内共生"L-V 拓展模型的等倾线及其平衡态如图 5-2(c)所示。

④ 当 $\delta_{sm}>1$,$\delta_{ms}>1$,结合 4 个平衡点,基于质参量兼容的"内共生"L-V 拓展模型的等倾线及其平衡态如图 5-2(d)所示。

显然,④ 中的 δ_{sm}、δ_{ms} 不符合 $\delta_{sm}\delta_{ms}<1$ 的稳定条件,图 5-2(d)中所示的稳定节点 P_4 位于第三象限,在现实生活中没有实际意义。其实,图 5-2(d)也进一步验证了上述稳定性分析得出的稳定条件。

同时,从图 5-2 中可以看出图 5-2(a)、(b)和(c)其实是 $\delta_{sm}\delta_{ms}<1$ 的 3 种具体情况,况且图 5-2(a)、(b)和(c)的形状基本一致,2 条等倾线 $\varphi(x_m,x_s)=0$ 和 $\psi(x_m,x_s)=0$ 都将相平面 $(x_m,x_s\geqslant0)$ 划分为 4 个区域 M_1、M_2、M_3 和 M_4:

$$M_1:\frac{\mathrm{d}x_m}{\mathrm{d}t}>0,\ \frac{\mathrm{d}x_s}{\mathrm{d}t}>0 \tag{5-9}$$

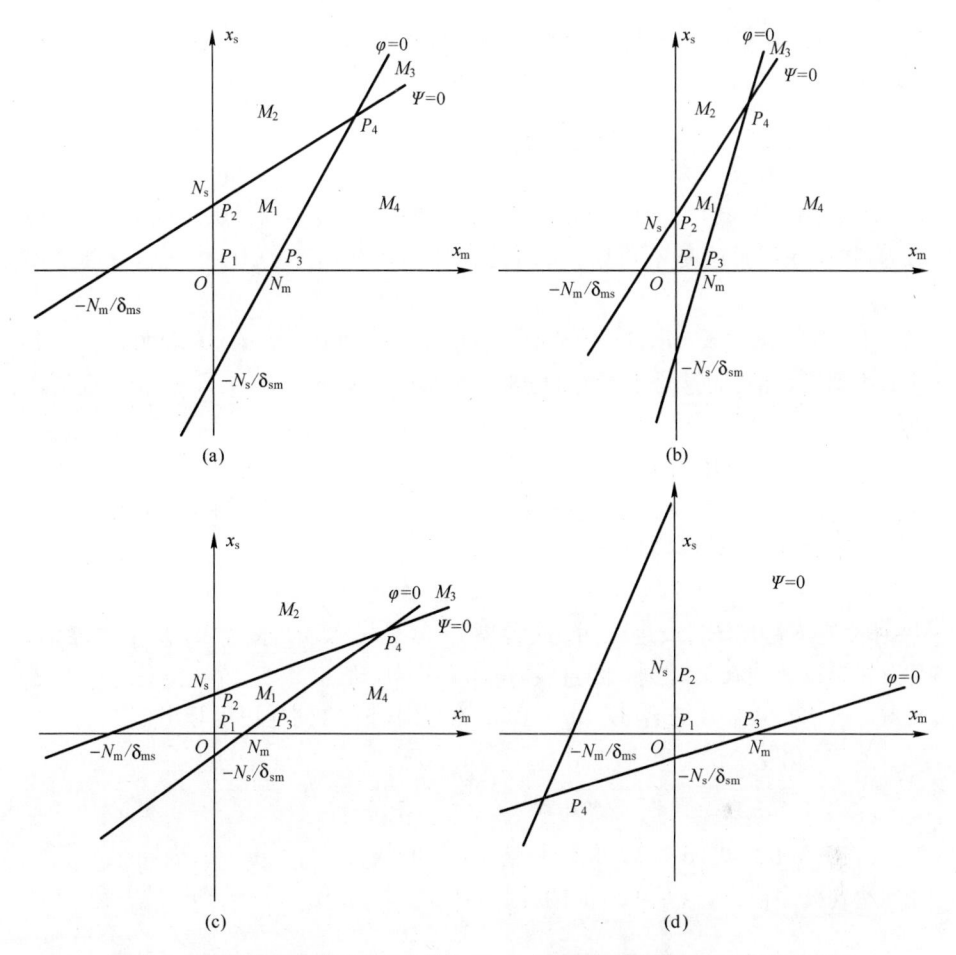

图 5-2　基于质参量兼容的"内共生"L-V 拓展模型等倾线和平衡态示意图

(a) $\delta_{sm}<1,\delta_{ms}<1$；(b) $\delta_{sm}<1,\delta_{ms}>1$，且 $\delta_{sm}\delta_{ms}<1$；(c) $\delta_{sm}>1,\delta_{ms}<1$，且 $\delta_{sm}\delta_{ms}<1$；(d) $\delta_{sm}>1,\delta_{ms}>1$

$$M_2: \frac{dx_m}{dt}>0, \quad \frac{dx_s}{dt}<0 \tag{5-10}$$

$$M_3: \frac{dx_m}{dt}<0, \quad \frac{dx_s}{dt}<0 \tag{5-11}$$

$$M_4: \frac{dx_m}{dt}<0, \quad \frac{dx_s}{dt}>0 \tag{5-12}$$

M_1 之中：如果轨线从 M_1 中的某点出发，由式(5-9)可知，随着 t 的增加轨线向右上方运动，必然趋向 P_4。

M_2 之中：如果轨线从 M_2 中的某点出发，由式(5-10)可知轨线向右下方运动，那么它或趋向 P_4，或进入 M_1 或者 M_3。但是，进入 M_1 或者 M_3 是不可能的，因为如果设轨线在某时刻 t_1 经直线 $\psi(x_\mathrm{m},x_\mathrm{s})=0$ 进入 M_1 或者 $\varphi(x_\mathrm{m},x_\mathrm{s})=0$ 进入 M_3,则 $\mathrm{d}x_\mathrm{s}/\mathrm{d}t_1=0$ 或者 $\mathrm{d}x_\mathrm{m}/\mathrm{d}t_1=0$,由方程组(5-1)可以算出:

$$\frac{\mathrm{d}^2 x_{\mathrm{s}(t_1)}}{\mathrm{d}t_1^2}=r_\mathrm{s}\delta_\mathrm{ms}\frac{x_{\mathrm{s}(t_1)}\mathrm{d}x_{\mathrm{m}(t_1)}}{N_\mathrm{m}\mathrm{d}t_1} \quad \text{或} \quad \frac{\mathrm{d}^2 x_{\mathrm{m}(t_1)}}{\mathrm{d}t_1^2}=r_\mathrm{m}\delta_\mathrm{sm}\frac{x_{\mathrm{m}(t_1)}\mathrm{d}x_{\mathrm{s}(t_1)}}{N_\mathrm{s}\mathrm{d}t_1}$$

由式(5-9)、式(5-10)可知 $\mathrm{d}x_{\mathrm{m}(t_1)}/\mathrm{d}t_1>0$,故 $\mathrm{d}^2 x_{\mathrm{s}(t_1)}/\mathrm{d}t_1^2>0$,表明 $x_{\mathrm{s}(t)}$ 在 t_1 时刻达到极小值,而这是不可能的,因为在 M_2 中的 $\mathrm{d}x_\mathrm{s}/\mathrm{d}t<0$,即 $x_{\mathrm{s}(t)}$ 一直是递减的。

由式(5-10)、式(5-11)可知 $\mathrm{d}x_{\mathrm{s}(t_1)}/\mathrm{d}t_1<0$,故 $\mathrm{d}^2 x_{\mathrm{m}(t_1)}/\mathrm{d}t_1^2<0$,表明 $x_{\mathrm{m}(t)}$ 在 t_1 时刻达到极大值,而这是不可能的,因为在 M_2 中的 $\mathrm{d}x_\mathrm{m}/\mathrm{d}t>0$,即 $x_{\mathrm{m}(t)}$ 一直是递增的。

因此,轨线从 M_2 中的某点出发必然趋向 P_4。

M_3 之中:如果轨线从 M_3 中的某点出发,由式(5-11)可知随着 t 的增加轨线向左下方运动,必然趋向 P_4。

M_4 之中:如果轨线从 M_4 中的某点出发,由式(5-12)可知轨线向左上方运动,那么它或趋向 P_4,或进入 M_1 或者 M_3。但是进入 M_1 或者 M_3 是不可能的,因为如果设轨线在某时刻 t_2 经直线 $\varphi(x_\mathrm{m},x_\mathrm{s})=0$ 进入 M_1 或者 $\psi(x_\mathrm{m},x_\mathrm{s})=0$ 进入 M_3,则 $\mathrm{d}x_\mathrm{m}/\mathrm{d}t_2=0$ 或者 $\mathrm{d}x_\mathrm{s}/\mathrm{d}t_2=0$,由方程组(5-1)同样可以算出:

$$\frac{\mathrm{d}^2 x_{\mathrm{m}(t_2)}}{\mathrm{d}t_2^2}=r_\mathrm{m}\delta_\mathrm{sm}\frac{x_{\mathrm{m}(t_2)}\mathrm{d}x_{\mathrm{s}(t_2)}}{N_\mathrm{s}\mathrm{d}t_2} \quad \text{或} \quad \frac{\mathrm{d}^2 x_{\mathrm{s}(t_2)}}{\mathrm{d}t_2^2}=r_\mathrm{s}\delta_\mathrm{ms}\frac{x_{\mathrm{s}(t_2)}\mathrm{d}x_{\mathrm{m}(t_2)}}{N_\mathrm{m}\mathrm{d}t_2}$$

由式(5-9)、式(5-12)可知 $\mathrm{d}x_{\mathrm{s}(t_2)}/\mathrm{d}t_2>0$,故 $\mathrm{d}^2 x_{\mathrm{m}(t_2)}/\mathrm{d}t_2^2>0$,表明 $x_{\mathrm{m}(t)}$ 在 t_2 时刻达到极小值,而这是不可能的,因为在 M_4 中的 $\mathrm{d}x_\mathrm{m}/\mathrm{d}t<0$,即 $x_{\mathrm{m}(t)}$ 一直是递减的。

由式(5-11)、式(5-12)可知 $\mathrm{d}x_{\mathrm{m}(t_2)}/\mathrm{d}t_2<0$,故 $\mathrm{d}^2 x_{\mathrm{s}(t_2)}/\mathrm{d}t_2^2<0$,表明 $x_{\mathrm{s}(t)}$ 在 t_2 时刻达到极大值,而这是不可能的,因为在 M_4 中的 $\mathrm{d}x_\mathrm{s}/\mathrm{d}t>0$,即 $x_{\mathrm{s}(t)}$ 一直是递增的。

因此,轨线从 M_4 中的某点出发必然趋向 P_4。

综上所述,无论轨线从相平面中的 M_1、M_2、M_3 和 M_4 哪个区域中的任意一点出发,最终都将收敛于稳定节点 P_4。

根据上述基于质参量兼容的"内共生"L-V 拓展模型平衡点的稳定性、等倾线和轨线等分析结论,最终可以得出如图 5-3 所示的基于质参量兼容的"内共生"L-V 拓展模型的演化相图。

3. "内共生"规律分析

通过上述建模分析,可以得出以下 5 条"内共生"规律:

(1)"内共生"是装备基地级维修 PPP 采购共生系统演化的内部决定因

第5章 装备基地级维修 PPP 采购共生系统动力机理

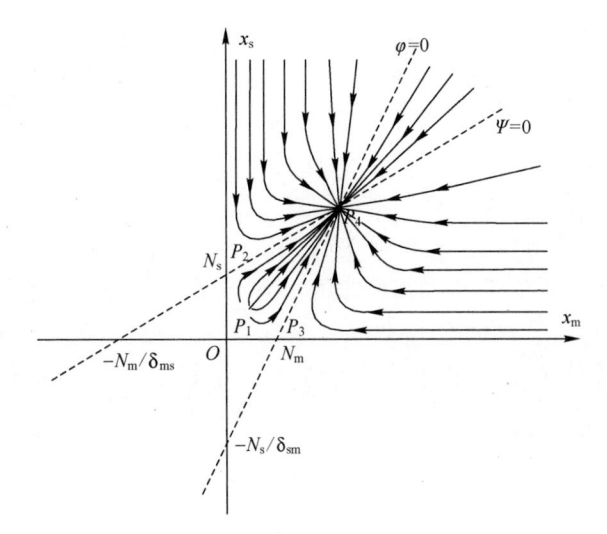

图 5-3 基于质参量兼容的"内共生"L-V 拓展模型演化相图

素,因为它既是共生关系形成的根本基础,又决定着共生关系的具体模式,对共生系统的演化起决定性作用。

(2) 从图 5-3 中可以得出,平衡点 $P_4(N_m(1+\delta_{sm})/(1-\delta_{sm}\delta_{ms}),N_s(1+\delta_{ms})/(1-\delta_{sm}\delta_{ms}))$ 为"内共生"在第一象限的唯一稳定节点。因此,"内共生"最终必然向唯一稳定节点 P_4 所代表的稳定的定态演化。也就是说,军队装备部门与社会资本这对共生单元或其通过共生界面之间的"内共生"只有在节点 P_4 是稳定的。

(3) 在稳定节点 P_4,军队装备部门与社会资本的所得产出分别为

$$x_m = \frac{N_m(1+\delta_{sm})}{1-\delta_{sm}\delta_{ms}}, \quad x_s = \frac{N_s(1+\delta_{ms})}{1-\delta_{sm}\delta_{ms}}$$

显然,在 $\delta_{sm}\delta_{ms}<1$ 的稳定条件下:

$$\frac{N_m(1+\delta_{sm})}{1-\delta_{sm}\delta_{ms}}>N_m, \text{且} \frac{N_s(1+\delta_{ms})}{1-\delta_{sm}\delta_{ms}}>N_s \tag{5-13}$$

式(5-13)说明,在相同的生产条件下,军队装备部门与社会资本通过 PPP 模式合作生产和提供装备基地级维修形成"内共生"关系,比不形成"内共生"关系各自所得产出的最大阈值要大。也就是说,通过"内共生"产生了额外的共生能量,对共生单元双方都是有利可图的。

(4) 共生稳定条件 $\delta_{sm}\delta_{ms}<1$ 且 $\delta_{sm}>0,\delta_{ms}>0$ 表明,"内共生"关系的形成是基于军队装备部门与社会资本这对共生单元之间的维修资源禀赋优势耦合互补,合作共同生产和提供装备基地级维修,缺一不可。同时,通过形成"内共生"关系对于军队装备部门和社会资本的装备基地级维修生产都有所促进和提高,

军队装备部门与社会资本之间是一种共存共荣的互惠共生模式。其中：$\delta_{sm}<1$，$\delta_{ms}>1$，且$\delta_{sm}\delta_{ms}<1$表明，军队装备部门对于社会资本装备基地级维修生产的促进和提高比社会资本对于军队装备部门的大，双方是一种非对称互惠共生模式；$\delta_{sm}>1$，$\delta_{ms}<1$，而且$\delta_{sm}\delta_{ms}<1$表明，社会资本对于军队装备部门装备基地级维修生产的促进和提高比军队装备部门对于社会资本的大，双方也还是一种非对称互惠共生模式；$\delta_{sm}<1$，$\delta_{ms}<1$则表明，军队装备部门与社会资本相互之间的装备基地级维修生产的促进和提高作用相当，双方是一种近似对称互惠共生模式。从图5-2可以直观地看出，图5-2(b)和(c)中的稳定节点P_4距离鞍点P_2、P_3的距离要比图5-2(a)中的近一些，因此其稳定节点P_4的稳定性就要比图5-2(a)中的差一点。

(5) 由$x_m=N_m(1+\delta_{sm})/(1-\delta_{sm}\delta_{ms})$，$x_s=N_s(1+\delta_{ms})/(1-\delta_{sm}\delta_{ms})$，$\delta_{sm}>0$，$\delta_{ms}>0$，$\delta_{sm}\delta_{ms}<1$可得

$$\frac{dx_m}{d\delta_{sm}}=\frac{N_m(1+\delta_{sm})}{(1-\delta_{sm}\delta_{ms})^2}>0, \quad \frac{dx_s}{d\delta_{ms}}=\frac{N_s(1+\delta_{ms})}{(1-\delta_{sm}\delta_{ms})^2}>0 \qquad (5-14)$$

式(5-14)充分说明：军队装备部门所得产出的最大阈值是社会资本所得产出的自然增长饱和度对军队装备部门所得产出增长的贡献δ_{sm}的增函数；社会资本所得产出的最大阈值是军队装备部门所得产出的自然增长饱和度对社会资本所得产出增长的贡献δ_{ms}的增函数。换句话说，就是军队装备部门所得产出的最大阈值随着社会资本所得产出的自然增长饱和度对军队装备部门所得产出增长的贡献δ_{sm}递增；社会资本所得产出的最大阈值随着军队装备部门所得产出的自然增长饱和度对社会资本所得产出增长的贡献δ_{ms}递增。可见，军队装备部门与社会资本之间相互对对方增长的贡献度越高，双方各自所得产出的最大阈值就越大。同时，由于δ_{sm}、δ_{ms}作为"兼容系数"又反映了军队装备部门与社会资本之间的质参量兼容程度。因此，归根结底来说，军队装备部门与社会资本之间维修资源禀赋优势互补耦合度越高，"内共生"产生的共生能量就越大，共生单元之间的共生关系就越稳固。

5.2.2 中观层面："外共生"演化规律

1. "外共生"基本内涵

所谓"外共生"是指共生系统共生体与共生环境之间为适应彼此的变化而不断做出相应变化，最终导致整个共生系统结构、状态、特性、行为、功能等发生变化的现象。"外共生"是装备基地级维修PPP采购共生系统中观层面的共生演化过程，它是装备基地级维修PPP采购过程中，客观存在或者主观设置的外部共生环境与共生体之间互相联系、互相作用，通过反馈机制促进或抑制装备

基地级维修PPP采购行为的过程。"外共生"是共生系统演化的外部影响因素,影响着共生模式及其发展趋势,它通过间接改变共生单元的共生度、共生维度,及其共生界面的特征系数等指标,间接影响共生系统的结构、状态、特性、行为和功能,对装备基地级维修PPP采购共生系统演化起辅助性作用。此外,虽然由于共生环境的普遍性、客观性和不连续性,它对共生系统演化的影响具有间接性、辅助性和滞后性特征,但其影响却是不可避免和无法忽视的。

2. "外共生"模型构建

"外共生"是通过共生体与共生环境之间的物质、信息以及能量的交流来实现的。传统学派对于组织与环境的关系主要存在两种截然不同的观点,即"被动适应"与"主动选择"两种对立的观点。与协同演化理论类似,共生理论认为共生体与共生环境之间是一种相互影响、相互依赖的动态互动关系,共生体与共生环境之间不但存在表3-3所示的双向激励、中性作用以及双向抑制等7种作用关系组合,而且它们之间的组合关系还会随着时空条件的发展变化而做出相应的变化。可见,"外共生"既体现了共生环境对共生体的"选择",又反映了共生体对共生环境的"适应"。因此,从本质上讲,"外共生"就是共生体与共生环境之间自耦合的协同演化过程。

耦合原意是指相互契合,表示两种或者两种以上事物之间某种稳定的交互作用方式,自耦合则表示事物内部构成要素之间的交互作用方式。1979年,美国数学家Douglas Hofstadter研究提出了互为条件、互为因果的自耦合循环原理。他指出,正是由于这种类似人类DNA螺旋结构的自耦合循环的存在才使得系统在"不知不觉"中向新的结构演化,而这种演化又仿佛是在回到原来状态时所完成的。自耦合循环原理的发现揭示了互为条件、互为因果的事物之间相互作用、协同发展的内在机理,对于研究"外共生"演化规律具有重要的理论意义。

与控制论中的反馈循环理论一致,自耦合循环原理认为复杂系统内部要素、子系统之间存在某种因果循环关系,使从某一要素发出的作用经过因果循环的传递和转换最终又回到自己身上。据此判断,装备基地级维修PPP采购共生系统"外共生"演化过程中共生体与共生环境之间通过反馈机制形成的因果循环关系就是一种典型的自耦合循环。具体来说,就是共生体与共生环境之间在进行物质、信息和价值交换的回路中,两者之间对于对方的变化做出相应反馈和改变,而这种反馈和改变又进一步引发对方做出新一轮反馈和改变的螺旋因果循环关系。"外共生"演化过程中,共生体与共生环境之间的反馈机制有正反馈和负反馈两种形式。正反馈是使共生体与共生环境突破现有状态和结构,涌现出新状态和结构的作用机制,是"外共生"演化的推动力量,对共生系统的演化具有自激励和自催化的作用。负反馈则是使共生体与共生环境保持现有状态和结构的作用机制,是"外共生"演化的阻碍力量,对共生系统的演化具有自稳定和自阻滞的作用。"外共生"演化中正负反馈机制总是同时作用,有时甚至是同一作用的两个矛盾方面。总之,如图5-4所示,正是基于正负反馈的自耦合机制推动着"外共生"演化。

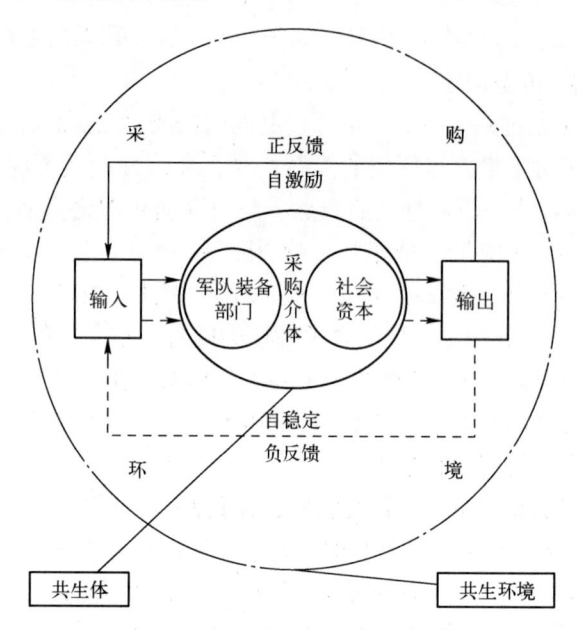

图 5-4 基于正负反馈的"外共生"自耦合模型

3. "外共生"规律分析

通过以上模型分析,可以得到以下3条"外共生"规律:

(1) "外共生"是装备基地级维修PPP采购共生系统演化的外部影响因素,因为它是通过共生体与共生环境之间基于正负反馈的自耦合机制来间接而持续地影响共生关系的形成及其具体模式,对共生系统的演化起辅助性作用。

(2) 从图5-4中可以得出,"外共生"是通过基于正负反馈循环回路的自耦合机制来实现的。其中,"外共生"自耦合机制的正反馈输出(输入)主要包括通过装备基地级维修PPP采购所不断获得的额外的军事、经济和社会等多种效益。这些正反馈持续作用于共生体及其构成要素,激励其积极参与装备基地级维修PPP采购,从而对"外共生"的演化起到激励和催化的作用。"外共生"自耦合机制的负反馈输出(输入)主要包括装备基地级维修PPP采购所固有且不断变化的投资大、周期长、风险高以及管理难等多种风险。这些负反馈持续作用于共生体及其构成要素,抑制其主动参与装备基地级维修PPP采购,从而对"外共生"的演化起到稳定和阻滞的作用。需要强调的是,在"外共生"演化过程之中,正负反馈之间的关系正如Douglas Hofstadter所指出的那样,是一种你中有我、我中有你的互为条件、互为因果的自耦合循环关系。因为正反馈是给予共生体演化的激励,没有激励共生体就无法向新的结构、状态以及行为模式演化;而负反馈是给予共生体演化的稳定,没有稳定共生体就难以保持新建立起来的结构、状态以及行为模式,所以它们之间是一对既对立又统一的矛盾统一体。

(3) 正是因为"外共生"是通过基于正负反馈的自耦合机制来实现的,所以共生环境对共生体及其共生单元的影响和作用具有明显的阶段性、间接性和迟滞性。这是由于装备基地级维修PPP采购共生系统作为一个典型的军事经济复合共生系统,其共生环境本身具有明显的阶段稳定性,其共生体与共生环境之间对于对方变化的反馈具有必然的作用间接性和时效迟滞性。

5.2.3 宏观层面:"双共生"自耦合规律

通过从微观和中观层面对"内共生"和"外共生"演化规律的分析,可以初步得出:"内共生"是共生系统演化的内在根据和根本原因,是第一位的,它决定着共生系统形成与否或其发展趋向,是共生关系生成或者共生系统演化的必要条件;"外共生"是共生系统演化的外部条件和重要影响,是第二位的,它对于共生系统的形成与发展起着加速或者延缓的作用,是共生关系生成或者共生系统演化的充分条件;装备基地级维修PPP采购共生系统的演化是"内共生"与"外共生"共同作用的结果,"外共生"只有通过诱导"内共生"才能间接地对共生系统的演化产生影响,"外共生"与"内共生"共同构成了共生关系生成或者共生系统演化的充要条件。

然而作为一个自组织为主、他组织为辅的复杂适应系统,装备基地级维修PPP采购共生系统的演化过程绝非"内共生"与"外共生"演化的简单累加,而与"外共生"演化中共生体与共生环境之间的自耦合循环类似,是一个"内共生"与"外共生""双层嵌套、反馈贯穿、内外循环、螺旋上升"的立体交互自耦合循环,称之为"双共生"自耦合规律。装备基地级维修PPP采购共生系统"双共生"自耦合模型如图5-5所示。

下面,结合装备基地级维修PPP采购共生系统"双共生"自耦合模型,在宏观层面分别从静态分析和动态分析两个视角来研究其"双共生"自耦合规律。

基于静态分析的视角,从图5-5所示的模型可以得出,装备基地级维修

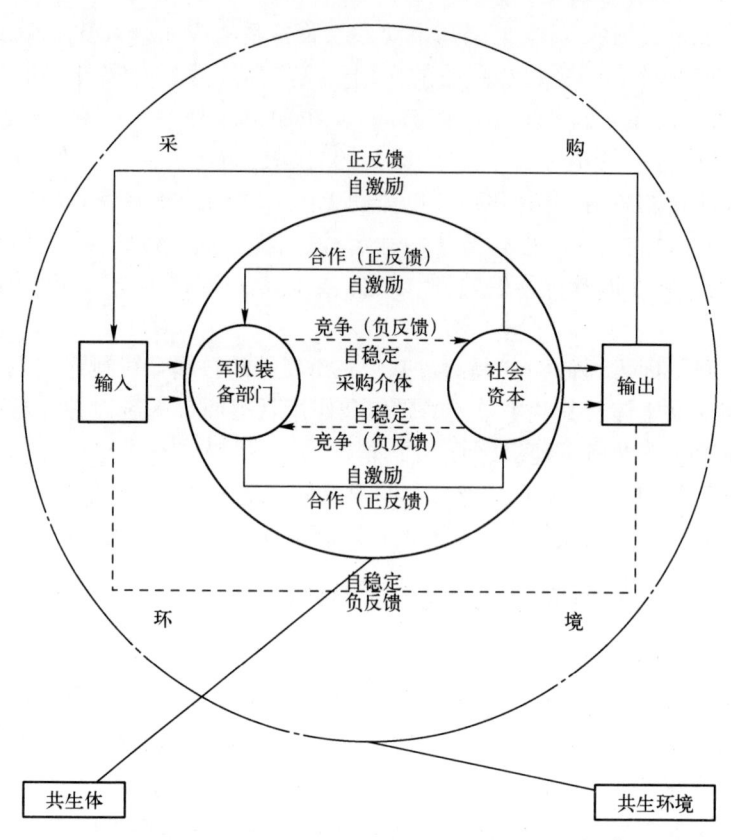

图 5-5 装备基地级维修 PPP 采购共生系统"双共生"自耦合模型①

PPP 采购共生系统"双共生"自耦合结构之中,"内共生"与"外共生"你中有我、我中有你,形成了双层嵌套结构,反馈机制作为主线贯穿了整个演化过程的始终,使"内共生"与"外共生"互为条件、互为因果、接续循环,而最终形成了"内共生"与"外共生"之间与人类 DNA 双螺旋结构相类似的双螺旋上升式耦合,从而成为共生系统演化的"内在基因",决定并主导了其演化过程和发展方向。

从动态分析的视角来看,由于反馈机制是贯穿整个"双共生"自耦合全过程始终的主线。因此,在不影响问题本质的前提下,可分别从正负反馈两个方面分析装备基地级维修 PPP 采购共生系统"双共生"自耦合过程及其运行规律。

1. 正反馈方面

若从图 5-5 中的共生环境左侧输入端输入一个正反馈,例如政府出台某项

---

① 从表象上看,"内共生"是通过"基于竞争的合作"机制得以实现的;然而从本质上讲,这种"基于竞争的合作"机制实质上就是竞争与合作的自耦合机制。竞争对于 PPP 模式来说相当于负反馈,合作则相当于正反馈。因此,本模型将合作视为"内共生"中的正反馈,而将竞争则视为"内共生"中的负反馈。

第5章 装备基地级维修PPP采购共生系统动力机理

公共服务PPP采购法规制度,它首先会进入共生体并在"内共生"中循环,给共生体中的共生单元及其共生界面予以自激励,促使其参与装备基地级维修PPP采购;然后共生体也会输出一个正反馈,提高军队装备基地级维修的军事效益,它又会通过输出端返回共生环境并在"外共生"中循环,给共生环境中的行为主体特别是公共部门予以自激励,促使其进一步改善共生环境以获得更大的利益,从而在完成一个由正反馈贯穿的自耦合循环过程的同时,又为下一轮循环输入一个新的正反馈。

2. 负反馈方面

若从图5-5中的共生体右侧输出端输出一个负反馈,如装备基地级维修PPP采购融资风险过高,它会首先进入共生环境并在"外共生"中循环,给共生环境中的行为主体特别是公共部门予以自稳定,促使其进一步恶化共生环境以避免风险;然后共生环境也会输出一个负反馈,如政府出台某项限制投融资比例的政策或法规,它又会通过输入端返回共生体并在"内共生"中循环,给共生体中的共生单元及其共生界面予以自稳定,抑制其参与装备基地级维修PPP采购,从而在完成一个由负反馈贯穿的自耦合循环过程的同时,又为下一轮循环输入一个新的负反馈。

在装备基地级维修PPP采购过程中,共生系统中的反馈机制常常是正负耦合、双向交织、同时作用、时隐时现、错综复杂的,呈现出明显的多重均衡、相互锁定、路径依赖等特征。有时甚至是同一反馈对不同共生单元或者共生界面其作用性质就会截然相反,而并非上述简化分析中的单一性反馈机制。同时,装备基地级维修PPP采购共生系统中的反馈机制还具有强烈的"棘轮效应"和"马太效应",即人们常说的"强强合作、强者更强,弱弱联手、弱者更弱"。这一点,在经济学上可以理解为边际报酬递增。

上述宏观层面的静态分析和动态分析进一步表明:装备基地级维修PPP采购共生系统的演化,不仅是"内共生"与"外共生"共同作用的结果,而且是"内共生"与"外共生"之间相互激励、相互响应以及相互耦合的因果循环过程。"内共生"与"外共生"之间通过互为条件、互为因果的自耦合循环机制形成一个相互依存、相互促进、相互转化、不可分割的有机统一体,共同推进了装备基地级维修PPP采购共生系统的演化发展。所以,从本质上讲,装备基地级维修PPP采购共生系统的演化过程就是"内共生"与"外共生""双共生"自耦合的过程。因此,装备基地级维修PPP采购共生系统的演化规律也就是"内共生"与"外共生"的"双共生"自耦合规律,即"内共生"与"外共生""双层嵌套、反馈贯穿、内外循环、螺旋上升"的立体交互自耦合循环。

5.3 装备基地级维修 PPP 采购共生系统单生命周期演化动力机制

通过在空间结构上分别从微观、中观和宏观层面对"内共生"和"外共生"演化规律及其"双共生"自耦合规律的分析可知,装备基地级维修 PPP 采购共生系统的演化过程即"双共生"自耦合的过程。因而,从时间结构上讲,"双共生"自耦合不息,装备基地级维修 PPP 采购共生系统演化就不止。从单个演化过程来看,与自然生态系统中生物种群的形成、壮大、保持、衰败或死亡的演化轨迹类似,"内共生"与"外共生"之间的每一次自耦合都孕育了一个共生系统由生成、成长、成熟到衰退的微观完整生命周期。

5.3.1 单生命周期演化过程及其动力学模型构建

1. 单生命周期演化过程分析

单生命周期演化过程是指装备基地级维修 PPP 采购共生系统演化过程中,"内共生"与"外共生"单次自耦合所产生的共生系统由生成、成长、成熟到衰退的演化过程。因为在这一过程中,共生系统与自然生态系统之中的生物种群一样,都经历了一个形成、壮大、保持、衰败或死亡的从"生"到"死"的完整生命周期,这个过程称为单生命周期演化过程。

装备基地级维修 PPP 采购共生系统单生命周期演化过程在运营中具体体现为:军队装备部门和社会资本基于维修资源禀赋优势耦合,通过或者不通过第三方采购介体,以订立合同的形式建立虚体合作伙伴关系(虚拟企业)或成立实体项目公司(SPV),共同将各自拥有的优势维修资源投入到 PPP 采购项目中,合作生产和提供装备基地级维修并最终分享产出的军事、经济和社会效益的整个过程。装备基地级维修 PPP 采购共生系统中,军队装备部门和社会资本及其采购介体相当于生态系统中的生物种群,共生体相当于生态系统中的生物群落,而共生环境则相当于生态系统中的群落生境,它们共同构成了一个人类社会中的"生态系统"——装备基地级维修 PPP 采购共生系统。在装备基地级维修 PPP 采购一个合同期即共生系统单个生命周期内,装备基地级维修 PPP 采购的项目规划、准备和采购阶段是其共生系统的生成阶段、对应生态系统的形成阶段;项目建设(改造)阶段是其共生系统的成长阶段、对应生态系统的壮大阶段;项目执行阶段是其共生系统的成熟阶段、对应生态系统的保持阶段;而项目移交阶段是其共生系统的衰退阶段、对应生态系统的衰败或死亡阶段。同时,在装备基地级维修 PPP 采购中,由军事、政策、市场、社会和科技等环境因素构成的采购环境具有明显的阶段性和稳定性,加之采购合同自身具有的周期性和时效性。因此,在装备基地级维修 PPP 采购共生系统单个生命周期演化过程中,"内共生"与"外共生"只能进行一次自耦合。也就是说,在单个生命周期的时间区间内外部共生环境相对保持不变,即在单生命周期演化过程中"外共生"对共生系统演化的作用是一次性且固定不变的。

根据种群生态学理论,Logistic 模型又称为阻滞增长模型,其演化曲线能够比较准确地描述种群在有限环境中诞生、成长、成熟和进化(退化)的增长规律,是研究种群共生演化的基本模型。近年来,被广泛运用于刻画企业(产业)、城市交通、商业集群等复杂社会生态系统的演化过程。因此,按照产业生命周期理论,结合"内共生"演化规律中对 Logistic 模型的分析,运用生态理论中的 Logistic 模型刻画和研究装备基地级维修 PPP 共生系统的单生命周期演化过程及其动力机制是较为科学的。

2. 单生命周期动力学模型构建

根据装备基地级维修 PPP 采购共生系统的演化规律可知,单生命周期演化过程是"内共生"与"外共生"单次自耦合的结果,而且"外共生"是通过诱导"内共生"来间接影响共生系统的演化。因此,可将共生系统动态演化过程中所受到的"双共生"自耦合作用及其产生的变化典型地简化为装备基地级维修 PPP 采购项目的产量信号。此时,运用 Logistic 模型来描绘装备基地级维修 PPP 采购项目产量的动态变化过程,实质上就是在刻画其共生系统的单生命周期演化过程。

此外,共生能量是共生系统存在与演化的本质特征和必要条件。根据共生能量生成原理,全要素共生度大于 0 是共生能量生成的充分必要条件。为此,将共生能量生成原理融入 Logistic 模型,通过合理设定模型中的变量和参数,构建基于共生能量生成的 Logistic 模型,从单生命周期演化区间,深入分析装备基地级维修 PPP 采购共生系统演化过程及其动力机制。

1) 条件假设

为便于讨论和理解,在不影响问题本质的前提下,做如下假设:

(1) 设研究对象为二维装备基地级维修 PPP 采购共生系统,即假设共生系统的共生密度与共生维度保持不变。

(2) 设 $x(t)$ 为装备基地级维修 PPP 采购项目即其共生系统的产量,并将共生系统在初始时刻($t=0$)时的产量记为 x_0。这里对时间 t 的涵义的拓展与前文一致。

(3) 在单个生命周期的时空环境下,假定受人员、设备、设施等既定维修资源条件的约束,共生系统产量存在一个最大阈值,记为 N。N 只受人员、设备、设施等维修资源禀赋的影响,与时间 t 无关。N 的大小充分地体现了共生环境即"外共生"对于共生系统演化的影响。由于在单个生命周期的时间区间内共生环境相对保持不变,因此假设其为常数。

(4) 设 $x(t)/N$ 为自然市场规模饱和度,$1-x(t)/N$ 则反映在单个生命周期内自然增长饱和度对共生系统产量的阻滞作用,即产量增长的空间。

(5) 设 r 为装备基地级维修 PPP 采购共生系统产量的平均增长率或者内禀增长率,它与共生系统自身的固有特性有关,因此对于给定的共生系统在单个生命周期内假设其为常数。

2) 模型建立

根据上述模型分析和假设条件,以共生能量生成原理为指导原则,以 Logistic 模型为方法工具,可以得到装备基地级维修 PPP 采购共生系统演化的 Logistic 模型:

$$\frac{\mathrm{d}x}{\mathrm{d}t}=rx\left(1-\frac{x}{N}\right),\ x(0)=x_0 \tag{5-15}$$

从共生能量生成的视角来看,装备基地级维修 PPP 采购共生系统中,军队装备部门与社会资本间的共生关系是一种"强共生",即生成共生能量的实际生产过程是由军队装备部门与社会资本基于维修资源禀赋优势耦合互补而紧密合作、共同生产、缺一不可的;然而企业或产业集群中的企业与企业之间的共生关系是一种"弱共生",即生成共生能量的实际生产过程是由企业与企业基于产业链、价值链或知识链衔接而松散合作、分头进行、独立组织的。装备基地级维修 PPP 采购共生系统产量的平均增长率或内禀增长率 r 与一般企业共生系统的也不同,它不仅受共生单元自身资源禀赋影响,更加受共生单元间的资源禀赋耦合度及其共生界面的资源禀赋耦合率制约。进而,从共生能量是共生过程给共生系统带来的净能量的角度讲,对既定装备基地级维修 PPP 采购共生系统,在共生环境、共生界面、共生单元及其资源禀赋保持不变的条件下即单个生命周期内,其产量的平均增长率或内禀增长率 r 就由共生单元间的资源禀赋耦合度及其共生界面的资源禀赋耦合率所共同决定。而在共生理论中,是用全要素共生度 δ_p 来衡量在单个生命周期内,共生系统中共生单元间的资源禀赋耦合度(共生单元共生度)及其共生界面的资源禀赋耦合率(共生界面特征值)的耦合作用。因此,遵循共生能量生成原理令 $r=\delta_p$。这样,就得到了基于共生能量生成的 Logistic 模型:

$$\begin{cases}\dfrac{\mathrm{d}x}{\mathrm{d}t}=rx\left(1-\dfrac{x}{N}\right)\\ r=\delta_p>0\\ x(0)=x_0\end{cases} \tag{5-16}$$

按照系统科学一般原理,式(5-16)称为装备基地级维修 PPP 采购共生系统单生命周期的演化方程或发展方程;而在系统动力学和种群动力学领域,式(5-16)则就是装备基地级维修 PPP 采购共生系统单生命周期的动力学方程或模型。

5.3.2 单生命周期动力学模型分析及其动力机制

1. 单生命周期动力学模型分析

下面,通过求解动力学方程(5-16),并在分析其稳定性的基础上,描绘基于共生能量生成的 Logistic 曲线,为分析装备基地级维修 PPP 采购共生系统单生命周期演化过程及其动力机制提供数学模型。

1) 模型求解

对式(5-16)进行变量分离,可得

$$\frac{N\mathrm{d}x}{(N-x)x} = r\mathrm{d}t \tag{5-17}$$

对式(5-17)两边同时积分,可得

$$\ln\frac{x}{N-x} = rt+c \tag{5-18}$$

对式(5-18)两边同时取对数,可得

$$x(t) = \frac{N}{1+\mathrm{e}^{-rt}\mathrm{e}^{-c}} \tag{5-19}$$

令 $t=0$,由式(5-18)可得

$$c = \ln\frac{x_0}{N-x_0} \tag{5-20}$$

将式(5-20)代入式(5-19),可得

$$x(t) = \frac{N}{1+\left(\dfrac{N}{x_0}-1\right)\mathrm{e}^{-rt}} \tag{5-21}$$

另外,令 $\dfrac{\mathrm{d}x}{\mathrm{d}t}=0$,由式(5-16)可得

$$f(x) \equiv \frac{\mathrm{d}x}{\mathrm{d}t} = rx\left(1-\frac{x}{N}\right) = 0 \tag{5-22}$$

求解上述代数方程,得到两个平衡点,即

$$x_1 = 0;\ x_2 = N$$

2) 稳定性分析

下面,用近似线性方法进一步判断两个平衡点的稳定性。将微分方程

(5-22)在任意一点 x^0 进行泰勒展开,并且只保留常数项和一次项,得到式(5-22)的近似线性方程:

$$\frac{\mathrm{d}x}{\mathrm{d}t}=r\left(1-\frac{2x^0}{N}\right)(x-x^0)$$

对于平衡点 $x_1=0$,有

$$f'(x_1)=r\left(1-\frac{2x}{N}\right)\bigg|_{x=x_1}=r=\delta_s>0$$

所以平衡点 $x_1=0$ 是不稳定节点,系统将离开 $x_1=0$。

对于平衡点 $x_2=N$,有

$$f'(x_2)=r\left(1-\frac{2x}{N}\right)\bigg|_{x=x_2}=-r=-\delta_s<0$$

所以平衡点 $x_2=N$ 是稳定的节点,系统在该点具有稳定性。

因此,装备基地级维修 PPP 采购共生系统单生命周期的演化方向是:$0 \to N$。

3) 曲线绘制

通过上述求解和分析可以得出,装备基地级维修 PPP 采购共生系统单生命周期的动力学方程或者数学模型为式(5-16);演化方程或者数学模型为式(5-21);演化方向为 $0 \to N$。虽然无法得到装备基地级维修 PPP 采购共生系统单生命周期的动力学方程和演化方程的具体解析表达式,但通过其方程式可以大概知道其曲线形状。具体来说,通过式(5-16)、式(5-21)可知,装备基地级维修 PPP 采购共生系统单生命周期的动力曲线基本呈"钟"形(有 1 个拐点、1 个极大值点),而其演化曲线则大致呈 S 形(只有一个拐点)。因此,只需求出其中相应的拐点和极值点,便可描绘出装备基地级维修 PPP 采购共生系统单生命周期的动力学方程和演化方程曲线的基本形状。

对式(5-16)求二阶导数,可得

$$\frac{\mathrm{d}^2 x}{\mathrm{d}t^2}=r\left(1-\frac{2x}{N}\right)\frac{\mathrm{d}x}{\mathrm{d}t} \tag{5-23}$$

将式(5-16)代入式(5-23),可得

$$\frac{\mathrm{d}^2 x}{\mathrm{d}t^2}=r^2 x\left(1-\frac{2x}{N}\right)\left(1-\frac{x}{N}\right) \tag{5-24}$$

方程(5-24)为装备基地级维修 PPP 采购共生系统单生命周期的动力增长方程即动力加速度方程。令 $\mathrm{d}^2 x/\mathrm{d}t^2=0$,可以求得演化曲线的可能拐点:

$$x_1=0;\ x_2=\frac{N}{2};\ x_3=N$$

因为实现生产过程中,装备基地级维修 PPP 采购共生系统的产量介于 0 和

第5章 装备基地级维修PPP采购共生系统动力机理

N之间,即$0<x<N$;并且在x_2左侧$d^2x/dt^2>0$,在x_2右侧$d^2x/dt^2<0$。所以,动力曲线的唯一极大值点和演化曲线的唯一实际拐点都出现在x_2处。

将x_2分别代入式(5-16)和式(5-21),可得

$$\frac{dx}{dt} = \frac{rN}{4}; \quad t_2 = \frac{1}{r}\ln\frac{N-x_0}{x_0}$$

即装备基地级维修PPP采购共生系统单生命周期的动力曲线的极大值为$dx/dt = rN/4$,并且其动力曲线极大值和演化曲线拐点出现的时刻都为t_2。

因此,装备基地级维修PPP采购共生系统单生命周期动力曲线的极大值点为$\left(\frac{1}{r}\ln\frac{N-x_0}{x_0}, \frac{rN}{4}\right)$,其演化曲线的拐点为$\left(\frac{1}{r}\ln\frac{N-x_0}{x_0}, \frac{N}{2}\right)$。

同时,要绘制动力学方程曲线即动力曲线,必须求出动力学方程的拐点,这个拐点与演化方程曲线即演化曲线的某一凹点和凸点相对应。为此,可以对式(5-24)再次求导,可得

$$\frac{d^3x}{dt^3} = r^3 x\left(1-\frac{x}{N}\right)\left[\frac{N-(3+\sqrt{3})x}{N}\right]\left[\frac{N-(3-\sqrt{3})x}{N}\right] \quad (5-25)$$

令$d^3x/dt^3=0$,可以求得动力曲线的可能拐点,即

$$x_1 = 0; \quad x_2 = N; \quad x_3 = \frac{N}{3+\sqrt{3}}; \quad x_4 = \frac{N}{3-\sqrt{3}}$$

因为$0<x<N$;并且在x_3左侧$d^3x/dt^3>0$,在x_3右侧$d^3x/dt^3<0$;在x_4左侧$d^3x/dt^3<0$,在x_4右侧$d^3x/dt^3>0$。所以,x_3、x_4为演化曲线的两个实际拐点。

将x_3、x_4分别代入式(5-16)和式(5-21),可得

$$\left.\frac{dx}{dt}\right|_{x=x_3} = \left.\frac{dx}{dt}\right|_{x=x_4} = \frac{rN}{6}$$

且

$$t_3 = \frac{\ln\frac{N-x_0}{x_0} - \ln(2+\sqrt{3})}{r}; \quad t_4 = \frac{\ln\frac{N-x_0}{x_0} - \ln(2-\sqrt{3})}{r}$$

将x_3、x_4代入式(5-24),可得

$$\left.\frac{d^2x}{dt^2}\right|_{x=x_3} = r^2\frac{(2+\sqrt{3})(1+\sqrt{3})N}{(3+\sqrt{3})^3} > 0 \quad 且 \quad \left.\frac{d^2x}{dt^2}\right|_{x=x_4} = r^2\frac{(2-\sqrt{3})(1-\sqrt{3})N}{(3+\sqrt{3})^3} < 0$$

所以,演化方程在点(t_3,x_3)处为凹函数、在点(t_4,x_4)处为凸函数,即演化曲线在点(t_3,x_3)的形状向下凹、在点(t_4,x_4)的形状向上凸。

综上所述,可以得到:

(1)装备基地级维修PPP采购共生系统单生命周期的动力学方程及其动

力曲线的两个对称拐点 $\left(\dfrac{\ln\dfrac{N-x_0}{x_0}-\ln(2+\sqrt{3})}{r},\dfrac{rN}{6}\right)$ 和 $\left(\dfrac{\ln\dfrac{N-x_0}{x_0}-\ln(2-\sqrt{3})}{r},\dfrac{rN}{6}\right)$，一个极大值点 $\left(\dfrac{1}{r}\ln\dfrac{N-x_0}{x_0},\dfrac{rN}{4}\right)$。

（2）装备基地级维修 PPP 采购共生系统单生命周期的演化方程及其演化曲线的一个拐点 $\left(\dfrac{1}{r}\ln\dfrac{N-x_0}{x_0},\dfrac{N}{2}\right)$（与动力曲线的极大值点对应），以及与动力曲线两个拐点相对应的点 $\left(\dfrac{\ln\dfrac{N-x_0}{x_0}-\ln(2+\sqrt{3})}{r},\dfrac{N}{3+\sqrt{3}}\right)$ 和 $\left(\dfrac{\ln\dfrac{N-x_0}{x_0}-\ln(2-\sqrt{3})}{r},\dfrac{N}{3-\sqrt{3}}\right)$。

据此，可绘制出如图 5-6 所示的装备基地级维修 PPP 采购共生系统单生命周期的动力曲线和演化曲线的基本形状。

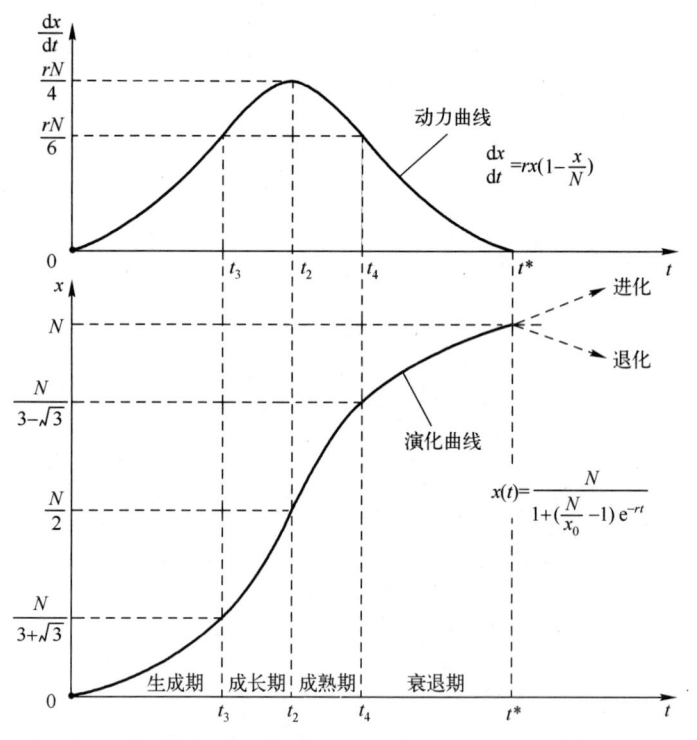

图 5-6　装备基地级维修 PPP 采购共生系统单生命周期动力曲线和演化曲线

4）模型分析

由图 5-6 可以得出，装备基地级维修 PPP 采购共生系统单生命周期的产

第5章 装备基地级维修PPP采购共生系统动力机理

量和动力随时间的发展而不断变化,在增长的极限范围内分别呈S形和"钟"形,其演化过程可以分为生成期、成长期、成熟期和衰退期4个阶段,其演化方向包括进化和退化两个方向。下面,结合装备基地级维修PPP采购运营流程,分别对这4个演化阶段的动力学特征进行详细分析。

(1) 生成期。装备基地级维修PPP采购共生系统单生命周期的生成期为图5-6所示的 $0<t<t_3$ 时间段。理论上,在该阶段装备基地级维修PPP采购共生系统的演化过程(产量)和演化动力都呈指数式增长,最大值分别为 $N/(3+\sqrt{3})$ 和 $rN/6$。其中演化动力 $dx/dt>0$、动力加速度 $d^2x/dt^2>0$、动力加速度增加速度 $d^3x/dt^3>0$,说明装备基地级维修PPP采购共生系统正在加速生成,其演化动力为正且正在持续增大,而且增大的速度越来越快,并且在点 $\left(\dfrac{\ln\dfrac{N-x_0}{x_0}-\ln(2+\sqrt{3})}{r}, \dfrac{rN}{6}\right)$ 达到其动力加速度增加的最大值。运营上,在该阶段装备基地级维修PPP采购项目正处于规划、准备和采购的阶段,装备基地级维修PPP采购共生系统正在生成之中,在装备维修需求激增、政策法规完善、服务经济发展、社会治理变革以及科学技术创新等外部共生环境驱动力的强烈驱动之下,共生体内部包括军队装备部门主拉力、社会资本主推力在内的共生单元主动力,以及共生界面助动力都被广泛、深入、持续地调动起来。军队装备部门与社会资本之间基于维修服务利益和维修资源禀赋的互补耦合,通过或不通过采购介体按照市场机制遴选优势合作伙伴,与之订立装备基地级维修PPP采购合同。这一阶段前期,参与装备基地级维修PPP采购项目的合作伙伴尚未确定时,随着外部共生环境的逐步完善,诱使各个利益相关方都想加入装备基地级维修PPP采购活动,并且持续有新生"力量"不断加入,直到军队装备部门最终选定优势社会资本作为合作伙伴。所以,在这一阶段的前期无论是演化动力的动力加速度,还是其动力加速度的增加速度都大于0,直到军队装备部门与社会资本订立装备基地级维修PPP采购合同(t_3时刻),演化动力的动力加速度的增加速度 $d^3x/dt^3=0$,即演化动力的动力加速度不再继续增大,从而使得演化动力的动力加速度达到了最大值。因此,这个阶段属于"外共生"与"内共生"演化动力的耦合阶段,形象地说,就是装备基地级维修PPP采购共生系统单生命周期演化动力的"可持续"积累阶段,其动力特征为 $dx/dt>0$、$d^2x/dt^2>0$、$d^3x/dt^3>0$。

生成期是装备基地级维修PPP采购共生系统单生命周期演化的关键时期和成败阶段。理论上讲,"外共生"与"内共生"之间的"双共生"自耦合过程主要发生在这一阶段,"双共生"自耦合的成效直接决定了共生系统的演化进程;

而在实际运营中,"双共生"自耦合则体现为军队装备部门与社会资本在当时既定的采购环境下能否达成采购合同,这直接决定了装备基地级维修 PPP 采购的成败。

(2) 成长期。图 5-6 所示的 $t_3<t<t_2$ 时间段是装备基地级维修 PPP 采购共生系统单生命周期的成长期。理论上,在该阶段装备基地级维修 PPP 采购共生系统的演化过程(产量)呈指数式增长、演化动力呈对数式增长,最大值分别为 $N/2$ 和 $rN/4$。其中演化动力 $dx/dt>0$、动力加速度 $d^2x/dt^2>0$、动力加速度增加速度 $d^3x/dt^3<0$,说明装备基地级维修 PPP 采购共生系统正在稳步成长,其演化动力为正且还在持续增大,但是增大的速度越来越慢。在点 $\left(\dfrac{1}{r}\ln\dfrac{N-x_0}{x_0},\dfrac{rN}{4}\right)$ 的 $d^2x/dt^2=0$ (t_2 时刻),说明动力加速度 d^2x/dt^2 不再继续增大。因此,装备基地级维修 PPP 采购共生系统的演化动力在 t_2 时刻达到单生命周期的最大值 $rN/4$。运营上,在该阶段装备基地级维修 PPP 采购项目正处于建设(改造)阶段,装备基地级维修 PPP 采购共生系统正在成长之中,军队装备部门与社会资本按照订立的装备基地级维修 PPP 采购合同,投入相应的维修资源进行装备基地级维修 PPP 采购项目建设(改造)。这一阶段虽然来自外部共生环境的驱动力基本已全部内化为内部共体的源动力,参与装备基地级维修 PPP 采购项目的利益相关方也已确定,新的"力量"无法继续加入装备基地级维修 PPP 采购活动,但是前一阶段"外共生"与"内共生"演化动力的自耦合过程持续深入进行。所以,这一阶段虽然演化动力的动力加速度的增加速度小于 0,但其动力加速度却仍然大于 0。因此,这个阶段属于"外共生"与"内共生"演化动力的涌现阶段,形象地说,就是装备基地级维修 PPP 采购共生系统单生命周期演化动力的"不可持续"积累阶段,其动力特征为 $dx/dt>0$、$d^2x/dt^2>0$、$d^3x/dt^3<0$。

(3) 成熟期。装备基地级维修 PPP 采购共生系统单生命周期的成熟期为图 5-6 所示的 $t_2<t<t_4$ 时间段。理论上,在该阶段装备基地级维修 PPP 采购共生系统的演化过程(产量)呈对数式增长、演化动力呈对数式下降,最大值、最小值分别为 $N/(3-\sqrt{3})$ 和 $rN/6$。其中演化动力 $dx/dt>0$、动力加速度 $d^2x/dt^2<0$、动力加速度增加速度 $d^3x/dt^3<0$,说明装备基地级维修 PPP 采购共生系统正在稳定运营,其演化动力虽然为正但是却在持续减小,而且减小的速度越来越快,并且在点 $\left(\dfrac{\ln\dfrac{N-x_0}{x_0}-\ln(2-\sqrt{3})}{r},\dfrac{rN}{6}\right)$ 处达到动力加速度减小的最大值。运营上,在该阶段装备基地级维修 PPP 采购项目正处于执行阶段,装备基地级维修 PPP 采购共生系统正在成熟之中,军队装备部门与社会资本已经按照订立采购合同

第5章　装备基地级维修PPP采购共生系统动力机理

完成装备基地级维修 PPP 采购项目建设(改造),并且按照合同约定共同生产和提供装备基地级维修。这一阶段"外共生"与"内共生""双共生"自耦合过程已经完成,并且由于采购合同有效期的制约,新的"力量"在合同有效期内无法"中途"参与装备基地级维修 PPP 采购,因而只能依靠继续发挥和利用军队装备部门和社会资本的维修资源禀赋优势潜力推动共生系统继续演化。所以,这一阶段无论是演化动力的动力加速度,还是其动力加速度的增加速度都小于0。因此,这个阶段属于"外共生"与"内共生"演化动力的衰减阶段,形象地说,就是装备基地级维修 PPP 采购共生系统单生命周期演化动力的"可持续"消耗阶段,其动力特征为 $dx/dt>0$、$d^2x/dt^2<0$、$d^3x/dt^3<0$。

(4) 衰退期。图 5-6 所示的 $t_4<t<t^*$ 时间段是装备基地级维修 PPP 采购共生系统单生命周期的衰退期。理论上,在该阶段装备基地级维修 PPP 采购共生系统的演化过程(产量)呈对数式增长、演化动力呈指数式下降,最大值、最小值分别接近于 N 和 0。其中演化动力 $dx/dt>0$,动力加速度 $d^2x/dt^2<0$,动力加速度增加速度 $d^3x/dt^3>0$,说明装备基地级维修 PPP 采购共生系统正在酝酿变化,其演化动力虽然为正且还在持续减小,但是减小的速度越来越慢,并且越接近 t^* 时刻演化动力就越接近 0。运营上,在该阶段装备基地级维修 PPP 采购项目正处于移交阶段,装备基地级维修 PPP 采购共生系统正在衰退之中,经过长期运营,由于资源禀赋优势消耗殆尽、武器装备退役报废、装备采购政策调整变化或装备基地级维修 PPP 采购合同到期等原因,装备基地级维修 PPP 采购项目已经无法继续运营或者不需要继续采用 PPP 模式进行运营。这一阶段军队装备部门和社会资本的维修资源禀赋优势潜力逐渐消耗殆尽,共生系统产量已接近其最大阈值,增长的速度越来越慢、直至几乎完全停止,而且在 PPP 合同的有效期内新的"力量"同样也无法"中途"参与装备基地级维修 PPP 采购。同时,装备基地级维修 PPP 采购项目执行过程中各利益相关方之间的矛盾问题也逐步显现出来。但是,装备基地级维修 PPP 采购中的各利益相关方已逐步认识到存在的矛盾问题,并且谋求通过合理调配供需、完善法规制度、发展服务经济、变革治理方式以及进行技术创新等举措改善采购环境,不断地改进装备基地级维修 PPP 采购。这种外部共生环境的持续性、阶段性改善也正在重新孕育新一轮的"外共生"演化。所以,这一阶段虽然演化动力的动力加速度小于 0,但其动力加速度的增加速度却大于 0。因此,这个阶段属于"外共生"与"内共生"演化动力的重生阶段,形象地说,就是装备基地级维修 PPP 采购共生系统单生命周期演化动力的"不可持续"消耗阶段,其动力特征为 $dx/dt>0$、$d^2x/dt^2<0$、$d^3x/dt^3>0$。

衰退期是装备基地级维修 PPP 采购共生系统进入下一个单生命周期演化

的过渡时期和衔接阶段。在衰退期虽然由于演化动力的严重不足使得共生系统演化无法继续,但是这种演化动力的不足既有可能造成共生系统的衰败、走向退化,也有可能促使军队装备部门与社会资本之间开展新一轮的装备基地级维修 PPP 采购,从而使装备基地级维修 PPP 采购共生系统走上新的、更高质量的演化轨道、逐步进化。

装备基地级维修 PPP 采购共生系统单生命周期的演化阶段及其动力学特征如表 5-2 所列。

表 5-2　装备基地级维修 PPP 采购共生系统单生命周期演化阶段及其动力学特征

演化阶段	生成期 $0<t<t_3$	成长期 $t_3<t<t_2$	成熟期 $t_2<t<t_4$	衰退期 $t_4<t<t^*$
运营阶段	项目规划、准备和采购	项目建设(改造)	项目执行	项目移交
动力阶段	动力耦合	动力涌现	动力衰减	动力重生
动力特征	$\frac{dx}{dt}>0, \frac{d^2x}{dt^2}>0, \frac{d^3x}{dt^3}>0$	$\frac{dx}{dt}>0, \frac{d^2x}{dt^2}>0, \frac{d^3x}{dt^3}<0$	$\frac{dx}{dt}>0, \frac{d^2x}{dt^2}<0, \frac{d^3x}{dt^3}<0$	$\frac{dx}{dt}>0, \frac{d^2x}{dt^2}<0, \frac{d^3x}{dt^3}>0$

2. 单生命周期演化动力机制

通过动力学模型分析可知,装备基地级维修 PPP 采购共生系统单生命周期的演化动力主要来自其共生系统演化的第一个阶段,实质上这个阶段也正是其"内共生"与"外共生"的"双共生"自耦合阶段。虽然从演化过程的视角看,装备基地级维修 PPP 采购共生系统的演化是"内共生"与"外共生"的"双共生"自耦合的过程;但是从演化动力的视角看,装备基地级维修 PPP 采购共生系统的演化却是"内共生"动力与"外共生"动力"双共生"动力自耦合作用的结果。从演化动力机制的视角看,装备基地级维修 PPP 采购共生系统的演化也是共生环境驱动力与共生体源动力"双力"自耦合作用的结果。换句话说,装备基地级维修 PPP 采购共生系统单生命周期演化的动力机制就是其共生环境驱动力与共生体源动力"双力"单次自耦合机制。

下面,在实践层面根据装备基地级维修 PPP 采购共生系统单生命周期动力曲线和演化曲线分析其"双力"自耦合过程的基础上,在理论层面结合装备基地级维修 PPP 采购共生系统单生命周期动力学方程和演化方程分析其"双力"自耦合规律。

1) 驱动力与源动力"双力"单次自耦合过程

根据装备基地级维修 PPP 采购共生系统单生命周期动力曲线和演化曲线,共生环境驱动力与共生体源动力"双力"单次自耦合过程可以分为:动力耦合阶

第5章 装备基地级维修PPP采购共生系统动力机理

段、动力涌现阶段、动力衰减阶段以及动力重生阶段,其基本情况如图5-7所示。

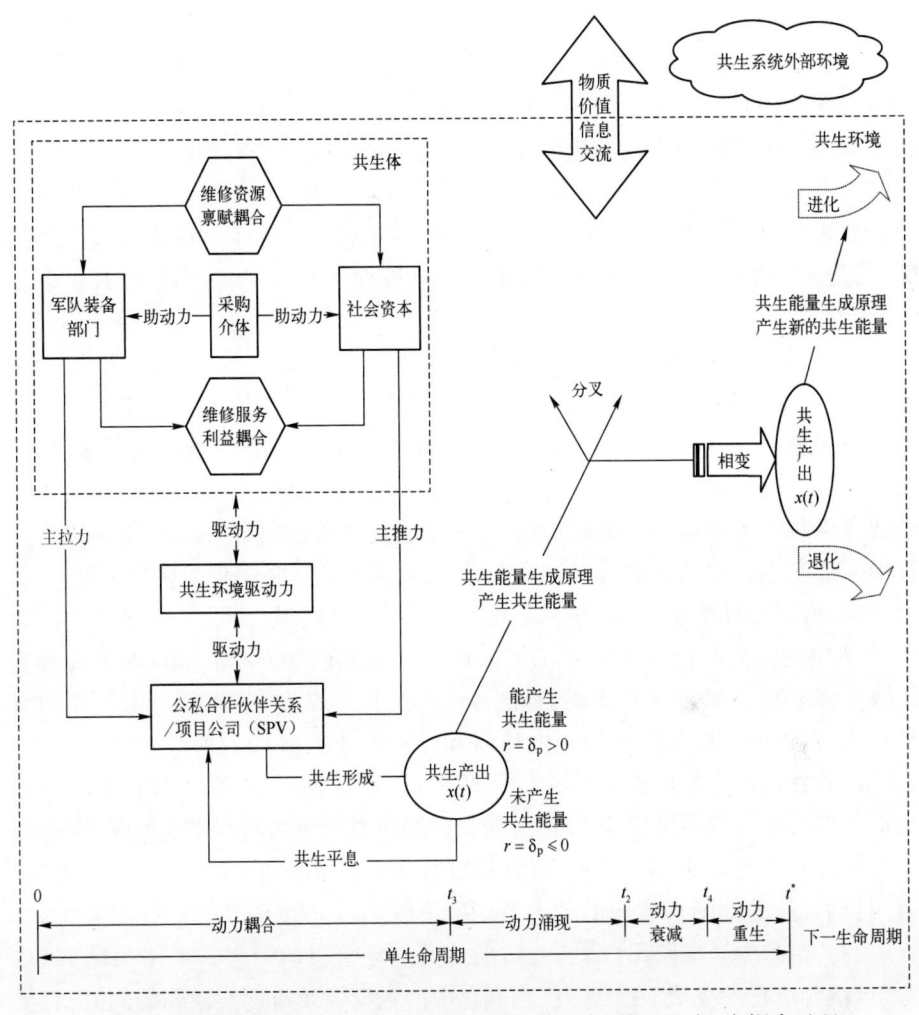

图5-7 装备基地级维修PPP采购共生系统单生命周期"双力"自耦合过程

(1) 在动力耦合阶段($0<t<t_3$),首先是随着装备基地级维修PPP采购外部环境的逐步改善,激发了共生环境的驱动力,使得军队装备部门与社会资本之间的维修资源禀赋和维修服务利益,能够通过采购介体按照市场机制相互耦合,从而进一步激发了共生体的源动力。这一阶段前期同时激发了共生环境驱动力和共生体源动力,使共生系统内共生要素之间产生了强烈的共生激励,达到一种形成共生关系的临界状态,为共生环境驱动力与共生体源动力"双力"自耦合奠定了坚实基础。这一阶段后期,军队装备部门与社会资本之间通过采购

介体,经过反复的动态博弈和信息的逐步"裸露",充分地进行维修资源禀赋和维修服务利益的耦合,当两者订立装备基地级维修 PPP 采购合同、形成共生关系之时,装备基地级维修 PPP 采购共生系统便应运而生,其共生环境驱动力与共生体源动力"双力"自耦合过程也已基本完成。然而,根据共生理论的共生能量生成原理,共生能量是共生系统存在与演化的必要条件。因此,共生关系的建立只是共生系统演化的前提条件,而不能保证共生系统的顺利演化。根据基于共生能量生成的 Logistic 模型,要衡量共生能量的大小可以通过衡量共生产出增长来"等价"实现①。具体来说,只有在 $r=\delta_p>0$ 时,共生系统才能产生共生能量,进而"触发"共生系统下一阶段的演化进程。因此,共生能量是共生系统演化的"触发器"。

(2) 在动力涌现阶段($t_3<t<t_2$),随着共生环境驱动力与共生体源动力"双力"的进一步自耦合,装备基地级维修 PPP 采购共生系统的演化可能出现以下两种情况:一是不满足条件 $r=\delta_p>0$,即 $r=\delta_p\leq 0$,表明装备基地级维修 PPP 采购产生的交易成本、组织成本以及其他制度性障碍和结构性矛盾等构成的共生消耗大于其产生的军事、经济以及社会等共生效益的总和,共生系统在共生过程中未能产生新增的净能量——共生能量,从而使得装备基地级维修 PPP 采购无法持续进行、共生平息,共生系统的演化无法继续,其"双力"自耦合过程如图 5-7 中的动力耦合阶段($0<t<t_3$)所示。二是满足条件 $r=\delta_p>0$,表明装备基地级维修 PPP 采购产生的军事、经济和社会等共生效益的总和大于其产生的交易成本、组织成本以及其他制度性障碍和结构性矛盾等构成的共生消耗,共生系统在共生过程中能够产生新增的净能量——共生能量,即军队装备部门和社会资本参与装备基地级维修 PPP 采购获得的收益比不参与要多。此时,共生能量对共生系统演化的"触发"作用得以发挥,共生系统演化才能继续进行,其"双力"自耦合过程如图 5-7 中的动力涌现阶段($t_3<t<t_2$)所示。

(3) 在动力衰减阶段($t_2<t<t_4$),随着共生环境驱动力与共生体源动力"双力"自耦合过程的完成,在"双力"自耦合中的正反馈效应逐渐减弱的同时,负反馈效应——装备基地级维修 PPP 采购过程中的矛盾问题逐步显现,而新一轮的共生环境驱动力与共生体源动力"双力"自耦合由于合同期限、动力生成等主客观原因无法立即进行,装备基地级维修 PPP 采购共生系统只能依靠前两个阶段共生环境驱动力与共生体源动力"双力"自耦合的"惯性作用"继续演化。

---

① 对于给定的共生系统在单个生命周期内,与共生系统产量的平均增长率或者内禀增长率与其全要素共生度之间的"等价"关系相类似,其共生产出的多少与共生能量的大小之间也是"等价"关系。因为根据模型假设条件3,在规模报酬不变的情况下,共生单元在形成共生关系前后其产量保持不变,所以共生系统产出的增长能够准确反映其共生能量的大小。

第5章 装备基地级维修PPP采购共生系统动力机理

(4) 在动力重生阶段($t_4<t<t^*$),装备基地级维修PPP采购共生系统的演化动力与动力衰减阶段基本相同,但不同的是装备基地级维修PPP采购中的各行为主体已经认清面临问题,在采取合理调配供需、完善法规制度、变革治理方式以及进行技术创新等措施改善外部共生环境,谋求激发新一轮的"外共生"演化、产生新一轮的共生环境驱动力的同时,对上一轮参与装备基地级维修PPP采购合作的经验和教训进行总结,为下一轮的装备基地级维修PPP采购做好准备。

2) 驱动力与源动力"双力"单次自耦合规律

根据式(5-16)和式(5-21)及图5-6可知,其单生命周期的动力和演化由参数N与r共同决定。在单个生命周期内,N值越大,曲线顶端越高,装备基地级维修PPP采购共生系统所能达到的产量最大阈值越大;r值越大,曲线越陡,装备基地级维修PPP采购共生系统演化达到产量最大阈值的速度越快。因此,对于装备基地级维修PPP采购共生系统单生命周期共生环境驱动力与共生体源动力"双力"单次自耦合规律的研究,可以通过讨论N与r的影响因素来进行。

(1) 共生系统产量最大阈值N的影响因素。根据Logistic模型的基本原理和条件假设,环境对资源的容量是有限的。因此,在单个生命周期内,即共生环境、共生界面、共生单元及其资源禀赋相对稳定的条件下,某一市场空间内的装备基地级维修PPP采购共生系统所能生产的产量最大阈值取决于该装备基地级维修PPP采购共生系统的维修资源容量,即其共生环境中可用于装备基地级维修所需要的一切设施、设备、人员、资金、技术以及管理等维修资源总量的多少。显然,装备基地级维修PPP采购共生系统的维修资源容量越大,其产量的最大阈值就越大。而在装备基地级维修PPP采购共生系统之中,决定维修资源容量的正是其共生环境。因此,从理论上讲"外共生"动力即共生环境驱动力决定了装备基地级维修PPP采购共生系统产量的最大阈值,充分体现了共生环境驱动力对其共生系统演化的作用规律。

(2) 共生系统产量平均增长率r的影响因素。在装备基地级维修PPP采购共生系统中,军队装备部门与社会资本之间是一种"强共生"关系。所以,在单个生命周期内,即共生环境、共生界面、共生单元及其资源禀赋相对不变的时空条件下,装备基地级维修PPP采购共生系统产量的平均增长率或者内禀增长率,只受其共生单元之间的资源禀赋耦合度及其共生界面的资源禀赋耦合率的共同影响,而不受其共生环境、共生界面或共生单元及其资源禀赋的影响。根据基于共生能量生成的Logistic模型,显然装备基地级维修PPP采购共生系统的全要素共生度越大,其产量的平均增长率或者内禀增长率就越大。而在装备基地级维修PPP采购共生系统中,决定全要素共生度的正是其共生体。因此,从理论上讲,"内共生"动力即共生体源动力决定了装备基地级维修PPP采购共生系统产量的平均增长率或者内禀增长率,充分体现了共生体源动力对其共生系统演化的作用规律。

5.4 装备基地级维修 PPP 采购共生系统全生命周期演化动力机制

从全生命周期的演化过程来看,装备基地级维修 PPP 采购共生系统的演化是由无数个单个生命周期的螺旋式循环构成的。与自然生态系统中生物群落的先锋期、顶极期、衰老期波浪式前进、螺旋式上升的演替过程类似,"内共生"与"外共生"之间的无数次自耦合,促成了整个共生系统由一个单生命周期向另一个更高层次的单生命周期波浪式前进、螺旋式上升演替的宏观完整生命周期。

5.4.1 全生命周期演化过程及其动力学模型构建

1. 全生命周期演化过程分析

在装备基地级维修 PPP 采购共生系统单生命周期演化过程及其动力机制分析的基础上,需要进一步讨论的是,装备基地级维修 PPP 采购共生系统的共生环境既不是一成不变的,更不是一蹴而就的。

正常情况下,与人类社会政治、经济、军事和科技等文明的持续性、阶段性演进过程同步,随着装备维修需求的不断增加、服务经济的不断发展、社会治理的不断变革和科学技术的不断创新,特别是政府、军队等公共部门为了引导和推进包括装备基地级维修在内的政府公共服务 PPP 采购,势必会不断地、阶段性出台相应政策法规,为装备基地级维修 PPP 采购创造更好的共生环境,从而激发新一轮的"外共生"演化、产生新一轮的共生环境驱动力。与此同时,这些新生的、"进化"的共生环境驱动力,既能够直接激发、倍增和转化为包括军队装备部门主拉力、社会资本主推力在内的共生单元主动力,又能够间接激发、倍增和转化为采购介体参与装备基地级维修 PPP 采购的各种动力。这必将会激励和吸引更多的新生"力量"参与装备基地级维修 PPP 采购,从而激发新一轮的"内共生"演化、产生新一轮的共生体源动力。紧接着,这些新生的、"进化"的共生体源动力又会反过来激发、倍增和转化为共生环境驱动力,形成一个"正反馈闭环"的动力循环。进而,持续引发又一轮的"外共生"与"内共生"的"双共生"正反馈耦合,即共生环境驱动力与共生体源动力"双力"正反馈耦合的连锁反应,从而不断地开启新一轮的、更高质量的装备基地级维修 PPP 采购共生系统的单生命周期演化,使得装备基地级维修 PPP 采购共生系统能够不断进化。

第5章 装备基地级维修PPP采购共生系统动力机理

由此,便形成了由无数个单生命周期演化过程周而复始、循环往复而又波浪式前进、螺旋式上升的装备基地级维修PPP采购共生系统全生命周期进化过程。简而言之,装备基地级维修PPP采购共生系统全生命周期进化过程就是其单生命周期演化过程在不同演化周期(时间区间)上的无限延续。

与正常情况相反,特殊情况下,一旦装备基地级维修PPP采购共生系统的共生环境遭到破坏、发生"退化",同样也会激发新一轮的"外共生"演化、产生新一轮的共生环境驱动力。同理,在新生的、"退化"的共生环境驱动力的有力驱动下,无论是包括军队装备部门主拉力、社会资本主推力在内的共生单元主动力,还是共生界面助动力都受到压制和缩减,甚至转化为各个利益相关方"抗拒"装备基地级维修PPP采购的反面动力。这将会诱导和迫使原先的合作伙伴逐步退出装备基地级维修PPP采购,从而激发新一轮的"内共生"演化、产生新一轮的共生体源动力。然后,这些新生的、"退化"的共生体源动力也将会反过来压制、缩减和转化为共生环境驱动力,形成一个"负反馈闭环"的动力循环。进而,持续引发又一轮的"外共生"与"内共生"的"双共生"负反馈耦合,即共生环境驱动力与共生体源动力"双力"负反馈耦合的连锁反应,从而不断地开启新一轮的、更低质量的装备基地级维修PPP采购共生系统的单生命周期演化,导致装备基地级维修PPP采购共生系统的持续退化,直至其共生体从内部解体。

2. 全生命周期动力学模型构建

根据对装备基地级维修PPP采购共生系统单生命周期演化过程及其动力机制的分析,结合本节对其全生命周期演化过程的分析,在装备基地级维修PPP采购共生系统单生命周期动力学方程式(5-16)的基础上,得到装备基地级维修PPP采购共生系统全生命周期动力学方程或模型为

$$\begin{cases} \dfrac{\mathrm{d}x_i(t)}{\mathrm{d}t} = r_i x_i(t)\left(1-\dfrac{x_i(t)}{N_i}\right) \\ r_i = \delta_\mathrm{p}^i > 0 \qquad\qquad\qquad i=1,2,\cdots,n \\ x_i(0) = x_{i0}, x_{10} = 0 \\ t \in T_i, T_i = t_i - t_{i-1}, t_0 = 0 \end{cases} \quad (5-26)$$

显然,它是一种基于共生能量生成的复合式Logistic模型。式(5-26)中,所有的条件假设和变量含义与式(5-16)中的完全相同,此外:i为装备基地级维修PPP采购共生系统第i个单生命周期;r_i则是装备基地级维修PPP采购共生系统在第i个单生命周期内的产量的平均增长率或者内禀增长率,它也与该共生系统在第i个单生命周期内的全要素共生度δ_p^i相等;t为装备基地级维修PPP采购共生系统的演化时间即全生命周期的时间区间;T_i则为装备基地级维修PPP采购共生系统第i个单生命周期的时间区间。

5.4.2 全生命周期动力学模型分析及其动力机制

1. 全生命周期动力学模型分析

采用分离变量法求解式(5-26),可以进一步得到装备基地级维修 PPP 采购共生系统全生命周期进化模型,即

$$\begin{cases} x_i(t) = \dfrac{N_i}{1+\left(\dfrac{N_i}{x_{i0}}-1\right)\mathrm{e}^{-r_i t}} \\ r_i = \delta_p^i > 0 \\ x_i(0) = x_{i0}, x_{10} = 0 \\ t \in T_i, T_i = t_i - t_{i-1}, t_0 = 0 \end{cases} \quad i=1,2,\cdots,n \qquad (5-27)$$

根据上述装备基地级维修 PPP 采购共生系统全生命周期演化过程及其动力作用的分析,在如图 5-6 所示的单生命周期动力曲线和演化曲线的基础上,结合其全生命周期动力学模型和进化模型,可得到如图 5-8 所示的装备基地级维修 PPP 采购共生系统全生命周期动力曲线和演化曲线的概略形状。

如图 5-8 所示,装备基地级维修 PPP 采购共生系统的演化包括两种路径。

1) 进化路径

在共生环境驱动力与共生体源动力"双力"自耦合的过程中,当 $r_i = \delta_{ip} > 0$ 时,装备基地级维修 PPP 采购共生系统产生的共生产出大于共生消耗,共生系统在共生过程之中能够产生新增的净能量——共生能量,共生能量对其共生系统演化的"触发"作用得以实现,共生系统的演化能够持续进行。因此,装备基地级维修 PPP 采购共生系统便会沿着图 5-8 所示的进化方向不断演化,从而形成一条由无数单生命周期演化曲线所构成的周而复始、循环往复而又波浪式前进、螺旋式上升的装备基地级维修 PPP 采购共生系统全生命周期进化曲线。

2) 退化路径

在共生环境驱动力与共生体源动力"双力"自耦合的过程中,当 $r_i = \delta_{ip} \leq 0$ 时,装备基地级维修 PPP 采购共生系统产生的共生产出小于共生消耗,共生系统在共生过程之中未能产生新增的净能量——共生能量,共生能量对其共生系统演化的"触发"作用难以实现,共生系统的演化无法继续进行。因此,装备基地级维修 PPP 采购共生系统便会沿着图 5-8 所示的退化方向不断演化,直到其共生体从内部瓦解。

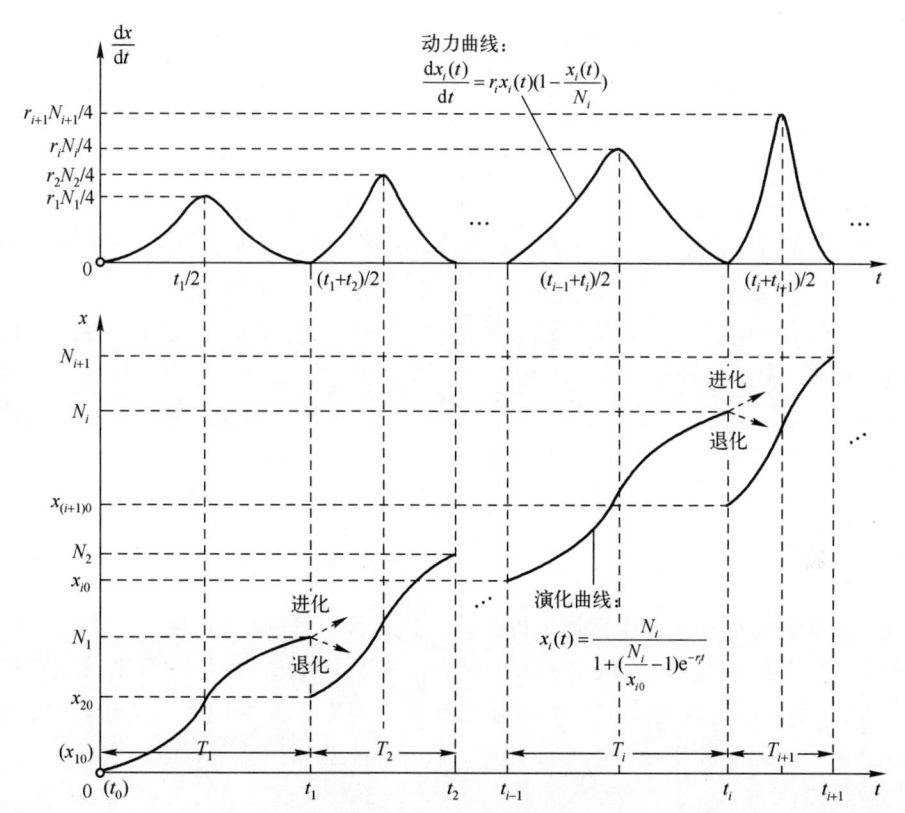

图 5-8　装备基地级维修 PPP 采购共生系统全生命周期
动力曲线和演化曲线示意图

由此可见,在装备基地级维修 PPP 采购共生系统演化的任一单生命周期 T_i 的前半时段,即图 5-8 所示的 $t_{i-1} \sim (t_{i-1}+t_i)/2$ 时段,装备基地级维修 PPP 采购共生系统必然都会发生相变。因此,装备基地级维修 PPP 采购共生系统的演化路径是由其相变的方向决定的。

2. 全生命周期演化动力机制

根据上述装备基地级维修 PPP 采购共生系统全生命周期演化过程及其路径的分析,进一步表明装备基地级维修 PPP 采购共生系统全生命周期演化就是其"外共生"与"内共生"无数次自耦合的过程。依据装备基地级维修 PPP 采购共生系统单生命周期演化动力机制,可以进一步得出装备基地级维修 PPP 采购共生系统全生命周期演化动力机制就是一种基于共生能量生成原理的共生环境驱动力与共生体源动力"双力"多次自耦合机制。

下面,在实践层面根据装备基地级维修 PPP 采购共生系统全生命周期动力曲线和演化曲线分析其"双力"多次自耦合过程的基础上,在理论层面结合装备基地级维修 PPP 采购共生系统全生命周期动力学方程和演化方程分析其"双力"多次自耦合规律。

1) 驱动力与源动力"双力"多次自耦合过程

根据装备基地级维修 PPP 采购共生系统全生命周期动力曲线和演化曲线，其共生环境驱动力与共生体源动力"双力"多次自耦合过程就是其单次自耦合过程的波浪式、螺旋式演替过程。具体来说，其共生环境驱动力与共生体源动力"双力"多次自耦合过程就是其单次自耦合过程 4 个阶段：动力耦合阶段—动力涌现阶段—动力衰减阶段—动力重生阶段的波浪式前进、螺旋式上升的往复循环过程。因此，与装备基地级维修 PPP 采购共生系统全生命周期演化过程相类似，其共生环境驱动力与共生体源动力"双力"多次自耦合过程也可以简单理解为单次自耦合过程在不同演化周期（时间区间）上的无限循环。

如图 5-9 所示，与图 5-8 相对应，装备基地级维修 PPP 采购共生系统全生命周期演化过程中，其共生环境驱动力与共生体源动力"双力"的每次自耦合都是以前一次自耦合为基础和前提的，一旦某一次自耦合成功，不但能够使得共生系统顺利完成在该单生命周期内的演化进程，而且能够促使共生系统"自动"向下一次自耦合"迈进"，从而实现共生系统的逐步进化；相反，一旦某一次自耦合失败，不但不能使得共生系统顺利完成在该单生命周期内的演化进程，反而将会进一步促使共生系统"自动"向前一次自耦合"倒退"，从而实现共生系统的逐步退化。

一般情况下，随着人类社会的正常发展或者异常倒退，装备基地级维修 PPP 采购共生系统的进化或者退化都是渐变式、连续性的；特殊情况下，如突发全球性金融危机致使其外部共生环境发生"崩溃"，装备基地级维修 PPP 采购共生系统也有可能发生突变式、跳跃性进化或者退化。

2) 驱动力与源动力"双力"多次自耦合规律

根据式(5-26)和式(5-27)及图 5-8 可知，在任意一个单生命周期 T_i 内，装备基地级维修 PPP 采购共生系统的动力和演化同样是由参数 N_i 和 r_i 共同决定的。同理，该单个生命周期 T_i 内，共生系统产量的最大阈值 N_i 充分体现了共生环境驱动力对其共生系统演化的作用规律；该单个生命周期 T_i 内，共生系统产量的平均增长率或者内禀增长率 r_i 充分体现了共生体源动力对其共生系统演化的作用规律。因此，与其单生命周期演化过程及其动力机制相类似，装备基地级维修 PPP 采购共生系统全生命周期的演化是其共生环境驱动力与共生体源动力"双力"多次自耦合作用的结果，其演化过程如式(5-27)及图 5-8 所示；而共生环境驱动力与共生体源动力"双力"多次自耦合机制则是一种基于共生能量生成原理的驱动力与源动力"双力"多次自

第5章 装备基地级维修PPP采购共生系统动力机理

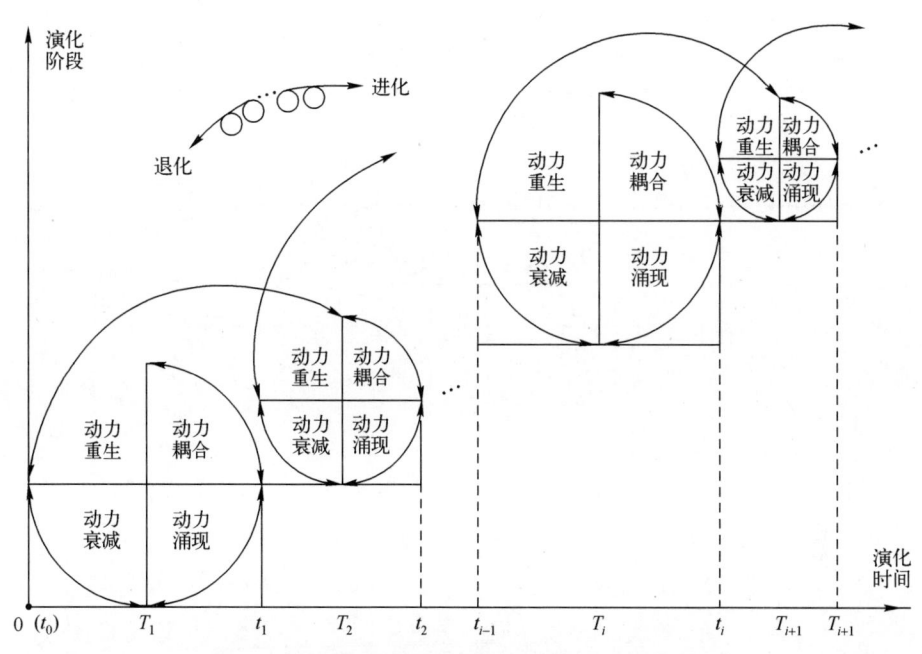

图5-9 装备基地级维修PPP采购共生系统全生命
周期"双力"自耦合过程

耦合机制,其耦合规律则如式(5-26)及图5-8所示。所不同的只是,在全生命周期之内,装备基地级维修PPP采购共生系统共生环境驱动力与共生体源动力"双力"之间每隔固定的、长短不同的周期 T_i 才能进行一次耦合,或者说共生环境驱动力与共生体源动力"双力"之间每耦合一次,都只能使得装备基地级维修PPP采购共生系统完成一次长短不等的、时间区间为 T_i 的,由生成、成长、成熟到衰退的演化过程。这在装备基地级维修PPP采购实际运营中通常体现为一个合同有效期。需要特别强调的是,装备基地级维修PPP采购共生系统全生命周期中,其共生环境驱动力与共生体源动力"双力"的每一次自耦合之间互为条件、互为因果、接续循环,具有明显的因果性、继承性和同向性,这是由其"外共生"与"内共生"的"双共生"自耦合演化规律所决定的,同时也解释了为什么装备基地级维修PPP采购共生系统全生命周期演化过程是由无数个单生命周期演化过程周而复始、循环往复而又波浪式前进(后退)、螺旋式上升(下降)的过程。与图5-8所示的演化过程相对应,装备基地级维修PPP采购共生系统全生命周期演化过程中,其共生环境驱动力与共生体源动力"双力"多次自耦合规律如图5-10所示。

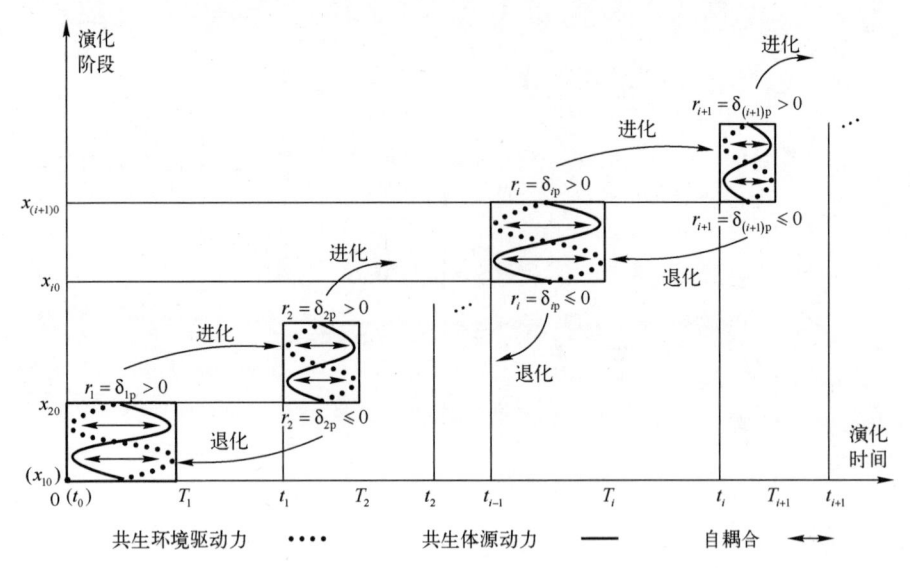

图 5-10 装备基地级维修 PPP 采购共生系统全生命周期演化"双力"自耦合模型

5.5 装备基地级维修 PPP 采购共生系统演化动力机理

前文分析初步表明,装备基地级维修 PPP 采购共生系统全生命周期演化的动力机制是一种基于共生能量生成原理的驱动力与源动力"双力"多次自耦合机制。然而,仅仅理解和把握其动力机制并不足以全面指导科学设计装备基地级维修 PPP 采购共生系统的动力路径,还需要结合第 4 章辨析的装备基地级维修 PPP 采购共生系统的动力因素,深入分析其中蕴含的基本原理。

5.5.1 驱动力与源动力"双力"自耦合机制原理体系的逻辑分析

本书第 4 章将装备基地级维修 PPP 采购共生系统的动力因素分为共生环境驱动力与共生体源动力两大方面。从装备基地级维修 PPP 采购共生系统演化规律和动力机制看,其共生环境驱动力与共生体源动力"双力"的自耦合过程不但包括了二者之间的自耦合过程,而且还包括了其子动力之间的自耦合过程。因此,理应从共生环境驱动力与共生体源动力"双力"自耦合函数,即其装备基地级维修 PPP 采购共生系统全生命周期动力学方程或模型入手,全面辨析共生环境驱动力与共生体源动力"双力"自耦合机制的原理体系。

1. 驱动力与源动力"双力"自耦合机制的总原理

因为在装备基地级维修 PPP 采购过程中,其共生系统在任意第 i 个单生命

第5章 装备基地级维修PPP采购共生系统动力机理

周期内的产量 $x_i(t)$ 必然满足 $0<x_i(t)<N_i$,所以由共生环境驱动力与共生体源动力"双力"自耦合函数式(5-26)可知,当 $r_i=\delta_p^i>0$ 时,必然使 $\mathrm{d}x_i(t)/\mathrm{d}t>0$。这就表明,装备基地级维修PPP采购共生系统的全要素共生度大于0是其演化动力产生的充分必要条件。而根据共生能量生成原理,$\delta_p^i>0$ 是共生能量生成的充分必要条件。这也就是说,只有生成共生能量才能为装备基地级维修PPP采购共生系统的演化带来不竭动力。因此,总体上共生环境驱动力与共生体源动力"双力"自耦合机制的基本原理就是共生能量生成原理。

2. 驱动力与源动力子动力自耦合机制的分原理

根据共生理论,由式(3-10)可得,装备基地级维修PPP采购共生系统任意第 i 个单生命周期内的全要素共生度 δ_p^i 为

$$\delta_p^i = \frac{1}{\lambda_i} \sum_{j=1}^{l} \delta_{pj}^i \tag{5-28}$$

式中:λ_i 为装备基地级维修PPP采购共生系统在任意第 i 个单生命周期内的共生界面特征系数;δ_{pj}^i 为其在任意第 i 个单生命周期内的任意第 j 个共生单元的单要素共生度,且 $\delta_{pj}^i = Z_j\mathrm{d}Z_p/Z_p\mathrm{d}Z_j$。

将式(5-28)代入式(5-26),可得

$$r_i = \frac{1}{\lambda_i} \sum_{j=1}^{l} \delta_{pj}^i > 0 \quad \begin{array}{l} i=1,2,\cdots,n \\ j=1,2,\cdots,l \end{array} \tag{5-29}$$

$$\begin{cases} \dfrac{\mathrm{d}x_i(t)}{\mathrm{d}t} = \dfrac{x_i(t)}{\lambda_i}\left(1-\dfrac{x_i(t)}{N_i}\right)\sum_{j=1}^{l}\delta_{pj}^i & i=1,2,\cdots,n \\ x_i(0)=x_{i0}, x_{10}=0 & j=1,2,\cdots,l \\ t \in T_i, T_i = t_i - t_{i-1}, t_0 = 0 & \end{cases} \tag{5-30}$$

1) 主拉力与主推力自耦合机制的基本原理

通过对共生环境驱动力与共生体源动力"双力"自耦合函数的分析可知,在任意第 i 个单生命周期之内,装备基地级维修PPP采购共生系统产量的平均增长率或者内禀增长率 r_i 体现了共生体源动力对其共生系统演化的作用规律。按照共生理论,无论共生系统是通过哪种共生介质完成共生作用,都存在共生单元或者共生系统的能量损耗,而共生界面特征系数 λ_i 反映的正是其共生阻尼程度的量,因此 $0<\lambda_i<+\infty$。所以由式(5-29)可知,要使 $r_i>0$,就必须满足 $\sum_{j=1}^{l}\delta_{pj}^i>0$。这就表明,装备基地级维修PPP采购共生系统单要素共生度之和大于0是其军队装备部门主拉力与社会资本主推力自耦合生成共生单元主动力的充分必要条件。而根据"内共生"演化规律分析,作为社会生活中一种典型的军事经济复合共生系统,装备基地级维修PPP采购共生系统任意第 i 个单生

命周期内的任意第j个共生单元的单要素共生度都必然满足$\delta_{pj}^{i}>0$。进而表明，装备基地级维修PPP采购共生系统单要素共生度大于0是其共生单元主动力产生的充分必要条件。根据质参量兼容原理，$\delta_{pj}^{i}>0$是共生单元与共生系统形成共生关系的必要条件。因此，军队装备部门主拉力与社会资本主推力自耦合机制的基本原理就是质参量兼容原理。

2）主动力与助动力自耦合机制的基本原理

由式(5-29)可知，任意第i个单生命周期内，在装备基地级维修PPP采购共生系统单要素共生度不变的情况下，其产量的平均增长率或者内禀增长率r_i与共生界面特征系数λ_i成反比，即λ_i越小r_i越大。这就表明，共生单元主动力与共生界面助动力自耦合产生的共生体源动力除了受共生单元之间共生度的影响外，还受到共生界面功能的影响。具体来说，就是在军队装备部门主拉力与社会资本主推力基于质参量兼容原理自耦合产生共生单元主动力的基础之上，共生单元主动力与共生界面助动力是基于共生界面选择原理自耦合产生共生体源动力的。因此，共生单元主动力与共生界面助动力自耦合机制的基本原理就是共生界面选择原理。

3）共生环境驱动力驱动共生系统演化的基本原理

在任意第i个单生命周期之内，装备基地级维修PPP采购共生系统产量的最大阈值N_i体现了共生环境驱动力对其共生系统演化的作用规律。由式(5-30)可知，在任意第i个单生命周期内，装备基地级维修PPP采购共生系统共生环境驱动力与共生体源动力"双力"自耦合所产生的合力$\mathrm{d}x_i(t)/\mathrm{d}t$由其共生界面特征系数$\lambda_i$、单要素共生度$\delta_{pj}^{i}$及其产量最大阈值$N_i$共同决定。在共生界面特征系数$\lambda_i$、单要素共生度$\delta_{pj}^{i}$保持不变的情况下，共生环境驱动力与共生体源动力"双力"自耦合产生的合力$\mathrm{d}x_i(t)/\mathrm{d}t$与其产量最大阈值$N_i$成正比，即$N_i$越大则$\mathrm{d}x_i(t)/\mathrm{d}t$越大。这表明，装备基地级维修PPP采购共生系统的演化除受到其共生体源动力的直接驱动，还受到共生环境驱动力的间接驱动。然而，要增大装备基地级维修PPP采购共生系统产量的最大阈值N_i只有依据共生系统相变原理和共生系统进化原理，从共生体外部人为改善和设置更加适宜的共生环境，从而使外部采购环境能够不断产生驱动力，并通过与内部共生体产生的源动力的自耦合机制共同推动共生系统演化发展。因此，共生环境驱动力对装备基地级维修PPP采购共生系统的驱动作用的基本原理就是共生系统相变原理和共生系统进化原理。

3. 驱动力与源动力"双力"自耦合机制的原理体系

根据上述逻辑分析，可以得到如图5-11所示的共生环境驱动力与共生体源动力"双力"自耦合机制的原理体系示意图。与自组织理论中的使役原理类

第 5 章 装备基地级维修 PPP 采购共生系统动力机理

似,在共生系统相变过程中,共生能量生成原理在共生理论体系的 5 大基本原理之中居于主导地位,对质参量兼容原理、共生界面选择原理、共生系统相变原理和共生系统进化原理具有支配作用。因此,共生能量生成原理是装备基地级维修 PPP 采购共生系统共生环境驱动力与共生体源动力"双力"自耦合机制的根本原理和基本方针,对其自耦合过程具有决定性作用和支配性影响。

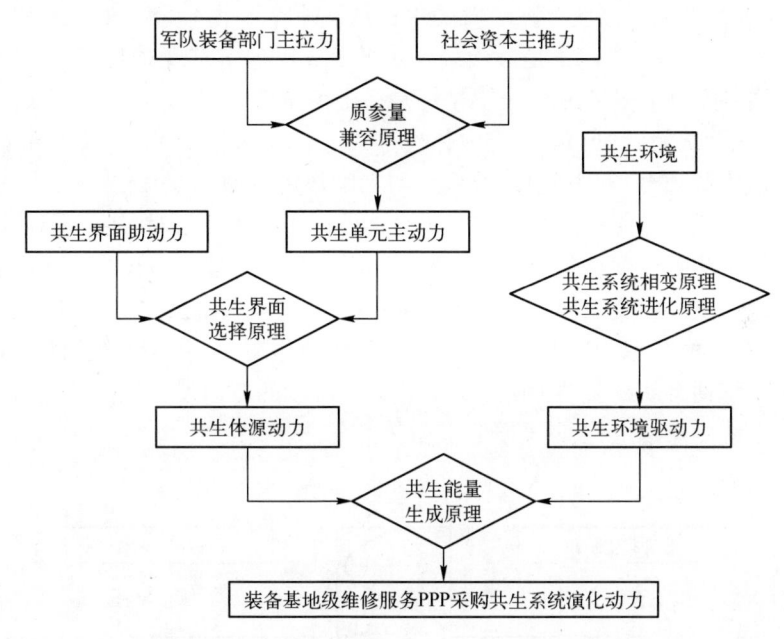

图 5-11 共生环境驱动力与共生体源动力"双力"自耦合机制原理体系示意图

需要说明的是,在对共生环境驱动力与共生体源动力"双力"自耦合机制原理体系进行分析的过程中,为了在不影响基本结论的前提下简化讨论和便于理解,采用以下方法:一是在分析某类动力因素作用原理时,显性假设了其他的动力因素保持不变,也就是说,并未同步考虑其他动力因素共同作用原理的影响;二是在分析某类动力因素某项主要作用原理时,隐性假设了次要作用原理不对该动力因素发生作用,也就是说,只是抓住影响该动力因素的主要作用原理而未对次要作用原理进行讨论。然而,在实际的装备基地级维修 PPP 采购共生系统共生环境驱动力与共生体源动力"双力"自耦合过程中,上述五大基本原理之间如同各个动力因素之间的密切协同、动态联系的关系一样,是各司其职、取长补短、共同作用的。它们之间互相促进、互相关联、互相耦合,形成了一个有机统一体,共同构成了装备基地级维修 PPP 采购共生系统共生环境驱动力与共生体源动力"双力"自耦合机制的原理体系。

5.5.2 驱动力与源动力"双力"自耦合机制的共生能量生成原理

共生能量生成原理是指共生系统在演化过程即共生过程之中产生新增能量的基本规律。共生能量生成原理是共生系统作用的基本原理和本质特征,揭示了共生系统发展的本质属性,不产生共生能量的系统是无法增殖并且发展的,共生能量是共生系统存在与发展的必要条件。共生环境驱动力与共生体源动力"双力"自耦合机制正是遵循共生能量生成原理来实现对共生系统演化的"触发"作用。无论是在单生命周期还是在全生命周期,共生能量在其演化过程中都扮演了"决策者"的角色,充分体现了共生能量生成原理对于共生环境驱动力与共生体源动力"双力"自耦合机制的支配作用。如图 5-12 所示,当共生环境驱动力与共生体源动力"双力"自耦合能够产生共生能量时,装备基地级维修 PPP 采购共生系统便会从低阶共生阶段向高阶共生阶段的方向发生正向相变,这种连续的正向相变就会使得共生系统不断的进化;反之,当共生环境驱动力与共生体源动力"双力"自耦合不能产生共生能量时,装备基地级维修 PPP 采购共生系统便会从高阶共生阶段向低阶共生阶段的方向发生反向相变,进而引发共生系统的持续退化,甚至导致其解体。

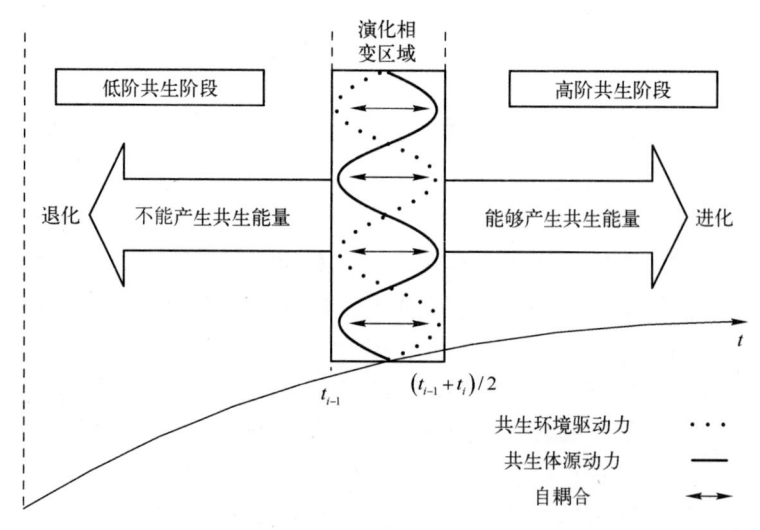

图 5-12 装备基地级维修 PPP 采购共生系统相变示意图

5.5.3 基于质参量兼容原理和共生界面选择原理的源动力生成机理

装备基地级维修 PPP 采购共生系统共生体构成要素之间的相互作用(来

自共生体内部的源动力)是其演化的直接动力和决定因素。下面深入分析装备基地级维修PPP采购共生系统共生体源动力的生成机理,即共生单元主动力与共生界面助动力"双力"自耦合机制的基本原理。

1. 基于质参量兼容原理的主动力生成机理

质参量兼容原理是指共生单元的质参量可以相互表达的基本规律。质参量兼容与否决定了共生关系形成的可能性,揭示了共生关系形成的基本决定因素;质参量兼容的方式决定了共生单元之间的共生模式,揭示了质参量兼容方式与共生模式之间的对应关系。军队装备部门主拉力与社会资本主推力"双力"自耦合机制,正是遵循质参量兼容原理产生推动共生系统演化的根本作用——共生单元主动力的。装备基地级维修PPP采购共生系统中,质参量兼容原理主要体现为军队装备部门与社会资本之间的装备维修服务利益耦合和装备维修资源禀赋耦合。

(1) 装备维修服务利益耦合是军队装备部门主拉力与社会资本主推力"双力"自耦合的前提条件和指导原则。装备基地级维修PPP采购过程中,军队装备部门的主要目的是完成装备基地级维修保障任务、形成装备基地级维修保障能力;社会资本的主要目的是提供装备基地级维修服务、获得装备基地级维修收益。因此,军队装备部门与社会资本通过采购介体按照市场机制,能够达成装备维修服务利益耦合的共同目标——用最少、最优的维修资源生产最多、最好的装备维修服务。从而为军队装备部门与社会资本进行装备基地级维修PPP采购合作提供了共同的立足点和出发点。

(2) 装备维修资源禀赋耦合,是军队装备部门主拉力与社会资本主推力"双力"自耦合的基本要求和物质基础。装备基地级维修PPP采购过程中,军队装备部门通常具备人员、设备和设施等方面的装备维修资源禀赋;社会资本通常具备资金、技术和管理等方面的装备维修资源禀赋。因此,军队装备部门与社会资本通过采购介体按照市场机制,能够形成装备维修资源禀赋耦合的共生关系——基于装备维修资源禀赋的优势互补、资源共享合作生产和提供装备维修服务。从而为军队装备部门与社会资本进行装备基地级维修PPP采购合作提供了共同的模式和途径。

2. 基于共生界面选择原理的源动力生成机理

共生界面选择原理是指共生单元在形成共生关系的过程中,优先选择能量损耗更低、传输效率更高的共生界面的基本规律。共生界面选择原理在共生理论体系中具有十分重要的地位,揭示了共生界面的内生性基本性质。在满足共生单元质参量兼容的前提条件和基本要求下,共生单元主动力与共生界面助动力"双力"自耦合机制,正是遵循共生界面选择原理而产生推动共生系统演化的主要作用——共生体源动力的。装备基地级维修PPP采购共生系统中,共生界面选择原理综合体现为对装备基地级维修PPP采购方式和运营方式的选择。

(1) 选择适当的采购方式是降低共生能量损耗、提高共生单元主动力与共生界面助动力"双力"自耦合效益的基本途径和有效方法。装备基地级维修PPP采购过程中,结合实际选择适宜的采购方式能够通过适当的媒介、通道或载体,减少军队装备部门与社会资本这对共生单元之间的物质、价值和信息交流、传输的损耗,使军队装备部门与社会资本之间在共生过程中形成一种合理的有序关系——共生序,从而有效降低装备基地级维修PPP采购项目的交易成本。按照共生界面选择原理,装备基地级维修PPP采购过程之中,在不完全信息条件下通常采用竞争性采购方式;而在完全信息条件下通常采用非竞争性采购方式。

(2) 选择适当的运营方式是提高能量传输效率、提升共生单元主动力与共生界面助动力"双力"自耦合效益的基本途径和有效方法。装备基地级维修PPP采购过程中,结合实际选择适宜的运营方式能够通过适当的媒介、通道或载体,提高军队装备部门与社会资本这对共生单元之间的物质、价值和信息交流、传输的效率,使军队装备部门与社会资本之间在共生过程中形成一种科学的分工与合作,充分发挥各自的装备维修资源禀赋,从而有效提高装备基地级维修PPP采购项目的运营绩效。按照共生界面选择原理,在装备基地级维修PPP采购过程中,一方面要选择共生界面特征系数较低、共生能量损耗较小的运营方式;另一方面要选择共生能量分配呈对称性、共生关系更趋稳定的运营方式。

5.5.4 基于共生系统相变原理和共生系统进化原理的驱动力驱动机理

装备基地级维修PPP采购共生系统的演化,除受到其共生体生成的源动力的直接驱动之外,还受到其共生环境生成的驱动力的间接驱动。

共生系统相变原理是指共生系统从一种状态向另一种状态转变的基本规律。共生系统相变原理指出了共生系统相变的基本方式,揭示了共生系统相变的基本原因。共生系统相变原理认为,共生能量的非对称分配、不匹配使用和共生系统全要素共生度的变化是共生系统相变的基本原因,并且与之对应的有 α、β、δ 3种相变方式。其中,α 相变主要引起共生行为模式的变化,属 ***H*** 型相变;δ 相变主要引起共生组织模式的变化,属 ***O*** 型相变;β 相变既可能引起共生模式的变化,也可能引起共生类型的变化,属混合相变。共生系统相变原理表明,共生系统状态是随着外部共生环境的持续发展而不断变化的。

第5章　装备基地级维修PPP采购共生系统动力机理

共生系统进化原理是指共生系统从非对称性互惠共生向对称性互惠共生进化的基本规律。共生系统进化原理反映了共生进化的本质,揭示了共生进化的基本规律。共生系统进化原理认为,对称性互惠共生是共生系统进化的一致方向,是生物界和人类社会进化的根本法则。所有系统中对称性互惠共生系统是最有效率也是最稳定的系统。任何具有对称性互惠共生特征的系统在同种共生模式之中具有最大的共生能量。共生系统进化原理进一步表明,对称性互惠共生是共生系统运行的最佳状态和进化的根本方向。

对装备基地级维修PPP采购共生系统这类典型的军事经济复合共生系统来说,认识和把握共生系统相变原理及其共生系统进化原理具有十分重要的意义。因为与自然共生系统不同,人们可以充分运用共生系统相变原理和共生系统进化原理,通过发挥主观能动性,人为改造外部共生环境而产生共生环境驱动力来间接驱动共生系统朝着人们所期望的、最具效率的方向——对称性互惠共生的状态加速演化。

对某一具体装备基地级维修PPP采购共生系统而言,根据共生系统进化原理,对称性互惠共生是人们所期望的共生系统的最佳状态及其进化的最终方向。结合第3章研究得出的装备基地级维修PPP采购共生系统的4种基本状态,运用共生系统相变原理可对该装备基地级维修PPP采购共生系统的共生状态、相变趋势和相变原因进行分析判断,若共生状态正处于对称性互惠共生状态,那么就应该运用市场机制维持和保护现有外部共生环境,使其保持现有共生状态;若共生状态处于非对称性互惠共生状态,那么就应该采取政府宏观调控措施,特别是发挥政府以及军队作为公共部门的规制"特权",通过出台一系列法律规范、配套政策和操作指南等外部干预举措人为改善和设置更加完善的采购环境,从而使得共生环境能够产生新一轮的、有利于共生系统进化的驱动力,并且通过与共生体源动力的"双力"自耦合机制,限制和消除共生系统的退化性相变,促进和推动其进化性相变,进而使该装备基地级维修PPP采购共生系统向着对称性互惠共生的最佳状态加速进化。

第6章 装备基地级维修 PPP 采购共生系统动力路径

动力路径是共生系统演化的基本途径。要使装备基地级维修 PPP 采购共生系统向符合共生系统进化规律和军队装备部门期望的方向发展，就必须科学设计其动力路径。本章根据装备基地级维修 PPP 采购共生系统演化动力机理，在提出装备基地级维修 PPP 采购共生系统动力路径设计的理论依据、总体目标、指导原则和设计思路的基础上，综合运用模糊层次分析法、Shapley 值法和主成分分析—模糊综合评价法等多种方法、模型和理论，分别从源动力生成路径和驱动力驱动路径两个方面，科学构建贯穿于装备基地级维修 PPP 采购共生系统演化全过程的动力路径，从而使得装备基地级维修 PPP 采购共生系统朝着共生能量最大、共生消耗最小的一体化对称性互惠共生的最佳状态加速进化，进而实现装备基地级维修 PPP 采购军事、经济、社会等共生效益的帕累托最优。

6.1 装备基地级维修 PPP 采购共生系统动力路径总体设计

根据装备基地级维修 PPP 采购共生系统动力因素、演化规律、动力机制和动力机理，其动力路径设计既涉及军队装备部门主拉力、社会资本主推力及其自耦合生成的共生单元主动力，又涉及共生单元主动力、共生界面助动力及其自耦合生成的共生体源动力，还涉及共生体源动力、共生环境驱动力及其自耦合生成的共生系统总动力。为确保动力路径设计的科学性、完整性和系统性，在充分激发每个动力因素的基础上实现其最优化自耦合，装备基地级维修 PPP 采购共生系统动力路径设计应遵循科学的理论依据、明确的总体目标、正确的指导原则和完整的设计思路。

6.1.1 理论依据

装备基地级维修 PPP 采购共生系统动力路径设计应遵循其演化动力机理。装备基地级维修 PPP 采购共生系统演化动力机理是由共生能量生成原理、质参量兼容原理、共生界面选择原理等共生系统的 5 大基本原理构成的原理体系(图 5-11)。因此,装备基地级维修 PPP 采购共生系统动力路径设计的主要理论依据就是这 5 大基本原理构成的原理体系。

1. 共生能量生成原理

共生能量生成原理是装备基地级维修 PPP 采购共生系统共生环境驱动力与共生体源动力"双力"自耦合机制的基本原理,即其演化总动力的产生机理。共生能量生成原理阐明:

(1) 全要素共生度并不等于单要素共生度的算术和,或者说,全要素共生度并不是单要素共生度的简单累加,而是所有单要素共生度总和与共生界面特征系数倒数的积。

(2) 共生能量与全要素共生度之间具有一定的对应关系。只有全要素共生度大于 0,共生系统才能产生共生能量。一般而言,全要素共生度越高,共生能量越大;反之,则越小。

共生能量生成原理表明共生能量是共生系统演化发展的力量源泉,无法产生共生能量的共生系统是难以演化发展的,它体现了共生系统演化的本质特征和共生关系发展的内在规律。共生能量生成原理启示人们在非密度制约和非维度制约的共生系统中,要使其共生能量增加,必须在提高单要素共生度的同时,提升共生界面物质、信息和能量传递的效率。此外,共生能量生成原理也进一步揭示了共生环境驱动力是共生系统演化的间接动力,而共生体源动力是共生系统演化的直接动力,共生环境驱动力是通过共生体源动力间接作用于共生单元及其共生界面从而推动共生系统的演化发展的。因此,共生能量生成原理为设计装备基地级维修 PPP 采购共生系统动力路径提供了总体理论依据和基本路径方向。

2. 质参量兼容原理

质参量兼容原理是装备基地级维修 PPP 采购共生系统军队装备部门主拉力与社会资本主推力"双力"自耦合机制的基本原理,即其共生单元主动力的生成机理。质参量兼容原理阐明:

(1) 质参量是否兼容是共生关系识别的基本依据。

(2) 质参量兼容是共生单元之间的本质属性,也是共生单元的基本规则。

(3) 质参量兼容方式决定了共生组织模式。

一般来说,随机性兼容对应点共生模式;不连续的因果性兼容对应间歇共生模式;连续的因果性兼容对应连续共生模式或一体化共生模式。质参量兼容原理表明质参量兼容是共生关系形成的先决条件,质参量难以兼容的共生单元之间无法形成共生关系,它体现了共生关系形成的决定因素和质参量兼容方式与共生组织模式之间的对应规律。

质参量兼容原理启示人们在设计共生单元主动力生成路径时,首先应遵循质参量兼容的规则选择适当的共生单元,其次应根据其质参量兼容的方式选择适宜的共生组织模式,才能达到预期共生目的。

3. 共生界面选择原理

共生界面选择原理是装备基地级维修 PPP 采购共生系统共生单元主动力与共生界面助动力"双力"自耦合机制的基本原理,即其共生体源动力的生成机理。共生界面选择原理阐明:

(1) 共生界面一般具有内生性,即共生界面是由共生单元的性质所决定的。自然共生系统的共生界面多为无介质界面,而人类社会共生系统的共生界面虽然还保留了少量无介质界面,但大多数都是有介质界面。有介质界面不仅节省了共生单元之间的共生时间与成本,而且还为建立匹配的共生关系奠定了基础。

(2) 共生界面具有能量分配功能,共生界面对共生能量的分配与共生单元的共生消耗越对称,共生单元及其共生界面之间的共生关系越稳定,共生单元主动力与共生界面助动力"双力"自耦合生成的共生体源动力越强大,共生系统的演化进程越迅速。

(3) 任何共生界面都存在共生单元或共生系统的能量损耗——共生阻尼,或者说,对共生界面这种介质的使用是有代价的。共生界面特征系数表征了其共生阻尼程度的量,共生界面特征系数越接近于 0,共生界面阻尼作用越小;反之,则越大。

共生界面选择原理反映了共生界面在共生系统演化中的重要地位和作用,它体现了共生单元及其共生界面之间相互作用、相互影响、相互耦合的基本规律。共生界面选择原理启示人们在设计共生体源动力生成路径时,首先应遵循共生界面的内生性着力培育中介服务机构这一有介质界面,其次应发挥共生界面的能量分配功能在共生单元之间尽可能的对称性分配共生能量,最后应认清共生界面的共生阻尼作用尽量选择或构建共生界面特征系数更小的共生界面。

4. 共生系统相变原理

共生系统相变原理是共生环境驱动力间接驱动共生系统演化的基本原理之一。共生系统相变原理阐明:

(1) 共生能量的非对称分配、共生能量的不匹配使用以及共生系统全要素共生度的变化是共生系统相变的基本原因。

(2) 共生系统相变有 α、β、δ 共 3 种相变方式。其中:α 相变主要引起共生行为模式的变化,属 $\vec{H}$ 型相变;δ 相变主要引起共生组织模式的变化,属 $\vec{O}$ 型相变;β相变可同时引进两种共生模式的变化,属混合相变。

共生系统相变原理表明共生系统的状态不是固定不变的,是可以遵循相变规律通过人为干预而调整变换的,它为人们分析、识别以及干预社会共生系统相变提供了有力的理论武器和思想方法。共生系统相变原理启示人们在设计共生环境驱动力驱动路径时,首先要分析共生系统所处的相位,如果其处于人们所期望的相位时,应采取措施维护现有共生环境使其保持理想状态;如果其处于非理想状态时,应采取措施干预并改善现有共生环境使其发生进化相变,以推动共生系统的进化。

5. 共生系统进化原理

共生系统进化原理是共生环境驱动力间接驱动共生系统演化的另一基本原理。共生系统进化原理在共生系统相变原理的基础之上进一步阐明:所有系统中对称性互惠共生系统是最有效率也是最稳定的系统。任何具有对称性互惠共生特征的系统在同种共生模式之中具有最大的共生能量。共生系统进化原理表明所有非对称性互惠共生系统最终都将被对称性互惠共生系统所取代,对称性互惠共生既是共生系统运行的最佳状态,又是共生系统进化的根本方向,也是人为促进共生系统进化的最终目标,它为人们设计、改造以及推进社会共生系统进化提供了正确的理论工具和方向指引。共生系统进化原理启示人们在设计共生环境驱动力驱动路径时,要以对称性互惠共生为最终目标和方向指南,通过发挥人的主观能动性不断改善和设置更加完善的共生环境,从而使共生系统向着对称性互惠共生的状态不断进化或持续保持其对称性互惠共生的状态。

综上所述,共生理论五大基本原理相互联系、融为一体,共同构成了装备基地级维修 PPP 采购共生系统动力路径设计的系统性、体系化理论依据。其中:共生能量生成原理是装备基地级维修 PPP 采购共生系统动力路径设计的总体理论依据;质参量兼容原理和共生界面选择原理是装备基地级维修 PPP 采购共生系统源动力生成路径设计的主要理论依据;共生系统相变原理和共生系统进化原理是装备基地级维修 PPP 采购共生系统驱动力驱动路径设计的主要理论依据。

6.1.2 总体目标

装备基地级维修 PPP 采购共生系统动力路径设计的总体目标是:根据装备基地级维修 PPP 采购共生系统动力因素、演化规律及其动力机理,在充分调动和激发其各个动力因素的基础上,一方面通过依据质参量兼容原理和共生界面选择原理设计共生体源动力生成路径;另一方面通过依据共生系统相变原理和共生系统进化原理设计共生环境驱动力驱动路径,进而依据共生能量生成原理不断提高共生环境驱动力与共生体源动力"双力"自耦合产生的共生能量,加速推进装备基地级维修PPP采购共生系统从竞生到共生、从低阶共生向高阶共生的进化,并逐步达到共生能量最大、共生消耗最小的一体化对称性互惠共生的理想状态,最终实现装备基地级维修PPP采购军事、经济、社会等共生效益的帕累托最优。

6.1.3 指导原则

美国著名经济学家阿瑟(Arthur)曾指出,政府不但应该避免强迫得到期望结果与放手不管两个极端,而且应该寻找轻轻地推动系统趋向有利于自然生长和突现的合适结构。政府对经济活动所施予的"既不是一只沉重的手,也不是一只看不见的手,而是轻轻推动的手"。这种"轻轻推动的手"的说法实际上就是从政府战略管理方法策略的视角,提出的一种通过"外共生"诱导"内共生",而最终实现"双共生"自耦合的共生过程。因此,在系统内部存在"内共生"与"外共生",外部存在"双共生"自耦合条件的前提下,装备基地级维修PPP采购共生系统动力路径的设计应遵循以下指导原则。

1. 依据特征、遵循机理、顺势而为

装备基地级维修PPP采购共生系统动力路径设计,既应依据其动力因素的利益主导性、内外转化性、互动倍增性、激励催化性和社会责任性"五性静态特征",又应遵循其动力机制的共生能量生成原理、质参量兼容原理、共生界面选择原理、共生系统相变原理以及共生系统进化原理"五大基本原理",还应顺应我国社会主义市场经济正逐步由商品经济向服务经济发展的大好形势。在公共服务采购持续推进、"供给侧结构性改革"以及我军编制体制调整改革的大背景下,充分调动各种积极因素,严格按照系统共生规律,科学设计装备基地级维修PPP采购共生系统动力路径。

2. 以内为主、以外为辅、内外耦合

从装备基地级维修PPP采购共生系统的演化过程及其规律来看,"内共生"是其演化的内在根据和根本原因,是第一位的;"外共生"是其演化的外部条件和重要影响,是第二位的。"外共生"只有通过与"内共生"的自耦合机制才能间接对装备基地级维修PPP采购共生系统的演化产生作用。就装备基地级维修PPP采购共生系统的动力机制及其机理而言,源动力是推动其演化的直接力量和主要动力,是第一位的;驱动力是推动其演化的间接力量和次要动力,是第二位的。驱动力也只有通过与源动力的"双力"自耦合机制才能间接地推动装备基地级维修PPP采购共生系统的演化。因此,装备基地级维修PPP采购共生系统动力路径设计应以其"内共生"过程中共生体生成的源动力为主、"外共生"过程中共生环境产生的驱动力为辅,并通过共生环境驱动力与共生体源动力"双力"自耦合机制进一步生成更大的共生能量,从而推动装备基地级维修PPP采购共生系统不断向一体化对称性互惠共生的理想状态进化。

3. 区分阶段、把握状态、逐步推进

在单生命周期内,装备基地级维修PPP采购共生系统演化分为生成期、成长期、成熟期和衰退期4个阶段,其动力运行过程也可相应的分为动力耦合、动力涌现、动力衰减、动力重生4个阶段,显然在每个演化阶段其动力机理都有所不同;在全生命周期内,除了系统消亡,装备基地级维修PPP采购共生系统会在表3-6中的4种共生状态之间演化,显然在不同的共生状态其动力机制和运行机理更不相同。此外,装备基地级维修PPP采购共生系统动力路径除了直接关系到军队装备部门、社会资本等利益相关者之外,还间接涉及到国家的军事环境、政策环境、市场环境等共生环境。这些外部环境的发展变化具有明显的阶段性、渐进性和继承性,使得共生环境产生的驱动力也具有明显的阶段性、渐进性和继承性,进而使得共生环境驱动力与共生体源动力"双力"的自耦合机制也具有一定的阶段性、渐进性和继承性。因此,装备基地级维修PPP采购共生系统动力路径设计不能同步推进、一蹴而就,应在评估其共生状态的基础上,区分其演化阶段,按照其所处的共生状态和演化阶段,遵循相应状态下对应阶段的动力机理不断设计和完善动力路径,逐步推动装备基地级维修PPP采购共生系统向着一体化对称性互惠共生的理想状态进化。

6.1.4 设计思路

如图6-1所示,装备基地级维修PPP采购共生系统动力路径设计的总体思路是:根据装备基地级维修PPP采购共生系统动力路径设计的理论依据,按照其动力路径设计的指导原则,从源动力生成和驱动力驱动两个方面并行设计装备基地级维修PPP采购共生系统的动力路径,进而通过共生环境驱动力与共生体源动力"双力"多次自耦合机制不断涌现新的、更大的共生能量,逐步推动装备基地级维修PPP采购共生系统向着"共生兼容更高、共生消耗更小、共生分配更稳、共生能量更大、共生状态更佳"的方向正向相变,从而实现装备基地级维修PPP采购共生系统动力路径设计的总体目标。

1. 源动力生成路径

共生体源动力生成路径设计的主要思路是:首先,在充分调动和激发军队装备部门主拉力和社会资本主推力的基础上,依据质参量兼容原理,通过在合

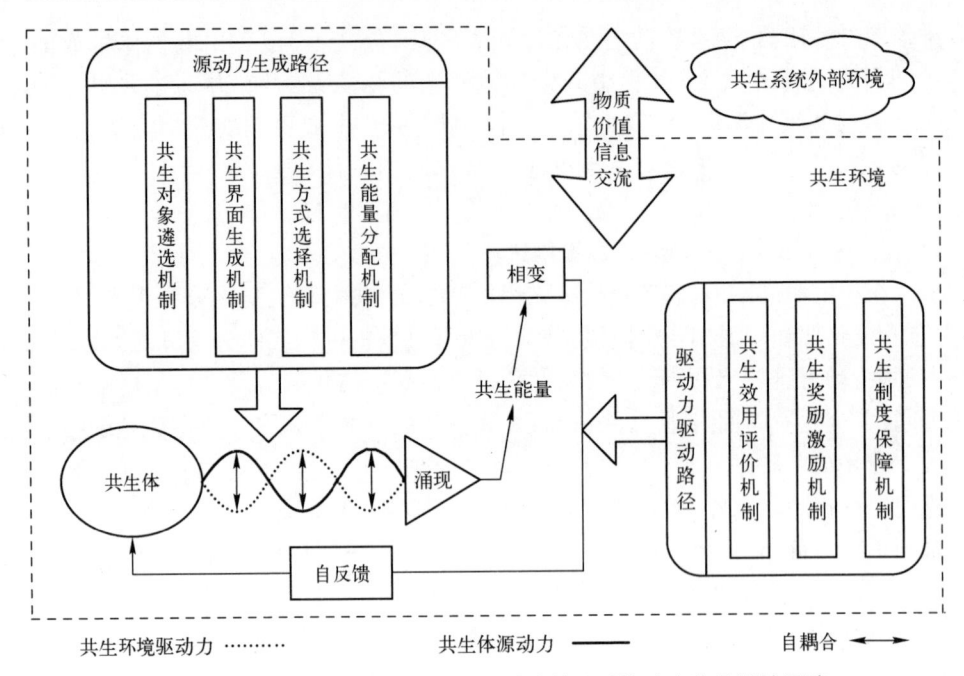

图 6-1 装备基地级维修服务 PPP 采购共生系统动力路径设计思路

作伙伴选择上设计共生对象遴选机制,不断提高共生单元之间的共生度,进而持续提升军队装备部门主拉力与社会资本主推力"双力"自耦合生成的共生单元主动力;其次,在充分调动和激发共生界面助动力的基础上,依据共生界面选择原理,通过在共生界面培育上设计共生界面生成机制、在共生系统生成上设计共生方式选择机制、在共生能量匹配上设计共生能量分配机制,不断提高共生界面传输效率、降低共生界面能量损耗,进而持续提升共生单元主动力与共生界面助动力"双力"自耦合生成的共生体源动力。总之,源动力生成路径主要是围绕共生体源动力的生成与提高,依据源动力生成机理,从共生系统共生体内部共生单元和共生界面的视角,设计共生对象遴选机制、共生界面生成机制、共生方式选择机制和共生能量分配机制。

2. 驱动力驱动路径

共生环境驱动力驱动路径设计的主要思路是:在充分调动和激发共生环境驱动力的基础上,依据共生系统相变原理和共生系统进化原理,通过在状态评估上设计共生效用评价机制、在动态激励上设计共生奖励激励机制、在政策法规上设计共生制度保障机制,准确评估共生系统的共生状态,若其处于对称性互惠共生状态,则采取适当激励措施和维稳制度继续维持现有共生环境使其保持理想状态;若其处于非对称性互惠共生状态,则采取适当激励措施和改善制度不断完善现有共生环境使其逐步向理想状态进化,进而持续提升共生环境对于共生系统进化产生的驱动力。总之,驱动力驱动路径主要是围绕共生环境驱动力的产生与提高,依据驱动力驱动机理,从共生系统共生环境的视角,设计共生效用评价机制、共生奖励激励机制、共生制度保障机制。

6.2 装备基地级维修PPP采购共生系统源动力生成路径设计

装备基地级维修PPP采购共生系统源动力生成路径设计的主要目的是生成和提高共生体源动力,并且通过与共生环境驱动力的"双力"多次自耦合机制不断产生新的、更大的共生能量,逐步推动装备基地级维修PPP采购共生系统向着一体化对称性互惠共生的理想状态加速进化。

6.2.1 共生对象遴选机制设计

共生单元之间的质参量兼容性是其共生关系形成的基本决定因素。因为在装备基地级维修PPP采购中,军队装备部门作为采购主体是一个"固定的、无法替代的"共生单元,所以对于其合作主体——社会资本这一共生单元的选择就理所当然地成为共生体源动力生成的关键环节之一,直接关系到装备基地级维修PPP采购共生系统进化的成败。同时,越来越多的社会资本逐步进入装备维修服务市场,只有从众多的社会资本之中遴选优势社会资本参与装备基地级维修PPP采购,才能提高装备基地级维修PPP采购质量和效益,培育公平竞争、科学管理、规范运行的市场环境。因此,必须构建科学规范的装备基地级维修PPP采购共生对象遴选机制。

1. 共生对象遴选的基本原则

1)目标兼容原则

军队装备部门遴选共生对象的首要原则就是目标兼容原则。如果社会资本与军队装备部门的战略目标无法兼容,则会影响共生单元之间的合作甚至导致共生系统的解体;反之,则能促进共生单元之间的合作,提高装备基地级维修PPP采购质量和效益。作为典型的公共服务采购项目,装备基地级维修PPP采购的战略目标首先是完成装备基地级维修任务,其次是提高采购效益和效率,这也是军队装备部门作为公共部门的战略目标和根本职责。这就从经济上决定了装备基地级维修PPP采购只能是一种"中利"甚至是"微利"项目。而社会资本的战略目标通常首先是获得经济利润,其次才是履行社会责任。因此,在遴选装备基地级维修PPP采购共生对象时,应选择那些不以经济利润为上、愿意承接装备基地级维修PPP采购项目、与军队装备部门战略目标兼容的社会资本。

2) 资源互补原则

装备基地级维修PPP采购与传统装备采购的最大区别就是，基于合作伙伴之间的装备维修资源禀赋的优势互补、资源共享共同生产和提供装备基地级维修。因此，军队装备部门与社会资本之间装备维修资源的互补性对于装备基地级维修PPP采购具有重大影响。这是因为军队装备部门与社会资本之间装备维修资源的互补性直接体现了这对共生单元之间的质参量兼容性，决定了装备基地级维修PPP采购共生系统形成的可能性，是二者之间共生关系形成的基本决定因素。所以军队装备部门与社会资本之间装备维修资源的互补性越强，装备基地级维修PPP采购共生系统共生单元之间的质参量兼容性就越强，越能够发挥其各自的装备维修资源禀赋优势，以发挥"长板效应"，提高装备基地级维修生产率，实现"1+1>2"的效果。

3) 成本合算原则

装备基地级维修PPP采购的重要优势之一就是可以降低装备基地级维修生产成本，即合作生产和提供装备基地级维修的总成本应小于各个共生单元独自完成装备基地级维修生产的成本与装备基地级维修PPP采购成本之和。这主要是因为通过整合军队装备部门与社会资本的装备维修资源，充分发挥各自的资源禀赋优势，在提高装备基地级维修生产率的同时，有效降低了装备基地级维修的生产成本。因此，对装备基地级维修PPP采购共生对象的遴选还应把握好成本合算原则。

4) 风险相称原则

风险相称原则是指装备基地级维修PPP采购中，各个利益相关者对于哪种风险的管控能力强，就承担相应风险的基本原则。一般而言，军队装备部门作为公共部门对于政治、法律、政策等方面的风险具有较强的应对能力；而以企业为主体的社会资本则更擅长管控建造、运营、技术等方面的风险。因此，遴选装备基地级维修PPP采购共生对象时，应在目标兼容、资源互补和成本合算的基础上，优先选择具有相应的风险承受能力的优势社会资本。当然，最理想的共生对象就是能够与军队装备部门对称分担风险，以实现对称性互惠共生的最佳状态。

5) 文化融合原则

文化是社会组织的"基因"和"灵魂"，具有凝聚功能、导向功能、激励功能、约束功能、协调功能和辐射功能。可融合的文化会产生"双向环境激励"，有助于合作伙伴之间的沟通和信任，从而使合作伙伴的价值目标逐渐趋同。遴选装备基地级维修PPP采购共生对象时,军队装备部门与社会资本作为不同性质的社会组织难免存在文化差异,这种差异往往会转化为经营管理理念上的差异,给采取PPP模式合作生产和提供装备基地级维修带来障碍。因此,在装备基地级维修PPP采购中,军队装备部门应优先选择与军队文化融合度高的社会资本作为共生对象。

2. 共生对象遴选的一般流程

根据第2章对其运营流程的分析,装备基地级维修PPP采购一般采用竞争性磋商或竞争性谈判的方式进行,其共生对象的遴选通常可以分为受理申请、资格审查、磋商谈判和公示确定4个阶段,基本流程如图6-2所示。

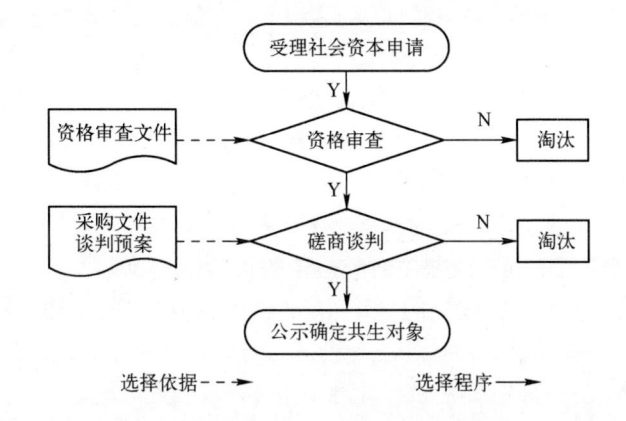

图6-2 装备基地级维修PPP采购共生对象遴选一般流程图

(1) 受理申请阶段。军队装备部门根据发布的采购公告,按期受理社会资本提交的响应文件,并且对其进行符合性审查,主要是初步审查社会资本提交响应文件的有效性、完整性等内容,对于不符合要求的响应文件会当场退回申请单位并告知原因。

(2) 资格审查阶段。军队装备部门根据资格审查文件,组织有关专家对社会资本提交响应文件进行资格审查,主要是全面审查社会资本是否具备参与装备基地级维修PPP采购的基本资质和核心能力。必要时,可以进行现场实地考察核实。

(3) 磋商谈判阶段。军队装备部门根据采购文件和谈判预案,组织有关专家与具备资格的社会资本进行竞争性磋商或竞争性谈判,从中择优遴选优势社会资本并与中选社会资本签署确认谈判备忘录。与传统装备采购不同的是,在磋商或谈判过程中,有时具有很强竞争力的社会资本并不一定就是最合适的合作伙伴。因此,军队装备部门要把握好共生对象遴选的基本原则,采用多目标决策方法遴选与其目标兼容、资源互补、成本合算、风险相称和文化融合的优势社会资本为共生对象。

（4）公示确定阶段。军队装备部门根据相关法规制度，将拟定的共生对象以及合同文本草案在规定范围内进行公示，公示期满无异议后，与之正式签定装备基地级维修PPP采购合同。合同文本草案中涉及国家、军队和商业秘密的内容可以不予公示。

3. 共生对象遴选的机制设计

1) 决策方法选择

装备基地级维修PPP采购共生对象遴选是一个典型的多阶段、多目标决策过程。按照其遴选流程，装备基地级维修PPP采购共生对象遴选可分为两个阶段：第一阶段主要是审查社会资本的"硬件"条件——基本资质，属单目标决策过程；第二阶段主要是审查社会资本的"软件"条件——共生能力，属多目标决策过程。单目标决策过程的评价指标为单一因素指标，通常采用"一票否决"方法就可做出决策。而多目标决策过程的评价指标则为多层次、多因素、相关联的复杂指标体系，通常需要同时考虑各种因素指标的综合效用才能做出决策。本书主要研究磋商谈判阶段共生对象遴选的机制设计。

目前，可用于多目标决策的理论、方法很多，如层次分析法、模糊综合评价法、BP神经网络算法、数据包络分析法、三角模糊数算法等等。这些方法大体上可分为两大类：一类主要是基于定性评价指标的评价方法，评价结果的主观性较强，容易受到人为因素的干扰；另一类则主要是基于定量评价指标的评价方法，对评价数据的依赖性较强，要求评价数据具有较强的准确性。为弥补以上两点不足，人们在实际的工作中常将两类方法结合在一起使用，对被评价对象进行定性与定量相结合的综合评价。根据装备基地级维修PPP采购候选社会资本的评价目的和指标特征，采用定性与定量相结合的方法，将三角模糊数与层次分析法有机结合在一起，综合运用三角模糊层次分析法设计装备基地级维修PPP采购共生对象遴选机制。

2) 指标体系构建

指标体系是进行装备基地级维修PPP采购共生对象遴选的基本依据和评价标准。因为适用于PPP模式采购的装备基地级维修通常都是准经营性装备基地级非核心维修，所以借鉴前人构建的准经营性PPP项目合作伙伴选择指标体系，遵循指标体系构建的科学性、全面性、层次性、简洁性和可操作性原则，结合装备基地级维修PPP采购项目特征，构建了由资金能力、技术能力、管理能力、合作能力和履约能力等5项一级指标、30项二级指标构成的装备基地级维修PPP采购共生对象遴选指标体系，具体如表6-1所列。

第6章 装备基地级维修PPP采购共生系统动力路径

表6-1 装备基地级维修PPP采购共生对象遴选指标体系

目标层	准则层		指标层
遴选装备基地级维修PPP采购共生对象A	资金能力 B_1	1	资金实力 C_{11}
		2	价格竞争力 C_{12}
		3	融资方案 C_{13}
		4	资金使用计划 C_{14}
		5	投资分析方案 C_{15}
		6	降低融资风险方案分析 C_{16}
		7	运营期收费计划 C_{17}
	技术能力 B_2	8	设计方案 C_{21}
		9	建设方案 C_{22}
		10	运营维护方案 C_{23}
		11	项目设施移交方案 C_{24}
		12	人力资源状况 C_{25}
		13	技术先进性与成熟度 C_{26}
	管理能力 B_3	14	组织结构合理水平 C_{31}
		15	管理体系规范化程度 C_{32}
		16	项目风险管理能力 C_{33}
		17	项目目标管理能力 C_{34}
		18	运营维护管理能力 C_{35}
		19	分承包商管理能力 C_{36}
	合作能力 B_4	20	合作意愿 C_{41}
		21	全寿命周期战略兼容性 C_{42}
		22	与利益相关者的沟通协调能力 C_{43}
		23	与军队文化融合性 C_{44}
	履约能力 B_5	24	相关资质等级 C_{51}
		25	类似项目业绩 C_{52}
		26	社会责任感 C_{53}
		27	被服务对象的满意度 C_{54}
		28	历史合同履约率 C_{55}
		29	历史获得荣誉情况 C_{56}
		30	历史受到处罚情况 C_{57}

（1）资金能力指标。资金能力体现了社会资本的财务状况、投融资能力和

对财务风险的管控能力。军队装备部门开展装备基地级维修 PPP 采购的主要原因之一,就是把社会资本雄厚的资金实力和强大的融资能力引入装备基地级维修 PPP 采购项目以缓解其资金不足。因此,资金能力是遴选装备基地级维修 PPP 采购共生对象的关键指标之一,主要包括资金实力、价格竞争力和融资方案等 7 项指标。

① 资金实力。资金实力是指社会资本为维持生产经营活动而有权长期独立支配和使用的自有资金。资金实力是社会资本依靠自有资金抵御市场环境变化的资金优势和能力,反映资金实力的指标主要包括资金结构率、流动资金率和定额流动资金保证率。

② 价格竞争力。装备基地级维修 PPP 采购共生对象遴选过程中,候选社会资本必须根据装备基地级维修 PPP 采购项目,结合自身实际进行投标报价。与其他政府公共服务 PPP 采购一样,价格竞争力也是衡量候选社会资本的一个重要指标。

③ 融资方案。装备基地级维修 PPP 采购项目建设期和运营期长,资金需求量大,同时也是为了提高资金使用效益,社会资本往往需要向金融机构融资。融资方案体现了其融资能力,主要包括项目的融资计划(包括资金来源、资金成本、项目风险分配的分析、资本结构、预计融资交割时间等)、融资文件的主要条款和基本条件(包括贷款金额、期限、利率、担保要求、追索方式、提款计划和还款计划等)。

④ 资金使用计划。资金投标能力是军队装备部门对候选社会资本顺利完成装备基地级维修 PPP 采购项目从融资、设计、建设、运营直至移交各个阶段工作的重要考核标准。资金使用计划是资金投标能力中的一个重要指标,它体现了候选社会资本为保证整个 PPP 项目能够顺利进行而按照预计进度编制的资金使用具体安排。

⑤ 投资分析方案。投资分析方案主要包括投资估算(包括具体构成)、营利(包括可用性服务费和运维绩效服务费)以及运营维护成本费用构成(包括具体项目)和测算数据。因为装备基地级维修 PPP 采购项目运营周期较长,所以要求候选社会资本能够对其投资营利和成本有一个较为合理的预测及规划。

⑥ 降低融资风险方案分析。由于装备基地级维修 PPP 采购项目运营周期长,投入资金多,未知风险大,因此需要候选社会资本制定严密的融资风险管理方案和有效的融资风险防控措施,以及时准确地识别和应对融资风险。

⑦ 运营期收费计划。运营期收费计划体现了候选社会资本在装备基地级维修 PPP 采购项目运营过程中,适应市场变化随时进行调整的能力,反映了候

第6章　装备基地级维修PPP采购共生系统动力路径

选社会资本的资金管理能力。

（2）技术能力指标。技术能力体现了社会资本在装备基地级维修PPP采购项目设计、建造和运营等过程中技术方面的综合实力。装备基地级维修PPP采购的另一主要原因，就是引入优势社会资本的先进技术以弥补军队装备部门的技术"短板"。因此，技术能力也是遴选装备基地级维修PPP采购共生对象的关键指标之一，主要包括设计方案、建设方案和运营维护方案等6项指标。

① 设计方案。装备基地级维修PPP采购项目通常涉及修理工间、试验场所等基础设施建设、改造。因为设计方案从源头上决定了基础设施的可用性、经济性和科学性，所以对设计方案的要求不仅是具有可行性，而且还要具有环保性和创新性。

② 建设方案。是装备基地级维修PPP采购项目建设过程中，对施工工序、进度和资源等方面的合理安排。候选社会资本应结合具体装备基地级维修PPP采购项目特点，编制具有科学性、经济性和可行性的建设方案。

③ 运营维护方案。是装备基地级维修PPP采购项目运营过程中，对项目经营管理、设施设备维护等方面的合理安排。运营维护方案体现了候选社会资本在项目运营阶段的管理能力以及在特许经营期内提供的装备基地级维修能否满足项目要求。

④ 项目设施移交方案。装备基地级维修PPP采购项目在特许经营期满后通常要移交给军队装备部门。因此，需要候选社会资本编制科学合理、齐全配套、"软硬结合"的项目设施移交方案。

⑤ 人力资源状况。装备基地级维修PPP采购不仅包括多个阶段，还涉及多个领域，组织实施较为复杂。因此，需要从人员结构、专业范围、学历职称等方面对候选社会资本的人力资源状况进行考察。

⑥ 技术先进性与成熟度。遴选优势社会资本通常需要从拥有专业技术专利、发明和工艺等数量、质量和转化应用情况等方面全面考察候选社会资本的技术先进性与成熟度。

（3）管理能力指标。管理能力是社会资本对装备基地级维修PPP采购项目的进度、质量、成本等方面综合管理水平的体现。引入优势社会资本的高效管理能力、提高装备基地级维修PPP采购项目运营水平也是进行装备基地级维修PPP采购的主要原因之一。社会资本管理能力的高低直接影响着装备基地级维修PPP采购项目的运营绩效。因此，必须通过组织结构合理水平、管理体系规范化程度和项目风险管理能力等6项具体指标对候选社会资本的管理能力进行全面考察。

① 组织结构合理水平。组织结构合理水平体现了候选社会资本的组织架构和拟派驻项目团队是否与装备基地级维修 PPP 采购项目所需的组织架构相匹配,反映了候选社会资本和拟派驻项目运营机构组织架构的科学性、有效性和针对性,可从候选社会资本自身和拟派驻项目团队的机构设置、人员构成等方面考察。

② 管理体系规范化程度。管理体系规范化程度体现了候选社会资本的项目管理规范化水平,其程度越高,对项目的管理水平就越高。在评审时,可从 ISO 9001 质量管理体系、ISO 14000 环境管理体系和 GB/T 28000 健康管理体系等方面进行考察。

③ 项目风险管理能力。在周期较长的装备基地级维修 PPP 采购项目建设和运营过程中,社会资本通常要承担大量的融资、技术、运营等风险。因此,需要社会资本具有较强的风险识别、风险规避和风险处理能力。这一点可以通过候选社会资本的相关流程、方案和经验等方面进行考察。

④ 项目目标管理能力。项目目标管理能力体现了候选社会资本围绕实现质量、成本、进度以及健康、安全、环保等项目目标的统筹规划、组织计划和贯彻落实能力。这一点可通过候选社会资本完成项目的历史数据进行评估和考察。

⑤ 运营维护管理能力。社会资本是否具备相应的运营维护管理能力直接决定着项目的成败。因此需要社会资本具有与装备基地级维修 PPP 采购项目相适应的运营维护管理能力。这一点可以通过候选社会资本编制的项目运营方案、制度和措施等加以考察。

⑥ 分承包商管理能力。为提高装备基地级维修 PPP 采购项目建设、运营效率和效益,社会资本通常本着资源优化配置的原则将主体之外的部分工作分包给专业的分包商。因此,社会资本应具备相应的管理能力,对分包商质量、成本和进度等方面的管控做到心中有数、实时可控。

(4) 合作能力指标。装备基地级维修 PPP 采购是基于合作双方之间装备维修资源禀赋的优势互补、资源共享,共同生产和提供装备基地级维修。社会资本合作能力的高低直接影响着装备基地级维修 PPP 采购能否顺利进行。它主要包括合作意愿、全寿命周期战略兼容性和与利益相关者的沟通协调能力等 4 项具体指标。

① 合作意愿。装备基地级维修 PPP 采购项目只能给社会资本带来中等甚至是偏下但却长期稳定的经济收益;同时,社会资本在参与装备基地级维修 PPP 采购项目中还要履行一定的社会责任。因此,不同的社会资本参与该项目的合作意愿也不同,这主要体现在其与军队装备部门谈判或磋商过程中,对于自身权益的关切主张以及公共利益的让步程度。

第6章　装备基地级维修PPP采购共生系统动力路径

② 全寿命周期战略兼容性。社会资本在装备基地级维修PPP采购项目不同运营阶段分别承担着项目融资者、设计建设者、运营维护者、风险承担者等多重角色。虽然其总体战略目标保持不变,但在每个阶段的战略目标都各有侧重。作为项目的主要运营者,社会资本要统筹兼顾各利益相关者的战略目标和根本权益,以实现"双赢"或"多赢"。这一点可以通过候选社会资本所编制的各个阶段的计划、方案和措施进行考察。

③ 与利益相关者的沟通协调能力。装备基地级维修PPP采购项目涉及利益相关者众多,社会资本作为项目主要运营者通常扮演着"总承包商"或"总管"的角色,需要具备良好的沟通协调能力。

④ 与军队文化融合性。装备基地级维修PPP采购项目运营中,军队装备部门与社会资本之间难免会产生误解和纠纷,文化融合能够产生"双向环境激励",有助于合作伙伴之间的沟通和信任。

(5) 履约能力指标。装备基地级维修PPP采购是以军事效益为中心的集军事、经济和社会等效益于一体的国防公共服务采购项目,需要社会资本具有很强的履约能力,以确保装备基地级维修PPP采购的质量和效益。

① 相关资质等级。资质等级是社会资本可从事相关装备基地级维修PPP采购项目的能力证明,反映了其在某个行业或领域可承揽项目的范畴及其理论履约能力。

② 类似项目业绩。类似项目业绩是社会资本以往参与或完成的类似项目所取得的绩效表现,体现了其在某个行业或者领域从事相关项目的经验和实际履约能力。对候选社会资本类似项目业绩的考察主要是从其类似项目投资业绩、类似项目融资业绩、类似项目运营业绩以及类似项目业主满意度等方面进行。

③ 社会责任感。社会责任感强烈的社会资本在参与装备基地级维修PPP采购时,能更好地与军队装备部门达成战略目标兼容,有助于实现项目综合效益帕累托最优。这一点主要是通过候选社会资本参与社会公益事业和纳税情况等予以考察。

④ 被服务对象的满意度。装备基地级维修PPP采购项目是为了给部队提供装备基地级维修服务,被服务对象的历史满意度同时也从侧面反映了社会资本的履约能力。

⑤ 历史合同履约率。历史合同履约率体现了社会资本的信誉情况,此项指标数值越高,其履约能力就越强。

⑥ 历史获得荣誉情况。历史获得荣誉情况是社会资本履约能力较强的重要指标和直观体现,这些信息从正面反映出公众和社会对于社会资本的认可程

度及其信誉水平良好。

⑦ 历史受到处罚情况。历史受到处罚情况是社会资本履约能力较弱的重要指标和直观体现,这些信息从反面反映出公众和社会对于社会资本的否定程度及其信誉水平较差。

3) 基本计算原理

(1) 三角模糊数的基本定义。

定义 a:设 M 为实数集 R 上的一个模糊数,当 M 的隶属函数 $u_M(x) \to [0,1]$ 满足下式时,称其为一个三角模糊数,记为 $M=(l,m,u)$。

$$u_M(x) = \begin{cases} \dfrac{x-l}{m-l} & l \leq x \leq m \\ \dfrac{x-u}{m-u} & m \leq x \leq u \\ 0 & 其他 \end{cases} \quad (6-1)$$

定义 b:设 $M_i=(l_i,m_i,u_i)$、$M_j=(l_j,m_j,u_j)$ 分别为两个三角模糊数,其隶属函数对应为 $u_{M_i}(x)$、$u_{M_j}(y)$。$M_i \geq M_j$ 的可能性程度定义为

$$V(M_i \geq M_j) = \sup_{x \geq y} [\min(u_{M_i}(x), u_{M_j}(y))] \quad (6-2)$$

(2) 三角模糊数的运算法则。对于任意 2 个三角模糊数 $M_i=(l_i,m_i,u_i)$、$M_j=(l_j,m_j,u_j)$,则有

法则 a. $M_i \oplus M_j = (l_i,m_i,u_i) \oplus (l_j,m_j,u_j) = (l_i+l_j, m_i+m_j, u_i+u_j)$

法则 b. $M_i \otimes M_j = (l_i,m_i,u_i) \otimes (l_j,m_j,u_j) = (l_i \times l_j, m_i \times m_j, u_i \times u_j)$

法则 c. $\forall k \in R, kM_i = k(l_i,m_i,u_i) = \begin{cases} (kl_i, km_i, ku_i) & k \geq 0 \\ (ku_i, km_i, kl_i) & k < 0 \end{cases}$

法则 d. $M_i^{-1} = \dfrac{1}{M_i} = \left(\dfrac{1}{u_i}, \dfrac{1}{m_i}, \dfrac{1}{l_i}\right); M_j^{-1} = \dfrac{1}{M_j} = \left(\dfrac{1}{u_j}, \dfrac{1}{m_j}, \dfrac{1}{l_j}\right)$。

(3) 三角模糊数的相关定理。设 $M_i=(l_i,m_i,u_i)$、$M_j=(l_j,m_j,u_j)$ 分别为 2 个三角模糊数,则 $M_i \geq M_j$ 的可能性程度为

$$V(M_i \geq M_j) = \begin{cases} 1 & m_i \geq m_j \\ \dfrac{l_j - u_i}{(m_i - u_i) - (m_j - l_j)} & m_j > m_i, u_i \geq l_j \\ 0 & 其他 \end{cases} \quad (6-3)$$

4) 遴选机制设计

根据层次分析法的基本步骤,结合三角模糊数的基本定义、运算法则和相关定理,基于三角模糊层次分析法的装备基地级维修 PPP 采购共生对象遴选的基本步骤如下。

第6章 装备基地级维修PPP采购共生系统动力路径

（1）建立层次结构模型。依据前文构建的装备基地级维修PPP采购共生对象遴选指标体系，可以建立如表6-1所列的3个递阶层次的层次结构模型，其中：目标层为遴选装备基地级维修PPP采购共生对象；准则层为装备基地级维修PPP采购共生对象遴选指标体系的5项一级指标；指标层则为装备基地级维修PPP采购共生对象遴选指标体系的30项二级指标。即评价要素集合为 $A=\{B_1,B_2,B_3,B_4,B_5\}$，其中：$B_1=\{C_{11},C_{12},C_{13},C_{14},C_{15},C_{16},C_{17}\}$；$B_2=\{C_{21},C_{22},C_{23},C_{24},C_{25},C_{26}\}$；$B_3=\{C_{31},C_{32},C_{33},C_{34},C_{35},C_{36}\}$；$B_4=\{C_{41},C_{42},C_{43},C_{44}\}$；$B_5=\{C_{51},C_{52},C_{53},C_{54},C_{55},C_{56},C_{57}\}$。

（2）确定评语集。为建立模糊评价矩阵，根据装备基地级维修PPP采购共生对象遴选的实际需要，将候选社会资本划分为5个等级：优秀、良好、中等、较差和极差。这5个评价等级构成评价语集 $v=\{v_1,v_2,v_3,v_4,v_5\}$。

（3）构造模糊判断矩阵。从层次结构模型的第2层开始，邀请专家对评价指标的重要性进行两两比较判断，并运用三角模糊数定量表示比较结果。当专家给出 $n(n-1)/2$ 个模糊判断后，可以得到由三角模糊数构成的模糊判断矩阵 $\boldsymbol{A}=(a_{ij})_{n\times n}$，式中 $a_{ij}=(l_{ij},m_{ij},u_{ij})$，$i,j=1,2,\cdots,n$。其中：$l_{ij}$、$m_{ij}$ 和 u_{ij} 分别为三角模糊数的悲观值、可能值和乐观值，具体取值由专家按照层次分析法的9位标度法评判确定。根据模糊数学理论，$u_{ij}-l_{ij}$ 值越大，表明专家的判断越模糊；反之，则越清楚。如果有多位专家进行评判时，则取他们评判结果的算术平均数作为综合三角模糊数。

（4）计算各个层次指标权重。

① 按照式(6-4)计算第 K 层指标 i 的综合模糊权重。

$$D_i^k = \sum_{j=1}^n a_{ij}^k \otimes \left(\sum_{i=1}^n \sum_{j=1}^n a_{ij}^k\right)^{-1}, \quad i,j,k=1,2,\cdots,n \quad (6-4)$$

② 按照式(6-3)计算同一层指标 $D_i^k \geq D_j^k$，$i,j,k=1,2,\cdots,n$ 的可能性程度。

③ 根据 $D_i^k = \min V(D_i^k \geq D_j^k)$，$i,j,k=1,2,\cdots,n$，$j\neq i$ 把三角模糊权重转化为普通实数，并进行归一化后得到各个层次的指标权重向量。

（5）构造模糊评价矩阵。邀请专家依据评价语集，按照具体评价标准对候选社会资本各项指标进行评价并划分等级。设有 y 名专家对 m 项指标进行 n 个等级划分，其中有 x 名专家认为 m 中任意一个指标属于 n 中任意一个等级，则其隶属度就为 x/y，算出第 k 层或组所有指标的隶属度 r_{ij}，$i=1,2,\cdots,m$；$j=1,2,\cdots,n$，并进行归一化处理，就可得到候选社会资本该层或组的模糊评价矩阵，即其模糊隶属度矩阵 $\boldsymbol{R}_k=(r_{ij})_{m\times n}$，其中：$i=1,2,\cdots,m$；$j=1,2,\cdots,n$。

（6）计算评价结果。根据 $S_k=W_k\circ R_k$ 逐层向上，最终算出对候选社会资本的量化评价结果，并按照最大隶属度的原则得出最终结论。

5）机制运行示例

下面，举例说明装备基地级维修 PPP 采购共生对象遴选机制的具体步骤：

（1）建立层次结构模型。建立如表 6-1 所列的 3 个递阶层次的层次结构模型。

（2）确定评语集。确定优秀、良好、中等、较差以及极差的候选社会资本评价语集。

（3）构造模糊判断矩阵。邀请 3 位专家分别按照《装备基地级维修 PPP 采购共生对象遴选评价指标重要性评判表》(附录 2)，运用成对比较法和 9 位标度法对评价指标重要性进行评判，可构造出准则层 $A-B$ 的模糊判断矩阵，具体如表 6-2 所列。

表 6-2　准则层 $A-B$ 的模糊判断矩阵

A	B_1	B_2	B_3	B_4	B_5
B_1	(1,1,1) (1,1,1) (1,1,1)	(1,2,3) (1/3,1/2,1) (1/2,1,2)	(1,3,4) (1,2,3) (1,2,3)	(3,4,5) (2,3,4) (2,3,4)	(2,3,4) (1,2,3) (1,2,3)
B_2	(1/3,1/2,1) (1,2,3) (1/2,1,2)	(1,1,1) (1,1,1) (1,1,1)	(1,2,3) (2,3,4) (1,2,3)	(2,3,4) (3,4,5) (2,3,4)	(2,3,4) (2,3,4) (1,2,3)
B_3	(1/4,1/3,1) (1/3,1/2,1) (1/3,1/2,1)	(1/3,1/2,1) (1/4,1/3,1/2) (1/3,1/2,1)	(1,1,1) (1,1,1) (1,1,1)	(2,3,4) (1,2,3) (1,2,3)	(1,2,3) (1,2,3) (1/2,1,2)
B_4	(1/5,1/4,1/3) (1/4,1/3,1/2) (1/4,1/3,1/2)	(1/4,1/3,1/2) (1/5,1/4,1/3) (1/4,1/3,1/2)	(1/4,1/3,1/2) (1/3,1/2,1) (1/3,1/2,1)	(1,1,1) (1,1,1) (1,1,1)	(1/2,1,2) (1/2,2,3) (1/4,1/2,1)
B_5	(1/4,1/3,1/2) (1/3,1/2,1) (1/3,1/2,1)	(1/3,1/2,1) (1/4,1/3,1/2) (1/3,1/2,1)	(1/3,1/2,1) (1/3,1/2,1) (1/2,1,2)	(1/2,1,2) (1/3,1/2,2) (1,2,4)	(1,1,1) (1,1,1) (1,1,1)

取 3 位专家评判结果的算术平均数，可得到准则层 $A-B$ 的综合模糊判断矩阵，具体如表 6-3 所列。

表 6-3　准则层 $A-B$ 的综合模糊判断矩阵

A	B_1	B_2	B_3	B_4	B_5
B_1	(1,1,1)	(0.61,1.17,2)	(1,2.33,3.33)	(2.33,3.33,4.33)	(1.33,2.33,3.33)
B_2	(0.61,1.17,2)	(1,1,1)	(1.33,2.33,3.33)	(2.33,3.33,4.33)	(1.33,2.33,3.33)
B_3	(0.31,0.44,1)	(0.31,0.44,0.83)	(1,1,1)	(1.33,2.33,3.33)	(0.83,1.67,2.67)
B_4	(0.23,0.31,0.44)	(0.23,0.31,0.44)	(0.31,0.44,0.83)	(1,1,1)	(0.42,1.17,2)
B_5	(0.31,0.44,0.83)	(0.31,0.44,0.83)	(0.39,0.67,1.33)	(0.61,1.17,2.67)	(1,1,1)

(4) 计算各个层次指标权重。

① 按照式(6-4)计算准则层,即第 2 层指标的综合模糊权重:

$$\sum_{i=1}^{5}\sum_{j=1}^{5}a_{ij}^2 = (1,1,1) + (0.61,1.17,2) + (1,2.33,3.33) + L\cdots + (1,1,1) = (21.47,33.17,48.22)$$

$$\sum_{j=1}^{5}a_{1j}^2 = (1,1,1) + (0.61,1.17,2) + L\cdots + (1.33,2.33,3.33) = (6.28,10.17,14)$$

$$D_{B_1}^2 = \sum_{j=1}^{5}a_{ij}^2 \otimes \left(\sum_{i=1}^{5}\sum_{j=1}^{5}a_{ij}^2\right)^{-1} = (6.28,10.17,14) \otimes \left(\frac{1}{48.22},\frac{1}{33.17},\frac{1}{21.47}\right) = (0.13,0.31,0.65)$$

同理,可得:$D_{B_2}^2 = (0.14,0.31,0.65)$;$D_{B_3}^2 = (0.08,0.18,0.41)$;$D_{B_4}^2 = (0.05,0.1,0.22)$;$D_{B_5}^2 = (0.05,0.11,0.31)$。

② 按照式(6-3)计算准则层指标 $D_i^2 \geq D_j^2, i,j = 1,2,\cdots,n$ 的可能性程度:

$V(D_{B_1}^2 \geq D_{B_2}^2) = 1, V(D_{B_1}^2 \geq D_{B_3}^2) = 1, V(D_{B_1}^2 \geq D_{B_4}^2) = 1, V(D_{B_1}^2 \geq D_{B_5}^2) = 1$;

$V(D_{B_2}^2 \geq D_{B_1}^2) = 1, V(D_{B_2}^2 \geq D_{B_3}^2) = 1, V(D_{B_2}^2 \geq D_{B_4}^2) = 1, V(D_{B_2}^2 \geq D_{B_5}^2) = 1$;

$V(D_{B_3}^2 \geq D_{B_1}^2) = 0.68, V(D_{B_3}^2 \geq D_{B_2}^2) = 0.68, V(D_{B_3}^2 \geq D_{B_4}^2) = 1, V(D_{B_3}^2 \geq D_{B_5}^2) = 1$;

$V(D_{B_4}^2 \geq D_{B_1}^2) = 0.3, V(D_{B_4}^2 \geq D_{B_2}^2) = 0.28, V(D_{B_4}^2 \geq D_{B_3}^2) = 0.64, V(D_{B_4}^2 \geq D_{B_5}^2) = 0.94$;

$V(D_{B_5}^2 \geq D_{B_1}^2) = 0.47, V(D_{B_5}^2 \geq D_{B_2}^2) = 0.46, V(D_{B_5}^2 \geq D_{B_3}^2) = 0.77, V(D_{B_5}^2 \geq D_{B_4}^2) = 1$。

③ 根据 $D_i^2 = \min V(D_i^2 \geq D_j^2), i,j = 1,2,\cdots,n, j \neq i$,把三角模糊权重转化为普通实数,得到准则层 5 个指标的权重:

$D_{B_1}^2 = \min V(D_{B_1}^2 \geq D_{B_2}^2, D_{B_3}^2, D_{B_4}^2, D_{B_5}^2) = \min(1,1,1,1) = 1$;

$D_{B_2}^2 = \min V(D_{B_2}^2 \geq D_{B_1}^2, D_{B_3}^2, D_{B_4}^2, D_{B_5}^2) = \min(1,1,1,1) = 1$;

$D_{B_3}^2 = \min V(D_{B_3}^2 \geq D_{B_1}^2, D_{B_2}^2, D_{B_4}^2, D_{B_5}^2) = \min(0.68,0.68,1,1) = 0.68$;

$D_{B_4}^2 = \min V(D_{B_4}^2 \geq D_{B_1}^2, D_{B_2}^2, D_{B_3}^2, D_{B_5}^2) = \min(0.3,0.28,0.64,0.94) = 0.28$;

$D_{B_5}^2 = \min V(D_{B_5}^2 \geq D_{B_1}^2, D_{B_2}^2, D_{B_3}^2, D_{B_4}^2) = \min(0.47,0.46,0.77,1) = 0.46$。

通过归一化后,可得到准则层 5 个指标的权重向量:

$$\boldsymbol{W}_B = (w_{B_1}, w_{B_2}, w_{B_3}, w_{B_4}, w_{B_5}) = (0.29, 0.29, 0.2, 0.09, 0.13)$$

按照步骤③、④,同样可得出指标层 30 项二级指标的综合模糊判断矩阵及其权重向量,具体如表 6-4~表 6-8 所列。

表 6-4　指标层 B_1-C_1 的综合模糊判断矩阵及其权重向量

B_1	C_{11}	C_{12}	C_{13}	C_{14}	C_{15}	C_{16}	C_{17}
C_{11}	(1,1,1)	(0.61,1.33,2.33)	(2,3,4)	(1.17,2.33,2.33)	(1.11,2,3)	(1.67,2.67,4)	(1.17,2,3)
C_{12}	(0.44,0.83,2)	(1,1,1)	(1.67,2.67,4)	(0.83,1.67,2.67)	(0.44,1.17,2)	(1.33,2.67,3.67)	(0.83,1.67,2.67)
C_{13}	(0.26,0.36,0.61)	(0.26,0.39,0.67)	(1,1,1)	(0.67,1.33,2.33)	(0.31,0.67,1.33)	(1.67,2.67,3.67)	(0.67,1.67,2.67)
C_{14}	(0.31,0.44,1.17)	(0.39,0.67,1.33)	(0.44,0.83,1.67)	(1,1,1)	(0.36,0.78,1.67)	(1.33,2.33,3.33)	(0.67,1.67,2.67)
C_{15}	(0.36,0.61,1.5)	(0.61,1.17,2.33)	(0.83,1.67,3.33)	(0.67,1.67,3)	(1,1,1)	(1.33,2.67,3.67)	(1,2,3.33)
C_{16}	(0.26,0.39,0.67)	(0.28,0.39,0.83)	(0.28,0.39,0.67)	(0.31,0.44,0.83)	(0.28,0.39,0.83)	(1,1,1)	(0.36,0.67,1.33)
C_{17}	(0.36,0.61,1.17)	(0.39,0.67,1.33)	(0.39,0.67,1.67)	(0.39,0.83,1.67)	(0.31,0.5,1)	(0.83,1.67,3)	(1,1,1)

$W_{C_1} = (w_{C_{11}}, w_{C_{12}}, w_{C_{13}}, w_{C_{14}}, w_{C_{15}}, w_{C_{16}}, w_{C_{17}}) = (0.19, 0.18, 0.14, 0.14, 0.17, 0.06, 0.12)$

表 6-5　指标层 B_2-C_2 的综合模糊判断矩阵及其权重向量

B_2	C_{21}	C_{22}	C_{23}	C_{24}	C_{25}	C_{26}
C_{21}	(1,1,1)	(1.33,2.33,3.33)	(1.11,2,3)	(2.33,3.33,4.33)	(0.36,0.67,1.33)	(0.34,0.61,1.33)
C_{22}	(0.31,0.44,0.83)	(1,1,1)	(0.36,0.83,1.67)	(1.33,2.33,3.33)	(0.36,0.67,1.33)	(0.28,0.44,1)
C_{23}	(0.36,0.61,1.5)	(0.67,1.33,3)	(1,1,1)	(0.61,1.33,2.33)	(0.39,0.83,1.67)	(0.36,0.83,1.67)
C_{24}	(0.23,0.31,0.44)	(0.31,0.44,0.83)	(0.44,0.83,2)	(1,1,1)	(0.61,1.33,2.67)	(0.36,0.67,1.33)
C_{25}	(0.83,1.67,3)	(0.83,1.67,3)	(0.67,1.33,2.67)	(0.39,0.83,2)	(1,1,1)	(0.39,0.83,1.67)
C_{26}	(0.83,2,3.33)	(1,2.33,3.67)	(0.67,1.33,3)	(0.83,1.67,3)	(0.67,1.33,2.67)	(1,1,1)

$W_{C_2} = (w_{C_{21}}, w_{C_{22}}, w_{C_{23}}, w_{C_{24}}, w_{C_{25}}, w_{C_{26}}) = (0.2, 0.14, 0.16, 0.13, 0.17, 0.2)$

表 6-6　指标层 B_3-C_3 的综合模糊判断矩阵及其权重向量

B_3	C_{31}	C_{32}	C_{33}	C_{34}	C_{35}	C_{36}
C_{31}	(1,1,1)	(1.17,2,3)	(1.67,3,4)	(0.83,2,3)	(1.17,2.33,3.33)	(2,3.33,4.33)

(续)

B_3	C_{31}	C_{32}	C_{33}	C_{34}	C_{35}	C_{36}
C_{32}	(0.36,0.61,1.17)	(1,1,1)	(0.58,1.17,2.00)	(0.61,1.17,2)	(0.67,1.33,2.33)	(2,3,4)
C_{33}	(0.26,0.36,0.67)	(0.61,1.17,2.33)	(1,1,1)	(0.26,0.44,1)	(0.61,1.17,2)	(1.33,2.67,3.67)
C_{34}	(0.36,0.61,1.33)	(0.61,1.17,2)	(1,2.33,4)	(1,1,1)	(1.33,2.67,3.67)	(2.33,3.33,4.33)
C_{35}	(0.31,0.44,1.17)	(0.44,0.83,1.67)	(0.61,1.17,2)	(0.28,0.39,0.83)	(1,1,1)	(1.33,2.67,3.67)
C_{36}	(0.23,0.31,0.61)	(0.26,0.36,0.61)	(0.28,0.39,0.83)	(0.23,0.31,0.44)	(0.28,0.39,0.83)	(1,1,1)
$W_{C_3} = (w_{C_{31}}, w_{C_{32}}, w_{C_{33}}, w_{C_{34}}, w_{C_{35}}, w_{C_{36}}) = (0.25, 0.18, 0.16, 0.22, 0.15, 0.04)$						

表 6-7 指标层 $\boldsymbol{B}_4$-$\boldsymbol{C}_4$ 的综合模糊判断矩阵及其权重向量

B_4	C_{41}	C_{42}	C_{43}	C_{44}
C_{41}	(1,1,1)	(0.28,0.44,0.83)	(1.33,2.33,3.67)	(0.83,1.67,3)
C_{42}	(1.33,2.33,3.67)	(1,1,1)	(2,3,4)	(1.33,2.67,4)
C_{43}	(0.28,0.44,0.83)	(0.26,0.36,0.61)	(1,1,1)	(0.36,0.61,1.17)
C_{44}	(0.36,0.67,1.33)	(0.26,0.39,0.83)	(1.17,2,3)	(1,1,1)
$W_{C_4} = (w_{C_{41}}, w_{C_{42}}, w_{C_{43}}, w_{C_{44}}) = (0.28, 0.41, 0.09, 0.22)$				

表 6-8 指标层 $\boldsymbol{B}_5$-$\boldsymbol{C}_5$ 的综合模糊判断矩阵及其权重向量

B_5	C_{51}	C_{52}	C_{53}	C_{54}	C_{55}	C_{56}	C_{57}
C_{51}	(1,1,1)	(0.58,1.33,2.67)	(2,3,4)	(0.61,1.67,2.67)	(1.11,2,3)	(2,3,4)	(1,2.67,4)
C_{52}	(0.42,0.83,2.33)	(1,1,1)	(1.67,2.67,4)	(0.67,1.67,2.67)	(0.44,1.17,2)	(1.33,2.67,3.67)	(0.67,1.67,2.67)
C_{53}	(0.26,0.36,0.61)	(0.26,0.39,0.67)	(1,1,1)	(0.61,1.33,2.67)	(0.31,0.67,1.33)	(1.33,2.67,4)	(0.67,1.67,2.67)
C_{54}	(0.39,0.67,2)	(0.39,0.67,1.67)	(0.39,0.83,2)	(1,1,1)	(0.36,0.61,1.33)	(1.33,2.33,3.33)	(0.61,1.33,2.67)
C_{55}	(0.36,0.61,1.5)	(0.61,1.17,2.33)	(0.83,1.67,3.33)	(0.83,2,3)	(1,1,1)	(1.33,2.67,3.67)	(1,2,3.33)
C_{56}	(0.26,0.36,0.61)	(0.28,0.39,0.83)	(0.26,0.39,0.83)	(0.31,0.44,0.83)	(0.28,0.39,0.83)	(1,1,1)	(0.36,0.67,1.33)
C_{57}	(0.26,0.39,1)	(0.39,0.67,1.67)	(0.39,0.67,1.67)	(0.39,0.83,2)	(0.31,0.5,1)	(0.83,1.67,3)	(1,1,1)
$W_{C_5} = (w_{C_{51}}, w_{C_{52}}, w_{C_{53}}, w_{C_{54}}, w_{C_{55}}, w_{C_{56}}, w_{C_{57}}) = (0.19, 0.17, 0.14, 0.14, 0.17, 0.07, 0.12)$							

通过上述计算,可得出如表6-9所列的各个层次指标的具体权重。

表6-9 装备基地级维修PPP采购共生对象遴选指标具体权重

目标层	准则层 准则	层权重	指标层 序号	指标	层权重	总权重
遴选装备基地级维修ＰＰＰ采购共生对象A	资金能力 B_1	0.29	1	资金实力 C_{11}	0.19	0.055
			2	价格竞争力 C_{12}	0.18	0.052
			3	融资方案 C_{13}	0.14	0.041
			4	资金使用计划 C_{14}	0.14	0.041
			5	投资分析方案 C_{15}	0.17	0.049
			6	降低融资风险方案分析 C_{16}	0.06	0.017
			7	运营期收费计划 C_{17}	0.12	0.035
	技术能力 B_2	0.29	8	设计方案 C_{21}	0.20	0.058
			9	建设方案 C_{22}	0.14	0.041
			10	运营维护方案 C_{23}	0.16	0.046
			11	项目设施移交方案 C_{24}	0.13	0.038
			12	人力资源状况 C_{25}	0.17	0.049
			13	技术先进性与成熟度 C_{26}	0.20	0.058
	管理能力 B_3	0.20	14	组织结构合理水平 C_{31}	0.25	0.050
			15	管理体系规范化程度 C_{32}	0.18	0.036
			16	项目风险管理能力 C_{33}	0.16	0.032
			17	项目目标管理能力 C_{34}	0.22	0.044
			18	运营维护管理能力 C_{35}	0.15	0.030
			19	分承包商管理能力 C_{36}	0.04	0.008
	合作能力 B_4	0.09	20	合作意愿 C_{41}	0.28	0.025
			21	全寿命周期战略兼容性 C_{42}	0.41	0.037
			22	与利益相关者的沟通协调能力 C_{43}	0.09	0.008
			23	与军队文化融合性 C_{44}	0.22	0.020
	履约能力 B_5	0.13	24	相关资质等级 C_{51}	0.19	0.025
			25	类似项目业绩 C_{52}	0.17	0.022
			26	社会责任感 C_{53}	0.14	0.018
			27	被服务对象的满意度 C_{54}	0.14	0.018
			28	历史合同履约率 C_{55}	0.17	0.022
			29	历史获得荣誉情况 C_{56}	0.07	0.009
			30	历史受到处罚情况 C_{57}	0.12	0.016

第6章 装备基地级维修 PPP 采购共生系统动力路径

(5) 构造模糊评价矩阵。邀请10名专家依据评价语集,分别对被评价候选社会资本的30项指标进行评价并划分等级,经过归一化处理可得到指标层的以下5个分模糊评价矩阵:

$$\boldsymbol{R}_{C_1} = \begin{bmatrix} 0.2 & 0.4 & 0.3 & 0.1 & 0.0 \\ 0.1 & 0.4 & 0.4 & 0.1 & 0.0 \\ 0.1 & 0.5 & 0.3 & 0.1 & 0.0 \\ 0.1 & 0.5 & 0.4 & 0.0 & 0.0 \\ 0.2 & 0.3 & 0.2 & 0.2 & 0.1 \\ 0.1 & 0.5 & 0.3 & 0.1 & 0.0 \\ 0.1 & 0.4 & 0.3 & 0.1 & 0.1 \end{bmatrix} \quad \boldsymbol{R}_{C_2} = \begin{bmatrix} 0.1 & 0.4 & 0.3 & 0.2 & 0.0 \\ 0.1 & 0.5 & 0.4 & 0.0 & 0.0 \\ 0.2 & 0.5 & 0.2 & 0.1 & 0.0 \\ 0.1 & 0.4 & 0.3 & 0.1 & 0.1 \\ 0.2 & 0.4 & 0.2 & 0.2 & 0.0 \\ 0.1 & 0.5 & 0.3 & 0.1 & 0.0 \end{bmatrix}$$

$$\boldsymbol{R}_{C_3} = \begin{bmatrix} 0.2 & 0.4 & 0.3 & 0.1 & 0.0 \\ 0.1 & 0.4 & 0.3 & 0.1 & 0.1 \\ 0.2 & 0.5 & 0.3 & 0.0 & 0.0 \\ 0.3 & 0.4 & 0.2 & 0.1 & 0.0 \\ 0.2 & 0.4 & 0.3 & 0.1 & 0.0 \\ 0.0 & 0.6 & 0.3 & 0.1 & 0.0 \end{bmatrix} \quad \boldsymbol{R}_{C_4} = \begin{bmatrix} 0.0 & 0.3 & 0.5 & 0.1 & 0.1 \\ 0.1 & 0.4 & 0.4 & 0.1 & 0.0 \\ 0.2 & 0.5 & 0.3 & 0.0 & 0.0 \\ 0.0 & 0.4 & 0.4 & 0.1 & 0.1 \end{bmatrix}$$

$$\boldsymbol{R}_{C_5} = \begin{bmatrix} 0.3 & 0.4 & 0.3 & 0.0 & 0.0 \\ 0.1 & 0.5 & 0.4 & 0.0 & 0.0 \\ 0.1 & 0.2 & 0.5 & 0.1 & 0.1 \\ 0.1 & 0.4 & 0.4 & 0.1 & 0.0 \\ 0.2 & 0.3 & 0.3 & 0.2 & 0.0 \\ 0.1 & 0.5 & 0.3 & 0.1 & 0.0 \\ 0.1 & 0.4 & 0.3 & 0.1 & 0.1 \end{bmatrix}$$

(6) 计算评价结果。根据上述计算结果,可知

$$\boldsymbol{S}_{B_1} = \boldsymbol{W}_{C_1} \circ \boldsymbol{R}_{C_1} = (0.19, 0.18, 0.14, 0.14, 0.17, 0.06, 0.12)$$

$$\begin{bmatrix} 0.2 & 0.4 & 0.3 & 0.1 & 0.0 \\ 0.1 & 0.4 & 0.4 & 0.1 & 0.0 \\ 0.1 & 0.5 & 0.3 & 0.1 & 0.0 \\ 0.1 & 0.5 & 0.4 & 0.0 & 0.0 \\ 0.2 & 0.3 & 0.2 & 0.2 & 0.1 \\ 0.1 & 0.5 & 0.3 & 0.1 & 0.0 \\ 0.1 & 0.4 & 0.3 & 0.1 & 0.1 \end{bmatrix} = (0.136, 0.417, 0.315, 0.103, 0.029)$$

同理,可得

$$\boldsymbol{S}_{B_2} = \boldsymbol{W}_{C_2} \circ \boldsymbol{R}_{C_2} = (0.133, 0.450, 0.281, 0.123, 0.013)$$

$S_{B_3} = W_{C_3} \circ R_{C_3} = (0.196, 0.424, 0.278, 0.084, 0.018)$

$S_{B_4} = W_{C_4} \circ R_{C_4} = (0.059, 0.381, 0.419, 0.091, 0.050)$

$S_{B_5} = W_{C_5} \circ R_{C_5} = (0.155, 0.379, 0.359, 0.081, 0.026)$

由此,可求得准则层,即总的模糊评价矩阵:

$$R_B = \begin{bmatrix} 0.136 & 0.417 & 0.315 & 0.103 & 0.029 \\ 0.133 & 0.450 & 0.281 & 0.123 & 0.013 \\ 0.196 & 0.424 & 0.278 & 0.084 & 0.018 \\ 0.059 & 0.381 & 0.419 & 0.091 & 0.050 \\ 0.155 & 0.379 & 0.359 & 0.081 & 0.026 \end{bmatrix}$$

进而可得

$S_A = W_B \circ R_B = (0.29, 0.29, 0.2, 0.09, 0.13)$

$$\begin{bmatrix} 0.136 & 0.417 & 0.315 & 0.103 & 0.029 \\ 0.133 & 0.450 & 0.281 & 0.123 & 0.013 \\ 0.196 & 0.424 & 0.278 & 0.084 & 0.018 \\ 0.059 & 0.381 & 0.419 & 0.091 & 0.050 \\ 0.155 & 0.379 & 0.359 & 0.081 & 0.026 \end{bmatrix} = (0.143, 0.420, 0.313, 0.101, 0.024)$$

因此,通过定量计算可知:被评价候选社会资本等级优秀的隶属度为0.143,良好的隶属度为0.42,中等的隶属度为0.313,较差的隶属度为0.101,极差的隶属度为0.024。根据最大隶属度原则,可评判该候选社会资本的等级属于良好。据此,军队装备部门便可根据评判结果,从候选社会资本之中遴选等级最高或等级相同但隶属度最大的优势社会资本作为装备基地级维修PPP采购的共生对象。

6.2.2 共生界面生成机制设计

共生界面是共生单元之间的接触方式和机制的耦合,作为共生单元之间物质、价值和信息传导的媒介、通道或载体,它是共生关系形成和发展的基础。共生界面物质、价值和信息的传导速率决定着共生单元之间的共生度,直接关系到装备基地级维修PPP采购共生系统进化的速度。同时,装备基地级维修PPP采购不仅包括项目规划、项目准备以及项目采购等多个阶段,而且涉及采购代理、融资管理以及运营管理等多种业务,组织实施复杂,明显超出军队装备部门的管理能力,只有借助PPP咨询机构、采购代理机构和金融机构等共生界面才能顺利形成共生系统。因此,必须构建运行高效的装备基地级维修PPP采购共生界面生成机制。

第6章 装备基地级维修PPP采购共生系统动力路径

1. 共生界面生成的理论依据

1) 共生界面生成的共生理论

装备基地级维修PPP采购共生系统中,共生界面物质、价值和信息的传递速率越快、能量损耗越小,共生单元之间的共生度就越理想;反之,则越差。

(1) 共生界面生成是提高共生传输效率的必由之路。共生界面是共生单元之间物质、价值和信息传导的所有媒介、通道或载体的统称,所以也是共生单元之间相互作用的唯一途径,主要具有信息传输、物质交流、能量传导和形成共生序,以及分工与合作的中介等功能。因此,共生界面的生成是提高共生传输效率的必由之路。一方面,可以遵循共生界面的内生性规律,在军队装备部门与社会资本之间构建更多的采购介体,增加共生界面数量;另一方面,也可遵循共生界面的内生性规律,择优遴选优势采购介体参与装备基地级维修PPP采购,提高共生界面质量。

(2) 共生界面生成是减少共生能量损耗的根本途径。与人类社会中的其他经济系统一样,既然共生界面是共生单元之间物质、价值和信息传递的通道,那么就难免存在着能量损耗,即共生界面的共生阻尼作用。这是因为共生界面的运行必然会消耗一定的能量。因此,共生界面的生成是减少共生能量损耗的根本途径。一方面,可以综合利用不同共生界面的阻尼特性,在军队装备部门与社会资本之间构建多种类型组合的复合共生界面,降低共生能量损耗;另一方面,也可使用传输效率和效益更高的有介质界面更多地替代无介质界面,减少共生能量损耗。

2) 共生界面生成的经济理论

由于军队装备部门与社会资本以及社会资本之间组织性质、历史沿革和信息来源等不同,加之装备基地级维修采购所特有的军事属性,装备基地级维修PPP采购中存在更多的信息不对称性和采购交易成本,采购介体(共生界面)的生成在有助于打破这种信息不对称性的同时,能有效节约采购交易成本。

(1) 共生界面生成是解决装备基地级维修PPP采购信息不对称性的必由之路。装备基地级维修PPP采购中,信息不对称性既存在于军队装备部门与社会资本这对共生单元之间,也存在于相互竞争的社会资本内部之间。其不对称性主要体现为维修需求信息不对称、维修成本信息不对称以及维修技术信息不对称等。通过基于网络信息平台构建信息沟通机制等举措生成无介质界面,能在军队装备部门与社会资本以及不同社会资本之间形成信源可靠、信息一致、信道畅通的信息沟通渠道,是解决装备基地级维修PPP采购信息不对称性的必由之路。

(2) 共生界面生成是节约装备基地级维修PPP采购交易成本的根本途径。

交易成本理论认为,资产的专属性、交易的不确定性和交易的频率是产生交易成本的主要原因,采购交易成本不仅包括契约缔结成本,而且包括契约履行成本。装备基地级维修PPP采购包含了一个时间较长的军地合作生产周期,其中蕴含着大量的后期履约成本,主要包括装备基地级维修PPP采购项目融资成本、设计成本、建设成本、运维成本以及移交成本等。通过基于第三方中介服务机构构建中介服务机制等举措生成有介质界面,既能降低资产的专属性、交易的不确定性和交易的频率,又能在节约事前签约成本的同时有效管控事后履约成本,是节约装备基地级维修PPP采购交易成本的根本途径。

2. 共生界面生成的现实需要

1) 与社会主义市场经济体制的有机衔接

在社会主义市场经济体制下,军队装备部门要与社会资本开展装备基地级维修PPP采购合作,就必须尊重企业的市场主体地位,遵循社会主义市场经济运行规律,让市场在资源配置中起决定性作用。通过生成PPP咨询机构、采购代理机构、金融机构和保险机构等共生界面,能使军队装备部门与社会资本之间按社会主义市场经济运行机制办事,从而与社会主义市场经济体制进行有机衔接。

2) 对军队装备部门采购能力的必要补充

装备基地级维修PPP采购既涉及多个部门(企业),又包括多个运营阶段,还涵盖多个行业类型,采购组织与实施决策困难、流程繁琐、操作复杂,远超军队装备部门自身能力所及。通过生成PPP咨询机构、采购代理机构、金融机构和保险机构等共生界面,能用第三方中介服务机构的专业能力弥补军队装备部门能力不足,从而对军队装备部门采购能力进行必要补充。

3) 对采购中介机构智力资源的充分利用

随着PPP模式在我国的快速推广和应用,一批从事PPP采购中介服务的机构也应运而生。它们长期服务于政府公共基础设施或者公共服务PPP采购项目,为公共部门提供采购方案编制、物有所值评价、运营中期评估和绩效评价等服务,积累了丰富的实践经验,培养了大量的专业人才,形成了宝贵的智力资源,而这正是军队装备部门所欠缺的。通过生成PPP咨询机构、采购代理机构、金融机构和保险机构等共生界面,能借助其人力资源规范高效地开展装备基地级维修PPP采购,从而对采购中介机构智力资源进行充分利用。

3. 共生界面生成的基本原则

1) 无介质界面与有介质界面相结合

无介质界面是指共生单元之间通过无形介体直接相互作用生成的共生界面,如采购信息平台、项目推介会等;而有介质界面是指共生单元之间通过有形

第6章 装备基地级维修PPP采购共生系统动力路径

介体间接相互作用生成的共生界面,如PPP咨询机构、采购代理机构等。无介质界面一般具有生成成本低、信息受众面广,但共生效率低、针对性和稳定性差等特点;而有介质界面则通常具有共生效率高、针对性和稳定性强,但共生成本高、信息受众面窄等特点。装备基地级维修PPP采购共生界面生成机制设计,应按照无介质界面与有介质界面相结合的原则,结合共生单元实际充分利用两种不同界面的特点和优势,着力生成共生传输效率更高、共生能量损耗更低的复合性共生界面。

2) 客观规律性与主观能动性相结合

共生界面具有内生性,即共生界面的生成是由共生单元的性质所决定的。而共生单元的性质主要是由其质参量特别是主质参量所决定的。所以,共生界面的生成归根结底是由共生单元的质参量尤其是主质参量所决定的。同时,社会共生系统与自然共生系统的最大区别在于,人作为构成共生单元的、最基本的元素具有一定的主观能动性。因此,装备基地级维修PPP采购共生界面生成机制设计,应按照客观规律性与主观能动性相结合的原则,在遵循共生界面内生性规律的基础上,发挥人的主观能动性,通过人为改善共生环境来间接提高共生单元之间质参量尤其是主质参量的兼容性,着力生成共生传输效率更高、共生能量损耗更低的内生性共生界面。

3) 专业化服务与综合性服务相结合

作为一个典型的军事经济复合共生系统,装备基地级维修PPP采购共生系统中,其共生界面就是以由PPP咨询机构等有形介体组成的有介质界面为主、以由采购信息平台等无形介体组成的无介质界面为辅的复合性共生界面。在组成共生界面的各种介体中,特别是组成有介质界面的第三方中介服务机构之中,有的只能提供一种服务,而有的却能提供包括多种服务在内的综合性服务。因此,装备基地级维修PPP采购共生界面生成机制设计,应按照专业化服务与综合性服务相结合的原则,结合具体项目实际充分利用不同类型介体的特性和专长,着力生成共生传输效率更高、共生能量损耗更低的多样性共生界面。

4. 共生界面生成的机制设计

共生界面通常分为无介质界面和有介质界面两种,下面就从这两个方面着手设计装备基地级维修PPP采购共生界面生成机制。

1) 有介质界面生成机制设计

在有介质界面生成机制方面,主要是设计中介服务机制、专家咨询机制和资金保障机制3项具体运行机制。

(1) 中介服务机制设计。中介服务机制设计就是整合利用社会主义市场经济中的第三方中介服务机构,为装备基地级维修PPP采购提供采购方案编制、物有所值评价、运营中期评估和绩效评价、法律、投融资、技术、财务、采购代理以及资产评估等咨询服务,以保证采购过程的科学化、市场化和规范性。装备基地级维修 PPP 采购中介服务机制设计主要包括以下内容。

① 中介服务机构的培育。一方面,要适当开放市场。装备基地级维修采购作为一种国防服务采购项目,要打破过去那种"自我封闭、自成体系、自我保障"的传统模式,着力构建"军民融合、模块组合、多元保障"的新型模式。严格遵循并巧妙运用社会主义市场经济规律办事,大力开展准经营性装备基地级非核心维修 PPP 采购。另一方面,要转变传统观念。军队装备部门要从过去"装备实物采购"的传统观念向现在"装备服务采购"的新型观念转变,牢固树立服务也是产品以及购买服务也需要花钱的思想观念,正确处理与中介服务机构的委托关系,通过市场机制"借鸡下蛋",借助中介服务机构规范高效地进行装备基地级维修 PPP 采购。

② 中介服务机构的选择。首先,要科学制定选择标准。装备基地级维修 PPP 采购除了具备一般公共服务 PPP 采购的经济属性和社会属性之外,还具有强烈的军事属性。因此,其中介服务机构的选择标准与普通公共服务 PPP 采购的也有所不同。一般而言,装备基地级维修 PPP 采购中介服务机构的选择标准包括 2 大部分:一部分是通用性要求,主要包括法人资格、专业技术资格以及财务资金状况等。在这部分,与一般公共服务 PPP 采购的根本区别是,由于装备基地级维修 PPP 采购的军事属性,要求其中介服务机构法人不得为非中国公民或具有外资控股背景。另一部分是特殊性要求(必要时),主要包括武器装备科研生产许可、武器装备科研生产单位保密资格认定等。这一部分主要是针对具体装备基地级维修 PPP 采购项目而提出的"个性化"要求,并非所有的装备基地级维修 PPP 采购都要求中介服务机构必须满足一定的特殊性要求。其次,要合理运用选择方式。参照有关法规要求,装备基地级维修 PPP 采购中介服务机构的选择应当采用公开招标、邀请招标、竞争性谈判、竞争性磋商和单一来源采购等方式进行。因此,在装备基地级维修 PPP 采购中介服务机构选择过程中,应按照共生界面选择原理,在不完全信息条件下采用公开招标、邀请招标、竞争性谈判或者竞争性磋商等竞争性采购方式;而在完全信息条件下则采用单一来源采购等非竞争性采购方式。

③ 中介服务机构的使用。首先,要准确界定职能边界。在装备基地级维修 PPP 采购中,军队装备部门与中介服务机构之间是典型的"委托—代理"关系。因此,双方职能边界的准确界定是工作顺利开展的根本前提。军队装备部门与中介服务机构之间应当以"PPP 采购"为职能边界,在互不"越界"的前提下进行合作。即军队装备部门只能委托中介服务机构提供装备基地级维修 PPP 采

第6章 装备基地级维修 PPP 采购共生系统动力路径

购相关服务,而不能将装备基地级维修需求确定等法定职能委托给中介服务机构代为履行。其次,要依法履行约定义务。在装备基地级维修 PPP 采购中,合同或协议是双方行为的基本依据。因此,军队装备部门与中介服务机构之间应当依法订立和履行相关合同或协议。即使在某些特殊的情况下,军队装备部门作为特殊的公共部门为维护国家利益在行使跳出合同的"民事豁免权"时,也应当适度考虑中介服务机构的经济利益,给予其适当的经济补偿。最后,要科学评价服务绩效。在装备基地级维修 PPP 采购中,中介服务机构咨询服务的绩效将直接影响到装备基地级维修 PPP 采购项目的实施绩效。因此,军队装备部门应当从合同履行的完整性、实施方案的合规性、数据测算的可靠性、风险分配的有效性、PPP 模式的科学性和项目合作的全面性等方面结合具体项目科学设置绩效评价指标,运用大数据方法和手段全程采集相关数据,采用定量与定性相结合的方法科学评价中介服务机构的服务绩效。通过科学评价服务绩效,一是可根据发现的问题修订完善装备基地级维修 PPP 采购项目实施方案;二是可按照评价结果奖优罚劣,建立装备基地级维修 PPP 采购咨询机构库并通过采购信息平台等媒介宣传、推广,促进和激励中介服务机构不断提高服务绩效。

(2) 专家咨询机制设计。专家咨询机制设计就是整合利用军内外高等院校、科研院所和其他科研生产机构的专家学者,为装备基地级维修 PPP 采购共生对象遴选、共生界面生成和共生方式选择等决策提供智力支持,以保证采购决策的科学化、制度化和公平性。装备基地级维修 PPP 采购专家咨询机制设计主要包括以下内容。

① 建立专家咨询机构。首先,要科学制定专家甄选标准。要在充分借鉴国家有关部门 PPP 专家库专家入选标准的基础上,结合装备基地级维修 PPP 采购实际,从思想政治、学术水平、业务实绩和其他要求等 4 个方面制定专家甄选标准,为甄选专家提供科学依据。其次,要严格规范专家甄选程序。装备基地级维修 PPP 采购专家库应当采用自愿报名和定向邀请 2 种方式,按照"公开透明、绩效导向、动态调整"的原则面向军内外公开征集入库专家。自愿报名方式应严格按照"个人填报信息—权威专家评审—管理部门审核—对外公示确定"的程序进行;定向邀请方式应严格按照"发出入库邀请—个人填报信息—管理部门审核—对外公示确定"的程序进行。最后,要持续优化专家队伍结构。应当结合业务需求,科学设置装备基地级维修 PPP 采购专家库结构,按照行业领域将专家分为综合咨询类、装备维修类、政策法规类、财务融资类和项目管理类等类型,避免出现专家知识覆盖领域过于重叠或者存在空白等缺陷。同时,应当建立健全专家评价机制,及时更新专家库成员,确保专家能力素质能跟上装备发展及其维修 PPP 采购需求。

② 健全专家咨询制度。首先,要增强专家咨询决策意识。一方面,决策部门及其决策者要转变作风和观念。决策部门及其决策者应摒弃已往"家长制、一言堂"决策的传统作风以及"拍脑袋、凭经验"决策的传统观念,增强专家咨询决策意识,牢固树立科学化、制度化决策的作风和观念。另一方面,要建立决策责任追究机制。通过建立决策责任追究机制,能够依法追究违法决策、盲目决策或错误决策给公共利益带来损害的决策者的责任,迫使决策部门及其决策者增强专家咨询决策意识,从而确保决策程序的制度化,不断提高决策结果的科学性。其次,要建立专家咨询工作机制。要贯彻落实十六届四中全会做出的"有组织地广泛联系专家学者,建立多种形式的决策咨询机制"的重大决定,通过立法将专家咨询机制纳入装备基地级维修PPP采购决策机制,使之成为法定程序,形成中介服务机构拟制方案、相关专家学者咨询论证、军队装备部门行政决策"三位一体"的采购决策体系,从而将专家咨询机制由决策部门及其决策者的"偶然"选择转变为法律法规的"必然"要求,真正使专家咨询工作机制制度化、法制化。最后,要完善专家咨询规章制度。如果没有完善的规章制度作保障,专家咨询机制就很难充分发挥其作用,甚至会沦为少数人"独断专行"的"帮凶"。因此,必须建立和完善《装备基地级维修PPP采购专家咨询工作规则》等规章制度,明确规定专家咨询的职责、范围、程序、方式及绩效评价、专家管理、奖励惩处等内容,使专家咨询工作有法可依、有章可循。

③ 提高专家咨询水平。一方面,要坚持独立自主原则。独立思考、自主建议是发挥专家智囊作用的基本要求。装备基地级维修PPP采购专家咨询应坚持独立自主的原则,努力营造民主、平等、和谐的决策氛围,鼓励专家学者既不"唯上"又不"唯权",以中立客观的立场、实事求是的精神以及认真负责的态度,从提高装备基地级维修PPP采购综合效益出发,为军队装备部门提供客观、公正、科学的决策建议。另一方面,要提高职业道德和专业素养。职业道德和专业素养是发挥专家"外脑"功能的客观要求。装备基地级维修PPP采购专家咨询应从以下两个方面加强对专家学者的职业道德和专业素养的考核和培育。在他律方面,从法规制度上要建立健全咨询专家库准入制度和专家淘汰制度,在职业道德和专业素养方面对专家学者实行"一票否决制"和"终身信誉制";在自律方面,从教育培养上要建立健全咨询专家终身教育制度和培训交流制度,不断提高咨询专家的职业道德和专业素养。

(3) 资金保障机制设计。资金保障机制设计就是充分利用社会主义市场经济中的各种资金,为装备基地级维修PPP采购项目建设(改造)、项目运营(管理)等提供财力支持,以保证经费供给的及时性和使用的高效性。装备基地级维修PPP采购资金保障机制设计主要包括以下内容。

① 社会资本自筹资金保障。社会资本作为装备基地级维修PPP采购共生系统的共生单元之一，通常都具有雄厚的资金实力或投融资能力。以目前我国装备基地级维修PPP采购合作主体的主力军——十二大军工集团为例，平均注册资本高达373.7亿元，况且大都设有专门的投融资管理机构和非银行金融机构，体现出强大的资金保障能力。因此，在装备基地级维修PPP采购资金保障上，应当优先选择通过社会资本自筹资金来保障装备基地级维修PPP采购项目顺利实施，以避免项目融资成本和风险。

② 政策性银行贷款保障。银行贷款主要包括政策性银行贷款和商业银行贷款。商业银行放贷经验丰富，资金来源充裕，但因为PPP项目收益率一般较低，商业银行受利益的驱动普遍对投资PPP项目热情不高。而政策性银行虽然针对PPP项目有中长期投资的优势，但对PPP项目审核较为严格。银行贷款成本低、融资快、风险小、操作灵活。而且装备基地级维修PPP采购作为一种国防服务PPP采购项目，通常有政府或军队背书，也更容易获得政策性银行的导向性、低成本贷款。因此，在装备基地级维修PPP采购资金保障上，应当其次选择通过政策性银行贷款来保障装备基地级维修PPP采购项目顺利实施，以降低项目运营成本和风险。

③ 国防PPP支持基金保障。为加速推进PPP模式在我国公共服务采购领域应用，国家和地方政府纷纷设立PPP产业基金以保障PPP项目的顺利实施。例如：财政部联合有关金融、投资机构发起设立了中国政府和社会资本合作融资支持基金(中国PPP基金)；各省、自治区、直辖市等各级地方政府也发起设立了规模不等的政府和社会资本合作(PPP)发展基金。因此，在装备基地级维修PPP采购资金保障上，还可通过发起设立国防PPP支持基金来保障大型复杂装备基地级维修PPP采购项目的顺利实施。借鉴国家和地方政府设立的PPP产业基金的交易结构，国防PPP支持基金通常可按照以下两种运作模式设立。

模式一：间接引导型国防PPP支持基金。中央军委授权军委后勤保障部联合金融、投资机构发起设立国防PPP母基金，引导各军兵种授权其后勤部联合更多的金融、投资机构发起设立更大规模的国防PPP子基金。间接引导型国防PPP支持基金实行母子基金2级架构，母基金主要起引导基金的作用，不直接投资具体国防PPP项目，子基金主要起支持基金的作用，直接投资具体国防PPP项目。如图6-3所示，该模式下由军委后勤保障部等军队部门组建的决策委员会负责国防PPP母基金层面的管理，确定投资方向、让利政策和拟投资国防PPP子基金等重大事项，并拥有"一票否决权"。国防PPP子基金由各军兵种后勤部、金融机构、投资机构等出资人成立投资决策委员会共同管理，也可采用购买服务的方式委托专业的基金管理机构管理并向投资决策委员会负责。但是无论国防 PPP 子基金具体采取哪种管理方式,各军兵种后勤部在投资决策委员会中一般都拥有"一票否决权"。

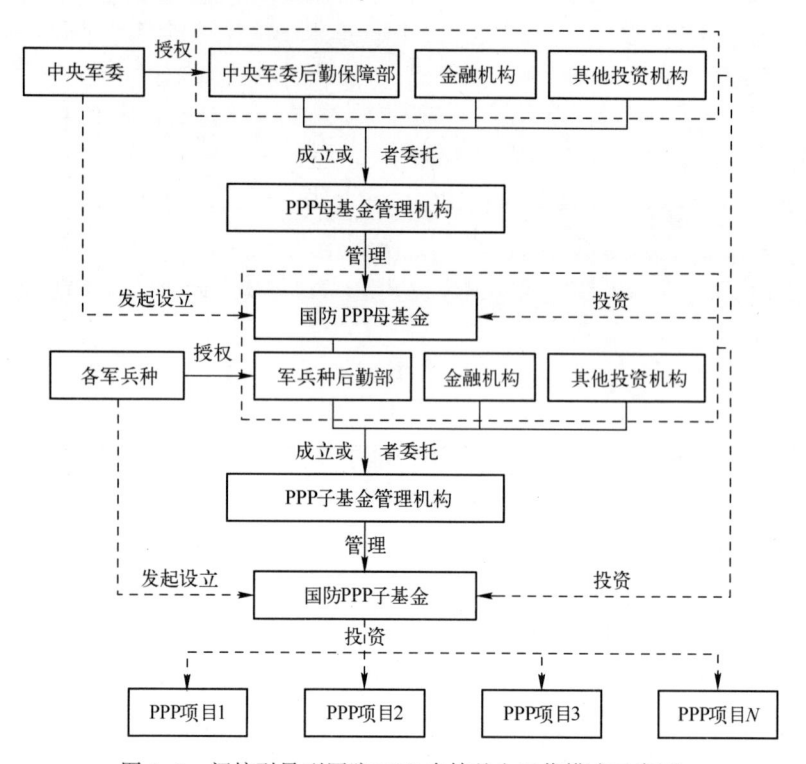

图 6-3　间接引导型国防 PPP 支持基金运作模式示意图

模式二:直接投资型国防 PPP 支持基金。中央军委或各军兵种授权其后勤(保障)部联合金融、投资机构发起设立国防 PPP 基金,直接投资于具体国防 PPP 项目。如图 6-4 所示,直接投资型国防 PPP 支持基金与间接引导型国防 PPP 支持基金中的国防 PPP 子基金的运作模式基本相同,在此不再赘述。

除了上述 3 种基本资金保障机制外,常见的 PPP 项目资金保障机制还有政策性金融工具、债券融资、资产证券化等,但由于其操作复杂、风险较高、保密性差等原因,在装备基地级维修 PPP 采购中的应用有待进一步研究。

2) 无介质界面生成机制设计

在无介质界面生成机制方面,主要有信息沟通机制设计、经验共享机制设计两项具体运行机制。

(1) 信息沟通机制设计。信息沟通机制设计就是充分利用当代社会的各种信息交流技术和媒介,为装备基地级维修 PPP 采购信息的发布、接收、交互等

第6章　装备基地级维修PPP采购共生系统动力路径

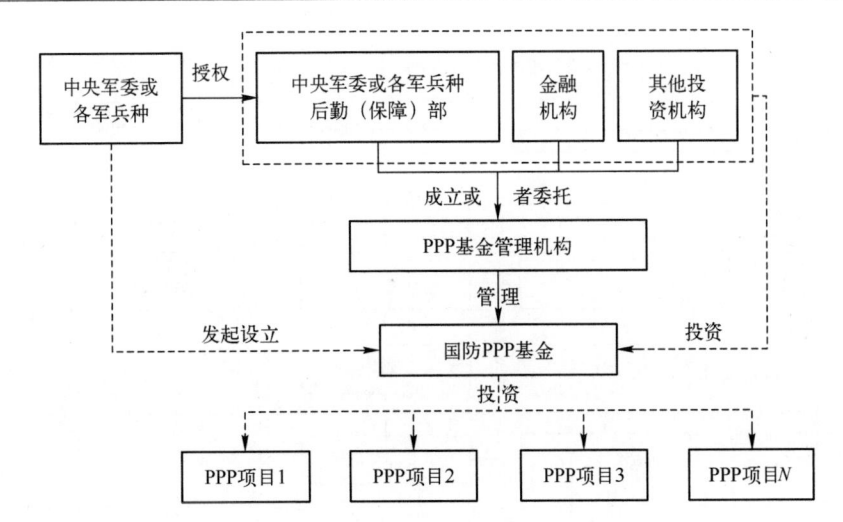

图6-4　直接投资型国防PPP支持基金运作模式示意图

提供便捷渠道，以保证信息沟通的安全性、及时性和准确性。装备基地级维修PPP采购信息沟通机制设计主要包括以下内容。

① 信息的确定。准确全面的采购信息是顺利开展装备基地级维修PPP采购活动的前提和基础。信息沟通机制设计首要的就是要搞好信息的确定。首先，要确保信息的可靠性。在装备基地级维修PPP采购中应当从以下3个方面确保信息的可靠性：装备基地级维修PPP采购信息确定应当按照图6-5所示的"三上二下"的流程组织实施，在部队逐级上报装备基地级维修需求的基础上，反复征求各级装备（保障）部门的意见建议，以确保采购信息的准确性；在采购需求汇总阶段，应当实行"各级部队保障部—战区军兵种保障部—各军兵种装备部"三级采购需求审查责任制，以确保采购需求的真实性；在采购信息编制和采购信息审定阶段，应当实行"各级部队保障部—战区军兵种保障部—各军兵种装备部—军委装备发展部"四级采购信息审查责任制，以确保采购信息的完整性。其次，要确保信息的安全性。装备基地级维修PPP采购信息往往会不同程度地涉及到一些军事秘密，在装备基地级维修PPP采购信息沟通中应实行信息分级管理，对非涉密信息应当通过互联网等公开信道完整发布，对涉密信息可先通过互联网等公开信道发布脱密信息索引，然后按照保密管理规章通过涉密信道或线下进行沟通，以确保装备基地级维修PPP采购信息安全的"红线"和"底线"不突破。

② 信道的建设。畅通无阻的信道是信息沟通的物质基础和基本保证。信息沟通机制设计次要的就是要搞好信道的建设。首先，要用好网络信息平台。在装备基地级维修PPP采购信息沟通上，应当充分利用目前我军已经建立的装

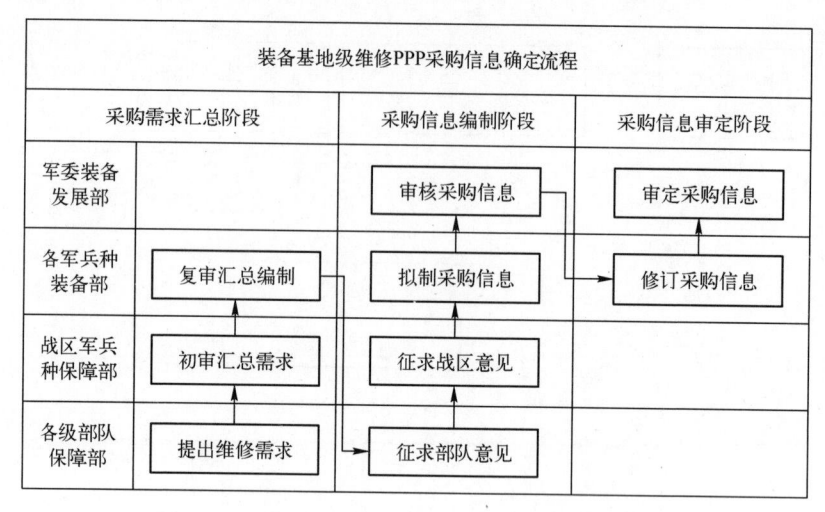

装备基地级维修PPP采购信息确定流程		
采购需求汇总阶段	采购信息编制阶段	采购信息审定阶段
军委装备发展部	审核采购信息	审定采购信息
各军兵种装备部	复审汇总编制 → 拟制采购信息	修订采购信息
战区军兵种保障部	初审汇总需求 → 征求战区意见	
各级部队保障部	提出维修需求 → 征求部队意见	

图6-5 装备基地级维修PPP采购信息确定流程图

备采购网络信息平台——全军武器装备采购信息网,将装备基地级维修PPP采购信息纳入全军武器装备采购信息管理体系,"点对面"地向全社会发布,并且通过该网络平台和装备采购信息服务中心为用户提供信息查询、咨询建议以及供需信息对接等服务。其次,要用好自媒体平台。为加强装备采购供需双方的信息沟通,提高采购信息对接时效,在上线全军武器装备采购信息网的基础上,我军先后于2015年和2017年分别开通了全军武器装备采购信息网微信公众号和即时通信系统"军采通",进一步开辟了装备采购信息沟通的自媒体渠道。装备基地级维修PPP采购信息沟通应当充分用好这些自媒体平台,"点对点"地提高信息沟通效率和效益。最后,要用好传统信息平台。在充分发挥网络信息平台和自媒体平台装备基地级维修PPP采购信息沟通主渠道作用的基础上,应当进一步用好传统媒体、项目推介会、交流展览会等传统信息沟通平台,采取"线上"与"线下"结合的方式,建设渠道多样化、传输速度快、信息损耗小和安全性高的信道。

③ 制度的保障。信息沟通制度是装备基地级维修PPP采购信息沟通机制运行的根本保证,设计信息沟通机制必然要设计科学合理的装备基地级维修PPP采购信息沟通制度。一方面,要建立采购需求采集制度。在装备基地级维修PPP采购信息确定中的"采购需求汇总"阶段,应当建立健全维修需求采集制度、维修需求初审制度和维修需求复审制度,分别规定各级部队保障部、战区军兵种保障部和各军兵种装备部在采购需求汇总中的职责、标准和要求。另一方面,要建立采购信息编制与审查制度。在装备基地级维修PPP采购信息确定中的"采购信息编制"及"采购信息审定"阶段,应当建立健全采购信息征询(反

第6章　装备基地级维修PPP采购共生系统动力路径

馈)制度、采购信息拟制(修订)制度和采购信息审核(审定)制度,分别规定各级部队保障部、战区军兵种保障部、各军兵种装备部和军委装备发展部在采购信息编制与审定中的职责、标准和要求。

(2)经验共享机制设计。经验共享机制设计就是充分共享装备基地级维修PPP采购的成功经验与失败教训,为装备基地级维修PPP采购提供有益的经验借鉴及教训汲取,以提高项目实施的科学性、绩效性和成功率。装备基地级维修PPP采购经验共享机制设计的内容主要包括以下方面。

① 发现成功案例与失败案例。全面采集装备基地级维修PPP采购项目资料数据,及时发现其中典型成功案例与失败案例是共享其经验教训的充分条件。在装备基地级维修PPP采购中,应当充分运用装备采购信息平台等信息化手段,结合物有所值评估、中期运营评估、项目资产评估以及项目绩效评估等时机,全面采集所有项目的资料数据,并通过对比分析从中发现典型的成功案例与失败案例。

② 总结成功经验和失败教训。成功经验是宝贵财富,失败教训更是难得的收获。对于装备基地级维修PPP采购典型成功案例与失败案例经验教训的识别、理解和梳理,是共享其经验教训的必要条件。在装备基地级维修PPP采购中,应当充分运用装备采购信息平台等信息化手段,结合物有所值评估、中期运营评估、项目资产评估和项目绩效评估等时机,全面总结典型项目的成功经验和失败教训。

③ 共享成功经验和失败教训。装备基地级维修PPP采购中,不同利益相关者对经验教训的关注点也各不相同。在经验共享上应当分为3个层次进行:军队装备部门层面经验共享、社会资本行业层面经验共享和军民相互融合层面经验共享。同时,在共享方法上可以采取项目示范、研讨交流、课程培训和成果展示等方式。对那些带有普遍性、规律性的经验教训应及时以法规制度的形式固化下来。

6.2.3　共生方式选择机制设计

共生理论将共生单元相互作用的方式或相互结合的形式称为共生模式。在共生对象与共生界面已经确定的情况下,共生模式是决定共生系统状态的重要因素。而实际运营当中,共生模式的不同组合则最终对外体现为装备基地级维修PPP采购的多种运营方式,称为共生方式。进而,在共生对象与共生界面确定的前提下,共生方式就理所当然地成为决定共生系统状态的重要因素,直接关系到装备基地级维修PPP采购共生系统进化的效率。同时,装备基地级维修PPP采购的共生方式包括模块式外包型、整体式外包型、转让—经营—转让型等6种基本类型，只有选择适当的共生方式，才能确保共生系统的顺利生成。因此，必须构建科学合理的装备基地级维修PPP采购共生方式选择机制。

1. 共生方式选择的理论依据

1）共生方式的基本类型

装备基地级维修PPP采购的运营方式分为合作外包类、特许经营类和社会化类3类6型16种（具体见表2-2），相应地，装备基地级维修PPP采购的共生方式也分为3类6型16种。这就自然而然地带来一个研究的颗粒度问题，如果从3大类别层面分析共生方式的选择机制，那么研究就过于粗泛、针对性和指导性不强；如果从16种具体方式层面分析共生方式的选择机制，那么研究则过于细微，通用性和指导性不强。因此本书采取"折中"的办法，研究装备基地级维修PPP采购共生方式6种基本类型，即模块式外包型、整体式外包型、转让—经营—转让型、合资型、建设—经营—转让型和适当社会化型的选择机制。

2）共生方式的适用范围

按照是否新建项目，可把装备基地级维修采购项目分为新建项目和改建项目两种类型。进而，根据PPP理论和装备基地级维修PPP采购6种基本共生方式的概念内涵，按照是否适用于新建项目，从适用范围上可以把上述6种基本共生方式分为两类：一类是适用于新建项目的共生方式，主要包括合资型、建设—经营—转让型和适当社会化型3种；而另一类则是适用于改建项目的共生方式，主要包括模块式外包型、整体式外包型、转让—经营—转让型3种。

3）共生方式的主要特征

结合装备基地级维修PPP采购项目实际，从资产所有权、运营主体、建设主体、运营效率、投资效率、合作程度以及能否拆分7个方面，考查并界定装备基地级维修PPP采购6种基本共生方式的主要特征，具体如表6-10所列。

表6-10　装备基地级维修PPP采购6种基本共生方式主要特征表

共生方式 i	特征 j						
	资产所有权	运营主体	建设主体	运营效率	投资效率	合作程度	能否拆分
模块式外包	军队	共同	军队	低	低	低	否
整体式外包	军队	社会资本	社会资本	中	低	高	否
转让—经营—转让	军队	社会资本	军队	高	高	中	否
合资	军队	社会资本	社会资本	高	高	高	能
建设—经营—转让	军队	社会资本	社会资本	高	中	高	能
适当社会化	社会资本	社会资本	社会资本	高	高	低	能

2. 共生方式选择的基本原则

1) 共生效益最优化原则

共生方式是在装备基地级维修 PPP 采购共生对象遴选和共生界面生成过程之中逐步形成的,其中涉及的利益相关者主要有军队装备部门、社会资本以及作为采购介体的第三方中介服务机构等,各利益相关者为追求自身利益的最大化,都会优先选择有利的运营方式。军队装备部门作为"核心"共生单元应发挥主导作用,在与其他利益相关者的博弈过程中,以军事效益为主、其他效益为辅,选择军事、经济、社会等共生效益帕累托最优的装备基地级维修 PPP 采购共生方式。

2) 共生方式适用性原则

不同共生方式分别具有其相应的适用范围,合资型、建设—经营—转让型和适当社会化型 3 种共生方式适用于新建项目,而模块式外包型、整体式外包型和转让—经营—转让型 3 种共生方式则适用于改建项目。装备基地级维修 PPP 采购共生方式的选择,应当按照共生方式适用范围与项目是否新建相符合的原则,选择适当的共生方式。

3) 共生特征匹配性原则

如表 6-10 所列,装备基地级维修 PPP 采购的 6 种基本共生方式在资产所有权、运营主体、建设主体、运营效率、投资效率、合作程度和能否拆分 7 个方面具有不同的特征。不同装备基地级维修 PPP 采购项目分别在所有权、运营权、经营效率、合作度以及灵活性等方面都有自己的特征要求。装备基地级维修 PPP 采购共生方式的选择,应当按照共生方式主要特征与项目特征要求匹配度最高的原则,选择适当的共生方式。

3. 共生方式选择的基本流程

如图 6-6 所示,装备基地级维修 PPP 采购共生方式选择通常可以分为项目类型区分、共生方式选择两个阶段。

1) 项目类型区分阶段

军队装备部门根据某一装备基地级维修 PPP 采购项目主体基础设施是否为新建设施,将其分为新建项目和改建项目。对某一基础设施是否为主体基础设施可以从该设施建设资金占比大小、重要程度和复杂程度等方面综合判定。然后,根据上述 6 种基本共生方式的适用范围,初步确定其适用的共生方式的范围。

2) 共生方式选择阶段

首先,由军队装备部门根据某一装备基地级维修 PPP 采购项目实际,组织有关专家从资产所有权、运营主体、建设主体、运营效率、投资效率、合作程度和

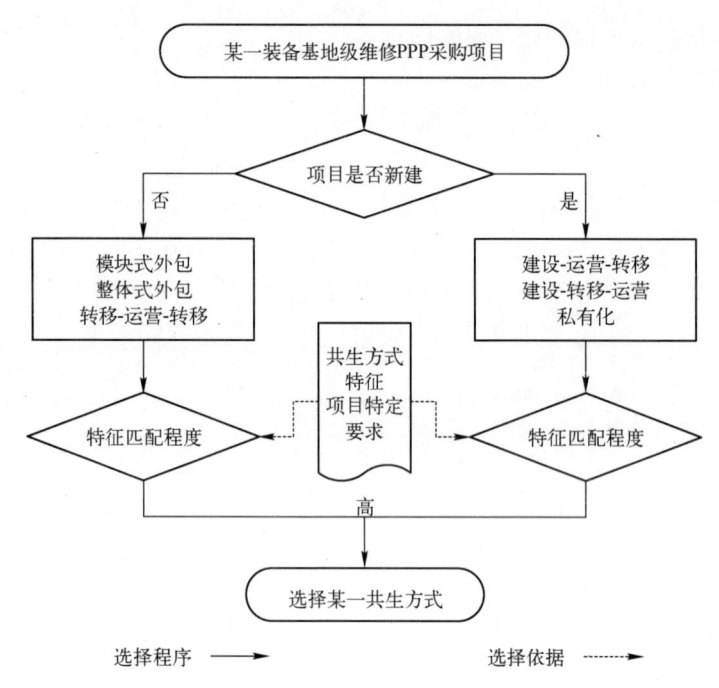

图 6-6　装备基地级维修 PPP 采购共生方式选择基本流程图

能否拆分 7 个方面分析其特征要求,并对上述 7 个方面在整个项目特征要求体系中所占的权重进行打分。其次,由军队装备部门根据该装备基地级维修 PPP 采购项目的特征要求及其各项权重,分别与初步选择的适用于其的共生方式的主要特征进行匹配度计算。最后,选择主要特征与该装备基地级维修 PPP 采购项目特征要求匹配度最高的共生方式为其共生方式。

4. 共生方式选择的机制设计

1) 决策方法选择

装备基地级维修 PPP 采购共生方式选择也是一个离散的多阶段、多目标决策过程。根据多目标决策理论,可用于离散多目标决策的方法很多,如加权决策法、基于权重的决策方法和基于理想点的决策方法等。根据装备基地级维修 PPP 采购共生方式选择的基本流程和主要特征,本书按照定性评价为主的思路,将线性分配法与特征匹配过程有机结合在一起,综合运用基于权重的特征匹配法设计装备基地级维修 PPP 采购共生方式选择机制。

2) 特征评价语集

无论是对装备基地级维修 PPP 采购项目特征要求的分析,还是对其 6 种基本共生方式主要特征的考查,虽然都是从资产所有权、运营主体、建设主体等 7 个方面进行的,但如果二者的评价标准不一致,也很难准确衡量装备基地级维修 PPP 采购项目特征要求与共生方式主要特征的匹配度。所以,规范统一的特征评价标准是进行装备基地级维修 PPP 采购项目特征要求与共生方式主要特征匹配的前提条件。表 6-11 列出了资产所有权、运营主体、建设主体等 7 个方面特征的评价语集。

表 6-11　装备基地级维修 PPP 采购项目特征要求与共生方式主要特征评价语集

装备基地级维修 PPP 采购项目特征要求与共生方式主要特征						
资产所有权	运营主体	建设主体	运营效率	投资效率	合作程度	能否拆分
军队/社会资本	军队/共同/社会资本	军队/社会资本	高/中/低	高/中/低	高/中/低	能/否

3）选择机制设计

根据线性分配法的基本步骤,结合装备基地级维修 PPP 采购项目特征要求与共生方式主要特征匹配过程,基于权重的特征匹配法的基本步骤如下:

(1) 区分项目类型。根据是否新建项目把装备基地级维修 PPP 采购项目分为新建项目或者改建项目。按照装备基地级维修 PPP 采购 6 种基本共生方式的适用范围,初步确定适用于该项目的 3 种共生方式的范围。

(2) 分析项目特征。按照表 6-11 所列的特征评价语集,从资产所有权、运营主体、建设主体等 7 个方面分析装备基地级维修 PPP 采购项目的特征要求,并对任一第 j 个特征要求在该项目所有 7 个方面特征要求体系之中所占的权重 $\omega_j (j=1,2,\cdots,7)$ 进行打分。显然 $0 \leq \omega_j \leq 1$,且 $\sum_{j=1}^{7} \omega_j = 1$。

(3) 选择共生方式。设 $X_{ij}(i=1,2,3;j=1,2,\cdots,7)$ 为待选共生方式的任一装备基地级维修 PPP 采购项目的第 j 个特征要求与适用于该项目的任一第 i 个共生方式的对应第 j 个主要特征的匹配度。当 $X_{ij}=0$ 时,表示二者不匹配;当 $X_{ij}=1$ 时,则表示二者匹配。另设 Ms_i 为该装备基地级维修 PPP 采购项目与适用于该项目的任一第 i 个共生方式的总体适用度,则 $Ms_i = \sum_{j=1}^{7} \omega_j X_{ij}$。

因此,任一装备基地级维修 PPP 采购项目共生方式的选择问题可描述为

$$Ms_i^* = \max\{Ms_i\}_{i=1,2,3} = \max\left\{\sum_{j=1}^{7} \omega_j X_{1j}, \sum_{j=1}^{7} \omega_j X_{2j}, \sum_{j=1}^{7} \omega_j X_{3j}\right\}_{j=1,2,\cdots,7}$$

$$\text{st.} \begin{cases} X_{ij} = 0 \text{ 或 } 1 \\ \sum_{j=1}^{7} \omega_j = 1 \quad (0 \leq \omega_j \leq 1) \end{cases} \tag{6-5}$$

权重 ω_j 既可由专家根据装备基地级维修 PPP 采购项目实际打分得出,也可根据项目具体要求运用层次分析法、主成分分析法、模糊综合评判法等方法求得。

4) 机制运行示例

下面以某新型军用载重车辆基地级维修 PPP 采购项目为例,选择其应采用的共生方式,以验证装备基地级维修 PPP 采购共生方式选择机制设计的科学性、合理性和可操作性。

(1) 区分项目类型。按照图 6-6 所示基本流程,组织专家对某新型军用载重车辆装备特征信息及其基地级维修 PPP 采购项目是否属于新建项目进行分析,可得出如表 6-12 所列的特征信息。

表 6-12 某新型军用载重车辆装备及其基地级维修 PPP 采购项目特征信息

装备名称	特征信息				项目名称	特征信息
	是否核心能力	是否军民通用	是否在产	是否保密		是否新建
某新型军用载重车辆	否	否	是	否	某新型军用载重车辆基地级维修 PPP 采购项目	是

可见,某新型军用载重车辆基地级维修 PPP 采购项目属于新建项目。按照装备基地级维修 PPP 采购 6 种基本共生方式的适用范围,适用于该项目的 3 种共生方式的范围为:合资型、建设—经营—转让型和适当社会化型 3 种。

(2) 分析项目特征。组织专家按表 6-11 的特征评价语集,从资产所有权、运营主体、建设主体等 7 个方面分析某新型军用载重车辆基地级维修 PPP 采购项目的特征要求,并对任一第 j 个特征要求在该项目所有 7 个方面特征要求体系之中所占的权重 $\omega_j(j=1,2,\cdots,7)$ 进行打分,可以得出如表 6-13 所列的特征要求及其权重。

表 6-13 某新型军用载重车辆基地级维修 PPP 采购项目特征要求及其权重

项目名称	特征要求及其权重						
	资产所有权	运营主体	建设主体	运营效率	投资效率	合作程度	能否拆分
某新型军用载重车辆基地级维修 PPP 采购项目	军队	社会资本	社会资本	高	中	高	否
	$\omega_1=0.2$	$\omega_2=0.15$	$\omega_3=0.15$	$\omega_4=0.2$	$\omega_5=0.15$	$\omega_6=0.1$	$\omega_7=0.05$

(3) 选择共生方式。根据表 6-10 与表 6-13,按照式(6-5)在逐一计算对

应特征匹配度的基础上,得出某新型军用载重车辆基地级维修 PPP 采购项目分别与合资型、建设-经营-转让型和适当社会化型 3 种共生方式的适用度,具体如表 6-14 所列。

表 6-14 某新型军用载重车辆基地级维修 PPP 采购项目与 3 种共生方式适用度

共生方式 i	PPP 项目特征要求与共生方式主要特征匹配度 $\omega_j X_{ij}$							适用度 $Ms_i = \sum_{j=1}^{7} \omega_j X_{ij}$
	$j=1$	$j=2$	$j=3$	$j=4$	$j=5$	$j=6$	$j=7$	
$i=4$	1×20%	1×15%	1×15%	1×20%	0×15%	1×10%	0×5%	0.8
$i=5$	1×20%	1×15%	1×15%	1×20%	1×15%	1×10%	0×5%	0.95
$i=6$	0×20%	1×15%	1×15%	1×20%	0×15%	0×10%	0×5%	0.5

由表 6-14 可知:建设—经营—转让型共生方式($i=5$)对某新型军用载重车辆基地级维修 PPP 采购项目的适用度最高。因此,该型军用载重车辆基地级维修 PPP 采购项目应当选择建设-经营-转让型共生方式。

6.2.4 共生能量分配机制设计

无论哪种共生系统,在共生过程中投入与产出的分配即共生消耗与共生能量的分配对共生关系的稳定与发展都具有决定性作用。这就表明,共生系统进化发展的内在要求是:对所有共生单元而言,共生消耗与共生能量的分配必须满足式(3-9)的共生稳定分配条件,当且仅当共生消耗与共生能量的分配越接近式(3-8)的对称性分配状态,共生系统进化发展的动力就越强,共生过程的效率效益就越高,共生关系的稳定性就越好。同时,装备基地级维修 PPP 采购涉及军队装备部门、社会资本和作为采购介体的第三方中介服务机构等利益相关者,他们之间既有利益共同点,又有利益分歧处,在 PPP 采购交易活动中都会竭力追求更高的投入产出比,谋求自身利益的最大化。因此,必须构建公平合理的装备基地级维修 PPP 采购共生能量分配机制。

1. 共生能量分配的理论依据

装备基地级维修 PPP 采购共生能量的分配涉及 PPP 理论等诸多经济理论,其中主要包括利益相关者理论、合作博弈理论和资源禀赋理论。

1) 利益相关者理论

利益相关者是指在企业的生产活动中进行了一定的专用性投资,并承担着一定风险的个体和群体,其活动能影响或改变企业的目标,或受到企业实现其目标过程的影响。利益相关者理论认为企业的利益相关者既包括企业股东、债权人、雇员、消费者和供应商等交易伙伴,也包括行政部门、本地居民、当地社区、环保主义者等利益集团,甚至包括自然环境、人类后代等受到企业经营活动直接或间接影响的客体。利益相关者理论指出,上述利益相关者与企业的生存和发展密切相关,他们有的分担了企业的经营风险,有的为企业的经营活动付出了代价,有的对企业进行监督和制约,所以企业的经营决策必须要考虑他们的利益或接受他们的约束。利益相关者理论颠覆了传统的以股东利益最大化和利润为唯一目标的企业绩效评价和管理理论,阐明企业追求的应是利益相关者的整体利益最优,从理论上重新阐述了企业绩效评价和管理的中心,为实现装备基地级维修PPP采购军事、经济、社会等共生效益帕累托最优,正确识别装备基地级维修PPP采购各利益相关者,合理分配装备基地级维修PPP采购共生能量奠定了理论基础。根据利益相关者理论,运用米切尔评分法,将装备基地级维修PPP采购各利益相关者划分为确定型利益相关者、预期型利益相关者和潜在型利益相关者3类10种(见表6-15),主要是设计装备基地级维修PPP采购共生能量在确定型利益相关者之间,即军队装备部门与社会资本之间的分配机制。

表6-15 装备基地级维修PPP采购利益相关者界定与分类表

利益相关者		具备属性		
		合法性(Legitimacy)	权力性(Power)	紧迫性(Urgency)
确定型利益相关者	军队装备部门	有	有	有
	社会资本	有	有	有
预期型利益相关者	中介服务机构	有	无	有
	建设单位	有	无	有
	维修器材供应商	有	无	有
	装备使用部队	有	无	有
潜在型利益相关者	行政部门	无	无	有
	装备生产企业	无	无	有
	广大人民群众	无	无	有
	当地社会就业	无	无	有

2) 合作博弈理论

合作博弈亦称为正和博弈,是指博弈双方的利益都有所增加,或者至少是一方的利益增加,而另一方的利益不受损害,因而整个社会的利益有所增加。合作博弈研究人们达成合作时如何分配合作得到的收益,即收益分配问题。合作博弈采取的是一种合作的方式,或者说是一种妥协。妥协之所以能够增进妥

第6章 装备基地级维修 PPP 采购共生系统动力路径

协双方的利益及整个社会的利益,就是因为合作博弈能够产生一种合作剩余。这种剩余就是从这种关系和方式中产生出来的,且以此为限。从共生理论的视角来看,合作就是共生,合作剩余即共生能量。至于合作剩余在博弈各方之间如何分配,取决于博弈各方的力量对比和技巧运用。因此,妥协必须经过博弈各方的讨价还价,达成共识,进行合作。所以说,合作剩余的分配既是妥协的结果,又是达成妥协的条件。合作博弈强调团体理性(collective rationality),即效率、公平、公正。合作博弈存在的两个基本条件是:对联盟整体而言,其整体收益大于每个成员单独经营时的收益之和;对联盟成员来说,应存在具有帕累托改进性质的分配规则,即每个成员都能获得比不加入联盟时更多的收益。如何保证实现和满足这些条件,这是由合作博弈的本质特点决定的。也就是说,联盟内部成员之间的信息是可以互相交换的,所达成的协议必须强制执行。按照参与博弈的局中人的多少,合作博弈可分为2人合作博弈和 n 人($n>2$)合作博弈。还可以根据局中人相互交流信息的程度、协议执行时的强制程度,以及多阶段博弈中联盟的规模、方式和内部分配等的不同,把合作博弈分为若干类型。本书涉及的合作博弈的重要概念主要包括以下方面:

(1) 合作博弈的联盟。设 $N=\{1,2,\cdots,n\}$ 为 n 个博弈者构成的集合,其任一子集 $S \subseteq N$ 便可称为一个联盟(coalition)。显然,其中最大的联盟为 N 本身,称为总联盟,即所有的博弈者均参与的联盟。同时,单点集 $\{i\}$ 也是一个联盟。

(2) 合作博弈的特征函数。给定一个 n 人合作博弈,S 是一个联盟,$v(S)$ 是指 S 与 $N-S=\{i \mid i \in N, i \notin S\}$ 的2人博弈中 S 的最大效用,$v(S)$ 称为联盟 S 的特征函数(characteristic function)。规定 $v(\varnothing)=0$。根据定义,$v(\{i\})$ 为参与人 i 与全体其他人博弈时的最大效用值,用 $v(i)$ 表示。通常用 (N,v) 表示参与人集为 N,特征函数为 v 的合作博弈,其中 v 是定义在 2^N 上的实值映射。

(3) 合作博弈的解。合作博弈理论研究的重点在于合作博弈解的构造,即联盟利益的分配问题。合作博弈的解有多种形式,大体可分为多值解和单点解。其中:多值解包括稳定集、讨价还价集、核等;单点解主要有 shapley 值、分数解、Owen 值等。

3) 资源禀赋理论

资源禀赋又称为要素禀赋,是指一个国家拥有劳动力、资本、土地、技术和管理等各种生产要素的丰歉。一个国家要素禀赋中某种要素供给所占比例大于别国同种要素的供给比例而价格相对低于别国同种要素的价格,该国的这种要素相对丰裕;反之,则该国的这种要素就相对稀缺。资源禀赋理论认为,在各国生产同一种产品的技术水平相同的情况下,两个国家生产同一产品的价格差别来自于产品的成本差别,这种成本差别来自于生产过程中所使用的生产要素的价格差别,而这种生产要素的价格差别则取决于各国各种生产要素的相对丰裕程度,即相对禀赋差异,由此产生的价格差异导致了国际贸易和国际分工。这种理论观点也被称为狭义的要素禀赋论。广义的要素禀赋理论认为,当国际贸易使参加贸易的国家在商品的市场价格、生产商品的生产要素的价格相等的情况下,以及在生产要素价格均等的前提下,两个国家生产同一产品的技术水平相等(或生产同一产品的技术密集度相同)的情况下,国际贸易取决于各国生产要素的禀赋,各国的生产结构表现为,每个国家专门生产密集使用本国具有相对禀赋优势的生产要素的商品。要素禀赋论假定,生产要素在各部门转移时,增加生产的某种产品的机会成本保持不变。资源禀赋理论从国与国之间相互竞争的视角,为一个国家制定国际贸易政策和产业结构规划提供了理论指导,该理论指导同样也适用于各种组织包括企业之间的竞争。而作者认为:从组织之间相互合作的视角看,军队装备部门与社会资本之间基于要素禀赋耦合,采取 PPP 模式合作生产和提供装备基地级维修,不但能够充分发挥不同组织的要素禀赋优势,降低生产成本;而且能够提高资源配置效率与效益,产生"1+1>2"的共生效应。

2. 共生能量分配的基本原则

1) 互惠互利原则

装备基地级维修 PPP 采购中,军队装备部门和社会资本基于维修资源禀赋耦合,通过或不通过采购介体建立虚体合作伙伴关系(虚拟企业)或成立实体项目公司(SPV),合作生产和提供装备基地级维修并且共同分享产出的军事效益、经济效益和社会效益等共生能量,是一种典型的互惠共生模式。因此,在共生能量(维修效益)的分配上,要兼顾各利益相关者的应得利益,按照互惠互利的原则,在军队装备部门与社会资本之间合理分配共生能量,确保双方在项目中皆有利可图,即参与装备基地级维修 PPP 采购项目比不参与能够获得更多的收益。从而在军队装备部门与社会资本之间形成稳定的合作博弈——一种共生关系。

2) 分配对称原则

装备基地级维修 PPP 采购的本质特征就是军队装备部门与社会资本基于维修资源禀赋耦合,共用资源合作生产和提供装备基地级维修。而在社会主义市场经济条件下,军队装备部门与社会资本具备的资源禀赋往往是不同的。所以,他们投入装备基地级维修 PPP 采购项目的优质资源也是各不相同的。因此,在共生能量的分配上,要考量各利益相关者的资源投入和风险分担,按照分配对称的原则,在军队装备部门与社会资本之间尽量对称分配共生能量,确保双方投入与产出成正比,即投入资源越多、分担风险越大获得的收益就越高。

从而在军队装备部门与社会资本之间形成一种正向的合作激励。

3) 结构最优原则

装备基地级维修 PPP 采购中,既包括军队装备部门、社会资本 2 个确定型利益相关者,又包括作为采购介体的第三方中介服务机构等预期型利益相关者,还涉及行政部门等潜在型利益相关者,他们的价值取向各不相同。所以,装备基地级维修 PPP 采购众多利益相关者的利益诉求也不完全相同。因此,在共生能量的分配上,要找到各利益相关者的最佳利益均衡点,按照结构最优原则,在军队装备部门与社会资本之间以最优比例结构分配共生能量,确保双方收益均能达到帕累托最优,即在系统总共生能量最大的前提下实现军队装备部门与社会资本收益的最大化。从而在军队装备部门与社会资本之间形成一种合理的共生结构。

3. 共生能量分配的方法选择

随着 PPP 模式在我国的广泛应用,关于 PPP 项目利益分配的研究已经成为热点,其中比较普遍的研究方法有 Nash 谈判模型、核心法、简化 MCRS(Minimum Costs-Remaining Savings)方法和 Shapley 值法。

1) Nash 谈判模型

在 Nash 谈判模型中,因为实现自身收益分配值最大化是最理性的选择,所以参与博弈的各方势必会着力关注帕累托最优集中效用对,从而忽视了那些被优超的策略。Nash 研究证明:博弈谈判的理性解值 $U=(u_1,v_1)$ 不但要在可行集内,而且还不能劣于冲突点 (u_0,v_0),并且使得 $(u_1-u_0)(v_1-v_0)$ 的值最大。该方法的局限性在于:其模型求解比较复杂,而且所得解值也可能不唯一。

2) 核心法

核心法是首先求出既满足联盟整体理性又满足参与各方个体理性的收益分配方案的集合,然后再从中选出一组不受其他分配方案影响的方案,那么这一组方案即为联盟合作策略的核心。该方法的局限性在于:一方面,核心方案可能并不存在,这时就无法得出一个利益分配理论模型的结果;另一方面,核心方案可能会有多个,此时就无法保证最优收益分配方案的唯一性。

3) 简化的 MCRS 方法

简化的 MCRS 方法首先要确定联盟收益分配解值的上限和下限边界 $X_{\max}$、$X_{\min}(X_{\max}>X>X_{\min})$,然后可求出联盟收益分配模型的解即为点 $X_{\max}$、$X_{\min}$ 所在的直线与超平面 $\sum_{1}^{n}X_i=V(N)$ 的唯一交点 X^*。在实践中,通常简化 2 个边界的算法。该方法的局限性在于:很难简便、准确地求得 $X_{\max}$、$X_{\min}$ 这 2 个上下限,可操作性不强。

4) Shapley 值法

Shapley 值法假设联盟参与者均为理性人,按照贡献与收益对等的分配原则,根据各参与者为动态联盟产生的边际贡献,确定利益相关者的收益分配比例,从而达到合作联盟整体理性与各参与者个体理性的双重满意效果。该方法的局限性在于:Shapley 值权重系数假设动态合作联盟的参与者都是平等的,合作联盟中对参与者 i 的收益分配值为 i 对其所有包含 i 的合作联盟所做边际贡献的平均值($1/n$)。然而在实践中,对于包含 i 的不同合作联盟其参与者 i 的贡献度却是各不相同的。因此,在实际运用中常常要结合实际对 Shapley 值进行修正。

对比以上 4 种方法,可知:Nash 谈判模型、核心法不能保证得出唯一最优解值,存在无法得到共生能量分配方案的可能;简化的 MCRS 方法对于装备基地级维修 PPP 采购共生能量分配问题来说,可操作性并不强。而 Shapley 值法不仅能得到唯一最优解,且建模、求解过程较为简便,虽然其存在平均分配边际贡献的局限性,但可根据装备基地级维修 PPP 采购共生能量分配特点,对其进行修正,而得到更加贴近实际的共生能量分配模型。因此,本书选用修正的 Shapley 值法设计装备基地级维修 PPP 采购共生能量分配机制。

4. 共生能量分配的机制设计

1) Shapley 值法及其适用性

Shapley L. S. 在 1953 年给出了一种解决 n 人合作博弈的方法,称为 Shapley 值。Shapley 值法按照贡献与收益对等的分配原则,根据各理性参与者的边际贡献来分配联盟收益,即联盟中参与者 i 获得的收益分配值为 i 对所有含 i 参与联盟的边际贡献的平均值。其正式定义如下:

设 $I=\{1,2,\cdots,n\}$ 是合作联盟中 n 个参与者的集合,如果对于 I 的任一子集 s 都对应着一个实值函数 $v(s)$,并且满足:

$$v(\varnothing)=0 \qquad (6-6)$$

$$v(s_1 \cup s_2) \geq v(s_1)+v(s_2), \quad s_1 \cap s_2 = \varnothing \qquad (6-7)$$

则称 $[I,v]$ 为一个 n 人合作博弈,v 是其定义在 I 上的特征函数,即合作联盟 s 的收益。

设 $\varphi_i(v)$ 为在集合 I 下第 i 个成员所得的收益,$v(I)$ 为合作联盟的最大收益,则合作博弈 $[I,v]$ 中各参与者所得收益分配的 Shapley 值为

$$\Phi(v)=(\varphi_1(v),\varphi_2(v),\cdots,\varphi_i(v),\cdots,\varphi_n(v)), \quad i=1,2,\cdots,n \qquad (6-8)$$

且 $\varphi_i(v)$ 具有如下两个特性,即

整体理性:$\sum_{i=1}^{n} \varphi_i(v) = v(I), \quad i=1,2,\cdots,n \qquad (6-9)$

个体理性:$\varphi_i(v) \geq v(i)$, $i = 1,2,\cdots,n$ (6-10)

其中,
$$\varphi_i(v) = \sum_{s \in S_i} w(|s|)[v(s) - v(s\backslash i)], \quad i = 1,2,\cdots,n \quad (6-11)$$

$$w(|s|) = \frac{(n-|s|)!(|s|-1)!}{n!}, \quad i = 1,2,\cdots,n \quad (6-12)$$

式中:S_i 为 I 中包含 i 的所有子集;$|s|$ 为子集 s 中的元素数目(参与者数量);$s\backslash i$ 为 s 中不含 i 的集合;$w(|s|)$ 为加权因子;$v(s)$ 为子集 s 得到的收益;$v(s\backslash i)$ 为子集 s 中不含成员 i 的集合所得到的收益。

Shapley 值法是一种基于概率的解释,它假设参与者按照随机次序组成动态合作联盟,每种次序发生的概率皆为 $1/n!$。参与者 i 与其他 $|s|-1$ 个参与者形成合作联盟 S,参与者 i 对联盟 S 的边际贡献为 $v(s)-v(s\backslash i)$。$s\backslash i$ 以及 $I\backslash S$ 的参与者相继排列的次序共有 $(n-|s|)!(|s|-1)!$ 种,进而可知各种次序出现的概率即为 $\frac{(n-|s|)!(|s|-1)!}{n!}$,因此参与者 i 所作的边际贡献的期望值就是合作联盟 S 的 Shapley 值。

作为一种典型的军事经济复合共生系统,装备基地级维修 PPP 采购项目的参与者都是理性人,当没有利益相关者参与时,PPP 项目收益自然为 0,并且只有当 PPP 项目为利益相关者带来的收益大于其单独完成该项目获得的收益时 PPP 项目才可能运营下去。所以,装备基地级维修 PPP 采购满足式(6-6)、式(6-7)的条件。同时,根据共生能量生成原理,只有生成新增的净能量—共生能量,即 PPP 项目合作产生总收益大于各利益相关者单独完成该项目获得收益与采购交易成本之和,且 PPP 项目给各利益相关者带来收益均比其独立完成该项目所获收益更大时,装备基地级维修 PPP 采购共生系统才能不断演化。所以,装备基地级维修 PPP 采购满足式(6-9)、式(6-10)的条件。综上所述,装备基地级维修 PPP 采购是一种 n 人合作博弈。因此,运用 Shapley 值法设计装备基地级维修 PPP 采购共生能量分配机制是切实可行的。

2) 能量分配步骤

根据 Shapley 值法的基本原理,装备基地级维修 PPP 采购共生能量分配可分为以下 4 个步骤,具体如图 6-7 所示。

(1) 对装备基地级维修 PPP 采购项目总收益进行事前估算或事后核算,确保该 PPP 采购项目满足 Shapley 值法的适用条件,使共生能量分配能够顺利实施。

(2) 通过估算或参照类似项目评估装备基地级维修 PPP 采购利益相关者

的边际贡献,即每一种动态合作联盟形式下各参与者可能为联盟产生的收益增加值。

(3) 采用 Shapley 值法,对装备基地级维修 PPP 采购项目收益进行初始分配,得到初始分配方案,即各利益相关者的初始共生能量分配值。

(4) 根据各利益相关者投入维修资源占装备基地级维修 PPP 采购项目总资源的比例,对初始分配方案进行调整,最终形成装备基地级维修 PPP 采购共生能量分配方案。

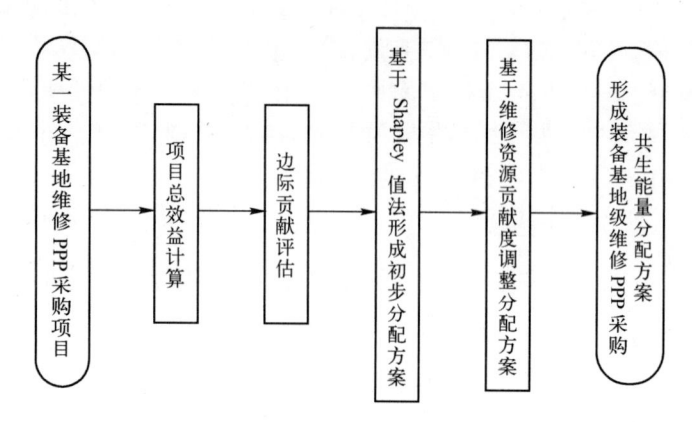

图 6-7 装备基地级维修 PPP 采购共生能量分配步骤示意图

3) 分配机制设计

装备基地级维修 PPP 采购中的确定型利益相关者之间,即军队装备部门与社会资本之间的合作为典型的 n 人合作博弈。在不影响问题本质和研究结论的前提下,假设装备基地级维修 PPP 采购中只有一个军队装备部门 x 与一家社会资本 y 合作,即装备基地级维修 PPP 采购是一个 2 人合作博弈 $[I,v]$。其中:$I=\{x,y\}$ 为合作博弈中参与者的集合;v 为合作博弈的特征函数。

(1) 合作博弈的特征函数。针对军队装备部门 x 与社会资本 y 采取的不同策略,也就是形成不同的非空集合。其对应的特征函数分别为:当军队装备部门 x 独自完成装备基地级维修项目,即 $s=\{x\}$ 时,其获得收益的特征函数为 $v(x)$;当社会资本 y 独自完成装备基地级维修项目,即 $s=\{y\}$ 时,其获得收益的特征函数为 $v(y)$;而当军队装备部门 x 与社会资本 y 通过 PPP 模式进行合作,组成合作联盟共同生产和提供装备基地级维修,即 $s=\{x,y\}=I$ 时,他们获得总收益的特征函数则为 $v(x\cup y)$。

(2) 军队装备部门共生能量分配的 Shapley 值。根据 Shapley 值法,按照式(6-11)、式(6-12)可以计算出军队装备部门共生能量分配的 Shapley 值 $\varphi_x(v)$,具体如表 6-16 所列。

表 6-16　军队装备部门共生能量分配 Shapley 值的计算

S	x	I
$v(s)$	$v(x)$	$v(x\cup y)$
$v(s\backslash x)$	0	$v(y)$
$v(s)-v(s\backslash x)$	$v(x)$	$v(x\cup y)-v(y)$
$\vert s\vert$	1	2
$w(\vert s\vert)$	1/2	1/2
$w(\vert s\vert)[v(s)-v(s\backslash x)]$	$v(x)/2$	$[v(x\cup y)-v(y)]/2$

按照 Shapley 值计算公式将表 6-16 中的末行数据相加,得到军队装备部门共生能量分配的 Shapley 值:

$$\varphi_x(v)=v(x)/2+[v(x\cup y)-v(y)]/2 \tag{6-13}$$

(3) 社会资本共生能量分配的 Shapley 值。同理,按照式(6-11)、式(6-12)也可计算出社会资本共生能量分配的 Shapley 值 $\varphi_y(v)$,具体如表 6-17 所列。

表 6-17　社会资本共生能量分配 Shapley 值的计算

S	y	I
$v(s)$	$v(y)$	$v(x\cup y)$
$v(s\backslash y)$	0	$v(x)$
$v(s)-v(s\backslash y)$	$v(y)$	$v(x\cup y)-v(x)$
$\vert s\vert$	1	2
$w(\vert s\vert)$	1/2	1/2
$w(\vert s\vert)[v(s)-v(s\backslash y)]$	$v(y)/2$	$[v(x\cup y)-v(x)]/2$

将表 6-17 中的末行数据相加,得到社会资本共生能量分配的 Shapley 值:

$$\varphi_y(v)=v(y)/2+[v(x\cup y)-v(x)]/2 \tag{6-14}$$

(4) 共生能量初步分配方案及其分析。基于以上分析,可得出装备基地级维修 PPP 采购共生能量分配的初步方案,即装备基地级维修 PPP 采购共生能量分配的 Shapley 值:

$$\Phi(v)=(\varphi_x(v),\varphi_y(v))$$

代入式(6-13)、式(6-14),可得

$$\Phi(v)=\left(\frac{v(x\cup y)+v(x)-v(y)}{2},\frac{v(x\cup y)+v(y)-v(x)}{2}\right) \tag{6-15}$$

根据 Shapley 值法原理和式(6-15)可得出,Shapley 值的权重系数假设在装备基地级维修 PPP 采购中,各利益相关者的维修资源贡献度是相同的,均为1/2。

因此，其在共生能量的分配上也是平等的，即默认的收益分配因子也为 1/2。而根据资源禀赋理论，只有异质性的资源才能相互耦合。所以，在实际的装备基地级维修 PPP 采购中，军队装备部门与社会资本之间恰恰是基于维修资源禀赋的耦合才强强联手，合作生产和提供装备基地级维修的。可见，军队装备部门与社会资本在装备基地级维修 PPP 采购中的实际维修资源贡献度是不同的，若按照 Shapley 值在各利益相关者之间分配共生能量，那么有的利益相关者就会因为投入与产出不成正比，而退出或不参与装备基地级维修 PPP 采购项目，因此需要对其进行修正。

（5）初步分配方案调整及最终方案形成。为了修正基于 Shapley 值法的装备基地级维修 PPP 采购共生能量初步分配方案，设变量 p 为维修资源贡献量，并用 p_1、p_2 分别表示军队装备部门和社会资本的维修资源贡献量，可得

$$p_i = p_i^1 + p_i^2 + \cdots + p_i^k + \cdots p_i^n = \sum_{k=1}^{n} p_i^k, \quad i = 1,2; k = 1,2,\cdots,n$$

式中：p_i 为军队装备部门或者社会资本的维修资源贡献量；p_i^k 为军队装备部门或社会资本对第 k 种维修资源的贡献量；$i=1,2$ 表示军队装备部门或社会资本；$k=1,2,\cdots,n$ 表示装备基地级维修共需 n 种维修资源。

进而，可以得到军队装备部门或社会资本在装备基地级维修 PPP 采购中的实际维修资源贡献度为

$$p_i \Big/ \sum_{i=1}^{2} p_i = \sum_{k=1}^{n} p_i^k \Big/ \sum_{i=1}^{2}\sum_{k=1}^{n} p_i^k, \quad i = 1,2; k = 1,2,\cdots,n \quad (6\text{-}16)$$

因此，便可依据实际维修资源贡献度对军队装备部门和社会资本共生能量分配的 Shapley 值进行修正，而得到军队装备部门或社会资本理应分配到的共生能量 $\varphi_x^*(v)$、$\varphi_y^*(v)$ 为

$$\varphi_x^*(v) = \varphi_x(v) + \left(p_1 \Big/ \sum_{i=1}^{2} p_i - \frac{1}{2}\right) v(x \cup y), \quad i = 1,2 \quad (6\text{-}17)$$

$$\varphi_y^*(v) = \varphi_y(v) + \left(p_2 \Big/ \sum_{i=1}^{2} p_i - \frac{1}{2}\right) v(x \cup y), \quad i = 1,2 \quad (6\text{-}18)$$

从式(6-17)、式(6-18)可知：当 $p_1 \Big/ \sum_{i=1}^{2} p_i > \frac{1}{2}$ 时，即参与者的实际维修资源贡献度大于 Shapley 值理论假设值时，其分配到的共生能量得到了相应"补偿"；当 $p_1 \Big/ \sum_{i=1}^{2} p_i = \frac{1}{2}$ 时，即参与者的实际维修资源贡献度等于 Shapley 值理论

假设值时,其分配到的共生能量相应保持不变;当 $p_1 \left/ \sum\limits_{i=1}^{2} p_i \right. < \dfrac{1}{2}$ 时,即参与者的实际维修资源贡献度小于 Shapley 值理论假设值时,其分配到的共生能量得到了相应"削减"。

将式(6-13)、式(6-14)和式(6-16)代入式(6-17)、式(6-18),可得

$$\varphi_x^*(v) = \frac{v(x)-v(y)}{2} + \frac{\sum\limits_{k=1}^{n} p_1^k}{\sum\limits_{i=1}^{2}\sum\limits_{k=1}^{n} p_i^k} v(x \cup y), \quad i=1,2; k=1,2,\cdots,n$$

(6-19)

$$\varphi_y^*(v) = \frac{v(y)-v(x)}{2} + \frac{\sum\limits_{k=1}^{n} p_2^k}{\sum\limits_{i=1}^{2}\sum\limits_{k=1}^{n} p_i^k} v(x \cup y), \quad i=1,2; k=1,2,\cdots,n$$

(6-20)

最终,可得出装备基地级维修 PPP 采购共生能量分配的合理方案,即基于维修资源贡献度修正的装备基地级维修 PPP 采购共生能量分配的 Shapley 值:

$$\Phi^*(v) = (\varphi_x^*(v), \varphi_y^*(v))$$

代入式(6-19)、式(6-20),可得

$$\Phi^*(v) = \left(\frac{v(x)-v(y)}{2} + \frac{\sum\limits_{k=1}^{n} p_1^k}{\sum\limits_{i=1}^{2}\sum\limits_{k=1}^{n} p_i^k} v(x \cup y), \frac{v(y)-v(x)}{2} + \frac{\sum\limits_{k=1}^{n} p_2^k}{\sum\limits_{i=1}^{2}\sum\limits_{k=1}^{n} p_i^k} v(x \cup y) \right)$$

显然,

$$\varphi_x^*(v) + \varphi_y^*(v) = \frac{\sum\limits_{k=1}^{n} p_1^k + \sum\limits_{k=1}^{n} p_2^k}{\sum\limits_{i=1}^{2}\sum\limits_{k=1}^{n} p_i^k} v(x \cup y) = v(x \cup y) = \varphi_x(v) + \varphi_y(v)$$

这表明修正前后军队装备部门与社会资本分配到的经济效益之和相等,因此基于维修资源贡献度的修正是可行的。

4) 机制运行示例

假设某装备基地级维修 PPP 采购项目中,由一个军队装备部门 x 与一家社会资本 y 合作,经估算(事前)或核算(事后)其投入与产出情况如表 6-18 所列。

表 6-18　某装备基地级维修 PPP 采购项目投入与产出情况（单位：百万元）

确定型利益相关者	投入资源							产出效益
	人力资源	设备资源	设施资源	技术资源	资金资源	管理资源	小计	
军队装备部门	2	2	3	1	1	1	10	2
社会资本	1	1	1	4	2	3	12	3
合　　计	3	3	4	5	3	4	22	8

（1）合作博弈的特征函数。针对军队装备部门 x 与社会资本 y 采取的不同策略，其对应的特征函数分别为：当军队装备部门 x 独自完成装备基地级维修项目，即 $s=\{x\}$ 时，其获得收益—特征函数为 $v(x)=2$；当社会资本 y 独自完成装备基地级维修项目，即 $s=\{y\}$ 时，其获得收益—特征函数为 $v(y)=3$；当军队装备部门 x 与社会资本 y 通过 PPP 模式进行合作，即 $s=\{x,y\}=I$ 时，他们获得的总收益的特征函数则为 $v(x\cup y)=8$。

（2）军队装备部门共生能量分配的 Shapley 值。按照式（6-11）、式（6-12）可算出军队装备部门共生能量分配的 Shapley 值 $\varphi_x(v)$，具体如表 6-19 所列。

表 6-19　军队装备部门 x 共生能量分配 Shapley 值的计算

S	x	$x\cup y$
$v(s)$	2	8
$v(s\backslash x)$	0	3
$v(s)-v(s\backslash x)$	2	5
$\lvert s \rvert$	1	2
$w(\lvert s \rvert)$	1/2	1/2
$w(\lvert s \rvert)[v(s)-v(s\backslash x)]$	1	5/2

将表 6-19 中的末行数据相加，得到军队装备部门 x 共生能量分配的 Shapley 值：

$$\varphi_x(v)=v(x)/2+[v(x\cup y)-v(y)]/2=1+5/2=3.5$$

（3）社会资本共生能量分配的 Shapley 值。

同理，如表 6-20 所列，可以得到社会资本 y 共生能量分配的 Shapley 值：

$$\varphi_y(v)=v(y)/2+[v(x\cup y)-v(x)]/2=3/2+3=4.5$$

表 6-20　社会资本 y 共生能量分配 Shapley 值的计算

S	y	x∪y
$v(s)$	3	8
$v(s\backslash y)$	0	2
$v(s)-v(s\backslash y)$	3	6
$\|s\|$	1	2
$w(\|s\|)$	1/2	1/2
$w(\|s\|)[v(s)-v(s\backslash y)]$	3/2	3

(4) 共生能量初步分配方案。进而,可得出该装备基地级维修 PPP 采购共生能量分配的 Shapley 值为

$$\Phi(v)=(\varphi_x(v),\varphi_y(v))=(3.5,4.5)$$

(5) 初步分配方案调整及最终方案形成。根据式(6-16),可得军队装备部门与社会资本的维修资源贡献度分别为

$$p_1\Big/\sum_{i=1}^{2}p_i=\frac{10}{22}=\frac{5}{11}\quad p_2\Big/\sum_{i=1}^{2}p_i=\frac{6}{11}$$

代入式(6-17)、式(6-18),可得

$$\varphi_x^*(v)=3.5+\left(\frac{5}{11}-\frac{1}{2}\right)\times 8\approx 3.14 \quad \varphi_y^*(v)=4.5+\left(\frac{6}{11}-\frac{1}{2}\right)\times 8\approx 4.86$$

最终,可得出基于维修资源贡献度修正的该装备基地级维修 PPP 采购共生能量分配的 Shapley 值为

$$\Phi^*(v)=(\varphi_x^*(v),\varphi_y^*(v))=(3.14,4.86)$$

6.3　装备基地级维修 PPP 采购共生系统驱动力驱动路径设计

装备基地级维修 PPP 采购共生系统驱动力驱动路径设计的主要目的是产生和提高共生环境驱动力,并且通过与共生体源动力的"双力"多次自耦合机制不断产生新的、更大的共生能量,逐步推动装备基地级维修 PPP 采购共生系统向着一体化对称性互惠共生的理想状态加速进化。

6.3.1　共生效用评价机制设计

共生系统状态是随着外部共生环境的持续发展而不断变化的,对称性互惠共生是共生系统运行的最佳状态和进化的根本方向。所以,共生系统的进化除

了源自其共生体的源动力之外,还受到来自共生环境的驱动力的间接作用。然而人们想要通过改变共生环境来引导和推动共生系统向着对称性互惠共生方向进化,就必须首先科学评价装备基地级维修PPP采购共生效用,准确把握其共生状态。同时,如表3-6所列,装备基地级维修PPP采购共生系统共有$S_{11}(O_1,H_1)$类、$S_{12}(O_1,H_2)$类、$S_{21}(O_2,H_1)$类和$S_{22}(O_2,H_2)$类4种基本状态,并且每种状态对外又表现为多种不同的运营方式,想要准确把握其共生状态也离不开对其共生效用的评价。因此,必须构建准确可行的装备基地级维修PPP采购共生效用评价机制。

1. 共生效用评价的基本方法

目前,学术界基于数理统计模型对企业绩效进行评价的方法主要包括主成分分析法、数据包络分析法、人工神经网络分析法、模糊综合评价法、层次分析法以及熵值法等多种方法。

1) 主成分分析法

主成分分析法又称为主分量分析法,它旨在利用降维的思想,把相关的多指标转化为少数几个独立的综合指标即主成分。首先,主成分分析法能够在引进多方面指标的同时,在保留原始指标主要信息的前提下,用几个互不相关的综合指标来代表众多的原始指标,并尽可能地反映原始指标的大部分信息,从而在使问题简单化的同时,得到更加科学有效的数据信息。其次,主成分分析法对样本量的要求也较为宽松,适用于既有定性评价指标、又有定量评价指标的多指标评价问题的研究。从各个行为主体及共生系统的期望效用来看,装备基地级维修PPP采购共生效用评价指标体系包含多种性质的众多指标,并且各项指标之间存在不同的相关性。为此,运用主成分分析法对装备基地级维修PPP采购共生效用的众多评价指标进行筛选,并剔除指标间的相关性,选取贡献率高的主成分构建装备基地级维修PPP采购共生效用评价指标体系。

2) 模糊综合评价法

模糊综合评价法是一种基于模糊数学的综合评价方法,它应用模糊关系合成原理,将一些边界不清、不易定量的因素定量化,从多个因素对被评估事物或者对象隶属等级状况进行综合评估。由于装备基地级维修PPP采购共生效用包括了军事效益、经济效益和社会效益等多个方面,其中大部分为定性评价指标,为了全面、客观、准确地得到一个综合性评价结论,需要运用模糊综合评价法来设计装备基地级维修PPP采购共生效用评价机制。

2. 共生效用评价的指标构建

1) 选取原则

(1) 完整性与系统性相结合。所选取的各级指标应当尽可能地全面反映

第6章 装备基地级维修PPP采购共生系统动力路径

军事效益、经济效益和社会效益等多种效益复合而成的综合效益,即其综合效益的各个方面,不能有所遗漏。同时,应当统筹考虑、科学选取各项指标,注重指标之间的层次性、重要性和相关性,尽量避免各级指标或每级指标中的不同指标之间的交叉和重叠,使其构成一个完整、系统的指标体系。

(2) 针对性与操作性相结合。对其评价指标的选取应当紧紧围绕军事效益、经济效益和社会效益3个方面展开,有针对性地评价其综合效益。同时,选取的各项指标应当具体明确,定性指标既要便于理解又要能够做出明确判断,定量指标既要相对客观又要能够有效收集测量。此外,还应当尽量控制指标体系的规模,防止其体系结构过于庞杂而降低可操作性。

(3) 最优性与延展性相结合。应当在军事效益、经济效益及社会效益3个方面,分别从对该效益最为关切或与该效益联系最为紧密的利益相关者的视角出发,慎重选择最优的评价指标。同时,随着装备基地级维修PPP采购共生系统的演化发展,各利益相关者的地位和作用及其期望效用也会相应的发生变化,所以其评价指标体系应当具备一定的延展性,能够根据共生系统状态的变化进行适当的调整。

2) 初步构建

评价装备基地级维修PPP采购共生效用,应基于各利益相关者的视角,从军事效益、经济效益和社会效益3个方面全面分析其参与装备基地级维修PPP采购项目的期望效用,科学构建初步评价指标体系。

(1) 军事效益。装备基地级维修PPP采购首先是一种军事保障活动,军事效益是其根本效益。从军队装备部门的视角来看,其对军事效益的期望效用主要体现在:一是通过PPP模式来完成装备基地级维修保障任务;二是借助社会资源加速形成和保持装备基地级维修保障能力;三是优化军队装备基地级维修人员编配;四是快速掌握装备基地级维修先进技术。从社会资本的视角来看,其对军事效益的期望效用主要体现在:一是履行报国兴军历史使命,服从服务于国家安全,保障军队完成装备基地级维修任务;二是通过军民维修资源耦合,保持和形成装备基地级维修能力,提升国防工业综合实力。从其他利益相关者的视角来看,其对军事效益的期望效用主要体现在:通过PPP模式保障军队完成装备基地级维修任务,提高武器装备完好率,为其提供更加可靠的安全保障。

(2) 经济效益。装备基地级维修PPP采购其次是一种社会经济活动,经济效益是其主要效益。从社会资本的视角来看,其对经济效益的期望效用主要体现在:一是通过PPP模式与军队装备部门合作生产和提供装备基地级维修,以获得适当经济利润,实现装备基地级维修资产保值、增值;二是通过耦合军队装备部门维修资源禀赋,减少或避免维修资产重复投入,降低经营风险;三是通过与军队装备部门合作进入装备维修产业,与军队装备部门建立长期协作关系,利用自身军工资源拓宽企业经营范围,延伸企业产业链,优化装备维修资源配置,减少沉没成本,实现资产权益最大化;四是通过与军队装备部门相互耦合资源禀赋优势,弥补自身"先天不足",提高市场竞争能力。从军队装备部门的视角来看,其对经济效益的期望效用主要体现在:一是通过与社会资本耦合维修资源禀赋,提高装备基地级维修效益和效率;二是通过提高军队维修人员、设施和设备等利用率,减少维修资产分摊成本。三是获得社会资本投资,改善军队装备基地级维修设施、设备。从其他利益相关者的视角来看,其对经济效益的期望效用主要体现在:一是通过为装备基地级维修PPP采购提供相关服务或参与其项目建设,获得相应的经济利润;二是通过与军队装备部门合作,提升服务能力水平,拓展业务范围,实现经济利益最大化。

(3) 社会效益。装备基地级维修PPP采购最后是一种社会生产活动,社会效益是其附带效益。首先,从其他利益相关者的视角来看,其对社会效益的期望效用主要体现在:一是通过装备基地级维修PPP采购项目创造就业机会,促进社会就业;二是通过装备基地级维修PPP采购项目节约能源消耗,减少污染物排放,保护自然环境。其次,从军队装备部门的视角来看,其对社会效益的期望效用主要体现在:通过装备基地级维修PPP采购项目促进装备维修军民融合,加强军民协同合作,和谐军民关系。最后,从社会资本的视角来看,其对社会效益的期望效用主要体现在:通过参与装备基地级维修PPP采购履行社会责任,赢得政府、军队和社会的广泛认可,提高企业的知名度和美誉度。

综上所述,军事效益、经济效益和社会效益就构成了装备基地级维修PPP采购共生效用评价的3个一级指标,而装备基地级维修PPP采购各利益相关者对这3个方面的期望效用则构成了其二级指标。由此,便构成了装备基地级维修PPP采购共生效用初步评价指标体系,具体如表6-21所列。

表6-21 装备基地级维修PPP采购共生效用初步评价指标体系

	一级指标	二级指标	指标涵义
装备基地级维修PPP采购共生效用初步评价指标体系	军事效益 X_1	完成装备基地级维修保障任务 X_{11}	考察装备基地级维修PPP采购对军队准经营性装备基地级非核心维修供需矛盾的改善情况
		形成装备基地级维修保障能力 X_{12}	考察装备基地级维修PPP采购对非核心装备基地级维修保障能力形成的促进情况
		优化装备基地级维修人员编配 X_{13}	考察装备基地级维修PPP采购对军队所属装备基地级维修机构人员编配的优化情况
		掌握装备基地级维修先进技术 X_{14}	考察装备基地级维修PPP采购对军队人员掌握装备基地级维修先进技术的促进情况

第6章 装备基地级维修PPP采购共生系统动力路径

(续)

一级指标	二级指标	指标涵义
军事效益 X_1	保障军队完成装备基地级维修任务 X_{15}	考察社会资本通过参与装备基地级维修PPP采购对军队准经营性装备基地级非核心维修供需矛盾的改善情况
	形成装备基地级维修能力，提升国防工业实力 X_{16}	考察社会资本通过参与装备基地级维修PPP采购对非核心装备基地级维修保障能力形成的促进情况
	保障军队完成装备基地级维修任务以获得更加可靠的安全保障 X_{17}	考察其他利益相关者通过参与装备基地级维修PPP采购对军队准经营性装备基地级非核心维修供需矛盾的改善情况
经济效益 X_2	获得经济利润，实现装备基地级维修资产保值、增值 X_{21}	考察装备基地级维修PPP采购为社会资本带来的经济收益及其维修资产利润率
	减少或避免维修资产重复投入，降低经营风险 X_{22}	考察装备基地级维修PPP采购对社会资本经营风险的降低情况
	优化装备维修资源配置，实现资产权益的最大化 X_{23}	考察装备基地级维修PPP采购对社会资本原有装备科研、生产等相关资源的进一步开发利用及对其经营范围的拓展情况或产业链的延伸情况
	弥补自身先天不足，提高市场竞争能力 X_{24}	考察装备基地级维修PPP采购中社会资本与军队装备部门维修资源禀赋耦合情况
	提高装备基地级维修效益和效率 X_{25}	考察装备基地级维修PPP采购对军队装备基地级维修效益和效率的改善情况
	减少维修资产分摊成本 X_{26}	考察装备基地级维修PPP采购对军队所属装备基地级维修资产拥有成本的分摊情况
	改善军队装备基地级维修设施、设备 X_{27}	考察装备基地级维修PPP采购对军队所属装备基地级维修机构设施、设备的改善情况
	提供相关服务或参与项目建设，获得相应经济利润 X_{28}	考察装备基地级维修PPP采购为其他利益相关者带来的经济收益
	拓展业务范围，实现经济利益最大化 X_{29}	考察装备基地级维修PPP采购对其他利益相关者经营范围的拓展情况或产业链的延伸情况
社会效益 X_3	创造就业机会，促进社会就业 X_{31}	考察装备基地级维修PPP采购对当地社会就业的促进情况
	节能减排，保护自然环境 X_{32}	考察装备基地级维修PPP采购对当地节能减排的贡献情况
	加强军民协同合作，和谐军民关系 X_{33}	考察装备基地级维修PPP采购对当地社会军民融合的促进和军民关系的改善情况
	提高知名度和美誉度 X_{34}	考察通过参与装备基地级维修PPP采购为社会资本带来的政府奖励、军队赞扬和社会荣誉情况

装备基地级维修PPP采购共生效用初步评价指标体系

3) 指标筛选

从表6-21所示的初步指标体系可知，装备基地级维修PPP采购共生效用评价的二级指标项目较多,不但指标之间存在内容上的交叉和重叠,而且指标之间还有不同程度的相关性。因此,采用相关性—主成分分析法对其进行筛选,在合并相关项的基础上剔除指标之间的相关性,使得选取的装备基地级维修 PPP 采购共生效用评价指标更加准确、合理,从而形成科学的评价指标体系。

(1)数学模型。主成分分析的实质是考察指标的线性组合,其数学模型为

$$F_i = \alpha_{i1}X_1 + \alpha_{i2}X_2 + \cdots + \alpha_{ij}X_j + \cdots + \alpha_{im}X_m, \quad i = 1, 2, \cdots, k$$

式中:X_j 为第 j 个指标($j = 1, 2, \cdots, m$);F_i 为第 i 个主成分($i = 1, 2, \cdots, k$);α_{ij} 为第 i 个特征根的特征向量的第 j 个分量;k 为主成分的数量;m 为合并相关项之后的二级指标的数量。

(2)筛选步骤。

① 构建评价矩阵并进行标准化。为构建评价矩阵,可邀请军队装备部门、社会资本和中介服务机构等相关组织的人员和专家,以调查问卷(详见附录3)的形式对上述20项指标进行评价打分。按照装备基地级维修 PPP 采购对于各项评价指标的体现程度,评价分为特别明显、比较明显、一般明显、不太明显以及不明显5个等级,对应分值分别为5、4、3、2、1分。通过对 n 份调查问卷的汇总、统计,可得到原始评价数据矩阵:

$$X_{n \times 20} = \begin{bmatrix} x_{11} & x_{12} & x_{13} & \cdots & x_{120} \\ x_{21} & x_{22} & x_{23} & \cdots & x_{220} \\ \cdots & \cdots & \cdots & & \cdots \\ x_{n1} & x_{n2} & x_{n3} & \cdots & x_{n20} \end{bmatrix}_{n \times 20}$$

对原始评价数据进行标准化处理。数据的标准化处理包括两个方面:无量纲化处理和逆向指标问题处理。无量纲化处理采用 Z-Score 方法,逆向指标问题处理则采用极差变换法。

Z-Score 方法的标准化公式为

$$z_{ij} = (x_{ij} - \bar{x}_j) / \sqrt{\text{Var}(x_j)}$$

其中,$\bar{x}_j = \sum_{i=1}^{n} x_{ij}/n$,$\text{Var}(x_j) = \sum_{i=1}^{n}(x_{ij} - \bar{x}_j)^2/(n-1)$。

极差变换法对于正向指标的标准化公式为

$$z_{ij} = \frac{x_{ij} - \min\limits_{1 \leq i \leq n}(x_{ij})}{\max\limits_{1 \leq i \leq n}(x_{ij}) - \min\limits_{1 \leq i \leq n}(x_{ij})}$$

对于逆向指标的标准化公式为

$$z_{ij} = \frac{\max\limits_{1 \leq i \leq n}(x_{ij}) - x_{ij}}{\min\limits_{1 \leq i \leq n}(x_{ij}) - \max\limits_{1 \leq i \leq n}(x_{ij})}$$

式中:x_{ij}为初步评价指标体系中的第i个评价人员对第j个指标的评价值;n为评价人员的数量;z_{ij}为初步评价指标体系中的第i个评价人员对第j个指标评价值的标准化值。

经过标准化处理后,得到标准化矩阵:

$$Z_{n\times 20}=(z_{ij})_{n\times 20}=\begin{bmatrix} z_{11} & z_{12} & z_{13} & \cdots & z_{120} \\ z_{21} & z_{22} & z_{23} & \cdots & z_{220} \\ \cdots & \cdots & \cdots & & \cdots \\ z_{n1} & z_{n2} & z_{n3} & \cdots & z_{n20} \end{bmatrix}_{n\times 20}$$

② 根据二级指标之间的相关性合并相关项。由于不同一级指标下的二级指标之间不具备相关性,因此只需按照式(6-21)计算同一一级指标下的二级指标之间的相关系数r_{ij},对于相关系数大于0.9的近似指标按照选取原则,从对该效益最为关切或与该效益联系最为紧密的利益相关者的视角出发,合并相关项,以剔除具有重复信息的评价指标。

$$r_{ij}=\frac{\sum_{k=1}^{n}(z_{ki}-\bar{z}_i)(z_{kj}-\bar{z}_j)}{\sqrt{\sum_{k=1}^{n}(z_{ki}-\bar{z}_i)^2(z_{kj}-\bar{z}_j)^2}} \quad (6-21)$$

式中:r_{ij}为第i个指标与第j个指标之间的相关系数;z_{ki}、z_{kj}为第k个评价人员对第i个、第j个指标标准化的评价值$(k=1,2,\cdots,n)$;$\bar{z}_i$、$\bar{z}_j$为第i个、第j个指标标准化的平均评价值。

③ 根据二级指标相对的重要性选取主成分。首先,求出标准化指标值的相关系数矩阵。按照式$R=Z^{T}Z/(m-1)$,m为合并相关项之后的二级指标的数量。可得到评价指标的相关系数矩阵:

$$R_{m\times m}=(r_{m\times m})=\begin{bmatrix} r_{11} & r_{12} & r_{13} & \cdots & r_{1m} \\ r_{21} & r_{22} & r_{23} & \cdots & r_{2m} \\ \cdots & \cdots & \cdots & & \cdots \\ r_{m1} & r_{m2} & r_{m3} & \cdots & r_{mm} \end{bmatrix}_{m\times m}$$

其次,计算特征根的累计方差贡献率。用雅克比方法,由特征方程$|R-\lambda I|=0$,得到m个特征根,按照降序依次排列为$\lambda_1\geq\lambda_2\geq\lambda_3\geq\cdots\lambda_m\geq 0$。由方程组$(R-\lambda I)X=0$得到$m$个特征根对应的特征向量:$Z_X=(Z_{X_1},Z_{X_2},\cdots,Z_{X_i},\cdots Z_{Z_m})^{\mathrm{T}}$。其中,$Z_{X_i}$为对应于特征根$\lambda_i(i=1,2,\cdots,m)$的特征向量,$Z_{X_i}=(Z_{X_{1i}},Z_{X_{2i}},\cdots Z_{X_{mi}})$。$\lambda_i$代表的是第$i$个主成分$F_i$所解释的原始指标数据的总方差,其对原始指标数据的方差贡献率w_i为

$$w_i=\frac{\lambda_i}{\sum_{i=1}^{m}\lambda_i} \quad (6-22)$$

累计方差贡献率为

$$\alpha = \sum_{i=1}^{k} w_i = \frac{\sum_{i=1}^{k} \lambda_i}{\sum_{i=1}^{m} \lambda_i}$$

式中：k 为主成分的数量，$1 \leqslant k \leqslant m$。

最后，选取主成分。按照特征根 λ_i 降序依次排列的顺序，选取前 k 个特征根对应的评价指标，通常使得累计方差贡献率 $\alpha > 85\%$，便可得到主成分的数量 k。进而可以得到第 i 个指标对应在第 j 个主成分上的因子负载 b_{ij} 的矩阵：

$$\alpha_{ij} = b_{ij} / \sqrt{\lambda_i} \tag{6-23}$$

根据主成分 F_j 上因子负载的绝对值 $|b_{ij}|$ 进一步筛选指标：$|b_{ij}|$ 越大，表明指标 i 对评价结果的影响越明显，越应当保留该指标；$|b_{ij}|$ 越小，则表明指标 i 对评价结果的影响越微弱，越应当剔除该指标。

④ 根据反映信息含量检验指标体系科学性。按照因子分析运用数据方差表示指标信息含量的思路，对指标筛选后所得到的指标体系的科学性可以按照以下方法进行检验。可设 S 为指标数据的协方差矩阵；$\mathrm{tr}S$ 为协方差矩阵的迹，表示协方差矩阵的主对角线上各指标方差之和；s 为筛选后的指标数量；h 为筛选前的指标数量；则筛选后的指标对筛选前的指标的信息贡献率为

$$I_n = \mathrm{tr}S_s / \mathrm{tr}S_h \tag{6-24}$$

I_n 为经筛选后的 s 个指标的方差之和 $\mathrm{tr}S_s$ 占未筛选的 h 个指标的方差之和 $\mathrm{tr}S_h$ 的比值，表示筛选后得到的 s 个指标所反映的未经筛选的 h 个指标构成的装备基地级维修 PPP 采购共生效用评价指标体系的信息量。显然，s 越小且 I_n 越大越好，即用更少的指标数量能够反映更多的信息含量越好。

（3）指标筛选。

① 构建评价矩阵并进行标准化。通过汇总、统计 10 份调查问卷，并按正向指标标准化公式进行标准化处理后，得到原始评价数据矩阵及其标准化矩阵：

$$X_{10\times20} = \begin{bmatrix} 5 & 5 & 4 & 4 & 5 & 5 & 5 & 4 & 3 & 4 & 3 & 4 & 4 & 4 & 4 & 4 & 4 & 4 & 5 & 4 \\ 5 & 5 & 4 & 4 & 5 & 5 & 5 & 4 & 3 & 4 & 3 & 4 & 4 & 4 & 4 & 4 & 4 & 4 & 5 & 4 \\ 5 & 5 & 5 & 5 & 5 & 5 & 5 & 4 & 4 & 4 & 4 & 5 & 4 & 5 & 4 & 4 & 4 & 4 & 5 & 5 \\ 5 & 5 & 4 & 4 & 5 & 5 & 5 & 4 & 5 & 4 & 4 & 5 & 4 & 5 & 4 & 5 & 5 & 5 & 5 & 5 \\ 5 & 5 & 3 & 4 & 5 & 5 & 5 & 5 & 4 & 4 & 5 & 5 & 4 & 4 & 4 & 5 & 5 & 5 & 5 & 5 \\ 5 & 4 & 3 & 4 & 5 & 4 & 5 & 5 & 5 & 4 & 4 & 4 & 4 & 5 & 5 & 5 & 4 & 4 & 5 \\ 4 & 4 & 3 & 3 & 4 & 4 & 4 & 5 & 3 & 4 & 3 & 4 & 4 & 3 & 5 & 4 & 4 & 3 & 4 & 4 \\ 4 & 4 & 3 & 3 & 4 & 4 & 4 & 5 & 3 & 4 & 3 & 4 & 4 & 3 & 5 & 4 & 4 & 3 & 4 & 4 \\ 4 & 3 & 3 & 3 & 4 & 4 & 3 & 5 & 4 & 3 & 3 & 3 & 3 & 3 & 5 & 3 & 4 & 3 & 4 & 4 \\ 4 & 3 & 3 & 3 & 4 & 3 & 3 & 5 & 4 & 3 & 3 & 3 & 3 & 3 & 5 & 3 & 4 & 3 & 4 & 4 \end{bmatrix}_{10\times20}$$

第6章 装备基地级维修PPP采购共生系统动力路径

$$Z_{10\times20} = \begin{bmatrix} 1 & 1 & 0.5 & 0.5 & 1 & 1 & 1 & 0 & 0 & 0.5 & 0 & 0.5 & 0.5 & 0.5 & 0 & 0.5 & 0 & 0.5 & 1 & 0 \\ 1 & 1 & 0.5 & 0.5 & 1 & 1 & 1 & 0 & 0 & 0.5 & 0 & 0.5 & 0.5 & 0.5 & 0 & 0.5 & 0 & 0.5 & 1 & 0 \\ 1 & 1 & 1 & 1 & 1 & 1 & 1 & 0 & 0.5 & 0.5 & 1 & 1 & 0.5 & 1 & 0 & 0.5 & 0 & 0.5 & 1 & 1 \\ 1 & 1 & 0.5 & 1 & 1 & 1 & 1 & 1 & 0.5 & 1 & 1 & 0.5 & 1 & 0.5 & 1 & 1 & 1 & 1 & 1 & 1 \\ 1 & 1 & 0 & 0.5 & 1 & 1 & 1 & 1 & 0.5 & 1 & 1 & 0.5 & 0.5 & 0.5 & 1 & 1 & 1 & 1 & 1 & 1 \\ 1 & 0.5 & 0 & 0 & 0.5 & 1 & 0.5 & 1 & 1 & 1 & 1 & 1 & 0.5 & 0.5 & 0.5 & 1 & 1 & 1 & 0.5 & 0 & 1 \\ 0 & 0.5 & 0 & 0 & 0 & 0.5 & 0.5 & 1 & 0 & 0.5 & 0 & 0.5 & 0.5 & 0 & 1 & 0.5 & 0 & 0 & 0 \\ 0 & 0.5 & 0 & 0 & 0 & 0 & 0.5 & 1 & 0 & 0.5 & 0 & 0.5 & 0.5 & 0 & 1 & 0.5 & 0 & 0 & 0 \\ 0 & 0 & 0 & 0 & 0 & 0 & 0.5 & 1 & 1 & 0.5 & 0 & 0 & 0 & 0 & 1 & 0.5 & 0 & 0 & 0 \\ 0 & 0 & 0 & 0 & 0 & 0 & 0 & 1 & 0.5 & 0 & 0 & 0 & 0 & 0 & 1 & 0 & 0 & 0 & 0 & 0 \end{bmatrix}_{10\times20}$$

② 根据二级指标之间的相关性合并相关项。按照式(6-21)应用SPSS23统计软件,分别计算同一一级指标下的二级指标之间的相关系数 r_{ij},可得3个一级指标下的二级指标之间的相关系数,如表6-22~表6-24所列。

表6-22 军事效益下的二级指标之间的相关系数

r_{ij}	X_{11}	X_{12}	X_{13}	X_{14}	X_{15}	X_{16}	X_{17}
X_{11}	1						
X_{12}	0.836	1					
X_{13}	0.609	0.668	1				
X_{14}	0.873	0.787	0.797	1			
X_{15}	1	0.836	0.609	0.873	1		
X_{16}	0.890	**0.940**	0.684	0.828	0.890	1	
X_{17}	**0.913**	0.859	0.556	0.797	**0.913**	0.855	1

表6-23 经济效益下的二级指标之间的相关系数

r_{ij}	X_{21}	X_{22}	X_{23}	X_{24}	X_{25}	X_{26}	X_{27}	X_{28}	X_{28}
X_{21}	1								
X_{22}	0.408	1							
X_{23}	0.218	0.312	1						
X_{24}	0.089	0.491	0.748	1					
X_{25}	-0.527	-0.298	0.371	0.531	1				
X_{26}	-0.122	-0.298	0.681	0.531	0.655	1			
X_{27}	-0.648	0.083	0.416	0.701	0.783	0.493	1		
X_{28}	**1**	0.408	0.218	0.089	-0.527	-0.122	-0.648	1	
X_{29}	0.218	0.312	**1**	0.748	0.371	0.681	0.416	0.218	1

275

表 6-24　社会效益下的二级指标之间的相关系数

r_{ij}	X_{11}	X_{12}	X_{13}	X_{14}
X_{11}	1			
X_{12}	0.758	1		
X_{13}	0.218	0.802	1	
X_{14}	0.802	0.764	0.408	1

合并两两之间相关系数大于 0.9 的二级指标。从军队装备部门的视角将 X_{15}、X_{17} 并入 X_{11}，并将 X_{16} 并入 X_{12}；从社会资本的视角将 X_{28} 并入 X_{21}，并将 X_{29} 并入 X_{23}，具体情况如表 6-25 所列。

表 6-25　相关系数大于 0.9 的二级指标合并结果

一级指标	保留的二级指标	合并的二级指标	相关系数
军事效益 X_1	完成装备基地级维修保障任务 X_{11}	保障军队完成装备基地级维修任务 X_{15}	1
		保障军队完成装备基地级维修任务以获得更加可靠的安全保障 X_{17}	0.913
	形成装备基地级维修保障能力 X_{12}	形成装备基地级维修能力，提升国防工业实力 X_{16}	0.940
经济效益 X_2	获得经济利润，实现装备基地级维修资产保值、增值 X_{21}	提供相关服务或参与项目建设，获得相应经济利润 X_{28}	1
	优化装备维修资源配置，实现其资产权益的最大化 X_{23}	拓展业务范围，实现经济利益最大化 X_{29}	1

③ 根据二级指标相对的重要性选取主成分。经过按相关性合并相关指标，二级指标由 20 项精炼为 15 项，其标准化矩阵为

$$\mathbf{Z}_{10 \times 15} = \begin{bmatrix} 1 & 1 & 0.5 & 0.5 & 0 & 0 & 0.5 & 0 & 0.5 & 0.5 & 0.5 & 0 & 0.5 & 1 & 0 \\ 1 & 1 & 0.5 & 0.5 & 0 & 0 & 0.5 & 0.5 & 0.5 & 0.5 & 0 & 0.5 & 1 & 0 \\ 1 & 1 & 1 & 1 & 0 & 0.5 & 0.5 & 1 & 1 & 0.5 & 1 & 0 & 0.5 & 1 & 1 \\ 1 & 1 & 0.5 & 1 & 1 & 0.5 & 1 & 1 & 0.5 & 1 & 0.5 & 1 & 1 & 1 & 1 \\ 1 & 1 & 0 & 0.5 & 0 & 0.5 & 1 & 0.5 & 0.5 & 0 & 0.5 & 1 & 1 & 1 & 1 \\ 1 & 0.5 & 0 & 0.5 & 1 & 1 & 1 & 0.5 & 0.5 & 1 & 0.5 & 1 & 0.5 & 0 & 1 \\ 0 & 0.5 & 0 & 0 & 0 & 0.5 & 0 & 0.5 & 0.5 & 0 & 0 & 0 & 0 & 0 & 0 \\ 0 & 0.5 & 0 & 0 & 0 & 0.5 & 0 & 0.5 & 0.5 & 0 & 0 & 0 & 0 & 0 & 0 \\ 0 & 0 & 0 & 0 & 1 & 1 & 0.5 & 0 & 0 & 0 & 0 & 0 & 0 & 0 & 0 \\ 0 & 0 & 0 & 0 & 1 & 0.5 & 0 & 0 & 0 & 0 & 0 & 0 & 0 & 0 & 0 \end{bmatrix}_{10 \times 15}$$

下面，进一步对基于相关性分析筛选得到的 15 项二级指标进行主成分分析。由于计算的过程比较繁琐，需要继续用 IBM 的 SPSS23 统计软件进行自动计算。根据标准化矩阵 $\mathbf{Z}_{10 \times 15}$，可分别求得同——级指标 X_1、X_2 和 X_3 下的合并

相关项之后的二级指标的相关系数矩阵为

$$\boldsymbol{R}_{X_1} = \begin{bmatrix} 1.000 & 0.836 & 0.609 & 0.873 \\ 0.836 & 1.000 & 0.668 & 0.787 \\ 0.609 & 0.668 & 1.000 & 0.797 \\ 0.873 & 0.787 & 0.797 & 1.000 \end{bmatrix}$$

$$\boldsymbol{R}_{X_3} = \begin{bmatrix} 1.000 & 0.758 & 0.218 & 0.802 \\ 0.758 & 1.000 & 0.802 & 0.764 \\ 0.218 & 0.802 & 1.000 & 0.408 \\ 0.802 & 0.764 & 0.408 & 1.000 \end{bmatrix}$$

$$\boldsymbol{R}_{X_2} = \begin{bmatrix} 1.000 & 0.408 & 0.218 & 0.089 & -0.527 & -0.122 & -0.648 \\ 0.408 & 1.000 & 0.312 & 0.491 & -0.298 & -0.298 & 0.083 \\ 0.218 & 0.312 & 1.000 & 0.748 & 0.371 & 0.681 & 0.416 \\ 0.089 & 0.491 & 0.748 & 1.000 & 0.531 & 0.531 & 0.701 \\ -0.527 & -0.298 & 0.371 & 0.531 & 1.000 & 0.655 & 0.783 \\ -0.122 & -0.298 & 0.681 & 0.531 & 0.655 & 1.000 & 0.493 \\ -0.648 & 0.083 & 0.416 & 0.701 & 0.783 & 0.493 & 1.000 \end{bmatrix}$$

运用 SPSS23 统计软件,可以得到 3 个一级指标的主成分特征根和方差贡献率及其主成分的因子负载,具体如表 6-26、表 6-27 所列。

表 6-26 一级指标的主成分特征根和方差贡献率汇总表

一级指标	第一主成分 特征根	第一主成分 方差贡献率	第二主成分 特征根	第二主成分 方差贡献率	第三主成分 特征根	第三主成分 方差贡献率	累积方差贡献率
X_1	3.291	82.277	—	—	—	—	82.277
X_2	3.457	49.383	2.031	29.017	1.047	14.953	93.353
X_3	2.915	72.868	—	—	—	—	72.868

基于 SPSS23 软件自动提取的主成分,如表 6-27 所列,按照"第一、二主成分中因子负载绝对值大于等于 0.8,第三主成分中因子负载绝对值最大"的原则,进一步筛选了二级指标,剔除了经济效益 X_2 中的"优化装备维修资源配置,实现资产权益的最大化 X_{23}"项和社会效益 X_3 中的"加强军民合作,和谐军民关系 X_{33}"项,而最终得到如表 6-28 所列的装备基地级维修 PPP 采购共生效用评价指标体系。

表6-27 一级指标主成分的因子负载汇总表

一级指标	二级指标	第一主成分	第二主成分	第三主成分	筛选结果
军事效益 X_1	完成装备基地级维修保障任务 X_{11}	0.919	—	—	保留
	形成装备基地级维修保障能力 X_{12}	0.909	—	—	保留
	优化装备基地级维修人员编配 X_{13}	0.841	—	—	保留
	掌握装备基地级维修先进技术 X_{14}	0.955	—	—	保留
经济效益 X_2	获得经济利润,实现装备基地级维修资产保值、增值 X_{21}	-0.357	0.800	0.413	保留
	减少或避免维修资产重复投入,降低经营风险 X_{22}	0.026	0.824	-0.541	保留
	优化装备维修资源配置,实现资产权益的最大化 X_{23}	0.720	0.534	0.282	剔除
	弥补自身先天不足,提高市场竞争能力 X_{24}	0.820	0.499	-0.157	保留
	提高装备基地级维修效益和效率 X_{25}	0.853	-0.375	0.018	保留
	减少维修资产分摊成本 X_{26}	0.796	-0.052	0.553	保留
	改善军队装备基地级维修设施、设备 X_{27}	0.882	-0.190	-0.416	保留
社会效益 X_3	创造就业机会,促进社会就业 X_{31}	0.836	—	—	保留
	节能减排,保护自然环境 X_{32}	0.975	—	—	保留
	加强军民合作,和谐军民关系 X_{33}	0.692	—	—	剔除
	提高知名度和美誉度 X_{34}	0.887	—	—	保留

表6-28 装备基地级维修PPP采购共生效用评价指标体系

	一级指标	二级指标
装备基地级维修PPP采购共生效用评价初步指标体系	军事效益 X_1	完成装备基地级维修保障任务 X_{11}
		形成装备基地级维修保障能力 X_{12}
		优化装备基地级维修人员编配 X_{13}
		掌握装备基地级维修先进技术 X_{14}
	经济效益 X_2	获得经济利润,实现装备基地级维修资产保值、增值 X_{21}
		减少或避免维修资产重复投入,降低经营风险 X_{22}
		弥补自身先天不足,提高市场竞争能力 X_{23}
		提高装备基地级维修效益和效率 X_{24}
		减少维修资产分摊成本 X_{25}
		改善军队装备基地级维修设施、设备 X_{26}
	社会效益 X_3	创造就业机会,促进社会就业 X_{31}
		节能减排,保护自然环境 X_{32}
		提高知名度和美誉度 X_{33}

④ 根据反映信息含量检验指标体系科学性。根据原始评价数据矩阵 $X_{10\times 20}$ 计算各指标的方差,将筛选前后的指标方差之和 $\mathrm{tr}S_h$、$\mathrm{tr}S_s$ 同时代入式(6-24),可得到筛选后的指标对筛选前的指标的信息贡献率为

$$I_n = \mathrm{tr}S_s/\mathrm{tr}S_h = 7.561/8.333 = 90.74\%$$

这表明,筛选出来的 13 个最终指标反映了 20 个初步指标 91.87% 的原始信息,即用 65% 的指标体现了 90.74% 的完整信息,从而证明建立的装备基地级维修 PPP 采购共生效用评价指标体系是科学、合理的。需要说明的是,与根据二级指标相对的重要性选取主成分不同的是,在根据二级指标之间的相关性合并相关项时,被合并的指标并不是被剔除了,其对评价结果的影响由合并它的指标项目"代为"执行。因此,在计算筛选后的指标方差之和 $\mathrm{tr}S_s$ 时,应将其方差乘以相关系数计入合并到它的指标项目的方差内。

3. 共生效用评价的机制设计

1) 评价机制设计

根据模糊综合评价法的基本步骤,结合装备基地级维修 PPP 采购项目实际,基于主成分分析(模糊综合评价法的装备基地级维修 PPP 采购共生效用的评价)应按照以下步骤进行:

(1) 确定评价指标。设 $X = \{X_1, X_2, \cdots, X_m\}$ 为评价对象的 m 个指标,m 为评价指标数量。按照表 6-28 所示的装备基地级维修 PPP 采购共生效用评价指标体系,其评价指标集可分为一级指标 X 与二级指标 X_1, X_2, X_3 2 个层次,其中:$X = \{X_1, X_2, X_3\}$;$X_1 = \{X_{11}, X_{12}, X_{13}, X_{14}\}$,$X_2 = \{X_{21}, X_{22}, X_{23}, X_{24}, X_{25}, X_{26}\}$,$X_3 = \{X_{31}, X_{32}, X_{33}\}$。即装备基地级维修 PPP 采购共生效用评价指标集为

$$X = \{X_{11}, X_{12}, X_{13}, X_{14}, X_{21}, X_{22}, X_{23}, X_{24}, X_{25}, X_{26}, X_{31}, X_{32}, X_{33}\}$$

(2) 确定评价等级。设 $V = \{V_1, V_2, \cdots, V_n\}$ 为任一评价指标的 n 种等级,n 为评价等级数量。因为装备基地级维修 PPP 采购对于各项评价指标的体现程度分为特别明显、比较明显、一般明显、不太明显和不明显 5 个等级,所以装备基地级维修 PPP 采购共生效用评价等级为 $V = \{V_1, V_2, V_3, V_4, V_5\}$。其中,$V_1$ 表示装备基地级维修 PPP 采购对于该项指标体现的特别明显,等级为优秀;V_2、V_3、V_4、V_5 的涵义以此类推。即装备基地级维修 PPP 采购共生效用评价等级集为

$$V = \{V_1, V_2, V_3, V_4, V_5\} = \{优秀,良好,一般,较差,很差\}$$

(3) 确定指标权重。由于各项评价指标在装备基地级维修 PPP 采购共生效用评价指标体系中的重要性各不相同,因此,需要量化确定其在指标体系中的重要程度即其权重。根据装备基地级维修 PPP 采购共生效用评价指标体系可看出,其从多角度、多层次选取的各项指标皆为定性指标。运用主成分分析

法计算指标权重无需对评价指标进行分层,因此直接设 ω_i 为任意二级指标权重($i=1,2,\cdots,13$),则装备基地级维修 PPP 采购共生效用评价指标权重集为

$$\psi = \{\omega_1, \omega_2, \omega_3, \omega_4, \omega_5, \omega_6, \omega_7, \omega_8, \omega_9, \omega_{10}, \omega_{11}, \omega_{12}, \omega_{13}\}$$

显然 $\omega_i > 0$;而且 $\sum_{i=1}^{13} \omega_i = 1$。

基于搜集整理的指标评价数据,并按正向指标标准化公式进行标准化处理后,可以得到装备基地级维修 PPP 采购共生效用评价指标的评价数据矩阵及其标准化矩阵:

$$X_{10\times13} = \begin{bmatrix} 5 & 5 & 4 & 4 & 4 & 3 & 3 & 4 & 4 & 4 & 4 & 4 & 4 \\ 5 & 5 & 4 & 4 & 3 & 3 & 3 & 4 & 4 & 4 & 3 & 4 & 3 \\ 5 & 5 & 5 & 5 & 4 & 4 & 5 & 4 & 5 & 4 & 4 & 5 \\ 5 & 5 & 4 & 5 & 3 & 4 & 5 & 4 & 5 & 5 & 5 & 5 \\ 5 & 5 & 3 & 4 & 5 & 4 & 4 & 4 & 4 & 5 & 5 & 5 \\ 5 & 4 & 3 & 4 & 4 & 5 & 4 & 5 & 4 & 5 & 4 & 5 \\ 4 & 4 & 3 & 3 & 5 & 3 & 3 & 4 & 4 & 3 & 4 & 3 \\ 4 & 4 & 3 & 3 & 4 & 3 & 3 & 4 & 4 & 3 & 3 & 3 \\ 4 & 3 & 3 & 3 & 5 & 5 & 3 & 3 & 3 & 3 & 4 & 3 & 4 \\ 4 & 3 & 3 & 3 & 5 & 4 & 3 & 3 & 3 & 3 & 4 & 3 & 4 \end{bmatrix}_{10\times13}$$

$$Z_{10\times13} = \begin{bmatrix} 1 & 1 & 0.5 & 0.5 & 0 & 0 & 0 & 0.5 & 0.5 & 0.5 & 0 & 0.5 & 0 \\ 1 & 1 & 0.5 & 0.5 & 0 & 0 & 0 & 0.5 & 0.5 & 0.5 & 0 & 0.5 & 0 \\ 1 & 1 & 1 & 1 & 0 & 0.5 & 1 & 1 & 0.5 & 1 & 0 & 0.5 & 1 \\ 1 & 1 & 0.5 & 1 & 0 & 0.5 & 1 & 0.5 & 1 & 0.5 & 1 & 1 & 1 \\ 1 & 1 & 0 & 0.5 & 1 & 0.5 & 1 & 0.5 & 0.5 & 0.5 & 1 & 1 & 1 \\ 1 & 0.5 & 0 & 0.5 & 1 & 1 & 1 & 0.5 & 1 & 0.5 & 1 & 0.5 & 1 \\ 0 & 0.5 & 0 & 0 & 1 & 0 & 0 & 0.5 & 0.5 & 0 & 0 & 0 & 0 \\ 0 & 0.5 & 0 & 0 & 1 & 0 & 0 & 0.5 & 0.5 & 0 & 0 & 0 & 0 \\ 0 & 0 & 0 & 0 & 1 & 1 & 0 & 0 & 0 & 0 & 0 & 0 & 0 \\ 0 & 0 & 0 & 0 & 1 & 0.5 & 0 & 0 & 0 & 0 & 0 & 0 & 0 \end{bmatrix}_{10\times13}$$

运用 SPSS23 统计软件采用主成分分析法对于标准化矩阵 $Z_{10\times13}$ 进行因子分析,可以得到提取主成分所解释的原始指标数据的总方差解释表,如表 6-29 所列。由表 6-29 可知,SPSS23 统计软件自动提取了特征根大于 1 的 3 个因子作为主成分,而且这 3 个主成分的特征值方差贡献率都相对较大,累计方差贡献率达到了 91.84%,满足累计方差贡献率 $\alpha > 85\%$ 的要求。按照式(6-22)可求出 3 个主成分对原始指标数据的方差贡献率 $w_i(i=1,2,3)$ 为

第6章 装备基地级维修PPP采购共生系统动力路径

$$w_1 = \frac{\lambda_1}{\sum_{i=1}^{3}\lambda_i} = \frac{58.635}{58.635 + 23.623 + 9.582} = \frac{58.635}{91.840} = 0.639$$

同理,可得:$w_2 = 0.257$;$w_3 = 0.104$。因此,主成分对原始指标数据的方差贡献率集即其权重集为:$W = \{w_1, w_2, w_3\} = \{0.639, 0.257, 0.104\}$。

表6-29 总方差解释表

成分	初始特征值			提取载荷平方和		
	总计	方差百分比	累积/%	总计	方差百分比	累积/%
1	7.623	58.635	58.635	7.623	58.635	58.635
2	3.071	23.623	82.258	3.071	23.623	82.258
3	1.246	9.582	91.840	1.246	9.582	91.840
4	0.613	4.718	96.558			
5	0.292	2.250	98.808			
6	0.120	0.919	99.727			
7	0.036	0.273	100.000			
8	4.314×10^{-16}	3.319×10^{-15}	100.000			
9	2.181×10^{-16}	1.677×10^{-15}	100.000			
10	7.794×10^{-17}	5.996×10^{-16}	100.000			
11	-2.725×10^{-18}	-2.097×10^{-17}	100.000			
12	-8.565×10^{-17}	-6.588×10^{-16}	100.000			
13	-1.700×10^{-16}	-1.308×10^{-15}	100.000			

按照式(6-23)运用SPSS23统计软件也可以直接得出各项指标分别在3个主成分上的权重——成分得分系数矩阵表,具体如表6-30所列。

表6-30 成分得分系数矩阵表

成分	X_{11}	X_{12}	X_{13}	X_{14}	X_{21}	X_{22}	X_{23}	X_{24}	X_{25}	X_{26}	X_{31}	X_{32}	X_{33}
1	0.075	0.001	-0.072	0.079	0.154	0.181	0.199	-0.011	0.068	0.042	0.234	0.139	0.199
2	0.107	0.026	0.292	0.139	-0.315	0.086	0.007	0.105	-0.154	0.231	-0.201	-0.044	0.007
3	0.003	0.286	-0.135	-0.050	0.113	-0.515	-0.105	0.126	0.443	-0.161	0.116	0.139	-0.105

由表6-30可知,装备基地级维修PPP采购共生效用评价指标的主成分数学模型为

$$\begin{cases} F_1 = 0.075X_{11} + 0.001X_{12} - 0.072X_{13} + 0.079X_{14} + 0.154X_{21} + 0.181X_{22} + 0.199X_{23} \\ \quad\ -0.011X_{24} + 0.068X_{25} + 0.042X_{26} + 0.234X_{31} + 0.139X_{32} + 0.199X_{33} \\ F_2 = 0.107X_{11} + 0.026X_{12} + 0.292X_{13} + 0.139X_{14} - 0.315X_{21} + 0.086X_{22} + 0.007X_{23} \\ \quad\ + 0.105X_{24} - 0.154X_{25} + 0.231X_{26} - 0.201X_{31} - 0.044X_{32} + 0.007X_{33} \\ F_3 = 0.003X_{11} + 0.286X_{12} - 0.135X_{13} - 0.05X_{14} + 0.113X_{21} - 0.515X_{22} - 0.105X_{23} \\ \quad\ + 0.126X_{24} + 0.443X_{25} - 0.161X_{26} + 0.116X_{31} + 0.139X_{32} - 0.105X_{33} \end{cases}$$

因此，其第 i 个二级指标对应在第 j 个主成分上的因子负载 b_{ij} 的矩阵为

$$A = (a_{ij}) = \begin{bmatrix} 0.075 & 0.001 & -0.072 & 0.079 & 0.154 & 0.181 & 0.199 & -0.011 & 0.068 & 0.042 & 0.234 & 0.139 & 0.199 \\ 0.107 & 0.026 & 0.292 & 0.139 & -0.315 & 0.086 & 0.007 & 0.105 & -0.154 & 0.231 & -0.201 & -0.044 & 0.007 \\ 0.003 & 0.286 & -0.135 & -0.050 & 0.113 & -0.515 & -0.105 & 0.126 & 0.443 & -0.161 & 0.116 & 0.139 & -0.105 \end{bmatrix}$$

进而，可得出装备基地级维修 PPP 采购共生效用评价指标初步权重集为：$\psi' = W \circ A = \{0.076, 0.037, 0.015, 0.081, 0.029, 0.084, 0.118, 0.033, 0.050, 0.069, 0.110, 0.092, 0.118\}$。对该权重集进行归一化处理，最终可得到装备基地级维修 PPP 采购共生效用评价指标权重集为：$\psi = \{0.083, 0.041, 0.016, 0.089, 0.032, 0.092, 0.129, 0.036, 0.055, 0.076, 0.120, 0.101, 0.129\}$。

（4）构造判断矩阵。设 r_{ij} 为第 i 个单因素指标 $X_i(i=1,2,\cdots,m)$ 对第 j 级评价等级 $V_j(j=1,2,\cdots,n)$ 的隶属度，进而可得到其单因素评判集：$R_i = \{r_{i1}, r_{i2}, \cdots, r_{in}\}$。如果 s 名专家中有 p 人认为单因素指标 X_i 属于评价等级 V_j，则有：$r_{ij} = p/s$。按照这一方法分别求出 m 项评价指标对 n 个评价等级的隶属度 r_{ij}，进而得到一个总的评判矩阵 R，即每一个被评价对象确定了的从 X 到 V 的模糊关系 R。

$$\boldsymbol{R} = (R_1, R_2, \cdots, R_m)^{\mathrm{T}} = (r_{ij})_{m \times n} = \begin{bmatrix} r_{11} & r_{12} & \cdots & r_{1n} \\ r_{21} & r_{22} & \cdots & r_{2n} \\ \cdots & \cdots & \cdots & \cdots \\ r_{m1} & r_{m2} & \cdots & r_{mn} \end{bmatrix}$$

（5）进行模糊评价。选择合成算子，将 ψ 与 R 进行模糊运算，可得到模糊综合评判结果，按照最大隶属度原则评价装备基地级维修 PPP 采购共生效用。

2）机制运行示例

下面，以某型装备基地级维修 PPP 采购项目为例，对其共生效用进行评价，验证装备基地级维修 PPP 采购共生效用评价机制设计的科学性、合理性和可操作性。

（1）确定评价指标。根据装备基地级维修 PPP 采购共生效用的评价指标体系，某型装备基地级维修 PPP 采购项目共生效用评价指标集为

$$X = \{X_{11}, X_{12}, X_{13}, X_{14}, X_{21}, X_{22}, X_{23}, X_{24}, X_{25}, X_{26}, X_{31}, X_{32}, X_{33}\}$$

第6章 装备基地级维修PPP采购共生系统动力路径

(2) 确定评价等级。根据该型装备基地级维修PPP采购项目对于各项评价指标的体现程度,其共生效用评价等级集为

$$V = \{V_1, V_2, V_3, V_4, V_5\} = \{优秀,良好,一般,较差,很差\}$$

(3) 确定指标权重。根据前文SPSS23统计软件计算结果,装备基地级维修PPP采购共生效用评价指标权重集为

$$\psi = \{0.083, 0.041, 0.016, 0.089, 0.032, 0.092, 0.129, 0.036, \\ 0.055, 0.076, 0.120, 0.101, 0.129\}。$$

(4) 构造判断矩阵。为构造判断矩阵,在邀请专家参与装备基地级维修PPP采购共生效用评价指标体系构建及其权重系数确定的基础上,进一步广泛邀请军队及民口配套单位、优势民营企业、PPP咨询机构、采购代理机构、金融机构以及保险机构等的108名专家,采取调查问卷、电话咨询和现场采访等方式,通过依据评价等级按照该项目对于各项评价指标的体现程度进行打分的形式,对该型装备基地级维修PPP采购项目共生效用进行了评价。通过多种形式共收回问卷106份,其中有效问卷98份。经过整理、统计,可得到如表6-31所列的原始评价结果。

根据表6-31的统计数据,按照定性指标隶属度计算公式,可得到该型装备基地级维修PPP采购项目共生效用评判矩阵 **R**。

表6-31 某型装备基地级维修PPP采购项目共生效用评价结果统计表

一级指标	二级指标	优秀	良好	一般	较差	很差
军事效益 X_1	完成装备基地级维修保障任务 X_{11}	31	43	21	3	0
	形成装备基地级维修保障能力 X_{12}	26	39	28	5	0
	优化装备基地级维修人员编配 X_{13}	20	32	38	8	0
	掌握装备基地级维修先进技术 X_{14}	21	34	36	7	0
经济效益 X_2	获得经济利润,实现装备基地级维修资产保值、增值 X_{21}	32	42	21	3	0
	减少或避免维修资产重复投入,降低经营风险 X_{22}	25	36	29	6	2
	弥补自身先天不足,提高市场竞争能力 X_{23}	24	43	26	5	0
	提高装备基地级维修效益和效率 X_{24}	33	44	19	2	0
	减少维修资产分摊成本 X_{25}	29	40	24	4	1
	改善军队装备基地级维修设施、设备 X_{26}	27	38	26	5	2
社会效益 X_3	创造就业机会,促进社会就业 X_{31}	26	45	21	3	3
	节能减排,保护自然环境 X_{32}	24	37	28	5	4
	提高知名度和美誉度 X_{33}	25	42	23	5	3

$$R = \begin{bmatrix} 0.316 & 0.439 & 0.214 & 0.031 & 0.000 \\ 0.265 & 0.398 & 0.286 & 0.051 & 0.000 \\ 0.204 & 0.327 & 0.388 & 0.082 & 0.000 \\ 0.214 & 0.347 & 0.367 & 0.071 & 0.000 \\ 0.327 & 0.429 & 0.214 & 0.031 & 0.000 \\ 0.255 & 0.367 & 0.296 & 0.061 & 0.020 \\ 0.245 & 0.439 & 0.265 & 0.051 & 0.000 \\ 0.337 & 0.449 & 0.194 & 0.020 & 0.000 \\ 0.296 & 0.408 & 0.245 & 0.041 & 0.010 \\ 0.276 & 0.388 & 0.265 & 0.051 & 0.020 \\ 0.265 & 0.459 & 0.214 & 0.031 & 0.031 \\ 0.245 & 0.378 & 0.286 & 0.051 & 0.041 \\ 0.255 & 0.429 & 0.235 & 0.051 & 0.031 \end{bmatrix}$$

（5）进行模糊评价。将前文确定的装备基地级维修 PPP 采购共生效用的评价指标权重 ψ 和评判矩阵 R 代入 $B = W \circ R$，从而算出该型装备基地级维修 PPP 采购项目共生效用模糊综合评判结果。其中："$\circ$"为模糊合成算子，表示模糊矩阵的合成运算。结合装备基地级维修 PPP 采购共生效用评价的实际，采用加权平均型模糊合成算子，即 $b_j = \sum_{i=1}^{m} (\omega_i r_{ik})$。$b_j$ 也代表了被评估指标具有评价等级 V_j 的程度。可得

$$B = W \circ R = \begin{pmatrix} 0.083 \\ 0.041 \\ 0.016 \\ 0.089 \\ 0.032 \\ 0.092 \\ 0.129 \\ 0.036 \\ 0.055 \\ 0.076 \\ 0.120 \\ 0.101 \\ 0.129 \end{pmatrix}^{T} \circ \begin{bmatrix} 0.316 & 0.439 & 0.214 & 0.031 & 0.000 \\ 0.265 & 0.398 & 0.286 & 0.051 & 0.000 \\ 0.204 & 0.327 & 0.388 & 0.082 & 0.000 \\ 0.214 & 0.347 & 0.367 & 0.071 & 0.000 \\ 0.327 & 0.429 & 0.214 & 0.031 & 0.000 \\ 0.255 & 0.367 & 0.296 & 0.061 & 0.020 \\ 0.245 & 0.439 & 0.265 & 0.051 & 0.000 \\ 0.337 & 0.449 & 0.194 & 0.020 & 0.000 \\ 0.296 & 0.408 & 0.245 & 0.041 & 0.010 \\ 0.276 & 0.388 & 0.265 & 0.051 & 0.020 \\ 0.265 & 0.459 & 0.214 & 0.031 & 0.031 \\ 0.245 & 0.378 & 0.286 & 0.051 & 0.041 \\ 0.255 & 0.429 & 0.235 & 0.051 & 0.031 \end{bmatrix}$$

$$= (0.264, 0.410, 0.262, 0.048, 0.016)$$

根据最大隶属度原则 $B_k = \max\{b_j\}$ $(1 \leq j \leq 5)$，由 $B_k = 0.41$ 可判定该型装备基地级维修 PPP 采购项目共生效用评价等级为 V_2 即良好，可进一步采取适当激励机制使其向优秀的理想等级进化。

6.3.2 共生奖励激励机制设计

共生系统的状态不是固定不变的，是随着共生环境的变化不断发展演化的，而对称性互惠共生既是共生系统的最佳运行状态，又是共生系统的根本进化方向。所以人们只有遵循共生系统相变规律人为建立奖励激励机制，通过干预和影响共生单元的行为决策，才能使装备基地级维修 PPP 采购共生系统向着人们所期望的最佳状态——对称性互惠共生的方向进化。同时，装备基地级维修 PPP 采购之中，军队装备部门作为公共部门以公共利益——军事效益最大化为首要目标，而社会资本作为经营主体则以自身利益——经济效益最大化为追求目标，也只有建立适当的奖励激励机制，才能使两者之间通过动态博弈达到共生效益的帕累托最优。因此，必须构建切实有效的装备基地级维修 PPP 采购共生奖励激励机制。

1. 共生奖励激励的理论依据

1) 演化博弈理论

演化博弈理论是将博弈理论分析与动态演化过程分析结合起来的一种理论，是关于行为策略的相互作用与迭代过程的博弈模型。它的研究对象不是单个的参与者，而是"种群"，关心的是群体结构的变迁，而不是单个参与者的效用分析。其基本思想是：基于有限理性和不完全信息，博弈双方不可能在每一次博弈的过程中都能找到最优均衡点，其最佳策略就是通过反复博弈模仿和改进自己和对方的最优策略，寻找"演化稳定策略"（ESS），这种模仿和改进的过程实质上就是一种适应过程。传统的博弈理论假定参与人是完全理性的，且博弈是在完全信息的条件下进行的，这在现实中很难做到。而与传统博弈理论的本质区别在于，演化博弈理论既不要求参与人是完全理性的，也不要求完全信息的条件，比较符合客观实际。装备基地级维修 PPP 采购过程中，军队装备部门与社会资本之间的共生行为，是一种典型的非完全理性和不完全信息下的演化博弈活动。其共生系统的形成过程，实质上就是军队装备部门与社会资本通过反复博弈，模仿和改进自身及对方的最优策略，寻找"演化稳定策略"——最佳采购策略的相互适应的过程。

2) 激励理论

激励理论是关于如何满足人的各种需要、调动人的积极性的原则和方法的概括总结。它认为，工作效率和劳动效率与员工的工作态度有直接关系，而工作态度则取决于需求的满足程度和激励因素。激励的目的在于激发人的行为动机,调动人的积极性和创造性,以充分发挥人的智力效应,做出最大成绩。激励理论按照学派可分为行为主义激励理论、认知派激励理论和综合型激励理论。行为主义激励理论认为,管理过程的实质就是激励,通过激励手段诱发人的行为。认知派激励理论认为,人的行为是外部环境刺激和内部思想认识共同作用的结果,对于人的行为的发生和发展,要充分考虑到人的内在因素。综合型激励理论则是以上两者的继承和发展,它把激励过程看成外部刺激、内部条件、行为表现和行为结果相互作用的统一过程,认为人们对工作的努力程度,是由完成该工作时所获得的激励价值和个人感到做出努力后能获得奖励的期望概率所决定的。激励理论中与本书密切相关的内容主要包括。

(1) 内容激励理论。内容激励理论主要研究激发动机的诱因。这里涉及的内容激励理论主要包括马斯洛的需要层次理论和赫茨伯格的双因素理论。需要层次理论认为:人的需要从低到高共分为生理需要、安全需要、社交情感需要(低级)、尊重需要以及自我实现需要(高级)5个层次。人们对需要的满足是按次序逐级向上的,当一级需要获得基本满足后,追求上一级的需要就成为驱动人们行为的主要动机。双因素理论认为:影响人们行为的因素主要有保健因素和激励因素。保健因素是指与人们不满情绪有关的因素,它的改善能够消除人们的不满,但不会使人感到满足并激发积极性;激励因素则是指能够满足个人自我实现需要的因素,只有它的改善才能使人们感到满足,以产生积极性。然而,在缺乏保健因素的情况下,激励因素的作用也会大打折扣。装备基地级维修PPP采购共生系统中,共生单元间签订的合同或协议所商定的基准收益就相当于上述的低级需要或保健因素,而超出基准收益的超额收益则相当于上述高级需要或激励因素。前者是确保共生系统生存的基本因素,而后者却是激励共生单元付诸努力推动共生系统进化的重要因素。

(2) 过程激励理论。过程激励理论主要研究从动机的产生到采取行动的心理过程。本书涉及的过程激励理论主要包括弗鲁姆的期望理论和亚当斯的公平理论。期望理论认为,只有当人们预测到某一行为能够为其产生具有足够价值的结果时,才会采取相应的行动。公平理论则主要讨论的是收益分配的合理性、公平性对人们生产积极性的影响,而人们选择与自己进行比较的参照物主要包括其他人、制度和自我。装备基地级维修PPP采购项目运营中,军队装备部门和社会资本都是有限的"理性人",特别是作为项目运营方的社会资本还普遍具有信息不对称性的优势,一旦项目产生超出基准收益的超额收益时,社会资本出于私利很可能会采取投机主义行为,企图独占或多占超额收益,而致

第6章 装备基地级维修 PPP 采购共生系统动力路径

使军队装备部门所代表的公众利益受损。因此,为了防止社会资本的投机主义行为,并且进一步激励其付出更多努力运营 PPP 项目,有必要设计合理可行的以超额收益分配为激励手段的奖励激励机制,而期望理论和公平理论恰好为此提供了科学的理论指导。

(3) 行为后果激励理论。行为后果激励理论主要研究如何依据行为后果对行为进行后续激励。本书涉及的行为后果激励理论主要是斯金纳等人提出的强化理论。强化理论是以学习的强化原则为基础的关于理解和修正人的行为的一种学说。它认为,组织通过对一种行为的肯定(正强化)或否定(负强化)的后果(奖励或惩罚),它至少会在一定程度上决定这种行为在今后是否会重复发生,从而使人们的行为符合组织发展目标。装备基地级维修 PPP 采购项目运营中,军队装备部门可按照强化理论依据社会资本创造超额收益的大小及其努力程度,对努力创造更大超额收益的行为给予奖励即进行正强化,以激励社会资本不断重复那些有利于装备基地级维修 PPP 采购项目运营的行为,即付出更多的努力创造更大的超额收益。

2. 共生奖励激励的基本原则

1) 基于经济效益、通过市场机制

装备基地级维修 PPP 采购共生效用主要体现在军事效益、经济效益和社会效益3个方面。其中:军事效益作为根本效益,能且只能由军队装备部门"独享";社会效益作为附带效益,由于其正外部性而无法进行量化分配;而经济效益作为主要效益,既是装备基地级维修 PPP 采购各利益相关者的共同利益关切,又能通过共生效用评估量化分配。装备基地级维修 PPP 采购共生奖励激励应当基于经济效益。同时,装备基地级维修 PPP 采购是一种社会主义市场经济体制下的国防服务采购活动,军队装备部门与社会资本作为独立、自主的"经营个体"拥有平等的市场主体地位。因此,装备基地级维修 PPP 采购共生奖励激励应当通过市场机制,而不能通过计划经济体制下的行政命令干预社会资本的自主经营。

2) 基于超额收益、运用奖励机制

装备基地级维修 PPP 采购产生的经济效益可分为基准收益和超额收益。其中:基准收益是指军队装备部门与社会资本签订的合同或者协议所商定的预期经济收益;超额收益则是指超出预期基准收益的"额外"经济收益。装备基地级维修 PPP 采购初期,军队装备部门与社会资本通过订立合同或协议的形式,已经就基准收益及其分配比例达成一致。所以,基准收益就是需要层次理论中的低级需要或者双因素理论中的保健因素,是确保装备基地级维修 PPP 采购项目运营的基本收益;而超额收益则就是需要层次理论中的高级需要或者双因素理论中的激励因素,是激励装备基地级维修 PPP 采购项目更好运营的额外收益。同时,按照装备基地级维修 PPP 采购"利益共享"的基本原则,社会资本获得的超额收益的分配比例不得低于其基准收益的分配比例。因此,按照强化理论,军队装备部门要激励社会资本努力创造更大的超额收益,能且只能基于超额收益,通过高于基准收益分配比例(对于社会资本而言)的方式给予社会资本付出的努力以奖励,即以"牺牲"军队装备部门部分超额收益的方式激励社会资本付出更多的努力创造更大的超额收益。

3) 基于期望收益、建立动态机制

装备基地级维修 PPP 采购中,虽然基准收益即军队装备部门与社会资本签订的合同或者协议所商定的预期经济收益是固定不变的,但是超额收益即超出预期基准收益的"额外"经济收益却是浮动可变的。在帕累托最优经济效益的限额下,军队装备部门与社会资本的合作越密切、产生的超额收益就越大,社会资本对于装备基地级维修 PPP 采购项目的期望收益也就越大;反之,超额收益就越小,社会资本的期望收益也就越小。根据期望理论,装备基地级维修 PPP 采购共生奖励激励应当基于社会资本的期望收益。同时根据公平理论,社会资本在参与装备基地级维修 PPP 采购项目过程中,不但会随着超额收益的大小改变其期望收益,而且会以以往类似项目中的其他社会资本、激励制度和自身收益为参照物,设想不同的期望收益。因此,装备基地级维修 PPP 采购共生奖励激励应当建立动态机制,针对社会资本期望收益的变化情况动态调整奖励激励额度。

3. 共生奖励激励的基本思路

根据共生奖励激励的理论依据和基本原则,装备基地级维修 PPP 采购共生奖励激励的基本思路如图 6-8 所示。在装备基地级维修 PPP 采购项目执行阶段中的评估步骤,由军队装备部门与社会资本共同组织对其进行收益评估。对于实际收益小于基准收益的项目,由于无法满足合作双方的"低级需要或者保健因素"即不能产生任何经济收益,军队装备部门与社会资本之间的共生关系将破裂,项目将中止运营;对于实际收益等于基准收益的项目,由于产生的经济收益恰好能够满足合作双方的"低级需要或者保健因素",项目将按军队装备部门与社会资本前期约定的共生能量分配方案正常运行;而对于实际收益大于基准收益的项目,由于产生的经济收益在满足合作双方的"低级需要或者保健因素"的基础上有所盈余即产生了超额收益,按照"利益共享、互惠共生"原则,军队装备部门通过共生奖励措施,激励社会资本更加努力的运营项目以产生更大的超额收益。其中:对不响应军队装备部门激励的社会资本,按照原定的基准收益分配方案正常运营项目;对响应军队装备部门激励,付出更多努力的社会资本,则给予正强化即奖励激励以激发其合作行为。从而使军队装备部门与社会资本的战略目标更加"兼容",以实现装备基地级维修 PPP 采购军事、经济、社会等共生效益的帕累托最优。

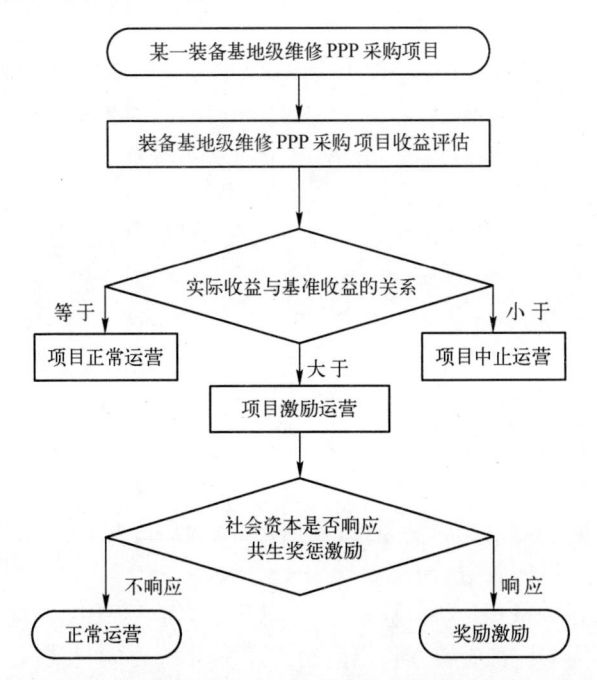

图 6-8 装备基地级维修 PPP 采购共生奖励激励思维导图

4. 共生奖励激励的机制设计

按照共生奖励激励的基本思路,装备基地级维修 PPP 采购的共生奖励激励机制是一种基于超额收益分配的激励机制。对于产生超额收益即实际收益大于基准收益的 PPP 项目,在运营过程中由于合作双方特别是社会资本期望收益的不断变化而导致他们之间的反复博弈,同时鉴于军队装备部门和社会资本的有限理性和信息的不完全性,通常在一开始无法找到最优策略,而会通过多次博弈不断试验、调整及改进策略,从而逐渐形成最佳决策。此外,军队装备部门和社会资本也会按照生物进化复制动态思想,学习借鉴同行经验,模仿高收益者的策略,从而形成两者之间的某种动态均衡。只有准确分析这种动态均衡的达成过程、最终状态及其影响因素,才能有效设计装备基地级维修 PPP 采购共生奖励激励机制。因此,本书基于演化博弈模型设计装备基地级维修 PPP 采购共生奖励激励机制。

1) 条件假设
(1) 假设在装备基地级维修 PPP 采购中,军队装备部门和社会资本作为博弈主体都为有限理性。同时,在反复博弈过程中,双方都是在不完全信息的条件下。

(2)假设在装备基地级维修PPP采购共生奖励激励中,军队装备部门有两种策略可供选择:一种是激励,另一种则是不激励;同时,社会资本也有两种策略可供选择:一种是响应,另一种则是不响应。此外,假设博弈初始时,军队装备部门选择激励策略的概率为x,选择不激励策略的概率则为$(1-x)$;社会资本选择响应策略的概率为y,选择不响应策略的概率则为$(1-y)$。

(3)假设装备基地级维修PPP采购项目前期产生的超额收益为R。社会资本响应军队装备部门的激励后期产生的新增超额收益为ΔR。显然,$R>0$;$\Delta R>0$。

(4)假设军队装备部门与社会资本之间商定的基准收益分配比例为$\beta:(1-\beta)$。显然,$0<\beta<1$。同时,假设在军队装备部门不进行激励的情况下,军队装备部门与社会资本之间仍然按照$\beta:(1-\beta)$的比例分配超额收益。

(5)假设社会资本响应军队装备部门的激励时,为了给予其奖励,军队装备部门以高于(对于社会资本而言)基准收益分配比例的比例$\alpha:(1-\alpha)$分配新增超额收益ΔR。显然,军队装备部门进行激励前后的收益分配率$\beta>\alpha$,即社会资本响应激励前后的收益分配率$(1-\beta)<(1-\alpha)$。

(6)假设在装备基地级维修PPP采购共生奖励激励中,军队装备部门的付出的激励成本为C_M,社会资本付出的努力成本为C_S。同时,假设通过装备基地级维修PPP采购共生奖励激励,军队装备部门与社会资本获得的新增超额收益都大于其付出的激励或者努力成本,即$\alpha\Delta R>C_M$;$(1-\alpha)\Delta R>C_S$。

2)模型构建

基于上述假设条件,可以得到如表6-32所示的军队装备部门与社会资本的支付矩阵:

表6-32 军队装备部门与社会资本的支付矩阵

军队装备部门 M	社会资本 S	
	响应 y	不响应$(1-y)$
激励 x	$\beta R+\alpha\Delta R-C_{M,S}(1-\beta)R+(1-\alpha)\Delta R-C_{M,S}$	$\beta R-C_{M,S}(1-\beta)R$
不激励$(1-x)$	$\beta R, (1-\beta)R-C_{M,S}$	$\beta R, (1-\beta)R$

根据支付矩阵,可以分别得出军队装备部门选择激励策略、不激励策略的期望收益U_{MY}、U_{MN}及其平均期望收益$\overline{U}_M$,即

$$U_{MY}=y(\beta R+\alpha\Delta R-C_M)+(1-y)(\beta R-C_M)$$
$$U_{MN}=y\beta R+(1-y)\beta R$$

$$\overline{U}_M = xU_{MY} + (1-x)U_{MN}$$

因此,军队装备部门的复制动态方程为

$$F(x) = \frac{dx}{dt} = x(U_{MY} - \overline{U}_M) = x(1-x)(U_{MY} - U_{MN}) \qquad (6-25)$$
$$= x(1-x)(y\alpha\Delta R - C_M)$$

同理,也可分别得出社会资本选择响应策略、不响应策略的期望收益 U_{SY}、U_{SN} 及其平均期望收益 $\overline{U}_S$ 为

$$U_{SY} = x[(1-\beta)R + (1-\alpha)\Delta R - C_S] + (1-x)[(1-\beta)R - C_S]$$
$$U_{SN} = x(1-\beta)R + (1-x)(1-\beta)R; \overline{U}_S = yU_{SY} + (1-y)U_{SN}$$

因此,社会资本的复制动态方程为

$$F(y) = \frac{dx}{dt} = y(U_{SY} - \overline{U}_S) = y(1-y)(U_{SY} - U_{SN}) \qquad (6-26)$$
$$= y(1-y)(x\Delta R - x\alpha\Delta R - C_S)$$

由式(6-25)、式(6-26)可得出,装备基地级维修 PPP 采购共生系统的复制动态方程为

$$\begin{cases} F(x) = \dfrac{dx}{dt} = x(1-x)(y\alpha\Delta R - C_M) \\ F(y) = \dfrac{dy}{dt} = y(1-y)(x\Delta R - x\alpha\Delta R - C_S) \end{cases} \qquad (6-27)$$

3) 博弈分析

(1) 军队装备部门策略的演化稳定性分析。根据式(6-25),当 $y = C_M/(\alpha\Delta R)$(显然 $1 > C_M/(\alpha\Delta R) > 0$)时,$F(x) \equiv 0$。此时,对于所有的 x 都是均衡状态。其复制动态相图如图 6-9(a)所示。

当 $y \neq C_M/(\alpha\Delta R)$ 时,令 $F(x) = 0$,可得 $x = 0,1$ 是 $F(x)$ 的 2 个均衡点。对式(6-25)求导可得出:$dF(x)/dx = (1-2x)(y\alpha\Delta R - C_M)$。演化稳定策略要求 $dF(x)/dx < 0$,下面分两种情况讨论:

① 当 $1 \geq y > C_M/(\alpha\Delta R)$ 时,$(y\alpha\Delta R - C_M) > 0$,所以 $x = 1$ 是演化的稳定策略。这表明当社会资本选择响应策略,即主动与军队装备部门合作的概率大于 $C_M/(\alpha\Delta R)$ 时,军队装备部门的策略便从不激励逐渐转向激励,军队装备部门的演化稳定策略是对社会资本进行激励,其复制动态相图如图 6-9(b)所示。

② 当 $0 \leq y < C_M/(\alpha\Delta R)$ 时,$(y\alpha\Delta R - C_M) < 0$,因此 $x = 0$ 是演化的稳定策略。这表明当社会资本选择响应策略,即主动与军队装备部门合作的概率小于 $C_M/(\alpha\Delta R)$ 时,军队装备部门的策略便从激励逐渐转向不激励,军队装备部门的演化稳定策略是不对社会资本进行激励,其复制动态相图如图 6-9(c)所示。

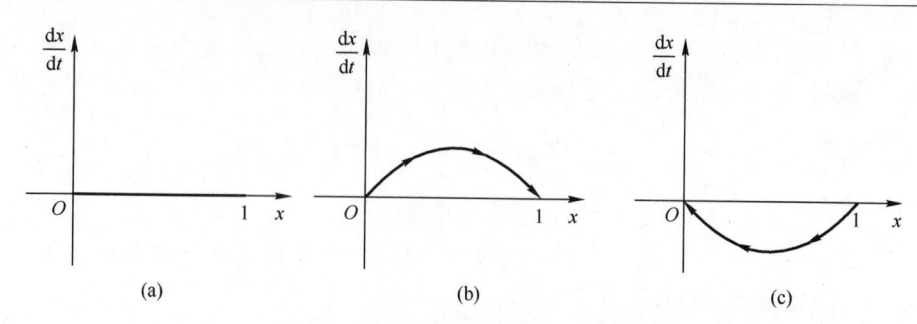

图 6-9 军队装备部门复制动态相图

(a) $y=\dfrac{C_M}{\alpha\Delta R}, F(x)\equiv 0$；(b) $1\geqslant y>\dfrac{C_M}{\alpha\Delta R},\dfrac{\mathrm{d}F(x)}{\mathrm{d}x}<0$；(c) $0\geqslant y<\dfrac{C_M}{\alpha\Delta R},\dfrac{\mathrm{d}F(x)}{\mathrm{d}x}<0$。

（2）社会资本策略的演化稳定性分析。根据式(6-26)，当 $x=C_S/[(1-\alpha)\Delta R]$（显然 $1>C_S/[(1-\alpha)\Delta R]>0$）时，$F(y)\equiv 0$。此时，对于所有的 y 都是均衡状态。其复制动态相图如图 6-10(a)所示。

当 $x\neq C_S/[(1-\alpha)\Delta R]$ 时，令 $F(y)=0$，可得 $y=0,1$ 是 $F(y)$ 的 2 个均衡点。对式(6-26)求导可得出：$\mathrm{d}F(y)/\mathrm{d}y=(1-2y)(x\Delta R-x\alpha\Delta R-C_S)$。演化稳定策略要求 $\mathrm{d}F(y)/\mathrm{d}y<0$，下面也分两种情况讨论：

① 当 $1\geqslant x>C_S/(1-\alpha)\Delta R$ 时，$(x\Delta R-x\alpha\Delta R-C_S)>0$，所以 $y=1$ 是演化稳定策略。这就表明当军队装备部门选择激励策略的概率大于 $C_S/[(1-\alpha)\Delta R]$ 时，社会资本的策略便从不响应逐渐转向响应，社会资本的演化稳定策略是响应军队装备部门的激励，其复制动态相图如图 6-10(b)所示。

② 当 $0\leqslant x<C_S/(1-\alpha)\Delta R$ 时，$(x\Delta R-x\alpha\Delta R-C_S)<0$，所以 $y=0$ 是演化稳定策略。这就表明当军队装备部门选择激励策略的概率小于 $C_S/[(1-\alpha)\Delta R]$ 时，社会资本的策略便从响应逐渐转向不响应，社会资本的演化稳定策略是不响应军队装备部门的激励，其复制动态相图如图 6-10(c)所示。

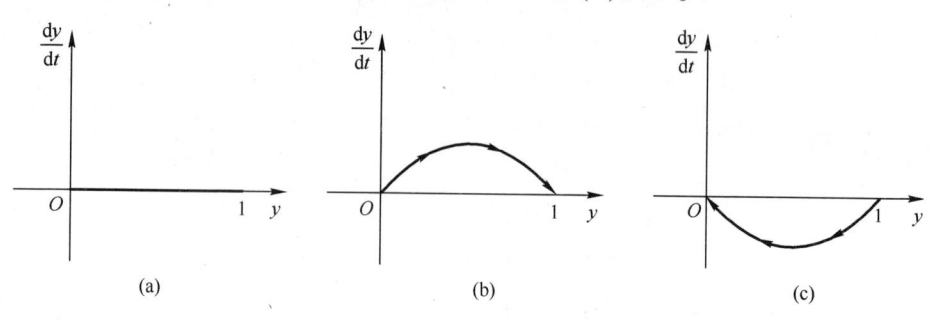

图 6-10 社会资本复制动态相图

(a) $x=\dfrac{C_S}{(1-\alpha)\Delta R}, F(y)\equiv 0$；(b) $1\geqslant x>\dfrac{C_S}{(1-\alpha)\Delta R},\dfrac{\mathrm{d}F(y)}{\mathrm{d}y}<0$；(c) $0\leqslant x<\dfrac{C_S}{(1-\alpha)\Delta R},\dfrac{\mathrm{d}F(y)}{\mathrm{d}y}<0$。

(3) 装备基地级维修 PPP 采购共生系统策略的演化稳定性分析。根据方程组(6-27),令 $F(x)=0$、$F(y)=0$,可得到装备基地级维修 PPP 采购共生系统的 5 个均衡点(0,0)、(0,1)、(1,0)、(1,1) 以及 (x^*,y^*),其中:$x^*=C_S/(1-\alpha)\Delta R$;$y^*=C_M/\alpha\Delta R$。根据 Friedman 的研究成果,演化系统均衡点的稳定性可由该系统的雅可比矩阵的局部稳定性分析得到。

对 $F(x)$、$F(y)$ 分别关于 x、y 求偏导,可得到装备基地级维修 PPP 采购共生系统的雅可比矩阵:

$$J = \begin{bmatrix} \dfrac{\partial F(x)}{\partial x} & \dfrac{\partial F(x)}{\partial y} \\ \dfrac{\partial F(y)}{\partial x} & \dfrac{\partial F(y)}{\partial y} \end{bmatrix} = \begin{bmatrix} (1-2x)(y\alpha\Delta R - C_M) & x(1-x)\alpha\Delta R \\ y(1-y)(\Delta R - \alpha\Delta R) & (1-2y)(x\Delta R - x\alpha\Delta R - C_S) \end{bmatrix}$$

按照雅可比矩阵的局部稳定性分析方法,分别对 5 个均衡点的稳定性进行详细分析,具体情况见表 6-33。由表 6-33 可知:均衡点(0,1)、(1,0)为不稳定点;均衡点 (x^*,y^*) 为鞍点;均衡点(0,0)、(1,1)为 2 个局部稳定点,代表了装备基地级维修 PPP 采购共生系统的 2 个演化稳定策略(ESS)。由此,可得出如图 6-11 所示的装备基地级维修 PPP 采购共生系统的演化相图。

表 6-33 装备基地级维修 PPP 采购共生系统均衡点的稳定性分析表

均衡点	Det(J)	Det(J) 的正负	Tr(J)	Tr(J) 的正负	局部稳定性
(0,0)	$C_M C_S$	+	$-C_M - C_S$	−	ESS
(0,1)	$(\alpha\Delta R - C_M)C_S$	+	$\alpha\Delta R + C_S - C_M$	+	不稳定
(1,0)	$(\Delta R - \alpha\Delta R - C_S)C_M$	+	$\Delta R + C_M - \alpha\Delta R - C_S$	+	不稳定
(1,1)	$(C_M - \alpha\Delta R)(C_S - \Delta R + \alpha\Delta R)$	+	$C_M + C_S - \Delta R$	−	ESS
(x^*,y^*)	$\dfrac{\alpha C_M C_S(\alpha-1)(\alpha\Delta R - C_M)(\Delta R - \alpha\Delta R - C_S)}{\alpha^2(1-\alpha)^2\Delta R^2}$	−	0		鞍点

由以上演化博弈模型及其相图可知,装备基地级维修 PPP 采购共生系统的演化稳定策略既可能是"激励—响应",又可能是"不激励—不响应",而其到底采取哪种演化稳定策略则主要取决于其初始状态。通过装备基地级维修 PPP 采购共生系统演化相图可以看出:折线 AEC 将图 6-11 分为两个区域,当装备基地级维修 PPP 采购共生系统初始状态处于折线 AEC 右上方,即多边形 AECB 区域内时,其演化稳定策略是"激励—响应";而当装备基地级维修 PPP 采购共

生系统的初始状态处于折线 AEC 左下方,即多边形 AECO 区域内时,其演化稳定策略则是"不激励—不响应"。

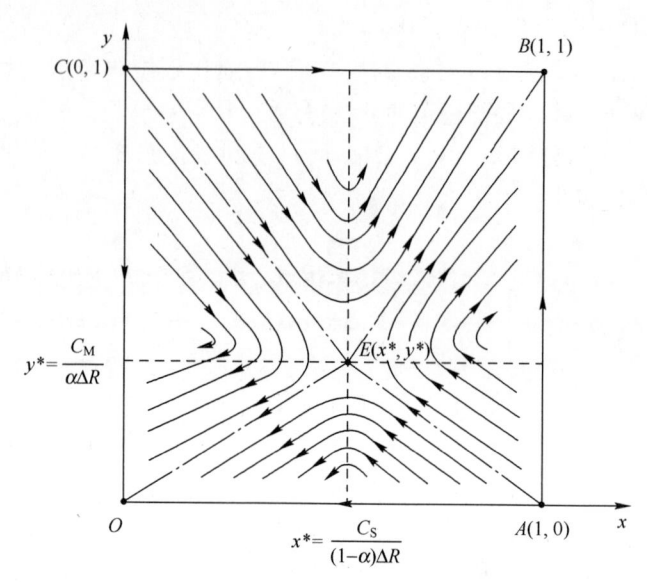

图 6-11　装备基地级维修 PPP 采购共生系统演化相图

4) 机制设计

(1) 影响因素分析。根据图 6-11 可知,装备基地级维修 PPP 采购共生系统选择"激励—响应"策略的概率 Q 为

$$Q = \frac{S_{AECB}}{S_{AOCB}} = \frac{S_{AECB}}{1 \times 1} = S_{AEB} + S_{ECB} = 1 - \frac{1}{2}\left[\frac{C_M}{\alpha \Delta R} + \frac{C_S}{(1-\alpha)\Delta R}\right] \quad (6-28)$$

显然,当 Q 越大,即多边形 AECB 的面积越大时,装备基地级维修 PPP 采购共生奖励激励机制的作用就越明显。因此,装备基地级维修 PPP 采购共生奖励激励机制的设计就应着力扩大多边形 AECB 的面积,即增大 Q 的值。由式(6-27)可知,影响装备基地级维修 PPP 采购共生系统选择"激励—响应"策略的概率 Q 的因素有 C_M、C_S、ΔR 和 α,下面分别讨论这些因素对于 Q 的影响。

① 成本因素 C_M、C_S 的影响。将 Q 分别对 C_M、C_S 求偏导,可得

$$\frac{\partial Q}{\partial C_M} = -\frac{1}{2\alpha \Delta R} < 0 \quad \frac{\partial Q}{\partial C_S} = -\frac{1}{2(1-\alpha)\Delta R} < 0$$

因此,Q 分别关于 C_M、C_S 为单调递减函数,即 Q 分别与 C_M、C_S 成反比。

② 收益因素 ΔR 的影响。将 Q 对 ΔR 求偏导,可得

第6章　装备基地级维修PPP采购共生系统动力路径

$$\frac{\partial Q}{\partial \Delta R} = \frac{1}{2}\left[\frac{C_M}{\alpha \Delta R^2} + \frac{C_S}{(1-\alpha)\Delta R^2}\right] > 0$$

因此，Q 关于 ΔR 为单调递增函数，即 Q 与 ΔR 成正比。

③ 分配因素 α 的影响。将 Q 对 α 求偏导，可知 Q 关于 α 虽然为非单调函数，但是在 C_M、C_S 和 ΔR 一定（已知）的情况下，可以通过调整新增超额收益的分配比例即 α 的值，从而使 $\left[\dfrac{C_M}{\alpha \Delta R} + \dfrac{C_S}{(1-\alpha)\Delta R}\right]$ 取到最小值，即 Q 的值达到最大。

（2）奖励机制设计。基于上述分析，可从以下几个方面设计装备基地级维修PPP采购共生奖励激励机制。

① 基于超额收益的分配设计共生奖励激励机制。装备基地级维修PPP采购共生奖励激励机制是一种基于超额收益分配的激励机制。只有对产生超额收益的装备基地级维修PPP采购项目，军队装备部门才能通过以高于基准收益分配比例（对社会资本而言）分配超额收益的方式给予社会资本以奖励，从而形成共生奖励激励机制。对不产生超额收益的装备基地级维修PPP采购项目，无法设计共生奖励激励机制。

② 基于降低投入产出比优化共生奖励激励机制。装备基地级维修PPP采购共生系统选择"激励—响应"策略的概率与投入成本成反比；与产出收益则成正比。因此，可以通过降低投入产出比，即投入较少的成本产出较多的收益的方式，提高装备基地级维修PPP采购共生系统选择"激励—响应"策略的概率。装备基地级维修PPP采购项目中，军队装备部门应当激励社会资本投入双方耦合率更高的、具有资源禀赋优势的装备维修资源，以提高单位生产率或者劳动生产率而产生更多的超额收益。

③ 基于设置分配比例来调控共生奖励激励机制。装备基地级维修PPP采购共生系统选择"激励—响应"策略的概率除了与投入成本成反比、与产出收益成正比之外，同时还受到超额收益分配比例的影响。通过按照投入与产出成正比的原则科学设置，并且随着社会资本期望收益的变化动态调整超额收益的分配比例，能够有效激发社会资本的响应合作行为，诱导其付出更多的努力运营PPP采购项目，持续提高装备基地级维修PPP采购共生系统选择"激励—响应"策略的概率。装备基地级维修PPP采购项目中，军队装备部门应当根据超额收益的投入产出比科学设置其分配比例，使军队装备部门与社会资本的超额收益的投入产出比达到帕累托最优（两者之和最小），从而提高该装备基地级维修PPP采购共生系统选择"激励—响应"策略的概率。

6.3.3 共生制度保障机制设计

根据共生系统相变原理和进化原理，不断改善的外部共生环境对于共生系统向对称性互惠共生方向的进化具有重要的推动作用。所以人们除了通过设计共生奖励激励机制，直接影响和干预共生单元的行为决策，从共生系统内部驱动其进化之外，还可以遵循共生系统相变规律，通过人为设置有利于共生系统进化的共生环境，而间接驱动共生系统的进化。同时，装备基地级维修PPP采购作为一种国防服务采购活动，属于典型的政府公共服务采购。一方面，需要相应的制度明确和规范各个利益相关者的采购职责和行为；另一方面，需要相应的制度明确和保障各个利益相关者的合法权利和利益。因此，必须构建配套完善的装备基地级维修PPP采购共生制度保障机制。

1. 共生制度保障的理论依据

除共生理论中的共生系统相变原理和共生系统进化原理外，共生制度保障机制涉及的基本理论主要是政府规制理论。本书第5章已对共生系统相变原理以及共生系统进化原理进行了介绍，此处主要介绍政府规制理论。

政府规制是指在以市场机制为基础的经济体制下，政府以矫正、改善市场机制的内在问题（市场失灵）为目的，依法通过法律法规、行政命令和经济手段等方式形成制度，以干预或干涉微观经济主体活动的行为。政府规制可分为直接规制和间接规制。直接规制又可细分为经济性规制、社会性规制和行政性规制。因此，政府规制就形成了广义与狭义之分。狭义的政府规制即直接规制，广义的政府规制则包括了直接规制和间接规制。而本书所研究的政府规制主要是经济性规制，它是指在存在着垄断和信息不对称问题的部门，以防止发生无效率的资源配置和确保需要者的公平利用为主要目的，政府通过被认可和许可的各种手段，对企业的进入、退出、价格、服务质量以及投资、财务、会计等活动所进行的规制。政府规制的基础是市场经济和法治的制度环境，其逻辑起点是修正市场机制的结构性缺陷，避免市场经济可能给社会带来的弊端。它经历了"市场失灵与政府的矫正措施、检视规制政策的效果、寻求规制政策的政治原因以及政府规制中的激励问题"4次主题变迁，逐渐形成了公共利益理论、部门利益理论、放松规制理论和激励性规制理论等学派。

装备基地级维修PPP采购中，军队有关部门应当根据政府规制理论，协同国家相关部门通过规制形成合法制度，以克服市场失灵产生的问题，合理配置装备维修资源，构建有利于装备基地级维修PPP采购共生系统进化的共生环境。

2. 共生制度保障的现实需求

（1）规范各利益相关者行为的基本准则。装备基地级维修PPP采购共生制度是装备基地级维修 PPP 采购过程中,各利益相关者共同遵守的行动准则。装备基地级维修 PPP 采购共生系统中,横向上涉及军队装备部门与社会资本这对共生单元及采购介体等利益相关者之间的合作共生,纵向上包括项目规划、项目准备、项目采购、项目执行和项目移交等多个环节。利益相关者之间既有利益共同点又有目标分歧处、既有分工又有合作、既有监管又有激励,关系错综复杂、瞬息万变。因此,必须通过政府规制形成装备基地级维修 PPP 采购共生制度,才能明确各利益相关者的职责和义务,规范各利益相关者在项目运营中的采购行为。

(2) 保护各利益相关者权益的基本保障。装备基地级维修 PPP 采购共生制度是装备基地级维修 PPP 采购过程中,各利益相关者必须遵循的法定依据。装备基地级维修 PPP 采购除了面临常规装备采购中的道德风险、逆向选择等风险外,还面临着军事风险、政治风险、经济风险、法律风险以及社会风险等风险。因此,必须通过政府规制形成装备基地级维修 PPP 采购共生制度,才能明确各利益相关者的权利和利益,保障各利益相关者在项目运营中的合法权益。

(3) 推广项目运营经验教训的基本要求。装备基地级维修 PPP 采购共生制度是装备基地级维修 PPP 采购过程中各利益相关者经验教训的总结固化。正是因为装备基地级维修 PPP 采购既涉及军队装备部门、社会资本等多个利益相关者,又包括项目规划、项目准备等多个运营阶段,还涵盖采购代理、融资管理等多个行业,采购组织与实施困难、流程繁琐、操作复杂。所以,装备基地级维修 PPP 采购项目运营过程中,既有成功也难免失败。因此,必须通过政府规制形成装备基地级维修 PPP 采购共生制度,才能借鉴成功项目的做法和经验,避免各利益相关者在项目运营中的重复错误。

3. 共生制度保障的机制设计

1) 建立装备基地级维修 PPP 采购法规制度体系

环境诱导是推进装备基地级维修 PPP 采购共生系统进化的有效措施。当前,虽然我国已经初步形成了"法律规范+配套政策+操作指引"的 PPP 采购政策法规框架体系。但由于这些法规制度大都分别出自国家各个部门以及地方政府,相互之间不但存在明显的交叉重叠,而且还存在相互矛盾的现象,难以形成一套系统的法规体系,无法为 PPP 采购的有效实施提供制度保障,亟待从国家层面出台 PPP 采购的上位法律。更为紧迫的是,由于我国立法的军、民二元分离,国家有关部门制定的法规制度只管地方、不管军队,而目前军队也尚未出台任何与社会资本合作的法规制度。所以,装备基地级维修 PPP 采购还处于无法可依、无章可循的状态。同时,因为装备基地级维修

PPP采购是跨军、民领域的装备维修资源配置与装备维修服务合作生产,所以无论是国家有关部门还是军队有关部门单方面制定法规制度都无法"涵盖"整个装备基地级维修PPP采购过程。因此,装备基地级维修PPP采购共生制度保障机制设计,首先应当从军民融合的战略高度,打破以往军、民二元分离的界限,建立"国家(中央)—中央军委—军委装备发展部(各军兵种)"分工负责、上下衔接、系统配套的既管军队、又管地方的装备基地级维修PPP采购法规制度体系,从而形成良好的政策环境。具体而言,就是在国家(中央)层面出台《基础设施和公共服务领域政府和社会资本合作条例》,从宏观上授权军队装备部门开展装备基地级维修PPP采购;在中央军委层面出台《国防服务领域军队和社会资本合作规定》,从中观上制定装备基地级维修PPP采购基本政策;在军委装备发展部或各军兵种层面出台《装备基地级维修军队装备部门与社会资本合作指南(规范)》,从微观上指导全军或各军兵种具体组织实施装备基地级维修PPP采购。

2) 建立装备基地级维修PPP采购市场准入制度

当前,我军在装备基地级维修领域,既未明确区分装备基地级核心维修与非核心维修,也未区分经营性装备基地级维修(包括纯经营性和准经营性)与非经营性装备基地级维修,而是笼统地把装备基地级维修视为一种公共服务产品,想当然地认为它属于市场失灵和私营部门经营失败的领域。因此,装备基地级维修PPP采购共生制度保障机制设计,应当从开放市场的战略高度,打破以往军队的行政性垄断,建立基于装备基地级维修类型的分级市场准入制度。首先,应将装备基地级维修进一步细分为一级、二级和三级。一级装备基地级维修包括装备基地级核心维修、非经营性装备基地级非核心维修;二级装备基地级维修是指准经营性装备基地级非核心维修;三级装备基地级维修是指纯经营性装备基地级非核心维修。其次,按照本书第2章所划分的装备基地级维修采购模式类型及其适用范围,为不同级别的装备基地级维修选择适当的采购模式。最后,分别根据军队机构内包模式、社会资本外包模式、军队社会合作模式的本质特点,设置相应的市场准入制度。对一级装备基地级维修主要采取军队机构内包模式,其市场基本不对外开放;对二级装备基地级维修主要采取军队社会合作模式,其市场适度对外开放,参与军队社会合作模式的社会资本必须具备军队所要求的某些资质条件;对三级装备基地级维修主要采取社会资本外包模式,其市场完全对外开放,参与社会资本外包模式的社会资本通常只需具备一般企业的通用资质。此外,在打破军队行政性垄断的同时要防止形成新的社会资本的经济性垄断。

3) 建立装备基地级维修PPP采购合理回报制度

(1) 按照项目性质建立投资回报制度。对于军民通用性较强的装备的基地级维修PPP采购项目,主要是按照装备维修量与绩效相结合的付费方式回报社会资本投资;对于军民通用性一般的装备的基地级维修PPP采购项目,主要是按照装备维修量与可行性缺口补助相结合的付费方式回报社会资本投资;而对于军民通用性较差的装备的基地级维修PPP采购项目,则主要是按照项目可用性与绩效相结合的付费方式回报社会资本投资。此外,在优先完成装备基地级维修任务的前提下,应允许社会资本或项目公司运用装备维修设施、设备从事民用装备维修工作,并用所得收益回报社会资本投资。

(2) 结合项目实际建立价格管制制度。不同装备的基地级维修PPP采购项目投资回收能力不同。装备基地级维修PPP采购中,应根据项目的技术复杂度、资产专用性、装备维修量等技术经济特性建立价格管制制度,即管制价格确定方法。对于维修成本比较复杂、成本数据难以采集的或处于运营初始期的装备基地级维修PPP采购项目,通常根据行业公认的投资回报率建立投资回报率管制制度;而对于维修成本比较明确、成本数据易于获得的或处于运营稳定期的装备基地级维修PPP采购项目,通常根据合作伙伴公认的装备维修成本建立最高限价管制制度。另外,维修成本通常与维修质量成正比,因此军队装备部门应当制定明确的装备基地级维修标准。

(3) 根据项目运营建立价格调整制度。同一装备的基地级维修PPP采购项目在不同环境下运营投资回收能力也不同。装备基地级维修PPP采购中,应根据技术进步、物价变化、装备保有量等项目运营环境变化对维修成本的总体影响建立价格调整制度。对于维修成本受单一因素影响的装备基地级维修PPP采购项目,通常根据这一因素公认评价指数的变化建立动态价格调整制度。对于维修成本受多种因素影响的装备基地级维修PPP采购项目,通常根据各个因素对维修成本的综合影响建立具体价格调整制度。在建立价格调整制度的同时,应构建成本激励、进度激励、质量激励等激励机制,激励社会资本不断降低维修成本,提高维修效益与效率。

4) 建立装备基地级维修PPP采购监督管理制度

在军队社会合作模式下,军队装备部门既是装备基地级维修的采购者,又是合作者;既是监督者,又是管理者。然而,由于装备基地级维修PPP采购项目的运营方通常是社会资本,所以军队装备部门的主要角色就是监督者与管理者。因此,装备基地级维修PPP采购共生制度保障机制设计,应当着眼军队装备部门根本职能,建立装备基地级维修PPP采购监督管理制度。首先,要建立监督管理机构。在各级军队装备部门建立包括装备基地级维修在内的装备服务采购监督管理机构,形成"军委装备发展部-各军兵种装备部-PPP采购项目组"3级监督管理体制。其次,要完善监督管理手段。在用好书面报告、现场检查等传统监管手段的同时,运用云计算、大数据、互联网和物联网等信息技术,依托企业内部局域网和军队指挥自动化网建立装备采购信息管理系统,全面采集包括装备基地级维修 PPP 采购在内的装备采购信息数据,以实现装备基地级维修 PPP 采购全寿命周期的实时监管。最后,要形成监督管理机制。要在形成微观上由项目执行层(PPP 采购项目组)监管,中观上由业务管理层(各军兵种装备部)监管,宏观上由审查监督层(军委装备发展部)监管的基本运行机制的基础上,进一步形成数据采集、项目评估、绩效评价等一系列监督管理机制。

附 录

附录1 缩 略 语

序 号	英文缩略	英文全称	中文名称
1	BBO	Buy-Build-Operate	购买-建设-经营
2	BDO	Build-Develop-Operate	建设-发展-经营
3	BOO	Build-Own-Operate	建设-拥有-经营
4	BOT	Build-Operate-Transfer	建设-经营-转让
5	BTO	Build-Transfer-Operate	建设-转让-经营
6	BLOT	Build-Lease-Operate-Transfer	建设-租赁-经营-转让
7	BOOT	Build-Own-Operate-Transfer	建设-拥有-经营-转让
8	DB	Design-Build	设计-建设
9	DBO	Design-Build-Operate	设计-建设-经营
10	DBFO	Design-Build-Finance-Operate	设计-建设-融资-经营
11	DBM	Design-Build-Maintenance	设计-建设-维修
12	DBMM	Design-Build-Major Maintenance	设计-建设-主要维护
13	DBTO	Design-Build-Transfer-Operate	设计-建设-转让-经营
14	D&C	Design-Construction	设计-建设
15	FO	Finance Only	融资
16	JV	Joint Ventures	合资企业
17	L	Lease	租赁
18	LDO	Lease-Develop-Operate	租赁-开发-经营
19	LOO	Lease- Own-Operate	租赁-拥有-经营
20	LUOT	Lease-Upgrade-Operate-Transfer	租赁-更新-经营-转让
21	MC	Management Contracts	管理合同
22	OL/C	Operation License/ Concessions	特许经营
23	O&M	Operation & Maintenance	经营和维护

(续)

序 号	英文缩略	英文全称	中文名称
24	P	Privatization	私有化
25	PFI	Private Finance Initiative	私人投资计划
26	PUO	Purchase-Upgrade-Operate	购买-更新-经营
27	PUOT	Purchase-Upgrade-Operate-Transfer	购买-更新-经营-转让
28	SC	Service Contracts	服务合同
29	Turnkey	Turnkey	交钥匙工程
30	TOT	Transfer-Operate-Transfer	转让-经营-转让

附录2 装备基地级维修PPP采购共生对象遴选评价指标重要性评判表

附表2-1 第__位专家对准则层 A-B 的模糊判断矩阵

共生对象遴选	资金能力	技术能力	管理能力	合作能力	履约能力
资金能力					
技术能力					
管理能力					
合作能力					
履约能力					

附表2-2 第__位专家对指标层 B_1-C_1 的模糊判断矩阵

资金能力	资金实力	价格竞争力	融资方案	资金使用计划	投资分析方案	降低融资风险方案分析	运营期收费计划
资金实力							
价格竞争力							
融资方案							
资金使用计划							
投资分析方案							
降低融资风险方案分析							
运营期收费计划							

附表2-3　第__位专家对指标层 B_2-C_2 的模糊判断矩阵

技术能力	设计方案	建设方案	运营维护方案	项目设施移交方案	人力资源状况	技术先进性与成熟度
设计方案						
建设方案						
运营维护方案						
项目设施移交方案						
人力资源状况						
技术先进性与成熟度						

附表2-4　第__位专家对指标层 B_3-C_3 的模糊判断矩阵

管理能力	组织结构合理水平	管理体系规范化程度	项目风险管理能力	项目目标管理能力	运营维护管理能力	分承包商管理能力
组织结构合理水平						
管理体系规范化程度						
项目风险管理能力						
项目目标管理能力						
运营维护管理能力						
分承包商管理能力						

附表2-5　第__位专家对指标层 B_4-C_4 的模糊判断矩阵

合作能力	合作意愿	全寿命周期战略兼容性	与利益相关者的沟通协调能力	与军队文化融合性
合作意愿				
全寿命周期战略兼容性				
与利益相关者的沟通协调能力				
与军队文化融合性				

附表 2-6　第__位专家对指标层 B_5-C_5 的模糊判断矩阵

履约能力	相关资质等级	类似项目业绩	社会责任感	被服务对象的满意度	历史合同履约率	历史获得荣誉情况	历史受到处罚情况
相关资质等级							
类似项目业绩							
社会责任感							
被服务对象的满意度							
历史合同履约率							
历史获得荣誉情况							
历史受到处罚情况							

附录 3　装备基地级维修 PPP 采购共生效用评价指标评分调查问卷

尊敬的专家：

您好！首先感谢您在百忙之中参与和支持我们的调查工作。

您的职业：_____ 所属机构(军委装备发展部、各军兵种装备部、军队装备修理工厂、军工集团、地方军工及民口配套单位、优势民营企业、PPP 咨询机构、采购代理机构、金融机构、保险机构、其他)：_____。

感谢您填写装备基地级维修 PPP 采购共生效用评价指标评分调查问卷，问卷包括 20 个指标，指标评价所描述的是装备基地级维修 PPP 采购对该项指标的体现情况，请按照您认为装备基地级维修 PPP 采购对该指标的影响或体现情况在相应的栏内打√。

您的支持对于我们的研究非常重要，再次向您表示衷心感谢！

装备基地级维修 PPP 采购共生效用评价指标评分调查表

二级指标	特别明显	比较明显	一般明显	不太明显	不明显
完成装备基地级维修保障任务					
形成装备基地级维修保障能力					
优化装备基地级维修人员编配					
掌握装备基地级维修先进技术					
保障军队完成装备基地级维修任务					
形成装备基地级维修能力,提升国防工业实力					
保障军队完成装备基地级维修任务以获得更加可靠的安全保障					
获得经济利润,实现装备基地级维修资产保值、增值					
减少或避免维修资产重复投入,降低经营风险					
优化装备维修资源配置,减少企业沉没成本,现实其资产权益的最大化					
弥补自身先天不足,提高市场竞争能力					
提高装备基地级维修效益和效率					
减少维修资产分摊成本					
改善军队装备基地级维修设施、设备					
提供相关服务或参与项目建设,获得相应经济利润					
拓展业务范围,实现经济利益最大化					
创造就业机会,促进社会就业					
节能减排,保护自然环境					
加强军民协同合作,和谐军民关系					
提高知名度和美誉度					

参 考 文 献

[1] 张晶敏. 现代服务企业的服务创新[M]. 大连:东北财经大学出版社,2012.

[2] 全军军事术语管理委员会,军事科学院. 中国人民解放军军语(全本)[M]. 北京:军事科学出版社,2011.

[3] Department of Defense. DoDI 4151.21: Public-Private Partnerships for Depot-Level Maintenance [EB/OL]. (2007-04-25)[2018-10-10]. http://www.dtic.mil/whs/directives/corres/pdf/415121p.pdf.

[4] 李克芳,聂元昆. 服务营销学[M]. 北京:机械工业出版社,2016.

[5] 李慧中. 服务特征的经济学分析[M]. 上海:复旦大学出版社,2016.

[6] 萨瓦斯 E S. 民营化与公私部门的伙伴关系[M]. 周志忍,译. 北京:中国人民大学出版社,2002.

[7] 孙效东,封少娟,王邦中. 军队服务采购现状及完善措施[J]. 军事经济研究,2009(11):28-29.

[8] Grimsey D,Lewis M K. Public-Private Partnerships: The Worldwide Revolution in Infrastructure Provision and Project Finance [M]. Northampton: Edward Elgar Publishing Inc,2004.

[9] 王灏. PPP的定义和分类研究[J]. 都市快轨交通,2004,17(5):23-27.

[10] 贾康,孙洁. 公私合作伙伴关系(PPP)的概念、起源与功能[J]. 经济研究参考,2014(13):12-21.

[11] HM Treasury. Public Private Partnerships: the Government's Approach [M]. London: Printed in the United Kingdom for The Stationery Office,2000.

[12] Akintoye A,Beck M,Hardcastle C. Public-Private Partnerships: Managing Risks and Opportunities [M]. Blackwell: Blackwell Science Ltd,2003.

[13] 邓小鹏. PPP项目风险分担及对策研究[D]. 南京:东南大学,2007.

[14] 高鸿业. 西方经济学:微观部分.[M].6版. 北京:中国人民大学出版社,2014.

[15] Gregory Mankiw N. 经济学原理:微观经济学分册[M].7版. 梁小民,梁砾,译. 北京:北京大学出版社,2015.

[16] Joseph E Stiglitz. 公共部门经济学[M].3版. 郭庆旺,等译. 北京:中国人民大学出版社,2013.

[17] 中国PPP产业大讲堂. PPP模式核心要素及操作指南[M]. 北京:经济日报出版社,2016.

[18] 张奇. 公私合作(PPP)项目决策与评估[M]. 北京:经济科学出版社,2016.

[19] Grimsey D,Lewis M K. PPP革命:公共服务中的政府和社会资本合作[M]. 济邦咨询公司,译. 北京:中国人民大学出版社,2016.

[20] 陈辉. PPP模式手册政府与社会资本合作理论方法与实践操作[M]. 北京:知识产权出版社,2015.

[21] 黄少安,韦倩. 合作与经济增长[J]. 经济研究,2011(8):51-64.

[22] 曹远征,付晓建.PPP:政府和社会资本合作的制度经济学分析[M].北京:对外经济贸易大学出版社,2016.

[23] Ahmadjian V. Symbiosis: an Introduction to Biological Association [M]. England: University Press of New England, 1986.

[24] 萧灼基.金融共生理论与城市商业银行改革序言[M].北京:商务印书馆,2002.

[25] 袁纯清.共生理论——兼论小型经济[M].北京:经济科学出版社,1998.

[26] 苗东升.系统科学精要[M].4版.北京:中国人民大学出版社,2016.

[27] P.迪维诺著.生态学概论[M].李耶波译.北京:科学出版社,1987.

[28] 郑杭生.社会学概论新修[M].北京:中国人民大学出版社,1994.

[29] 朱明艳.国防领域发展公私合营(PPP)模式的研究[D].北京:中央财经大学,2011.

[30] Erickson, S R. Public-Private Partnerships for Depot-Level Maintenance[EB/OL]. (2002-03-25)[2018-10-10]. https://www.dau.mil/cop/log/_layouts/15/WopiFrame.aspx?sourcedoc=/cop/log/DAU%20Sponsored%20Documents/OSD%20Study%20Report%20Public%20Private%20Partnerships%20for%20Depot%20Level%20Maintenance%20Mar%2002.pdf&action=default&DefaultItemOpen=1.

[31] 蔡丽影,程中华,王立欣,等.美军核心维修能力研究[J].装甲兵工程学院学报,2010,24(6):27-31.

[32] 方结明,余龙胜.美军基地维修广泛外包的发展情况及问题分析[J].中国国防经济,2013(1):96-98.

[33] Department of Defense. DoDI 4151.20: Depot Maintenance Core Capabilities Determination Process[EB/OL]. (2007-01-05)[2018-10-10]. http://www.dtic.mil/whs/directives/corres/pdf/415120p.pdf.

[34] 刘佳妮,李渊.美军合同商保障"钟摆现象"对我军军民一体化装备维修保障的启示[J].中国国防经济,2013(1):21-25.

[35] United States General Accounting Office. Defense Depot Maintenance Privatization and the Debate Over the Public-Private Mix[EB/OL]. (1996-04-17)[2018-10-10]. http://www.gao.gov/search?q=GAO%2FT-NSIAD-96-146&rows=10&now_sort=score+desc&page_name=main.

[36] United States General Accounting Office. Defense Depot Maintenance Use of Public-Private Partnering Arrangements[EB/OL](1998-07-07)[2018-10-10]. http://www.gao.gov/assets/230/225662.pdf.

[37] Rechke W. Perspectives in Public Private Partnering[R]. Washington D.C: DoD Maintenance Symposium, 2001: 4-6.

[38] 蔡丽影,甘茂治,孙江生,等.美军合同商保障新动向及启示研究[J].装备学院学报,2014,25(6):30-33.

[39] 刘军.装备保障外包研究[D].长沙:国防科学技术大学,2006.

[40] Herzberg, E F. Is Indemnification a Barrier to Public-Private Partnerships?[EB/OL]. (2004-04-26)[2018-10-10]. https://www.dau.mil/cop/log/_layouts/15/WopiFrame.aspx?sourcedoc=/cop/log/DAU%20Sponsored%20Documents/OSD%20Study%20Report%20Is%20Indemnification%20a%20Barrier%20to%20Public%20Private%20Partnerships.pdf&action=default&DefaultItemOpen=1.

[41] Department of Defense. DoDI 5000.01: the defense acquisition system[EB/OL]. (2003-05-12)[2018-10-10]. http://www.dtic.mil/whs/directives/corres/pdf/500001p.pdf.

[42] Office of the Secretary of Defense. Public-Private Partnerships for Depot-Level Maintenance Through the End of Fiscal Year 2006[EB/OL]. (2007-07-25)[2018-10-10]. http://www.acq.osd.mil/

log/mppr/index. htm.

[43] United States General Accounting Office. Depot Maintenance: Public-Private Partnerships Have Increased, but Long-Term Growth and Results Are Uncertain[EB/OL]. (2003-04-01)[2018-10-10]. http://www. gao. gov/assets/240/237827. pdf.

[44] Office of the Under Secretary of Defense (Acquisition,Technology and Logistics). Department of Defense Depot Maintenance Strategy and Implementation Plans[EB/OL]. (2007-02-23)[2018-10-10]. http://www. acq. osd. mil/log/mpp/. plans. html/2_01_title_page_foreword_SEMI_02_23_07. pdf.

[45] Department of Defense. DoDD 4151. 18: Maintenance of Military Materiel[EB/OL]. (2004-03-31)[2018-10-10]. http://www. dtic. mil/whs/directives/corres/pdf/415118p. pdf.

[46] Department of Defense. DoDD 4151. 18-H: Depot Maintenance Capabily and Utilization Mesurement Handbook[Z/OL]. (2007-03-10)[2018-10-10]. http://www. dtic. mil/whs/directives/corres/pdf/415118h. pdf.

[47] Bromund T R. Contracting Out in Defense: Lessons from the British Experience for the U. S. and Great Britain[Z/OL]. (2009-05-28)[2018-10-10]. http://www. heritage. org/Research/NationalSecurity/bg2278. cfm.

[48] United States General Accounting Office. Depot Maintenance: DOD's Report to Congress on its Public-Private Partnerships at its Centers of Industrial and Technical Excellence (CITEs) Is Not Complete and Additional Information Would Be Useful[EB/OL]. (2008-07-01)[2018-10-10]. http://www. gao. gov/assets/100/95570. pdf.

[49] 马建龙,李少华. 美军如何借助民用力量开展基地级维修[J]. 现代军事,2012(11):57-58.

[50] Gansler J S, Lucyshyn W, Harrington L H, et al. The Current State of Performance Based Logistics and Public-Private Partnerships for Depot-Level Maintenance: Operating Models, Outcomes, and Issues[R]. Maryland:The Center for Public Policy and Private Enterprise at the University of Maryland's School of Public Policy,2010.

[51] 冯增辉,王哲,李悦. 以PPP模式推进军民融合深度发展[J]. 军事经济研究,2016(5):13-15.

[52] 林健,李鸣,毛景立. 军品现行价格模式的弊端分析[J]. 经济管理,2002(2):46-53. 79.

[53] Office of the Law Revision Counsel of the United States House of Representatives. Title 10, United States Code: Armed Forces[EB/OL]. (2017-09-07)[2018-10-10]. http://uscode. house. gov/browse/prelim@ title10&edition=prelim.

[54] Department of Defense. DoDI 4151. 21:Public-Private Partnerships for Product Support[EB/OL]. (2016-11-21)[2018-10-10]. http://dap. dau. mil/acquipedia/Pages/ArticleDetails. aspx? aid=02522107-c43e-46de-8f7a-8902cac0eb8e.

[55] Office of the Assistant Secretary of Defense (Logistics & Materiel Readiness). Public-Private Partnering for Product Support Guidebook[EB/OL]. (2017-11-02)[2018-10-10]. https://www. dau. mil/guidebooks/Shared%20Documents/PPP%20for%20Product%20Support%20Guidebook. pdf.

[56] 王俊伟,吴纬. 美军基地级维修核心能力研究[J]. 兵工自动化,2010,29(9):14-17.

[57] Office of the Assistant Secretary of Defense (Logistics & Materiel Readiness). Public-Private Partnering (PPP) for Product Support Guidebook[EB/OL]. (2017-03-09)[2018-10-10]. https://www. dau. mil/guidebooks/Shared%20Documents%20HTML/PPP%20for%20Product%20Supp ort%20Guidebook. aspx.

[58] 杨阳,谢文秀. 武器装备激励约束定价机制研究[J]. 理论观察,2012(4):50-51.

参考文献

[59] 谢文秀,艾克武. 装备竞争性采购[M]. 北京:国防工业出版社,2015.

[60] 王建国,李鸣. 装备采购基础理论研究[M]. 北京:国防工业出版社,2009.

[61] 舒正平,王秀华,李忠光. 装备保障前沿问题研究[M]. 北京:国防工业出版社,2016.

[62] 许国志. 系统科学[M]. 上海:上海科技教育出版社,2000.

[63] 刘小玄. 中国转轨过程中的产权和市场——关于市场产权行为和绩效的分析[M]. 上海:上海人民出版社,2003.

[64] 王继翔. 我国国防军工企业制度创新研究——基于企业、市场与政府视角的经济学分析框架[M]. 北京:经济科学出版社,2014.

[65] 刘永谋,赵平. 论军工文化核心价值体系[J]. 北京理工大学学报(社会科学版),2007,9(2):96-98.

[66] 曹小平,林晖. 装备维修经济学[M]. 北京:经济科学出版社,2005.

[67] 宋华文,孟冲. 装备维修保障经济学[M]. 北京:国防工业出版社,2011.

[68] Shapley L S. A value for n-Person Games [J]. Annals of Mathematical Studies,1953,28:307-317.

[69] 李丹,曾繁荣. 企业绩效评价研究方法综述[J]. 财会通讯,2011(2):51-52.

[70] 高建来,金宇. 企业绩效评价方法研究综述[J]. 商业会计,2014(8):81-82.

[71] 叶以成,柯丽华,黄德育. 系统综合评价技术及其应用[M]. 北京:冶金工业出版社,2006.

[72] 张尧庭,张璋. 几种选取部分代表性指标的统计方法[J]. 统计研究,1990,7(1):52-58.

[73] 李群. 不确定性数学方法研究及其在社会科学中的应用[M]. 北京:中国社会科学出版社,2005.

[74] Friedman D. Evolutionary Games in Economics [J]. Econometrica,1991,59(3):637-666.

[75] 张卫国,黄森. 西方规制理论发展演进及其启示[J]. 重庆大学学报(社会科学版),2004,10(2):18-21.

内 容 简 介

本书介绍了装备基地级维修 PPP 采购共生系统动力机制的基本概念,通过分析开展装备基地级维修 PPP 采购的现实动因、美军发展历程和我军面临形势,以及美军装备基地级维修 PPP 采购的经验及其对我军的重要启示,综合运用 PPP 理论、共生理论和军事装备学理论,在提出装备基地级维修 PPP 采购理论,论证装备基地级维修 PPP 采购系统共生本质的基础上,构建了装备基地级维修 PPP 采购共生系统,按照"动力因素-动力机理-动力路径"的逻辑主线,全面研究和系统设计了装备基地级维修 PPP 采购动力机制,为我军装备基地级维修 PPP 采购提供了理论依据和实践指导。

本书不仅可作为军事装备学研究生、国防经济管理专业本科生的教学参考用书,也可作为军事装备采购管理人员的工作、自学参考用书。

This book introduces the basic concept of dynamic mechanism for PPP procurement symbiotic ecosystem of the military equipment depot-level maintenance, through analysis of the actual motivation, the US Army's development path and the situation of the PLA of PPP procurement of the military equipment depot-level maintenance, as well as the experience of US Army's PPP procurement of the military equipment depot-level maintenance and its important revelation to the PLA. This book comprehensively uses PPP theory, symbiosis theory and military equipment theory. On the basis of proposing the theory of PPP procurement of the military equipment depot-level maintenance and demonstrating the symbiosis essence of PPP procurement system of the military equipment depot-level maintenance, the PPP procurement symbiotic ecosystem of the military equipment depot-level maintenance is constructed. Taking "dynamic factor-dynamic mechanism-dynamic path" as the main line of logic, this book researches and designs the dynamic mechanism for the PPP procurement symbiotic ecosystem of military equipment depot-level maintenance. It provides theoretical basis and practical guidance for the PLA's military equipment depot-level maintenance PPP procurement.

This book can be used not only as a teaching reference book for military equipment graduate students, undergraduate students majoring in national defense economic management, but also as a reference book for military equipment procurement management staff.